ŒUVRES COMPLÈTES

DE VOLTAIRE

TOME QUATRIÈME

PARIS
LIBRAIRIE HACHETTE ET Cie
79, BOULEVARD SAINT-GERMAIN, 79

A LA MÊME LIBRAIRIE

ŒUVRES
DES PRINCIPAUX ÉCRIVAINS FRANÇAIS
VOLUMES IN-18 JÉSUS.

On peut se procurer chaque volume de cette série relié en percaline gaufrée, sans être rogné, moyennant 50 cent.; en demi-reliure, dos en chagrin, tranches jaspées, moyennant 1 fr. 50 cent., et avec tranches dorées, moyennant 2 fr. en sus du prix marqué.

1re Série à 1 franc 25 c. le volume.

Barthélemy : *Voyage du jeune Anacharsis en Grèce dans le milieu du IVe siècle avant l'ère chrétienne.* 3 volumes.
Atlas pour le Voyage du jeune Anacharsis, dressé par J. D. Barbé du Bocage, revu par A. D. Barbé du Bocage. In-8, 1 fr. 50 c.
Boileau : *Œuvres complètes.* 2 vol.
Bossuet : *Œuvres choisies.* 5 vol.
Corneille : *Œuvres complètes.* 7 vol.
Fénelon : *Œuvres choisies.* 4 vol.
La Fontaine : *Œuvres complètes.* 3 volumes.
Marivaux *Œuvres choisies.* 2 vol.
Molière : *Œuvres complètes.* 3 vol.
Montaigne : *Essais*, précédés d'une lettre à M. Villemain sur l'éloge de Montaigne, par P. Christian. 2 vol.
Montesquieu : *Œuvres complètes.* 3 volumes.
Pascal : *Œuvres complètes.* 3 vol.
Racine : *Œuvres complètes.* 3 vol.
Rousseau (J.-J.) : *Œuvres complètes.* 13 volumes.
Saint-Simon (le duc de) : *Mémoires complets et authentiques sur le siècle de Louis XIV et la Régence*, collationnés sur le manuscrit original par M. Chéruel, et précédés d'une notice de M. Sainte-Beuve, de l'Académie française. 13 vol.
Sédaine : *Œuvres choisies.* 1 vol.
Voltaire : *Œuvres complètes.* 46 vol.

2e Série à 3 francs 50 cent. le volume.

Chateaubriand : *Le génie du Christianisme.* 1 vol.
— *Les Martyrs;* — *le Dernier des Abencerrages.* 1 vol.
— *Atala;* — *René;* — *les Natchez.* 1 vol.
Fléchier : *Mémoires sur les Grands-Jours d'Auvergne en 1665*, annotés par M. Chéruel et précédés d'une notice par M. Sainte-Beuve. 1 vol.
Malherbe : *Œuvres poétiques*, réimprimées pour le texte sur la nouvelle édition des *Œuvres complètes de Malherbe*, publiées par M. Lud. Lalanne dans la Collection des GRANDS ÉCRIVAINS DE LA FRANCE. 1 v.
Sévigné (Mme de) : *Lettres de Mme de Sévigné, de sa famille et de ses amis*, réimprimées pour le texte sur la nouvelle édition publiée par M. Monmerqué dans la Collection des GRANDS ÉCRIVAINS DE LA FRANCE. 8 vol.

COULOMMIERS — Typ. ALBERT PONSOT et P. BRODARD.

ŒUVRES COMPLÈTES

DE VOLTAIRE

COULOMMIERS
Imprimerie PAUL BRODARD.

ŒUVRES COMPLÈTES

DE VOLTAIRE

TOME QUATRIÈME

PARIS
LIBRAIRIE HACHETTE ET Cⁱᵉ
79, BOULEVARD SAINT-GERMAIN, 79

—

1891

SÉMIRAMIS.

TRAGÉDIE EN CINQ ACTES,

(29 août 1748.)

AVERTISSEMENT.

Cette tragédie, d'une espèce particulière, et qui demande un appareil peu commun sur le théâtre de Paris, avait été demandée par l'infante d'Espagne, Dauphine de France, qui, remplie de la lecture des anciens, aimait les ouvrages de ce caractère. Si elle eût vécu, elle eût protégé les arts, et donné au théâtre plus de pompe et de dignité.

DISSERTATION

SUR LA TRAGÉDIE ANCIENNE ET MODERNE,

A S. ÉM. MONSEIGNEUR LE CARDINAL QUIRINI,

NOBLE VÉNITIEN,

ÉVÊQUE DE BRESCIA, BIBLIOTHÉCAIRE DU VATICAN.

Monseigneur,

Il était digne d'un génie tel que le vôtre, et d'un homme qui est à la tête de la plus ancienne bibliothèque du monde, de vous donner tout entier aux lettres. On doit voir de tels princes de l'Église sous un pontife qui a éclairé le monde chrétien avant de le gouverner. Mais si tous les lettrés vous doivent de la reconnaissance, je vous en dois plus que personne, après l'honneur que vous m'avez fait de traduire en si beaux vers *la Henriade* et le *Poëme de Fontenoy*. Les deux héros vertueux que j'ai célébrés sont devenus les vôtres. Vous avez daigné m'embellir, pour rendre encore plus respectables aux nations les noms de Henri IV et de Louis XV, et pour étendre de plus en plus dans l'Europe le goût des arts.

Parmi les obligations que toutes les nations modernes ont aux Italiens, et surtout aux premiers pontifes et à leurs ministres, il faut compter la culture des belles-lettres, par qui furent adoucies peu à peu les mœurs féroces et grossières de nos peuples septentrionaux, et auxquelles nous devons aujourd'hui notre politesse, nos délices, et notre gloire.

C'est sous le grand Léon X que le théâtre grec renaquit, ainsi que l'éloquence. La *Sophonisbe* du célèbre prélat Trissino[1], nièce du pape, est la première tragédie régulière que l'Europe

---

1. Trissino n'était point prélat. (ÉD.)

ait vue après tant de siècles de barbarie, comme la *Calandra*[1] du cardinal Bibiena avait été auparavant la première comédie dans l'Italie moderne.

Vous fûtes les premiers qui élevâtes de grands théâtres, et qui donnâtes au monde quelque idée de cette splendeur de l'ancienne Grèce, qui attirait les nations étrangères à ses solennités, et qui fut le modèle des peuples en tous les genres.

Si votre nation n'a pas toujours égalé les anciens dans le tragique, ce n'est pas que votre langue, harmonieuse, féconde, et flexible, ne soit propre à tous les sujets; mais il y a grande apparence que les progrès que vous avez faits dans la musique ont nui enfin à ceux de la véritable tragédie. C'est un talent qui a fait tort à un autre.

Permettez que j'entre avec Votre Éminence dans une discussion littéraire. Quelques personnes, accoutumées au style des épîtres dédicatoires, s'étonneront que je me borne ici à comparer les usages des Grecs avec les modernes, au lieu de comparer les grands hommes de l'antiquité avec ceux de votre maison; mais je parle à un savant, à un sage, à celui dont les lumières doivent m'éclairer, et dont j'ai l'honneur d'être le confrère dans la plus ancienne académie de l'Europe, dont les membres s'occupent souvent de semblables recherches; je parle enfin à celui qui aime mieux me donner des instructions que de recevoir des éloges.

PREMIÈRE PARTIE.

Des tragédies grecques imitées par quelques opéras italiens et français.

Un célèbre auteur de votre nation dit que, depuis les beaux jours d'Athènes, la tragédie, errante et abandonnée, cherche de contrée en contrée quelqu'un qui lui donne la main, et qui lui rende ses premiers honneurs, mais qu'elle n'a pu le trouver.

S'il entend qu'aucune nation n'a de théâtres où des chœurs occupent presque toujours la scène, et chantent des strophes, des épodes, et des antistrophes, accompagnées d'une danse grave; qu'aucune nation ne fait paraître ses acteurs sur des espèces d'échasses, le visage couvert d'un masque qui exprime la douleur d'un côté et la joie de l'autre; que la déclamation de nos tragédies n'est point notée et soutenue par des flûtes; il a sans doute raison : je ne sais si c'est à notre désavantage. J'ignore si la forme de nos tragédies, plus rapprochée de la nature, ne vaut pas celle des Grecs, qui avait un appareil plus imposant.

Si cet auteur veut dire qu'en général ce grand art n'est pas aussi considéré depuis la renaissance des lettres qu'il l'était autrefois; qu'il y a en Europe des nations qui ont quelquefois usé d'ingratitude envers les successeurs des Sophocle et des Euripide; que nos théâtres ne sont point de ces édifices superbes dans lesquels les Athéniens mettaient leur gloire; que nous ne prenons pas les mêmes soins qu'eux de ces spectacles devenus si

---

1. Ou plutôt la *Calandria*. (Éd.)

nécessaires dans nos villes immenses; on doit être entièrement de son opinion:

Et sapit, et mecum facit, et Jove judicat æquo.
Horace, II, ép. I, 68.

Où trouver un spectacle qui nous donne une image de la scène grecque? c'est peut-être dans vos tragédies, nommées opéras, que cette image subsiste. Quoi! me dira-t-on, un opéra italien aurait quelque ressemblance avec le théâtre d'Athènes? Oui. Le récitatif italien est précisément la mélopée des anciens; c'est cette déclamation notée et soutenue par des instruments de musique. Cette mélopée, qui n'est ennuyeuse que dans vos mauvaises tragédies-opéras, est admirable dans vos bonnes pièces. Les chœurs que vous y avez ajoutés depuis quelques années, et qui sont liés essentiellement au sujet, approchent d'autant plus des chœurs des anciens, qu'ils sont exprimés avec une musique différente du récitatif, comme la strophe, l'épode, et l'antistrophe, étaient chantées, chez les Grecs, tout autrement que la mélopée des scènes. Ajoutez à ces ressemblances que, dans plusieurs tragédies-opéras du célèbre abbé Metastasio, l'unité de lieu, d'action, et de temps, est observée; ajoutez que ces pièces sont pleines de cette poésie d'expression et de cette élégance continue qui embellissent le naturel sans jamais le changer; talent que, depuis les Grecs, le seul Racine a possédé parmi nous, et le seul Addison chez les Anglais.

Je sais que ces tragédies, si imposantes par les charmes de la musique et par la magnificence du spectacle, ont un défaut que les Grecs ont toujours évité; je sais que ce défaut a fait des monstres des pièces les plus belles, et d'ailleurs les plus régulières: il consiste à mettre dans toutes les scènes, de ces petits airs coupés, de ces ariettes détachées, qui interrompent l'action, et qui font valoir les fredons d'une voix efféminée, mais brillante, aux dépens de l'intérêt et du bon sens. Le grand auteur que j'ai déjà cité, et qui a tiré beaucoup de ses pièces de notre théâtre tragique, a remédié, à force de génie, à ce défaut qui est devenu une nécessité. Les paroles de ses airs détachés sont souvent des embellissements du sujet même; elles sont passionnées; elles sont quelquefois comparables aux plus beaux morceaux des odes d'Horace: j'en apporterai pour preuve cette strophe touchante que chante Arbace accusé et innocent:

> *Vo solcando un mar crudele*
> *Senza vele*
> *E senza sarte.*
> *Freme l'onda, il ciel s'imbruna,*
> *Gresce il vento, e manca l'arte;*
> *E il voler della fortuna*
> *Son costretto a seguitar,*
> *Infelice! in questo stato*
> *Son da tutti abbandonato:*
> *Meco sola è l'innocenza*
> *Che mi porta a naufragar.*

J'y ajouterai encore cette autre ariette sublime que débite le roi des Parthes vaincu par Adrien, quand il veut faire servir sa défaite même à sa vengeance :

> *Sprezza il furor del vento*
> *Robusta quercia, avvezza*
> *Di cento verni e cento*
> *L'ingiurie a tollerar.*
> *E se pur cade al suolo,*
> *Spiega per l'onde il volo;*
> *E con quel vento istesso*
> *Va contrastando in mar.*

Il y en a beaucoup de cette espèce; mais que sont des beautés hors de place? et qu'aurait-on dit dans Athènes, si Œdipe et Oreste avaient, au moment de la reconnaissance, chanté des petits airs fredonnés, et débité des comparaisons à Jocaste et à Électre? Il faut donc avouer que l'opéra, en séduisant les Italiens par les agréments de la musique, a détruit d'un côté la véritable tragédie grecque qu'il faisait renaître de l'autre.

Notre opéra français nous devait faire encore plus de tort; notre mélopée rentre bien moins que la vôtre dans la déclamation naturelle; elle est plus languissante; elle ne permet jamais que les scènes aient leur juste étendue; elle exige des dialogues courts en petites maximes coupées, dont chacune produit une espèce de chanson.

Que ceux qui sont au fait de la vraie littérature des autres nations, et qui ne bornent pas leur science aux airs de nos ballets, songent à cette admirable scène dans la *Clemenza di Tito*, entre Titus et son favori qui a conspiré contre lui; je veux parler de cette scène où Titus dit à Sextus ces paroles :

> *Siam soli : il tuo sovrano*
> *Non è presente. Apri il tuo core a Tito,*
> *Confidati all' amico; io ti prometto*
> *Che Augusto nol saprà.*

Qu'ils relisent le monologue suivant, où Titus dit ces autres paroles, qui doivent être l'éternelle leçon de tous les rois, et le charme de tous les hommes :

> *. . . . . . . Il torre altrui la vita*
> *È facoltà comune*
> *Al più vil della terra; il darla è solo*
> *De' numi, e de' regnanti.*

Ces deux scènes, comparables à tout ce que la Grèce a eu de plus beau, si elles ne sont pas supérieures; ces deux scènes, dignes de Corneille quand il n'est pas déclamateur, et de Racine quand il n'est pas faible; ces deux scènes, qui ne sont pas fondées sur un amour d'opéra, mais sur les nobles sentiments du cœur humain, ont une durée trois fois plus longue au moins que les scènes les plus étendues de nos tragédies en musique. De pareils morceaux ne seraient pas supportés sur notre théâtre lyrique, qui ne se soutient guère que par des maximes de galanterie, et par des passions manquées, à l'exception d'*Armide*, et des belles scènes d'*Iphigénie*, ouvrages plus admirables qu'imités.

Parmi nos défauts, nous avons, comme vous, dans nos opéras les plus tragiques, une infinité d'airs détachés, mais qui sont plus défectueux que les vôtres, parce qu'ils sont moins liés au sujet. Les paroles y sont presque toujours asservies aux musiciens, qui, ne pouvant exprimer dans leurs petites chansons les termes mâles et énergiques de notre langue, exigent des paroles efféminées, oisives, vagues, étrangères à l'action, et ajustées comme on peut à de petits airs mesurés, semblables à ceux qu'on appelle à Venise *barcarolle*. Quel rapport, par exemple, entre Thésée, reconnu par son père sur le point d'être empoisonné par lui, et ces ridicules paroles :

        Le plus sage
        S'enflamme et s'engage
        Sans savoir comment ?

Malgré ces défauts, j'ose encore penser que nos bonnes tragédies-opéras, telles qu'*Atis*, *Armide*, *Thésée*, étaient ce qui pouvait donner parmi nous quelque idée du théâtre d'Athènes, parce que ces tragédies sont chantées comme celles des Grecs; parce que le chœur, tout vicieux qu'on l'a rendu, tout fade panégyriste qu'on l'a fait de la morale amoureuse, ressemble pourtant à celui des Grecs, en ce qu'il occupe souvent la scène. Il ne dit pas ce qu'il doit dire, il n'enseigne pas la vertu,

    Et regat iratos; et amet peccare timentes.
        Hor., de Art. poet., v. 197.

Mais enfin il faut avouer que la forme des tragédies-opéras nous retrace la forme de la tragédie grecque à quelques égards. Il m'a donc paru, en général, en consultant les gens de lettres qui connaissent l'antiquité, que ces tragédies-opéras sont la copie et la ruine de la tragédie d'Athènes : elles en sont la copie, en ce qu'elles admettent la mélopée, les chœurs, les machines, les divinités; elles en sont la destruction, parce qu'elles ont accoutumé les jeunes gens à se connaître en sons plus qu'en esprit, à préférer leurs oreilles à leur âme, les roulades à des pensées sublimes, à faire valoir quelquefois les ouvrages les plus insipides et les plus mal écrits, quand ils sont soutenus par quelques airs qui nous plaisent. Mais, malgré tous ces défauts, l'enchantement qui résulte de ce mélange heureux de scènes, de chœurs, de danses, de symphonies, et de cette variété de décorations, subjugue jusqu'au critique même; et la meilleure comédie, la meilleure tragédie, n'est jamais fréquentée par les mêmes personnes aussi assidûment qu'un opéra médiocre. Les beautés régulières, nobles, sévères, ne sont pas les plus recherchées par le vulgaire : si on représente une ou deux fois *Cinna*, on joue trois mois *les Fêtes vénitiennes*[1] : un poëme épique est moins lu que les épigrammes licencieuses : un petit roman sera mieux débité que l'*Histoire* du président de Thou. Peu de particuliers font travailler de grands peintres; mais on se dispute des figures estropiées qui viennent de la Chine, et des ornements fragiles On dore, on vernit des cabinets; on néglige la noble architec-

1. Opéra de Danchet. (Éd.)

ture; enfin, dans tous les genres, les petits agréments l'emportent sur le vrai mérite.

SECONDE PARTIE.
De la tragédie française comparée à la tragédie grecque.

Heureusement la bonne et vraie tragédie parut en France avant que nous eussions ces opéras, qui auraient pu l'étouffer. Un auteur, nommé Mairet, fut le premier qui, en imitant la *Sophonisbe* du Trissino, introduisit la règle des trois unités que vous aviez prise des Grecs. Peu à peu notre scène s'épura, et se défit de l'indécence et de la barbarie qui déshonoraient alors tant de théâtres, et qui servaient d'excuse à ceux dont la sévérité peu éclairée condamnait tous les spectacles.

Les acteurs ne parurent pas élevés, comme dans Athènes, sur des cothurnes, qui étaient de véritables échasses; leur visage ne fut pas caché sous de grands masques, dans lesquels des tuyaux d'airain rendaient les sons de la voix plus frappants et plus terribles. Nous ne pûmes avoir la mélopée des Grecs. Nous nous réduisîmes à la simple déclamation harmonieuse, ainsi que vous en aviez d'abord usé. Enfin nos tragédies devinrent une imitation plus vraie de la nature. Nous substituâmes l'histoire à la fable grecque. La politique, l'ambition, la jalousie, les fureurs de l'amour, régnèrent sur nos théâtres. Auguste, Cinna, César, Cornélie, plus respectables que des héros fabuleux, parlèrent souvent sur notre scène comme ils auraient parlé dans l'ancienne Rome.

Je ne prétends pas que la scène française l'ait emporté en tout sur celle des Grecs, et doive la faire oublier. Les inventeurs ont toujours la première place dans la mémoire des hommes; mais quelque respect qu'on ait pour ces premiers génies, cela n'empêche pas que ceux qui les ont suivis ne fassent souvent beaucoup plus de plaisir. On respecte Homère, mais on lit le Tasse; on trouve dans lui beaucoup de beautés qu'Homère n'a point connues. On admire Sophocle; mais combien de nos bons auteurs tragiques ont-ils de traits de maîtres que Sophocle eût fait gloire d'imiter, s'il fût venu après eux! Les Grecs auraient appris de nos grands modernes à faire des expositions plus adroites, à lier les scènes les unes aux autres par cet art imperceptible qui ne laisse jamais le théâtre vide, et qui fait venir et sortir avec raison les personnages. C'est à quoi les anciens ont souvent manqué, et c'est en quoi le Trissino les a malheureusement imités. Je maintiens, par exemple, que Sophocle et Euripide eussent regardé la première scène de *Bajazet* comme une école où ils auraient profité, en voyant un vieux général d'armée annoncer, par les questions qu'il fait, qu'il médite une grande entreprise:

Que faisaient cependant nos braves janissaires?
Rendent-ils au sultan des hommages sincères?
Dans le secret des cœurs, Osmin, n'as-tu rien lu?

Et le moment d'après:

Crois-tu qu'ils me suivraient encore avec plaisir,
Et qu'ils reconnaîtraient la voix de leur vizir?

Ils auraient admiré comme ce conjuré développe ensuite ses desseins, et rend compte de ses actions. Ce grand mérite de l'art n'était point connu aux inventeurs de l'art. Le choc des passions, ces combats de sentiments opposés, ces discours animés de rivaux et de rivales, ces contestations intéressantes, où l'on dit ce que l'on doit dire, ces situations si bien ménagées, les auraient étonnés. Ils eussent trouvé mauvais peut-être qu'Hippolyte soit amoureux assez froidement d'Aricie, et que son gouverneur lui fasse des leçons de galanterie; qu'il dise (acte I, sc. I) :

. . . . . . Vous-même, où seriez-vous,
Si toujours votre mère, à l'amour opposée,
D'une pudique ardeur n'eût brûlé pour Thésée?

paroles tirées du *Pastor fido*, et bien plus convenables à un berger qu'au gouverneur d'un prince; mais ils eussent été ravis en admiration en entendant Phèdre s'écrier (acte IV, sc. VI) :

Œnone, qui l'eût cru? j'avais une rivale.
. . . Hippolyte aime, et je n'en puis douter.
Ce farouche ennemi qu'on ne pouvait dompter,
Qu'offensait le respect, qu'importunait la plainte,
Ce tigre que jamais je n'abordai sans crainte,
Soumis, apprivoisé, reconnaît un vainqueur.

Ce désespoir de Phèdre, en découvrant sa rivale, vaut certainement un peu mieux que la satire des femmes, que fait si longuement et si mal à propos l'Hippolyte d'Euripide, qui devient là un mauvais personnage de comédie. Les Grecs auraient surtout été surpris de cette foule de traits sublimes qui étincellent de toutes parts dans nos modernes. Quel effet ne ferait point sur eux ce vers (*Hor.*, acte III, sc. VI) :

Que vouliez-vous qu'il fît contre trois? — Qu'il mourût.

Et cette réponse, peut-être encore plus belle et plus passionnée, que fait Hermione à Oreste lorsque, après avoir exigé de lui la mort de Pyrrhus, qu'elle aime, elle apprend malheureusement qu'elle est obéie; elle s'écrie alors (*And.*, acte V, sc. III) :

Pourquoi l'assassiner? qu'a-t-il fait? A quel titre?
Qui te l'a dit?

ORESTE.
O dieux! quoi! ne m'avez-vous pas
Vous-même, ici, tantôt, ordonné son trépas?

HERMIONE.
Ah! fallait-il en croire une amante insensée?

Je citerai encore ici ce que dit César quand on lui présente l'urne qui renferme les cendres de Pompée (*Pompée*, acte V, sc. I) :

Restes d'un demi-dieu, dont à peine je puis
Égaler le grand nom, tout vainqueur que j'en suis.

Les Grecs ont d'autres beautés; mais je m'en rapporte à vous, monseigneur, ils n'en ont aucune de ce caractère.
Je vais plus loin, et je dis que ces hommes, qui étaient si passionnés pour la liberté, et qui ont dit si souvent qu'on ne peut

penser avec hauteur que dans les républiques, apprendraient à parler dignement de la liberté même dans quelques-unes de nos pièces, tout écrites qu'elles sont dans le sein d'une monarchie.

Les modernes ont encore, plus fréquemment que les Grecs, imaginé des sujets de pure invention. Nous eûmes beaucoup de ces ouvrages du temps du cardinal de Richelieu : c'était son goût, ainsi que celui des Espagnols; il aimait qu'on cherchât d'abord à peindre des mœurs et à arranger une intrigue, et qu'ensuite on donnât des noms aux personnages, comme on en use dans la comédie : c'est ainsi qu'il travaillait lui-même, quand il voulait se délasser du poids du ministère. Le *Venceslas* de Rotrou est entièrement dans ce goût, et toute cette histoire est fabuleuse. Mais l'auteur voulut peindre un jeune homme fougueux dans ses passions, avec un mélange de bonnes et de mauvaises qualités; un père tendre et faible; et il a réussi dans quelques parties de son ouvrage. *Le Cid* et *Héraclius*, tirés des Espagnols, sont encore des sujets feints ; il est bien vrai qu'il y a eu un empereur nommé Héraclius, un capitaine espagnol qui eut le nom de Cid; mais presque aucune des aventures qu'on leur attribue n'est véritable. Dans *Zaïre* et dans *Alzire*, si j'ose en parler, et je n'en parle que pour donner des exemples connus, tout est feint, jusqu'aux noms. Je ne conçois pas, après cela, comment le P. Brumoy a pu dire, dans son *Théâtre des Grecs*, que la tragédie ne peut souffrir de sujets feints, et que jamais on ne prit cette liberté dans Athènes. Il s'épuise à chercher la raison d'une chose qui n'est pas. « Je crois en trouver une raison, dit-il, dans la nature de l'esprit humain : il n'y a que la vraisemblance dont il puisse être touché. Or il n'est pas vraisemblable que des faits aussi grands que ceux de la tragédie soient absolument inconnus : si donc le poëte invente tout le sujet, jusques aux noms, le spectateur se révolte, tout lui paraît incroyable; et la pièce manque son effet, faute de vraisemblance. »

Premièrement, il est faux que les Grecs se soient interdit cette espèce de tragédie. Aristote dit expressément qu'Agathon s'était rendu très-célèbre dans ce genre. Secondement, il est faux que ces sujets ne réussissent point; l'expérience du contraire dépose contre le P. Brumoy. En troisième lieu, la raison qu'il donne du peu d'effet que ce genre de tragédie peut faire est encore très-fausse; c'est assurément ne pas connaître le cœur humain, que de penser qu'on ne peut le remuer par des fictions. En quatrième lieu, un sujet de pure invention, et un sujet vrai, mais ignoré, sont absolument la même chose pour les spectateurs ; et, comme notre scène embrasse des sujets de tous les temps et de tous les pays, il faudrait qu'un spectateur allât consulter tous les livres avant qu'il sût si ce qu'on lui représente est fabuleux ou historique. Il ne prend pas assurément cette peine ; il se laisse attendrir quand la pièce est touchante, et il ne s'avise pas de dire, en voyant *Polyeucte* : « Je n'ai jamais entendu parler de Sévère et de Pauline ; ces gens-là ne doivent pas me toucher. » Le P. Brumoy devait seulement remarquer que les pièces de ce genre sont beaucoup plus difficiles à faire que les autres. Tout le caractère de Phèdre était déjà dans Euripide; sa déclaration d'amour, dans Sénèque le tragique; toute la scène d'Auguste et de Cinna, dans Sénèque le philosophe : mais il fallait tirer Sévère et Pauline de son propre fonds. Au reste, si le P. Brumoy s'est trompé dans cet endroit et dans quelques autres, son livre est d'ailleurs un des meilleurs et des plus utiles que nous ayons ; et je ne combats son erreur qu'en estimant son travail et son goût.

Je reviens, et je dis que ce serait manquer d'âme et de jugement que de ne pas avouer combien la scène française est au-dessus de la scène grecque, par l'art de la conduite, par l'invention, par les beautés de détail, qui sont sans nombre. Mais aussi on serait bien partial et bien injuste de ne pas tomber d'accord que la galanterie a presque partout affaibli tous les avantages que nous avons d'ailleurs. Il faut convenir que, d'environ quatre cents tragédies qu'on a données au théâtre, depuis qu'il est en possession de quelque gloire en France, il n'y en a pas dix ou douze qui ne soient fondées sur une intrigue d'amour, plus propre à la comédie qu'au genre tragique. C'est presque toujours la même pièce, le même nœud, formé par une jalousie et une rupture, et dénoué par un mariage : c'est une coquetterie continuelle, une simple comédie, où des princes sont acteurs, et dans laquelle il y a quelquefois du sang répandu pour la forme.

La plupart de ces pièces ressemblent si fort à des comédies, que les acteurs étaient parvenus, depuis quelque temps, à les réciter du ton dont ils jouent les pièces qu'on appelle du haut comique ; ils ont par là contribué à dégrader encore la tragédie : la pompe et la magnificence de la déclamation ont été mises en oubli. On s'est piqué de réciter des vers comme de la prose ; on n'a pas considéré qu'un langage au-dessus du langage ordinaire doit être débité d'un ton au-dessus du ton familier. Et si quelques acteurs ne s'étaient heureusement corrigés de ces défauts, la tragédie ne serait bientôt parmi nous qu'une suite de conversations galantes froidement récitées ; aussi n'y a-t-il pas encore longtemps que, parmi les acteurs de toutes les troupes, les principaux rôles dans la tragédie n'étaient connus que sous le nom de l'amoureux et de l'amoureuse. Si un étranger avait demandé dans Athènes : « Quel est votre meilleur acteur pour les amoureux dans *Iphigénie*, dans *Hécube*, dans *les Héraclides*, dans *Œdipe*, et dans *Électre* ? » on n'aurait pas même compris le sens d'une telle demande. La scène française s'est lavée de ce reproche par quelques tragédies où l'amour est une passion furieuse et terrible, et vraiment digne du théâtre ; et par d'autres, où le nom d'amour n'est pas même prononcé. Jamais l'amour n'a fait verser tant de larmes que la nature. Le cœur n'est qu'effleuré, pour l'ordinaire, des plaintes d'une amante ; mais il est profondément attendri de la douloureuse situation d'une mère prête de perdre son fils : c'est donc assurément par condescendance pour son ami que Despréaux disait (*Art poét.*, III, 95) :

De l'amour la sensible peinture
Est, pour aller au cœur, la route la plus sûre.

La route de la nature est cent fois plus sûre, comme plus noble : les morceaux les plus frappants d'*Iphigénie* sont ceux où Clytemnestre défend sa fille, et non pas ceux où Achille défend son amante.

On a voulu donner, dans *Sémiramis*, un spectacle encore plus pathétique que dans *Mérope* ; on y a déployé tout l'appareil de l'ancien théâtre grec. Il serait triste, après que nos grands maîtres ont surpassé les Grecs en tant de choses dans la tragédie, que notre nation ne pût les égaler dans la dignité de leurs représentations. Un des plus grands obstacles qui s'opposent, sur notre théâtre, à toute action grande et pathétique, est la foule des spectateurs confondue sur la scène avec les acteurs : cette indécence se fit sentir particulièrement à la première représentation de *Sémiramis*. La principale actrice de Londres, qui était présente à ce spectacle, ne revenait point de son étonnement; elle ne pouvait concevoir comment il y avait des hommes assez ennemis de leurs plaisirs pour gâter ainsi le spectacle sans en jouir. Cet abus a été corrigé dans la suite aux représentations de *Sémiramis*, et il pourrait aisément être supprimé pour jamais. Il ne faut pas s'y méprendre : un inconvénient tel que celui-là seul a suffi pour priver la France de beaucoup de chefs-d'œuvre qu'on aurait sans doute hasardés, si on avait eu un théâtre libre, propre pour l'action, et tel qu'il est chez toutes les autres nations de l'Europe.

Mais ce grand défaut n'est pas assurément le seul qui doive être corrigé. Je ne puis assez m'étonner ni me plaindre du peu de soin qu'on a en France de rendre les théâtres dignes des excellents ouvrages qu'on y représente, et de la nation qui en fait ses délices. *Cinna*, *Athalie*, méritaient d'être représentés ailleurs que dans un jeu de paume, au bout duquel on a élevé quelques décorations du plus mauvais goût, et dans lequel les spectateurs sont placés, contre tout ordre et contre toute raison, les uns debout sur le théâtre même, les autres debout dans ce qu'on appelle *parterre*, où ils sont gênés et pressés indécemment, et où ils se précipitent quelquefois en tumulte les uns sur les autres, comme dans une sédition populaire. On représente au fond du Nord nos ouvrages dramatiques dans des salles mille fois plus magnifiques, mieux entendues, et avec beaucoup plus de décence.

Que nous sommes loin surtout de l'intelligence et du bon goût qui règnent en ce genre dans presque toutes vos villes d'Italie ! Il est honteux de laisser subsister encore ces restes de barbarie dans une ville si grande, si peuplée, si opulente, et si polie. La dixième partie de ce que nous dépensons tous les jours en bagatelles, aussi magnifiques qu'inutiles et peu durables, suffirait pour élever des monuments publics en tous les genres, pour rendre Paris aussi magnifique qu'il est riche et peuplé, et pour l'égaler un jour à Rome, qui est notre modèle en tant de choses. C'était un des projets de l'immortel Colbert. J'ose me flatter qu'on pardonnera cette petite digression à mon amour pour les arts et pour ma patrie, et que peut-être même un jour elle inspirera aux magistrats qui sont à la tête de cette ville la noble envie d'imiter les magistrats d'Athènes et de Rome, et ceux de l'Italie moderne.

Un théâtre construit selon les règles doit être très-vaste; il doit représenter une partie d'une place publique, le péristyle d'un palais, l'entrée d'un temple. Il doit être fait de sorte qu'un personnage, vu par les spectateurs, puisse ne l'être point par les autres personnages, selon le besoin. Il doit en imposer aux yeux, qu'il faut toujours séduire les premiers. Il doit être susceptible de la pompe la plus majestueuse. Tous les spectateurs doivent voir et entendre également, en quelque endroit qu'ils soient placés. Comment cela peut-il s'exécuter sur une scène étroite, au milieu d'une foule de jeunes gens qui laissent à peine dix pieds de place aux acteurs ? De là vient que la plupart des pièces ne sont que de longues conversations; toute action théâtrale est souvent manquée et ridicule. Cet abus subsiste, comme tant d'autres, par la raison qu'il est établi, et parce qu'on jette rarement sa maison par terre, quoiqu'on sache qu'elle est mal tournée. Un abus public n'est jamais corrigé qu'à la dernière extrémité. Au reste, quand je parle d'une action théâtrale, je parle d'un appareil, d'une cérémonie, d'une assemblée, d'un événement nécessaire à la pièce, et non pas de ces vains spectacles plus puérils que pompeux, de ces ressources du décorateur qui suppléent à la stérilité du poëte, et qui amusent les yeux, quand on ne sait pas parler à l'oreille et à l'âme. J'ai vu à Londres une pièce où l'on représentait le couronnement du roi d'Angleterre dans toute l'exactitude possible. Un chevalier armé de toutes pièces entrait à cheval sur le théâtre. J'ai quelquefois entendu dire à des étrangers : « Ah ! le bel opéra que nous avons eu ! on y voyait passer au galop plus de deux cents gardes. » Ces gens-là ne savaient pas que quatre beaux vers valent mieux dans une pièce qu'un régiment de cavalerie. Nous avons à Paris une troupe comique étrangère qui, ayant rarement de bons ouvrages à représenter, donne sur le théâtre des feux d'artifice. Il y a longtemps qu'Horace, l'homme de l'antiquité qui avait le plus de goût, a condamné ces sottises qui leurrent le peuple :

> *Esseda festinant, pilenta, petorrita, naves;*
> *Captivum portatur ebur, captiva Corinthus.*
> *Si foret in terris, rideret Democritus....*
> *Spectaret populum ludis attentius ipsis.*
> L. II, ep. I, v. 192-94, 197.

TROISIÈME PARTIE.

De *Sémiramis*.

Par tout ce que je viens d'avoir l'honneur de vous dire, monseigneur, vous voyez que c'était une entreprise assez hardie de représenter *Sémiramis* assemblant les ordres de l'État pour leur annoncer son mariage; l'ombre de Ninus sortant de son tombeau, pour prévenir un inceste, et pour venger sa mort; Sémiramis entrant dans ce mausolée, et en sortant expirante, et percée de la main de son fils. Il était à craindre que ce spectacle ne révoltât : et d'abord, en effet, la plupart de ceux qui fréquentent les spectacles, accoutumés à des élégies amoureuses, se liguèrent contre ce nouveau genre de tragédie. On dit qu'autrefois, dans une ville de la Grande-Grèce, on proposait des prix pour ceux qui inventeraient des plaisirs nouveaux. Ce fut ici tout le contraire. Mais quelques efforts qu'on ait faits pour faire tomber cette espèce de drame, vraiment terrible et tragique, on n'a pu y réussir : on disait et on écrivait de tous côtés que l'on ne croit plus aux revenants, et que les apparitions des morts ne peuvent être que puériles aux yeux d'une nation éclairée. Quoi ! toute l'antiquité aura cru ces prodiges, et il ne sera pas permis de se conformer à l'antiquité ! Quoi ! notre religion aura consacré ces coups extraordinaires de la Providence, et il serait ridicule de les renouveler !

Les Romains philosophes ne croyaient pas aux revenants du temps des empereurs, et cependant le jeune Pompée évoque une ombre dans *la Pharsale*. Les Anglais ne croient pas assurément plus que les Romains aux revenants ; cependant ils voient tous les jours avec plaisir, dans la tragédie d'*Hamlet*, l'ombre d'un roi qui paraît sur le théâtre dans une occasion à peu près semblable à celle où l'on a vu à Paris le spectre de Ninus. Je suis bien loin assurément de justifier en tout la tragédie d'*Hamlet* : c'est une pièce grossière et barbare, qui ne serait pas supportée par la plus vile populace de la France et de l'Italie. Hamlet y devient fou au second acte, et sa maîtresse devient folle au troisième ; le prince tue le père de sa maîtresse, feignant de tuer un rat, et l'héroïne se jette dans la rivière. On fait sa fosse sur le théâtre ; des fossoyeurs disent des quolibets dignes d'eux, en tenant dans leurs mains des têtes de morts ; le prince Hamlet répond à leurs grossièretés abominables par des folies non moins dégoûtantes. Pendant ce temps-là, un des acteurs fait la conquête de la Pologne. Hamlet, sa mère et son beau-père, boivent ensemble sur le théâtre ; on chante à table, on s'y querelle, on se bat, on se tue. On croirait que cet ouvrage est le fruit de l'imagination d'un sauvage ivre. Mais parmi ces irrégularités grossières, qui rendent encore aujourd'hui le théâtre anglais si absurde et si barbare, on trouve dans *Hamlet*, par une bizarrerie encore plus grande, des traits sublimes, dignes des plus grands génies. Il semble que la nature se soit plu à rassembler dans la tête de Shakspeare ce qu'on peut imaginer de plus fort et de plus grand, avec ce que la grossièreté sans esprit peut avoir de plus bas et de plus détestable.

Il faut avouer que, parmi les beautés qui étincellent au milieu de ces terribles extravagances, l'ombre du père d'Hamlet est un des coups de théâtre les plus frappants. Il fait toujours un grand effet sur les Anglais, je dis sur ceux qui sont les plus instruits, et qui sentent le mieux toute l'irrégularité de leur ancien théâtre. Cette ombre inspire plus de terreur à la seule lecture que n'en fait naître l'apparition de Darius dans la tragédie d'Eschyle intitulée *les Perses*. Pourquoi ? parce que Darius, dans Eschyle, ne paraît que pour annoncer les malheurs de sa famille, au lieu que, dans Shakspeare, l'ombre du père d'Hamlet vient demander vengeance, vient révéler des crimes secrets : elle n'est ni inutile, ni amenée par force ; elle sert à convaincre qu'il y a un pouvoir invisible qui est le maître de la nature. Les hommes, qui ont tous un fonds de justice dans le cœur, souhaitent naturellement que le ciel s'intéresse à venger l'innocence ; on verra avec plaisir, en tout temps et en tout pays, qu'un Être suprême s'occupe à punir les crimes de ceux que les hommes ne peuvent appeler en jugement ; c'est une consolation pour le faible, c'est un frein pour le pervers qui est puissant :

Du ciel, quand il le faut, la justice suprême
Suspend l'ordre éternel établi par lui-même ;

Il permet à la mort d'interrompre ses lois,
Pour l'effroi de la terre, et l'exemple des rois.

Voilà ce que dit à Sémiramis le pontife de Babylone, et ce que le successeur de Samuel aurait pu dire à Saül quand l'ombre de Samuel vint lui annoncer sa condamnation.

Je vais plus avant, et j'ose affirmer que, lorsqu'un tel prodige est annoncé dans le commencement d'une tragédie, quand il est préparé, quand on est parvenu enfin jusqu'au point de le rendre nécessaire, de le faire désirer même par les spectateurs, il se place alors au rang des choses naturelles.

On sait bien que ces grands artifices ne doivent pas être prodigués :

Nec deus intersit, nisi dignus vindice nodus....
Hor., *Art poét.*, 191.

Je ne voudrais pas assurément, à l'imitation d'Euripide, faire descendre Diane à la fin de la tragédie de *Phèdre*, ni Minerve dans l'*Iphigénie en Tauride*. Je ne voudrais pas, comme Shakspeare, faire apparaître à Brutus son mauvais génie. Je voudrais que de telles hardiesses ne fussent employées que quand elles servent à la fois à mettre dans la pièce de l'intrigue et de la terreur : et je voudrais surtout que l'intervention de ces êtres surnaturels ne parût pas absolument nécessaire. Je m'explique : si le nœud d'un poëme tragique est tellement embrouillé qu'on ne puisse se tirer d'embarras que par le secours d'un prodige, le spectateur sent la gêne où l'auteur s'est mis, et la faiblesse de la ressource ; il ne voit qu'un écrivain qui se tire maladroitement d'un mauvais pas. Plus d'illusion, plus d'intérêt :

Quodcumque ostendis mihi sic, incredulus odi.
Hor., 188.

Mais je suppose que l'auteur d'une tragédie se fût proposé pour but d'avertir les hommes que Dieu punit quelquefois de grands crimes par des voies extraordinaires ; je suppose que sa pièce fût conduite avec un tel art que le spectateur attendît à tout moment l'ombre d'un prince assassiné qui demande vengeance, sans que cette apparition fût une ressource absolument nécessaire à une intrigue embarrassée : je dis qu'alors ce prodige, bien ménagé, ferait un très-grand effet en toute langue, en tout temps, et en tout pays.

Tel est à peu près l'artifice de la tragédie de *Sémiramis* (aux beautés près, dont je n'ai pu l'orner). On voit, dès la première scène, que tout doit se faire par le ministère céleste ; tout roule d'acte en acte sur cette idée. C'est un Dieu vengeur qui inspire à Sémiramis des remords, qu'elle n'eût point eus dans ses prospérités, si les cris de Ninus même ne fussent venus l'épouvanter au milieu de sa gloire. C'est ce Dieu qui se sert de ces remords mêmes qu'il lui donne pour préparer son châtiment ; et c'est de là même que résulte l'instruction qu'on peut tirer de la pièce. Les anciens avaient souvent, dans leurs ouvrages, le but d'établir quelque grande maxime ; ainsi Sophocle finit son *OEdipe* en disant qu'il ne faut jamais appeler un homme heureux avant sa mort : ici toute la morale de la pièce est renfermée dans ces vers :

.................Il est donc des forfaits
Que le courroux des dieux ne pardonne jamais !

Maxime bien autrement importante que celle de Sophocle. Mais quelle instruction, dira-t-on, le commun des hommes peut-il tirer d'un crime si rare et d'une punition plus rare encore ? J'avoue que la catastrophe de Sémiramis n'arrivera pas souvent ; mais ce qui arrive tous les jours se trouve dans les derniers vers de la pièce :

................Apprenez tous du moins
Que les crimes secrets ont les dieux pour témoins.

Il y a peu de familles sur la terre où l'on ne puisse quelquefois s'appliquer ces vers ; c'est par là que les sujets tragiques les plus au-dessus des fortunes communes ont les rapports les plus vrais avec les mœurs de tous les hommes.

Je pourrais surtout appliquer à la tragédie de *Sémiramis* la morale par laquelle Euripide finit son *Alceste*, pièce dans laquelle le merveilleux règne bien davantage : « Que les dieux emploient des moyens étonnants pour exécuter leurs éternels décrets ! Que les grands événements qu'ils ménagent surpassent les idées des mortels ! »

Enfin, monseigneur, c'est uniquement parce que cet ouvrage respire la morale la plus pure, et même la plus sévère, que je le présente à Votre Éminence. La véritable tragédie est l'école de la vertu ; et la seule différence qui soit entre le théâtre épuré et les livres de morale, c'est que l'instruction se trouve dans la tragédie toute en action, c'est qu'elle y est intéressante, et qu'elle se montre relevée des charmes d'un art qui ne fut inventé autrefois que pour instruire la terre et pour bénir le ciel, et qui, par cette raison, fut appelé le langage des dieux. Vous qui joignez ce grand art à tant d'autres, vous me pardonnerez, sans doute, le long détail où je suis entré sur des choses qui n'avaient pas peut-être été encore tout à fait éclaircies, et qui le seraient si Votre Éminence daignait me communiquer ses lumières sur l'antiquité, dont elle a une si profonde connaissance.

PERSONNAGES.

SÉMIRAMIS, reine de Babylone.
ARZACE, ou NINIAS, fils de Sémiramis.
AZÉMA, princesse du sang de Bélus.
ASSUR, prince du sang de Bélus.
OROÈS, grand prêtre.
OTANE, ministre attaché à Sémiramis.
MITRANE, ami d'Arzace.
CÉDAR, attaché à Assur.
GARDES, MAGES, ESCLAVES, SUITE.

La scène est à Babylone.

ACTE PREMIER.

(Le théâtre représente un vaste péristyle au fond duquel est le palais de Sémiramis. Les jardins en terrasse sont élevés au-dessus du palais. Le temple des mages est à droite, et un mausolée à gauche, orné d'obélisques.)

SCÈNE I. — ARZACE, MITRANE.

(Deux esclaves portent une cassette dans le lointain.)

ARZACE.

Oui, Mitrane, en secret l'ordre émané du trône
Remet entre tes bras Arzace à Babylone.
Que la reine en ces lieux, brillants de sa splendeur,
De son puissant génie imprime la grandeur !
Quel art a pu former ces enceintes profondes
Où l'Euphrate égaré porte en tribut ses ondes;
Ce temple, ces jardins dans les airs soutenus;
Ce vaste mausolée où repose Ninus ?
Éternels monuments, moins admirables qu'elle !
C'est ici qu'à ses pieds Sémiramis m'appelle.
Les rois de l'Orient, loin d'elle prosternés,
N'ont point eu ces honneurs qui me sont destinés :
Je vais dans son éclat voir cette reine heureuse.

MITRANE.

La renommée, Arzace, est souvent bien trompeuse;
Et peut-être avec moi bientôt vous gémirez,
Quand vous verrez de près ce que vous admirez.

ARZACE.

Comment ?

MITRANE.

Sémiramis, à ses douleurs livrée,
Sème ici les chagrins dont elle est dévorée :
L'horreur qui l'épouvante est dans tous les esprits.
Tantôt remplissant l'air de ses lugubres cris,
Tantôt morne, abattue, égarée, interdite,
De quelque dieu vengeur évitant la poursuite,
Elle tombe à genoux vers ces lieux retirés,
A la nuit, au silence, à la mort consacrés;
Séjour où nul mortel n'osa jamais descendre,
Où de Ninus, mon maître, on conserve la cendre.
Elle approche à pas lents, l'air sombre, intimidé,
Et se frappant le sein de ses pleurs inondé.
A travers les horreurs d'un silence farouche,
Les noms de fils, d'époux, échappent de sa bouche :
Elle invoque les dieux; mais les dieux irrités

Ont corrompu le cours de ses prospérités.
ARZACE.
Quelle est d'un tel état l'origine imprévue ?
MITRANE.
L'effet en est affreux, la cause est inconnue.
ARZACE.
Et depuis quand les dieux l'accablent-ils ainsi ?
MITRANE.
Depuis qu'elle ordonna que vous vinssiez ici.
ARZACE.
Moi ?
MITRANE.
Vous : ce fut, seigneur, au milieu de ces fêtes,
Quand Babylone en feu célébrait vos conquêtes ;
Lorsqu'on vit déployer ces drapeaux suspendus,
Monuments des États à vos armes rendus ;
Lorsqu'avec tant d'éclat l'Euphrate vit paraître
Cette jeune Azéma, la nièce de mon maître,
Ce pur sang de Bélus et de nos souverains,
Qu'aux Scythes ravisseurs ont arraché vos mains :
Ce trône a vu flétrir sa majesté suprême
Dans des jours de triomphe, au sein du bonheur même.
ARZACE.
Azéma n'a point part à ce trouble odieux,
Un seul de ses regards adoucirait les dieux ;
Azéma d'un malheur ne peut être la cause.
Mais de tout, cependant, Sémiramis dispose ;
Son cœur en ces horreurs n'est pas toujours plongé ?
MITRANE.
De ces chagrins mortels son esprit dégagé
Souvent reprend sa force et sa splendeur première.
J'y revois tous les traits de cette âme si fière,
A qui les plus grands rois, sur la terre adorés,
Même par leurs flatteurs ne sont pas comparés.
Mais lorsque, succombant au mal qui la déchire,
Ses mains laissent flotter les rênes de l'empire,
Alors le fier Assur, ce satrape insolent,
Fait gémir le palais sous son joug accablant.
Ce secret de l'État, cette honte du trône,
N'ont point encor percé les murs de Babylone.
Ailleurs on nous envie, ici nous gémissons.
ARZACE.
Pour les faibles humains quelles hautes leçons !
Que partout le bonheur est mêlé d'amertume !
Qu'un trouble aussi cruel m'agite et me consume !
Privé de ce mortel, dont les yeux éclairés
Auraient conduit mes pas à la cour égarés,

ACTE I, SCÈNE

Accusant le destin qui m'a ravi mon père,
En proie aux passions d'un âge téméraire,
A mes vœux orgueilleux sans guide abandonné,
De quels écueils nouveaux je marche environné !

MITRANE.

J'ai pleuré comme vous ce vieillard vénérable ;
Phradate m'était cher, et sa perte m'accable :
Hélas ! Ninus l'aimait ; il lui donna son fils ;
Ninias, notre espoir, à ses mains fut remis.
Un même jour ravit et le fils et le père ;
Il s'imposa dès lors un exil volontaire ;
Mais enfin son exil a fait votre grandeur.
Élevé près de lui dans les champs de l'honneur,
Vous avez à l'empire ajouté des provinces ;
Et, placé par la gloire au rang des plus grands princes,
Vous êtes devenu l'ouvrage de vos mains.

ARZACE.

Je ne sais en ces lieux quels seront mes destins.
Aux plaines d'Arbezan quelques succès peut-être,
Quelques travaux heureux m'ont assez fait connaître ;
Et quand Sémiramis, aux rives de l'Oxus,
Vint imposer des lois à cent peuples vaincus,
Elle laissa tomber de son char de victoire
Sur mon front jeune encore un rayon de sa gloire ;
Mais souvent dans les camps un soldat honoré
Rampe à la cour des rois, et languit ignoré.
  Mon père, en expirant, me dit que ma fortune
Dépendait en ces lieux de la cause commune.
Il remit dans mes mains ces gages précieux,
Qu'il conserva toujours loin des profanes yeux :
Je dois les déposer dans les mains du grand-prêtre ;
Lui seul doit en juger, lui seul doit les connaître ;
Sur mon sort, en secret, je dois le consulter ;
A Sémiramis même il peut me présenter.

MITRANE.

Rarement il l'approche ; obscur et solitaire
Renfermé dans les soins de son saint ministère,
Sans vaine ambition, sans crainte, sans détour,
On le voit dans son temple, et jamais à la cour.
Il n'a point affecté l'orgueil du rang suprême,
Ni placé sa tiare auprès du diadème ;
Moins il veut être grand, plus il est révéré.
Quelque accès m'est ouvert en ce séjour sacré ;
Je puis même, en secret, lui parler à cette heure.
Vous le verrez ici, non loin de sa demeure,
Avant qu'un jour plus grand vienne éclairer nos yeux

SCÈNE II. — ARZACE.

Eh! quelle est donc sur moi la volonté des dieux?
Que me réservent-ils? et d'où vient que mon père
M'envoie, en expirant, aux pieds du sanctuaire,
Moi soldat, moi nourri dans l'horreur des combats,
Moi qu'enfin l'amour seul entraîne sur ses pas?
Aux dieux des Chaldéens quel service ai-je à rendre?
Mais quelle voix plaintive ici se fait entendre?

(On entend des gémissements sortir du fond du tombeau, où l'on suppose qu'ils sont entendus.)

Du fond de cette tombe un cri lugubre, affreux,
Sur mon front pâlissant fait dresser mes cheveux;
De Ninus, m'a-t-on dit, l'ombre en ces lieux habite....
Les cris ont redoublé, mon âme est interdite.
Séjour sombre et sacré, mânes de ce grand roi,
Voix puissante des dieux, que voulez-vous de moi?

SCÈNE III. — ARZACE, LE GRAND MAGE OROÈS, SUITE DE MAGES, MITRANE.

MITRANE, *au mage Oroès.*

Oui, seigneur, en vos mains Arzace ici doit rendre
Ces monuments secrets que vous semblez attendre.

ARZACE.

Du dieu des Chaldéens pontife redouté,
Permettez qu'un guerrier, à vos yeux présenté,
Apporte à vos genoux la volonté dernière
D'un père à qui mes mains ont fermé la paupière.
Vous daignâtes l'aimer.

OROÈS.

Jeune et brave mortel,
D'un dieu qui conduit tout le décret éternel
Vous amène à mes yeux plus que l'ordre d'un père.
De Phradate à jamais la mémoire m'est chère;
Son fils me l'est encor plus que vous ne croyez.
Ces gages précieux, par son ordre envoyés,
Où sont-ils?

ARZACE.

Les voici.

(Les esclaves donnent le coffre aux mages, qui le posent sur un autel.)

OROÈS, *ouvrant le coffre, et se penchant avec respect et avec douleur.*

C'est donc vous que je touche,
Restes chers et sacrés; je vous vois, et ma bouche,
Presse, avec des sanglots, ces tristes monuments
Qui, m'arrachant des pleurs, attestent mes serments!

ACTE I, SCÈNE III.

Que l'on nous laisse seuls; allez, et vous, Mitrane,
De ce secret mystère écartez tout profane.
       (Les mages se retirent.)
Voici ce même sceau dont Ninus autrefois
Transmit aux nations l'empreinte de ses lois :
Je la vois, cette lettre à jamais effrayante,
Que, prête à se glacer, traça sa main mourante.
Adorez ce bandeau dont il fut couronné :
A venger son trépas ce fer est destiné,
Ce fer qui subjugua la Perse et la Médie,
Inutile instrument contre la perfidie,
Contre un poison trop sûr, dont les mortels apprêts....

    ARZACE.
Ciel ! que m'apprenez-vous ?

      OROÈS.
      Ces horribles secrets
Sont encor demeurés dans une nuit profonde.
Du sein de ce sépulcre, inaccessible au monde,
Les mânes de Ninus et les dieux outragés
Ont élevé leurs voix, et ne sont point vengés.

    ARZACE.
Jugez de quelle horreur j'ai dû sentir l'atteinte !
Ici même, et du fond de cette auguste enceinte,
D'affreux gémissements sont vers moi parvenus.

    OROÈS.
Ces accents de la mort sont la voix de Ninus.

    ARZACE.
Deux fois à mon oreille ils se sont fait entendre.

    OROÈS.
Ils demandent vengeance.

      ARZACE.
      Il a droit de l'attendre.
Mais de qui ?

    OROÈS.
    Les cruels dont les coupables mains
Du plus juste des rois ont privé les humains,
Ont de leur trahison caché la trame impie ;
Dans la nuit de la tombe elle est ensevelie.
Aisément des mortels ils ont séduit les yeux :
Mais on ne peut tromper l'œil vigilant des dieux
Des plus obscurs complots il perce les abîmes.

    ARZACE.
Ah ! si ma faible main pouvait punir ces crimes !
Je ne sais; mais l'aspect de ce fatal tombeau
Dans mes sens étonnés porte un trouble nouveau.
Ne puis-je y consulter ce roi qu'on y révère ?

    OROÈS.
Non : le ciel le défend ; un oracle sévère

Nous interdit l'accès de ce séjour de pleurs
Habité par la mort et par des dieux vengeurs.
Attendez avec moi le jour de la justice :
Il est temps qu'il arrive, et que tout s'accomplisse.
Je n'en puis dire plus; des pervers éloigné,
Je lève en paix mes mains vers le ciel indigné.
Sur ce grand intérêt, qui peut-être vous touche,
Ce ciel, quand il lui plaît, ouvre et ferme ma bouche.
J'ai dit ce que j'ai dû; tremblez qu'en ces remparts
Une parole, un geste, un seul de vos regards
Ne trahisse un secret que mon dieu vous confie.
Il y va de sa gloire, et du sort de l'Asie,
Il y va de vos jours. Vous, mages, approchez;
Que ces chers monuments sous l'autel soient cachés.

(La grande porte du palais s'ouvre et se remplit de gardes. Assur paraît avec sa suite d'un autre côté.)

Déjà le palais s'ouvre; on entre chez la reine;
Vous voyez cet Assur, dont la grandeur hautaine
Traîne ici sur ses pas un peuple de flatteurs.
A qui, Dieu tout-puissant, donnez-vous les grandeurs
O monstre !

ARZACE.

Quoi, seigneur !...

OROÈS.

Adieu. Quand la nuit sombre
Sur ces coupables murs viendra jeter son ombre,
Je pourrai vous parler en présence des dieux.
Redoutez-les, Arzace, ils ont sur vous les yeux.

SCÈNE IV. — ARZACE, *sur le devant du théâtre, avec* MITRANE, *qui reste auprès de lui;* ASSUR, *vers un des côtés, avec* CÉDAR *et sa suite.*

ARZACE.

De tout ce qu'il m'a dit que mon âme est émue !
Quels crimes ! quelle cour ! et qu'elle est peu connue !
Quoi ! Ninus, quoi ! mon maître est mort empoisonné !
Et je ne vois que trop qu'Assur est soupçonné.

MITRANE, *approchant d'Arzace.*

Des rois de Babylone Assur tient sa naissance;
Sa fière autorité veut de la déférence :
La reine le ménage, on craint de l'offenser;
Et l'on peut, sans rougir, devant lui s'abaisser.

ARZACE.

Devant lui ?

ASSUR, *dans l'enfoncement, à Cédar.*

Me trompé-je ? Arzace à Babylone !
Sans mon ordre ! Qui ? lui ! Tant d'audace m'étonne

ACTE I, SCÈNE IV

ARZACE.
Quel orgueil!

ASSUR.
Approchez : quels intérêts nouveaux
Vous font abandonner vos camps et vos drapeaux?
Des rives de l'Oxus quel sujet vous amène?

ARZACE.
Mes services, seigneur, et l'ordre de la reine.

ASSUR.
Quoi! la reine vous mande?

ARZACE.
Oui.

ASSUR.
Mais savez-vous bien
Que pour avoir son ordre on demande le mien?

ARZACE.
Je l'ignorais, seigneur, et j'aurais pensé même
Blesser, en le croyant, l'honneur du diadème.
Pardonnez; un soldat est mauvais courtisan.
Nourri dans la Scythie, aux plaines d'Arbazan,
J'ai pu servir la cour, et non pas la connaître

ASSUR.
L'âge, le temps, les lieux, vous l'apprendront peut-être;
Mais ici par moi seul aux pieds du trône admis,
Que venez-vous chercher près de Sémiramis?

ARZACE.
J'ose lui demander le prix de mon courage,
L'honneur de la servir.

ASSUR.
Vous osez davantage.
Vous ne m'expliquez pas vos vœux présomptueux :
Je sais pour Azéma vos desseins et vos feux.

ARZACE.
Je l'adore, sans doute, et son cœur où j'aspire
Est d'un prix à mes yeux au-dessus de l'empire :
Et mes profonds respects, mon amour....

ASSUR.
Arrêtez.
Vous ne connaissez pas à qui vous insultez.
Qui? vous! associer la race d'un Sarmate
Au sang des demi-dieux du Tigre et de l'Euphrate
Je veux bien par pitié vous donner un avis :
Si vous osez porter jusqu'à Sémiramis
L'injurieux aveu que vous osez me faire,
Vous m'avez entendu, frémissez, téméraire.
Mes droits impunément ne sont point offensés.

ARZACE.
J'y cours de ce pas même et vous m'enhardissez:

C'est l'effet que sur moi fit toujours la menace.
Quels que soient en ces lieux les droits de votre place,
Vous n'avez pas celui d'outrager un soldat
Qui servit et la reine, et vous-même, et l'État.
Je vous parais hardi; mon feu peut vous déplaire :
Mais vous me paraissez cent fois plus téméraire,
Vous qui, sous votre joug prétendant m'accabler,
Vous croyez assez grand pour me faire trembler.

ASSUR.

Pour vous punir peut-être; et je vais vous apprendre
Quel prix de tant d'audace un sujet doit attendre.

ARZACE.

Tous deux nous l'apprendrons.

SCÈNE V. — SÉMIRAMIS *paraît dans le fond, appuyée sur ses femmes; OTANE, son confident, va au-devant d'Assur;* ASSUR, ARZACE, MITRANE.

OTANE.

Seigneur, quittez ces lieux;
La reine en ce moment se cache à tous les yeux;
Respectez les douleurs de son âme éperdue.
Dieux, retirez la main sur sa tête étendue!

ARZACE, *en se retirant.*

Que je la plains!

ASSUR, *à l'un des siens.*

Sortons; et, sans plus consulter,
De ce trouble inouï songeons à profiter.

(Il sort avec sa suite. — Sémiramis avance sur la scène.)

OTANE, *revenant à Sémiramis.*

O reine! rappelez votre force première;
Que vos yeux, sans horreur, s'ouvrent à la lumière.

SÉMIRAMIS.

O voiles de la mort, quand viendrez-vous couvrir
Mes yeux remplis de pleurs, et lassés de s'ouvrir :
(Elle marche éperdue sur la scène, croyant voir l'ombre de Ninus.
Abîmes, fermez-vous; fantôme horrible, arrête :
Frappe, ou cesse à la fin de menacer ma tête.
Arzace est-il venu?

OTANE.

Madame, en cette cour,
Arzace auprès du temple a devancé le jour.

SÉMIRAMIS

Cette voix formidable, infernale ou céleste,
Qui dans l'ombre des nuits pousse un cri si funeste,
M'avertit que, le jour qu'Arzace doit venir,

ACTE I, SCÈNE V.

Mes douloureux tourments seront prêts à finir.

OTANE.

Au sein de ces horreurs goûtez donc quelque joie :
Espérez dans ces dieux dont le bras se déploie.

SÉMIRAMIS.

Arzace est dans ma cour !... Ah ! je sens qu'à son nom
L'horreur de mon forfait trouble moins ma raison.

OTANE.

Perdez-en pour jamais l'importune mémoire ;
Que de Sémiramis les beaux jours pleins de gloire
Effacent ce moment heureux ou malheureux
Qui d'un fatal hymen brisa le joug affreux.
Ninus, en vous chassant de son lit et du trône,
En vous perdant, madame, eût perdu Babylone.
Pour le bien des mortels vous prévîntes ses coups ;
Babylone et la terre avaient besoin de vous :
Et quinze ans de vertus et de travaux utiles,
Les arides déserts par vous rendus fertiles,
Les sauvages humains soumis au frein des lois,
Les arts dans nos cités naissant à votre voix,
Ces hardis monuments que l'univers admire,
Les acclamations de ce puissant empire,
Sont autant de témoins dont le cri glorieux
A déposé pour vous au tribunal des dieux.
Enfin, si leur justice emportait la balance,
Si la mort de Ninus excitait leur vengeance,
D'où vient qu'Assur ici brave en paix leur courroux ?
Assur fut en effet plus coupable que vous ;
Sa main, qui prépara le breuvage homicide,
Ne tremble point pourtant, et rien ne l'intimide.

SÉMIRAMIS.

Nos destins, nos devoirs étaient trop différents :
Plus les nœuds sont sacrés, plus les crimes sont grands.
J'étais épouse, Otane, et je suis sans excuse ;
Devant les dieux vengeurs mon désespoir m'accuse.
J'avais cru que ces dieux, justement offensés,
En m'arrachant mon fils, m'avaient punie assez ;
Que tant d'heureux travaux rendaient mon diadème,
Ainsi qu'au monde entier, respectable au ciel même :
Mais depuis quelques mois ce spectre furieux
Vient affliger mon cœur, mon oreille, mes yeux.
Je me traîne à la tombe, où je ne puis descendre ;
J'y révère de loin cette fatale cendre ;
Je l'invoque en tremblant : des sons, des cris affreux,
De longs gémissements répondent à mes vœux.
D'un grand événement je me vois avertie,
Et peut-être il est temps que le crime s'expie.

OTANE.

Mais est-il assuré que ce spectre fatal
Soit en effet sorti du séjour infernal?
Souvent de ces erreurs notre âme est obsédée;
De son ouvrage même elle est intimidée;
Croit voir ce qu'elle craint; et, dans l'horreur des **nuits**,
Voit enfin les objets qu'elle-même a produits.

SÉMIRAMIS.

Je l'ai vu : ce n'est point une erreur passagère
Qu'enfante du sommeil la vapeur mensongère;
Le sommeil, à mes yeux refusant ses douceurs,
N'a point sur mes esprits répandu ses erreurs.
Je veillais, je pensais au sort qui me menace,
Lorsqu'au bord de mon lit j'entends nommer Arzace.
Ce nom me rassurait : tu sais quel est mon cœur;
Assur depuis un temps l'a pénétré d'horreur.
Je frémis quand il faut ménager mon complice :
Rougir devant ses yeux est mon premier supplice,
Et je déteste en lui cet avantage affreux,
Que lui donne un forfait qui nous unit tous deux.
Je voudrais.... mais faut-il, dans l'état qui m'opprime,
Par un crime nouveau punir sur lui mon crime?
Je demandais Arzace, afin de l'opposer
Au complice odieux qui pense m'imposer;
Je m'occupais d'Arzace, et j'étais moins troublée.
Dans ces moments de paix, qui m'avaient consolée,
Ce ministre de mort a reparu soudain
Tout dégouttant de sang, et le glaive à la main :
Je crois le voir encor, je crois encor l'entendre.
Vient-il pour me punir? vient-il pour me défendre?
Arzace au moment même arrivait dans ma cour;
Le ciel à mon repos a réservé ce jour :
Cependant toute en proie au trouble qui me tue,
La paix ne rentre point dans mon âme abattue.
Je passe à tout moment de l'espoir à l'effroi.
Le fardeau de la vie est trop pesant pour moi.
Mon trône m'importune, et ma gloire passée
N'est qu'un nouveau tourment de ma triste pensée.
J'ai nourri mes chagrins sans les manifester;
Ma peur m'a fait rougir. J'ai craint de consulter
Ce mage révéré que chérit Babylone,
D'avilir devant lui la majesté du trône,
De montrer une fois, en présence du ciel,
Sémiramis tremblante aux regards d'un mortel.
Mais j'ai fait en secret, moins fière ou plus hardie,
Consulter Jupiter aux sables de Libye,
Comme si, loin de nous, le dieu de l'univers

N'eût mis la vérité qu'au fond de ces déserts;
Le dieu qui s'est caché dans cette sombre enceinte
A reçu dès longtemps mon hommage et ma crainte;
J'ai comblé ses autels et de dons et d'encens.
Répare-t-on le crime, hélas! par des présents?
De Memphis aujourd'hui j'attends une réponse.

SCÈNE VI. — SÉMIRAMIS, OTANE, MITRANE.

MITRANE.
Aux portes du palais en secret on annonce
Un prêtre de l'Égypte arrivé de Memphis.
SÉMIRAMIS.
Je verrai donc mes maux ou comblés ou finis!
Allons; cachons surtout au reste de l'empire
Le trouble humiliant dont l'horreur me déchire;
Et qu'Arzace, à l'instant à mon ordre rendu,
Puisse apporter le calme à ce cœur éperdu!

ACTE SECOND.

SCÈNE I. — ARZACE, AZÉMA.

AZÉMA.
Arzace, écoutez-moi; cet empire indompté
Vous doit son nouveau lustre, et moi, ma liberté.
Quand les Scythes vaincus, réparant leurs défaites,
S'élancèrent sur nous de leurs vastes retraites,
Quand mon père en tombant me laissa dans leurs fers
Vous seul, portant la foudre au fond de leurs déserts
Brisâtes mes liens, remplîtes ma vengeance.
Je vous dois tout; mon cœur en est la récompense
Je ne serai qu'à vous. Mais notre amour nous perd.
Votre cœur généreux, trop simple et trop ouvert,
A cru qu'en cette cour, ainsi qu'en votre armée,
Suivi de vos exploits et de la renommée,
Vous pouviez déployer, sincère impunément,
La fierté d'un héros et le cœur d'un amant.
Vous outragez Assur, vous devez le connaître;
Vous ne pouvez le perdre, il menace, il est maître;
Il abuse en ces lieux de son pouvoir fatal,
Il est inexorable... il est votre rival.
ARZACE.
Il vous aime! qui? lui!
AZÉMA.
Ce cœur sombre et farouche,

Qui hait toute vertu, qu'aucun charme ne touche,
Ambitieux, esclave, et tyran tour à tour,
S'est-il flatté de plaire, et connaît-il l'amour?
Des rois assyriens comme lui descendue,
Et plus près de ce trône, où je suis attendue,
Il pense, en m'immolant à ses secrets desseins,
Appuyer de mes droits ses droits trop incertains.
Pour moi, si Ninias, à qui, dès sa naissance,
Ninus m'avait donnée aux jours de mon enfance,
Si l'héritier du sceptre à moi seule promis
Voyait encor le jour près de Sémiramis;
S'il me donnait son cœur avec le rang suprême,
J'en atteste l'amour, j'en jure par vous-même,
Ninias me verrait préférer aujourd'hui
Un exil avec vous à ce trône avec lui.
Les campagnes du Scythe, et ses climats stériles,
Pleins de votre grand nom, sont d'assez doux asiles:
Le sein de ces déserts, où naquit notre amour,
Est pour moi Babylone, et deviendra ma cour.
Peut-être l'ennemi que cet amour outrage
A ce doux châtiment ne borne point sa rage.
J'ai démêlé son âme, et j'en vois la noirceur;
Le crime, ou je me trompe, étonne peu son cœur.
Votre gloire déjà lui fait assez d'ombrage;
Il vous craint, il vous hait.

ARZACE.
　　　　　　Je le hais davantage;
Mais je ne le crains pas, étant aimé de vous.
Conservez vos bontés, je brave son courroux.
La reine entre nous deux tient au moins la balance.
Je me suis vu d'abord admis en sa présence;
Elle m'a fait sentir, à ce premier accueil,
Autant d'humanité qu'Assur avait d'orgueil;
Et relevant mon front, prosterné vers son trône,
M'a vingt fois appelé l'appui de Babylone.
Je m'entendais flatter de cette auguste voix
Dont tant de souverains ont adoré les lois;
Je la voyais franchir cet immense intervalle
Qu'a mis entre elle et moi la majesté royale:
Que j'en étais touché! qu'elle était à mes yeux
La mortelle, après vous, la plus semblable aux dieux!

AZÉMA.
Si la reine est pour nous, Assur en vain menace,
Je ne crains rien.

ARZACE.
　　　　　　J'allais, plein d'une noble audace,
Mettre à ses pieds mes vœux jusqu'à vous élevés,

Qui révoltent Assur, et que vous approuvez.
Un prêtre de l'Égypte approche au moment même,
Des oracles d'Ammon portant l'ordre suprême.
Elle ouvre le billet d'une tremblante main,
Fixe les yeux sur moi, les détourne soudain,
Laisse couler des pleurs, interdite, éperdue,
Me regarde, soupire, et s'échappe à ma vue.
On dit qu'au désespoir son grand cœur est réduit,
Que la terreur l'accable, et qu'un dieu la poursuit.
Je m'attendris sur elle ; et je ne puis comprendre
Qu'après plus de quinze ans, soigneux de la défendre,
Le ciel la persécute, et paraisse outragé.
Qu'a-t-elle fait aux dieux ? d'où vient qu'ils ont changé ?

AZÉMA.

On ne parle en effet que d'augures funestes,
De mânes en courroux, de vengeances célestes.
Sémiramis troublée a semblé quelques jours
Des soins de son empire abandonner le cours ;
Et j'ai tremblé qu'Assur, en ces jours de tristesse,
Du palais effrayé n'accablât la faiblesse.
Mais la reine a paru, tout s'est calmé soudain ;
Tout a senti le poids du pouvoir souverain.
Si déjà de la cour mes yeux ont quelque usage,
La reine hait Assur, l'observe, le ménage :
Ils se craignent l'un l'autre ; et, tout prêts d'éclater,
Quelque intérêt secret semble les arrêter.
J'ai vu Sémiramis à son nom courroucée ;
La rougeur de son front trahissait sa pensée ;
Son cœur paraissait plein d'un long ressentiment :
Mais souvent à la cour tout change en un moment.
Retournez, et parlez.

ARZACE.

    J'obéis ; mais j'ignore
Si je puis à son trône être introduit encore.

AZÉMA.

Ma voix secondera mes vœux et votre espoir ;
Je fais de vous aimer ma gloire et mon devoir.
Que de Sémiramis on adore l'empire,
Que l'Orient vaincu la respecte et l'admire,
Dans mon triomphe heureux j'envierai peu les siens.
Le monde est à ses pieds, mais Arzace est aux miens.
Allez. Assur paraît.

ARZACE.

    Qui ? ce traître ? A sa vue
D'une invincible horreur je sens mon âme émue.

SCÈNE II. — ASSUR, CÉDAR, ARZACE, AZÉMA.

ASSUR, à Cédar.

Va, dis-je, et vois enfin si les temps sont venus
De lui porter des coups trop longtemps retenus.
(Cédar sort.)
Quoi! je le vois encore! il brave encor ma haine!

ARZACE.
Vous voyez un sujet protégé par sa reine.

ASSUR.
Elle a daigné vous voir : mais vous a-t-elle appris
De l'orgueil d'un sujet quel est le digne prix?
Savez-vous qu'Azéma, la fille de vos maîtres,
Ne doit unir son sang qu'au sang de ses ancêtres?
Et que de Ninias épouse en son berceau....

ARZACE.
Je sais que Ninias, seigneur, est au tombeau;
Que son père avec lui mourut d'un coup funeste;
Il me suffit.

ASSUR.
Eh bien ! apprenez donc le reste.
Sachez que de Ninus le droit m'est assuré,
Qu'entre son trône et moi je ne vois qu'un degré;
Que la reine m'écoute, et souvent sacrifie
A mes justes conseils un sujet qui s'oublie;
Et que tous vos respects ne pourront effacer
Les téméraires vœux qui m'osaient offenser.

ARZACE.
Instruit à respecter le sang qui vous fit naître,
Sans redouter en vous l'autorité d'un maître,
Je sais ce qu'on vous doit, surtout en ces climats,
Et je m'en souviendrais, si vous n'en parliez pas.
Vos aïeux, dont Bélus a fondé la noblesse,
Sont votre premier droit au cœur de la princesse,
Vos intérêts présents, le soin de l'avenir,
Le besoin de l'État, tout semble vous unir.
Moi, contre tant de droits, qu'il me faut reconnaître,
J'ose en opposer un qui les vaut tous peut-être :
J'aime; et j'ajouterais, seigneur, que mon secours
A vengé ses malheurs, a défendu ses jours,
A soutenu ce trône où son destin l'appelle,
Si j'osais, comme vous, me vanter devant elle.
Je vais remplir son ordre à mon zèle commis;
Je n'en reçois que d'elle et de Sémiramis.
L'État peut quelque jour être en votre puissance;
Le ciel donne souvent des rois dans sa vengeance;
Mais il vous trompe au moins dans l'un de vos projets,

ACTE II, SCÈNE II.

Si vous comptez Arzace au rang de vos sujets.
ASSUR.
Tu combles la mesure, et tu cours à ta perte,

SCÈNE III. — ASSUR, AZÉMA.

ASSUR.
Madame, son audace est trop longtemps soufferte.
Mais puis-je en liberté m'expliquer avec vous
Sur un sujet plus noble et plus digne de nous?
AZÉMA.
En est-il? mais parlez.
ASSUR.
Bientôt l'Asie entière
Sous vos pas et les miens ouvre une autre carrière
Les faibles intérêts doivent peu nous frapper;
L'univers nous appelle, et va nous occuper.
Sémiramis n'est plus que l'ombre d'elle-même
Le ciel semble abaisser cette grandeur suprême :
Cet astre si brillant, si longtemps respecté,
Penche vers son déclin, sans force et sans clarté.
On le voit, on murmure, et déjà Babylone
Demande à haute voix un héritier du trône.
Ce mot en dit assez; vous connaissez mes droits :
Ce n'est point à l'amour à nous donner des rois.
Non qu'à tant de beautés mon âme inaccessible
Se fasse une vertu de paraître insensible;
Mais pour vous et pour moi j'aurais trop à rougir,
Si le sort de l'État dépendait d'un soupir;
Un sentiment plus digne et de l'un et de l'autre
Doit gouverner mon sort, et commander au vôtre.
Vos aïeux sont les miens, et nous les trahissons,
Nous perdons l'univers, si nous nous divisons
Je puis vous étonner; cet austère langage
Effarouche aisément les grâces de votre âge;
Mais je parle aux héros, aux rois, dont vous sortez,
A tous ces demi-dieux que vous représentez.
Longtemps, foulant aux pieds leur grandeur et leur cendre,
Usurpant un pouvoir où nous devons prétendre,
Donnant aux nations ou des lois, ou des fers,
Une femme imposa silence à l'univers.
De sa grandeur qui tombe affermissez l'ouvrage,
Elle eut votre beauté, possédez son courage.
L'amour à vos genoux ne doit se présenter
Que pour vous rendre un sceptre, et non pour vous l'ôter.
C'est ma main qui vous l'offre, et du moins je me flatte
Que vous n'immolez pas à l'amour d'un Sarmate

La majesté d'un nom qu'il vous faut respecter,
Et le trône du monde où vous devez monter.

AZÉMA.

Reposez-vous sur moi, sans insulter Arzace,
Du soin de maintenir la splendeur de ma race.
Je défendrai surtout, quand il en sera temps,
Les droits que m'ont transmis les rois dont je descends.
Je connais vos aïeux ; mais, après tout, j'ignore
Si parmi ces héros, que l'Assyrie adore,
Il en est un plus grand, plus chéri des humains,
Que ce même Sarmate, objet de vos dédains.
Aux vertus, croyez-moi, rendez plus de justice.
Pour moi, quand il faudra que l'hymen m'asservisse,
C'est à Sémiramis à faire mes destins ;
Et j'attendrai, seigneur, un maître de ses mains.
J'écoute peu ces bruits que le peuple répète,
Échos tumultueux d'une voix plus secrète.
J'ignore si vos chefs, aux révoltes poussés,
De servir une femme en secret sont lassés ;
Je les vois à ses pieds baisser leur tête altière,
Ils peuvent murmurer, mais c'est dans la poussière.
Les dieux, dit-on, sur elle ont étendu leur bras :
J'ignore son offense, et je ne pense pas,
Si le ciel a parlé, seigneur, qu'il vous choisisse
Pour annoncer son ordre, et servir sa justice.
Elle règne, en un mot. Et vous qui gouvernez,
Vous prenez à ses pieds les lois que vous donnez ;
Je ne connais ici que son pouvoir suprême :
Ma gloire est d'obéir ; obéissez de même.

SCÈNE IV. — ASSUR, CÉDAR

ASSUR.

Obéir ! ah ! ce mot fait trop rougir mon front ;
J'en ai trop dévoré l'insupportable affront.
Parle, as-tu réussi ? Ces semences de haine,
Que nos soins en secret cultivaient avec peine,
Pourront-elles porter, au gré de ma fureur,
Les fruits que j'en attends de discorde et d'horreur ?

CÉDAR.

J'ose espérer beaucoup. Le peuple enfin commence
A sortir du respect, et de ce long silence
Où le nom, les exploits, l'art de Sémiramis,
Ont enchaîné les cœurs étonnés et soumis
On veut un successeur au trône d'Assyrie ;
Et quiconque, seigneur, aime encor la patrie,
Ou qui, gagné par moi, se vante de l'aimer,

Dit qu'il nous faut un maître, et qu'il faut vous nommer.
####### ASSUR.
Chagrins toujours cuisants! honte toujours nouvelle!
Quoi! ma gloire, mon rang, mon destin dépend d'elle!
Quoi! j'aurais fait mourir et Ninus et son fils,
Pour ramper le premier devant Sémiramis!
Pour languir, dans l'éclat d'une illustre disgrâce.
Près du trône du monde, à la seconde place!
La reine se bornait à la mort d'un époux;
Mais j'étendis plus loin ma fureur et mes coups;
Ninias, en secret privé de la lumière,
Du trône où j'aspirais m'entr'ouvrait la barrière,
Quand sa puissante main la ferma sous mes pas.
C'est en vain que, flattant l'orgueil de ses appas,
J'avais cru chaque jour prendre sur sa jeunesse
Cet heureux ascendant que les soins, la souplesse,
L'attention, le temps, savent si bien donner
Sur un cœur sans dessein, facile à gouverner.
Je connus mal cette âme inflexible et profonde;
Rien ne la put toucher que l'empire du monde.
Elle en parut trop digne, il le faut avouer:
Je suis dans mes fureurs contraint à la louer.
Je la vis retenir dans ses mains assurées
De l'État chancelant les rênes égarées,
Apaiser le murmure, étouffer les complots,
Gouverner en monarque, et combattre en héros.
Je la vis captiver et le peuple et l'armée.
Ce grand art d'imposer, même à la renommée,
Fut l'art qui sous son joug enchaîna les esprits:
L'univers à ses pieds demeure encor surpris.
Que dis-je? sa beauté, ce flatteur avantage,
Fit adorer les lois qu'imposa son courage;
Et, quand dans mon dépit j'ai voulu conspirer,
Mes amis consternés n'ont su que l'admirer.
####### CÉDAR.
Ce charme se dissipe, et ce pouvoir chancelle;
Son génie égaré semble s'éloigner d'elle.
Un vain remords la trouble; et sa crédulité
A depuis quelque temps en secret consulté
Ces oracles menteurs d'un temple méprisable,
Que les fourbes d'Égypte ont rendu vénérable.
Son encens et ses vœux fatiguent les autels;
Elle devient semblable au reste des mortels:
Elle a connu la crainte.
####### ASSUR.
Accablons sa faiblesse
Je ne puis m'élever qu'autant qu'elle s'abaisse.

De Babylone au moins j'ai fait parler la voix.
Sémiramis enfin va céder une fois.
Ce premier coup porté, sa ruine est certaine.
Me donner Azéma, c'est cesser d'être reine ;
Oser me refuser, soulève ses États ;
Et de tous les côtés le piège est sous ses pas.
Mais peut-être, après tout, quand je crois la surprendre
J'ai lassé ma fortune à force de l'attendre.
                CÉDAR.
Si la reine vous cède, et nomme un héritier,
Assur de son destin peut-il se défier ?
De vous et d'Azéma l'union désirée
Rejoindra de nos rois la tige séparée.
Tout vous porte à l'empire, et tout parle pour vous.
                ASSUR.
Pour Azéma sans doute il n'est point d'autre époux.
Mais pourquoi de si loin faire venir Arzace ?
Elle a favorisé son insolente audace.
Tout prêt à le punir, je me vois retenu
Par cette même main dont il est soutenu.
Prince, mais sans sujets, ministre, et sans puissance,
Environné d'honneurs, et dans la dépendance,
Tout m'afflige, une amante, un jeune audacieux,
Des prêtres consultés, qui font parler leurs dieux,
Sémiramis enfin toujours en défiance,
Qui me ménage à peine, et qui craint ma présence !
Nous verrons si l'ingrate avec impunité
Ose pousser à bout un complice irrité.
                        (Il veut sortir.)

SCÈNE V. — ASSUR, OTANE, CÉDAR.

                OTANE.
Seigneur, Sémiramis vous ordonne d'attendre ;
Elle veut en secret vous voir et vous entendre,
Et de cet entretien qu'aucun ne soit témoin.
                ASSUR.
A ses ordres sacrés j'obéis avec soin,
Otane, et j'attendrai sa volonté suprême.

SCÈNE VI. — ASSUR, CÉDAR.

                ASSUR.
Eh ! d'où peut donc venir ce changement extrême ?
Depuis près de trois mois je lui semble odieux ;
Mon aspect importun lui fait baisser les yeux ;
Toujours quelque témoin nous voit et nous écoute ;
De nos froids entretiens, qui lui pèsent sans doute
Ses soudaines frayeurs interrompent le cours ;

Son silence souvent répond à mes discours.
Que veut-elle me dire? où que veut-elle apprendre?
Elle avance vers nous; c'est elle. Va m'attendre.

SCÈNE VII. — SÉMIRAMIS, ASSUR.

SÉMIRAMIS.

Seigneur, il faut enfin que je vous ouvre un cœur
Qui longtemps devant vous dévora sa douleur.
J'ai gouverné l'Asie, et peut-être avec gloire;
Peut-être Babylone, honorant ma mémoire,
Mettra Sémiramis à côté des grands rois.
Vos mains de mon empire ont soutenu le poids.
Partout victorieuse, absolue, adorée,
De l'encens des humains je vivais enivrée;
Tranquille, j'oubliai, sans crainte et sans ennuis,
Quel degré m'éleva dans ce rang où je suis.
Des dieux, dans mon bonheur, j'oubliai la justice
Elle parle, je cède : et ce grand édifice,
Que je crus à l'abri des outrages du temps,
Veut être raffermi jusqu'en ses fondements.

ASSUR.

Madame, c'est à vous d'achever votre ouvrage,
De commander au temps, de prévoir son outrage.
Qui pourrait obscurcir des jours si glorieux?
Quand la terre obéit, que craignez-vous des dieux?

SÉMIRAMIS.

La cendre de Ninus repose en cette enceinte,
Et vous me demandez le sujet de ma crainte!
Vous!

ASSUR.

   Je vous avouerai que je suis indigne
Qu'on se souvienne encor si Ninus a régné.
Craint-on après quinze ans ses mânes en colère?
Ils se seraient vengés, s'ils avaient pu le faire.
D'un éternel oubli ne tirez point les morts.
Je suis épouvanté, mais c'est de vos remords.
Ah! ne consultez point d'oracles inutiles :
C'est par la fermeté qu'on rend les dieux faciles.
Ce fantôme inouï qui paraît en ce jour,
Qui naquit de la crainte, et l'enfante à son tour,
Peut-il vous effrayer par tous ses vains prestiges?
Pour qui ne les craint point il n'est point de prodiges;
Ils sont l'appât grossier des peuples ignorants,
L'invention du fourbe, et le mépris des grands.
Mais si quelque intérêt plus noble et plus solide
Éclaire votre esprit qu'un vain trouble intimide,

S'il vous faut de Bélus éterniser le sang,
Si la jeune Azéma prétend à ce haut rang....

SÉMIRAMIS.

Je viens vous en parler. Ammon et Babylone
Demandent sans détour un héritier du trône
Il faut que de mon sceptre on partage le faix :
Et le peuple et les dieux vont être satisfaits.
Vous le savez assez, mon superbe courage
S'était fait une loi de régner sans partage :
Je tins sur mon hymen l'univers en suspens ;
Et quand la voix du peuple, à la fleur de mes ans,
Cette voix qu'aujourd'hui le ciel même seconde,
Me pressait de donner des souverains au monde ;
Si quelqu'un put prétendre au nom de mon époux,
Cet honneur, je le sais, n'appartenait qu'à vous ;
Vous deviez l'espérer, mais vous pûtes connaître
Combien Sémiramis craignait d'avoir un maître.
Je vous fis, sans former un lien si fatal,
Le second de la terre, et non pas mon égal.
C'était assez, seigneur ; et j'ai l'orgueil de croire
Que ce rang aurait pu suffire à votre gloire.
Le ciel me parle enfin ; j'obéis à sa voix :
Écoutez son oracle, et recevez mes lois.
« Babylone doit prendre une face nouvelle,
Quand, d'un second hymen allumant le flambeau,
Mère trop malheureuse, épouse trop cruelle,
Tu calmeras Ninus au fond de son tombeau. »
C'est ainsi que des dieux l'ordre éternel s'explique
Je connais vos desseins et votre politique ;
Vous voulez dans l'État vous former un parti :
Vous m'opposez le sang dont vous êtes sorti.
De vous et d'Azéma mon successeur peut naître ;
Vous briguez cet hymen, elle y prétend peut-être.
Mais moi, je ne veux pas que vos droits et les siens,
Ensemble confondus, s'arment contre les miens :
Telle est ma volonté, constante, irrévocable.
C'est à vous de juger si le dieu qui m'accable
A laissé quelque force à mes sens interdits,
Si vous reconnaissez encor Sémiramis,
Si je puis soutenir la majesté du trône.
Je vais donner, seigneur, un maître à Babylone.
Mais soit qu'un si grand choix honore un autre ou vous,
Je serai souveraine en prenant un époux.
Assemblez seulement les princes et les mages ;
Qu'ils viennent à ma voix joindre ici leurs suffrages ;
Le don de mon empire et de ma liberté
Est l'acte le plus grand de mon autorité ;

Loin de le prévenir, qu'on l'attende en silence.
Le ciel à ce grand jour attache sa clémence;
Tout m'annonce des dieux qui daignent se calmer;
Mais c'est le repentir qui doit les désarmer.
Croyez-moi, les remords, à vos yeux méprisables,
Sont la seule vertu qui reste à des coupables.
Je vous parais timide et faible; désormais
Connaissez la faiblesse, elle est dans les forfaits.
Cette crainte n'est pas honteuse au diadème;
Elle convient aux rois, et surtout à vous-même.
Et je vous apprendrai qu'on peut, sans s'avilir,
S'abaisser sous les dieux, les craindre, et les servir.

SCÈNE VIII. — ASSUR.

Quels discours étonnants! quels projets! quel langage!
Est-ce crainte, artifice, ou faiblesse, ou courage?
Prétend-elle, en cédant, raffermir ses destins?
Et s'unit-elle à moi pour tromper mes desseins?
A l'hymen d'Azéma je ne dois point prétendre!
C'est m'assurer du sien, que je dois seul attendre.
Ce que n'ont pu mes soins et nos communs forfaits,
L'hommage dont jadis je flattai ses attraits,
Mes brigues, mon dépit, la crainte de sa chute,
Un oracle d'Égypte, un songe l'exécute!
Quel pouvoir inconnu gouverne les humains!
Que de faibles ressorts font d'illustres destins!
Doutons encor de tout, voyons encor la reine.
Sa résolution me paraît trop soudaine;
Trop de soins à mes yeux paraissent l'occuper:
Et qui change aisément est faible, ou veut tromper.

ACTE TROISIÈME.

Le théâtre représente un cabinet du palais.

SCÈNE I. — SÉMIRAMIS, OTANE.

SÉMIRAMIS.

Otane, qui l'eût cru, que les dieux en colère
Me tendaient en effet une main salutaire,
Qu'ils ne m'épouvantaient que pour se désarmer?
Ils ont ouvert l'abîme, et l'ont daigné fermer
C'est la foudre à la main qu'ils m'ont donné ma grâce;

Ils ont changé mon sort, ils ont conduit Arzace,
Ils veulent mon hymen; ils veulent expier,
Par ce lien nouveau, les crimes du premier.
Non, je ne doute plus que des cœurs ils disposent :
Le mien vole au-devant de la loi qu'ils m'imposent.
Arzace, c'en est fait, je me rends, et je voi
Que tu devais régner sur le monde et sur moi.

OTANE.

Arzace ! lui !

SÉMIRAMIS.

    Tu sais qu'aux plaines de Scythie,
Quand je vengeais la Perse et subjuguais l'Asie,
Ce héros (sous son père il combattait alors),
Ce héros, entouré de captifs et de morts,
M'offrit en rougissant, de ses mains triomphantes,
Des ennemis vaincus les dépouilles sanglantes.
A son premier aspect tout mon cœur étonné
Par un pouvoir secret se sentit entraîné ;
Je n'en pus affaiblir le charme inconcevable,
Le reste des mortels me sembla méprisable.
Assur, qui m'observait, ne fut que trop jaloux ;
Dès lors le nom d'Arzace aigrissait son courroux :
Mais l'image d'Arzace occupa ma pensée,
Avant que de nos dieux la main me l'eût tracée,
Avant que cette voix qui commande à mon cœur
Me désignât Arzace, et nommât mon vainqueur.

OTANE.

C'est beaucoup abaisser ce superbe courage
Qui des maîtres du Gange a dédaigné l'hommage,
Qui, n'écoutant jamais de faibles sentiments,
Veut des rois pour sujets, et non pas pour amants.
Vous avez méprisé jusqu'à la beauté même,
Dont l'empire accroissait votre empire suprême ;
Et vos yeux sur la terre exerçaient leur pouvoir,
Sans que vous daignassiez vous en apercevoir.
Quoi ! de l'amour enfin connaissez-vous les charmes ?
Et pouvez-vous passer de ces sombres alarmes
Au tendre sentiment qui vous parle aujourd'hui ?

SÉMIRAMIS.

Non, ce n'est point l'amour qui m'entraîne vers lui :
Mon âme par les yeux ne peut être vaincue :
Ne crois pas qu'à ce point de mon rang descendue,
Écoutant dans mon trouble un charme suborneur,
Je donne à la beauté le prix de la valeur ;
Je crois sentir du moins de plus nobles tendresses.
Malheureuse ! est-ce à moi d'éprouver des faiblesses,
De connaître l'amour et ses fatales lois !

ACTE III, SCÈNE I.

Otane, que veux-tu? je fus mère autrefois;
Mes malheureuses mains à peine cultivèrent
Ce fruit d'un triste hymen que les dieux m'enlevèrent.
Seule, en proie aux chagrins qui venaient m'alarmer,
N'ayant autour de moi rien que je pusse aimer,
Sentant ce vide affreux de ma grandeur suprême,
M'arrachant à ma cour et m'évitant moi-même,
J'ai cherché le repos dans ces grands monuments,
D'une âme qui se fuit trompeurs amusements.
Le repos m'échappait; je sens que je le trouve,
Je m'étonne en secret du charme que j'éprouve;
Arzace me tient lieu d'un époux et d'un fils,
Et de tous mes travaux, et du monde soumis.
Que je vous dois d'encens, ô puissance céleste,
Qui, me forçant de prendre un joug jadis funeste,
Me préparez au nœud que j'avais abhorré,
En m'embrasant d'un feu par vous-même inspiré!

OTANE.

Mais vous avez prévu la douleur et la rage
Dont va frémir Assur à ce nouvel outrage;
Car enfin, il se flatte, et la commune voix
A fait tomber sur lui l'honneur de votre choix:
Il ne bornera pas son dépit à se plaindre.

SÉMIRAMIS.

Je ne l'ai point trompé, je ne veux pas le craindre.
J'ai su quinze ans entiers, quel que fût son projet,
Le tenir dans le rang de mon premier sujet :
A son ambition, pour moi toujours suspecte,
Je prescrivis quinze ans les bornes qu'il respecte.
Je régnais seule alors : et si ma faible main
Mit à ses vœux hardis ce redoutable frein,
Que pourront désormais sa brigue et son audace
Contre Sémiramis unie avec Arzace?
Oui, je crois que Ninus, content de mes remords,
Pour presser cet hymen quitte le sein des morts.
Sa grande ombre en effet, déjà trop offensée,
Contre Sémiramis serait trop courroucée;
Elle verrait donner, avec trop de douleur,
Sa couronne et son lit à son empoisonneur.
Du sein de son tombeau voilà ce qui l'appelle;
Les oracles d'Ammon s'accordent avec elle;
La vertu d'Oroès ne me fait plus trembler;
Pour entendre mes lois je l'ai fait appeler;
Je l'attends.

OTANE.

Son crédit, son sacré caractère,
Peut appuyer le choix que vous prétendez faire.

SÉMIRAMIS.
Sa voix achèvera de rassurer mon cœur.

OTANE.
Il vient

SCÈNE II. — SÉMIRAMIS, OROÈS.

SÉMIRAMIS.
De Zoroastre auguste successeur,
Je vais nommer un roi; vous, couronnez sa tête:
Tout est-il préparé pour cette auguste fête?

OROÈS.
Les mages et les grands attendent votre choix;
Je remplis mon devoir, et j'obéis aux rois :
Le soin de les juger n'est point notre partage;
C'est celui des dieux seuls.

SÉMIRAMIS.
A ce sombre langage
On dirait qu'en secret vous condamnez mes vœux.

OROÈS.
Je ne les connais pas; puissent-ils être heureux!

SÉMIRAMIS.
Mais vous interprétez les volontés célestes.
Ces signes que j'ai vus me seraient-ils funestes?
Une ombre, un dieu, peut-être, à mes yeux s'est montré;
Dans le sein de la terre il est soudain rentré.
Quel pouvoir a brisé l'éternelle barrière
Dont le ciel sépara l'enfer et la lumière?
D'où vient que les humains, malgré l'arrêt du sort,
Reviennent à mes yeux du séjour de la mort?

OROÈS.
Du ciel, quand il le faut, la justice suprême
Suspend l'ordre éternel établi par lui-même;
Il permet à la mort d'interrompre ses lois,
Pour l'effroi de la terre et l'exemple des rois.

SÉMIRAMIS.
Les oracles d'Ammon veulent un sacrifice.

OROÈS.
Il se fera, madame.

SÉMIRAMIS.
Éternelle justice,
Qui lisez dans mon âme avec des yeux vengeurs,
Ne la remplissez plus de nouvelles horreurs
De mon premier hymen oubliez l'infortune.
(A Oroès qui s'éloignait.)
Revenez.

OROÈS, *revenant*.
Je croyais ma présence importune.

ACTE III, SCÈNE II.

SÉMIRAMIS.
Répondez : ce matin aux pieds de vos autels
Arzace a présenté des dons aux immortels?
OROÈS.
Oui, ces dons leur sont chers, Arzace a su leur plaire.
SÉMIRAMIS.
Je le crois, et ce mot me rassure et m'éclaire.
Puis-je d'un sort heureux me reposer sur lui?
OROÈS.
Arzace de l'empire est le plus digne appui;
Les dieux l'ont amené; sa gloire est leur ouvrage.
SÉMIRAMIS.
J'accepte avec transport ce fortuné présage;
L'espérance et la paix reviennent me calmer.
Allez; qu'un pur encens recommence à fumer.
De vos mages, de vous, que la présence auguste
Sur l'hymen le plus grand, sur le choix le plus juste,
Attire de nos dieux les regards souverains.
Puissent de cet État les éternels destins
Reprendre avec les miens une splendeur nouvelle!
Hâtez de ce beau jour la pompe solennelle.
Allez.

SCÈNE III. — SÉMIRAMIS, OTANE.

SÉMIRAMIS.
Ainsi le ciel est d'accord avec moi;
Je suis son interprète en choisissant un roi.
Que je vais l'étonner par le don d'un empire!
Qu'il est loin d'espérer ce moment où j'aspire
Qu'Assur et tous les siens vont être humiliés!
Quand j'aurai dit un mot, la terre est à ses pieds.
Combien à mes bontés il faudra qu'il réponde!
Je l'épouse, et pour dot je lui donne le monde.
Enfin ma gloire est pure, et je puis la goûter.

SCÈNE IV. — SÉMIRAMIS, OTANE, MITRANE, UN OFFICIER DU PALAIS.

MITRANE.
Arzace à vos genoux demande à se jeter :
Daignez à ses douleurs accorder cette grâce.
SÉMIRAMIS.
Quel chagrin près de moi peut occuper Arzace?
De mes chagrins lui seul a dissipé l'horreur :
Qu'il vienne : il ne sait pas ce qu'il peut sur mon cœur.
Vous, dont le sang s'apaise, et dont la voix m'inspire,
O mânes redoutés, et vous dieux de l'empire,

Dieux des Assyriens, de Ninus, de mon fils,
Pour le favoriser soyez tous réunis!
Quel trouble en le voyant m'a soudain pénétrée!

SCÈNE V. — SÉMIRAMIS, ARZACE, AZÉMA.

ARZACE.

O reine, à vous servir ma vie est consacrée :
Je vous devais mon sang; et quand je l'ai versé,
Puisqu'il coula pour vous, je fus récompensé.
Mon père avait joui de quelque renommée;
Mes yeux l'ont vu mourir commandant votre armée;
Il a laissé, madame, à son malheureux fils
Des exemples frappants, peut-être mal suivis.
Je n'ose devant vous rappeler la mémoire
Des services d'un père et de sa faible gloire,
Qu'afin d'obtenir grâce à vos sacrés genoux
Pour un fils téméraire, et coupable envers vous,
Qui, de ses vœux hardis écoutant l'imprudence,
Craint, même en vous servant, de vous faire une offense.

SÉMIRAMIS.

Vous, m'offenser? qui, vous? ah! ne le craignez pas.

ARZACE.

Vous donnez votre main, vous donnez vos États.
Sur ces grands intérêts, sur ce choix que vous faites,
Mon cœur doit renfermer ses plaintes indiscrètes :
Je dois dans le silence, et le front prosterné,
Attendre avec cent rois qu'un roi nous soit donné.
Mais d'Assur hautement le triomphe s'apprête;
D'un pas audacieux il marche à sa conquête;
Le peuple nomme Assur; il est de votre sang;
Puisse-t-il mériter et son nom et son rang!
Mais enfin je me sens l'âme trop élevée
Pour adorer ici la main que j'ai bravée,
Pour me voir écrasé de son orgueil jaloux.
Souffrez que loin de lui, malgré moi loin de vous,
Je retourne aux climats où je vous ai servie.
J'y suis assez puissant contre sa tyrannie,
Si des bienfaits nouveaux dont j'ose me flatter....

SÉMIRAMIS.

Ah! que m'avez-vous dit? vous, fuir! vous, me quitter.
Vous pourriez craindre Assur?

ARZACE.

Non : ce cœur téméraire
Craint dans le monde entier votre seule colère.
Peut-être avez-vous su mes désirs orgueilleux :

ACTE III, SCÈNE V.

Votre indignation peut confondre mes vœux.
Je tremble.
SÉMIRAMIS.
Espérez tout ; je vous ferai connaître
Qu'Assur en aucun temps ne sera votre maître.
ARZACE.
Eh bien ! je l'avouerai, mes yeux avec horreur
De votre époux en lui verraient le successeur.
Mais s'il ne peut prétendre à ce grand hyménée,
Verra-t-on à ses lois Azéma destinée ?
Pardonnez à l'excès de ma présomption ;
Ne redoutez-vous point sa sourde ambition ?
Jadis à Ninias Azéma fut unie ;
C'est dans le même sang qu'Assur puisa la vie ;
Je ne suis qu'un sujet, mais j'ose contre lui....
SÉMIRAMIS.
Des sujets tels que vous sont mon plus noble appui.
Je sais vos sentiments ; votre âme peu commune
Chérit Sémiramis, et non pas ma fortune.
Sur mes vrais intérêts vos yeux sont éclairés ;
Je vous en fais l'arbitre ; et vous les soutiendrez.
D'Assur et d'Azéma je romps l'intelligence ;
J'ai prévu les dangers d'une telle alliance ;
Je sais tous ses projets, ils seront confondus.
ARZACE.
Ah ! puisque ainsi mes vœux sont par vous entendus,
Puisque vous avez lu dans le fond de mon âme...

AZÉMA *arrive avec précipitation.*
Reine, j'ose à vos pieds....
SÉMIRAMIS, *relevant Azéma.*
Rassurez-vous, madame :
Quel que soit mon époux, je vous garde en ces lieux
Un sort et des honneurs dignes de vos aïeux.
Destinée à mon fils, vous m'êtes toujours chère ;
Et je vous vois encore avec des yeux de mère.
Placez-vous l'un et l'autre avec ceux que ma voix
A nommés pour témoins de mon auguste choix.
(A Arzace.)
Que l'appui de l'État se range auprès du trône.

SCÈNE VI.

(Le cabinet où était Sémiramis fait place à un grand salon magnifiquement orné. Plusieurs officiers, avec les marques de leurs dignités, sont sur des gradins. Un trône est placé au milieu du salon. Les satrapes sont auprès du trône. Le grand prêtre entre avec les mages. Il se place debout entre Assur et Arzace. La reine est au milieu avec Azéma et ses femmes. Des gardes occupent le fond du salon.)

OROÈS.

Princes, mages, guerriers, soutiens de Babylone,
Par l'ordre de la reine en ces lieux rassemblés,
Les décrets de nos dieux vous seront révélés.
Ils veillent sur l'empire; et voici la journée
Qu'à de grands changements ils avaient destinée.
Quel que soit le monarque et quel que soit l'époux
Que la reine ait choisi pour l'élever sur nous,
C'est à nous d'obéir.... J'apporte au nom des mages
Ce que je dois aux rois, des vœux et des hommages,
Des souhaits pour leur gloire, et surtout pour l'État.
Puissent ces jours nouveaux de grandeur et d'éclat
N'être jamais changés en des jours de ténèbres,
Ni ces chants d'allégresse en des plaintes funèbres!

AZÉMA.

Pontife, et vous, seigneur, on va nommer un roi :
Ce grand choix, tel qu'il soit, peut n'offenser que moi.
Mais je naquis sujette, et je le suis encore;
Je m'abandonne aux soins dont la reine m'honore;
Et, sans oser prévoir un sinistre avenir,
Je donne à ses sujets l'exemple d'obéir.

ASSUR.

Quoi qu'il puisse arriver, quoi que le ciel décide,
Que le bien de l'État à ce grand jour préside.
Jurons tous par ce trône, et par Sémiramis,
D'être à ce choix auguste aveuglément soumis,
D'obéir sans murmure au gré de sa justice.

ARZACE.

Je le jure; et ce bras armé pour son service,
Ce cœur à qui sa voix commande après les dieux,
Ce sang dans les combats répandu sous ses yeux,
Sont à mon nouveau maître avec le même zèle
Qui sans se démentir les anima pour elle.

OROÈS.

De la reine et des dieux j'attends les volontés.

SÉMIRAMIS.

Il suffit; prenez place, et vous, peuple, écoutez.
(Elle s'assied sur le trône; Azéma, Assur, le grand prêtre, Arzace, prennent leurs places; elle continue :)
Si la terre, quinze ans de ma gloire occupée,

Révéra dans ma main le sceptre avec l'épée,
Dans cette même main qu'un usage jaloux
Destinait au fuseau sous les lois d'un époux;
Si j'ai, de mes sujets surpassant l'espérance,
De cet empire heureux porté le poids immense
Je vais le partager pour le mieux maintenir,
Pour étendre sa gloire aux siècles à venir,
Pour obéir aux dieux dont l'ordre irrévocable
Fléchit ce cœur altier si longtemps indomptable.
Ils m'ont ôté mon fils; puissent-ils m'en donner
Qui, dignes de me suivre et de vous gouverner,
Marchant dans les sentiers que fraya mon courage,
Des grandeurs de mon règne éternisent l'ouvrage !
J'ai pu choisir, sans doute, entre des souverains;
Mais ceux dont les États entourent mes confins,
Ou sont mes ennemis, ou sont mes tributaires :
Mon sceptre n'est point fait pour leurs mains étrangères,
Et mes premiers sujets sont plus grands à mes yeux
Que tous ces rois vaincus par moi-même, ou par eux.
Bélus naquit sujet; s'il eut le diadème,
Il le dut à ce peuple, il le dut à lui-même.
J'ai par les mêmes droits le sceptre que je tiens,
Maîtresse d'un État plus vaste que les siens,
J'ai rangé sous vos lois vingt peuples de l'aurore,
Qu'au siècle de Bélus on ignorait encore.
Tout ce qu'il entreprit, je le sus achever.
Ce qui fonde un État le peut seul conserver.
Il vous faut un héros digne d'un tel empire,
Digne de tels sujets, et, si j'ose le dire,
Digne de cette main qui va le couronner,
Et du cœur indompté que je vais lui donner.
J'ai consulté les lois, les maîtres du tonnerre,
L'intérêt de l'État, l'intérêt de la terre :
Je fais le bien du monde en nommant un époux.
Adorez le héros qui va régner sur vous;
Voyez revivre en lui les princes de ma race.
Ce héros, cet époux, ce monarque est Arzace.

(Elle descend du trône, et tout le monde se lève.)

AZÉMA.

Arzace! ô perfidie !

ASSUR.

O vengeance ! ô fureurs !

ARZACE, à Azéma.

Ah ! croyez....

OROÈS.

Juste ciel ! écartez ces horreurs !

SÉMIRAMIS, *avançant sur la scène, et s'adressant aux mages.*
Vous, qui sanctifiez de si pures tendresses,
Venez sur nos autels garantir nos promesses ;
Ninus et Ninias vous sont rendus en lui.
   (*Le tonnerre gronde, et le tombeau paraît s'ébranler.*)
Ciel ! qu'est-ce que j'entends ?

OROÈS.
            Dieu ! soyez notre appui.
SÉMIRAMIS.
Le ciel tonne sur nous : est-ce faveur ou haine ?
Grâce, dieux tout-puissants ! qu'Arzace me l'obtienne.
Quels funèbres accents redoublent mes terreurs !
La tombe s'est ouverte : il paraît.... Ciel ! je meurs....
      (*L'ombre de Ninus sort de son tombeau.*)
ASSUR.
L'ombre de Ninus même ! ô dieux ! est-il possible
ARZACE.
Eh bien ! qu'ordonnes-tu ? parle-nous, dieu terrible !
ASSUR.
Parle.
SÉMIRAMIS.
      Veux-tu me perdre ? ou veux-tu pardonner ?
C'est ton sceptre et ton lit que je viens de donner :
Juge si ce héros est digne de ta place.
Prononce ; j'y consens.
L'OMBRE, *à Arzace.*
         Tu régneras, Arzace ;
Mais il est des forfaits que tu dois expier.
Dans ma tombe, à ma cendre il faut sacrifier.
Sers et mon fils et moi ; souviens-toi de ton père :
Écoute le pontife.
ARZACE.
      Ombre que je révère,
Demi-dieu dont l'esprit anime ces climats,
Ton aspect m'encourage et ne m'étonne pas.
Oui, j'irai dans ta tombe au péril de ma vie.
Achève ; que veux-tu que ma main sacrifie ?
   (*L'ombre retourne de son estrade à la porte du tombeau.*)
Il s'éloigne, il nous fuit !
SÉMIRAMIS.
         Ombre de mon époux,
Permets qu'en ce tombeau j'embrasse tes genoux,
Que mes regrets....
L'OMBRE, *à la porte du tombeau.*
         Arrête, et respecte ma cendre ;
Quand il en sera temps, je t'y ferai descendre.
      (*Le spectre rentre, et le mausolée se referme.*)

ASSUR.
Quel horrible prodige!
SÉMIRAMIS.
                    O peuples, suivez-moi ;
Venez tous dans ce temple, et calmez votre effroi.
Les mânes de Ninus ne sont point implacables ;
S'ils protégent Arzace, ils me sont favorables :
C'est le ciel qui m'inspire et qui vous donne un roi ;
Venez tous l'implorer pour Arzace et pour moi.

ACTE QUATRIÈME.

(Le théâtre représente le vestibule du temple.)

SCÈNE I. — ARZACE, AZÉMA.

ARZACE.
N'irritez point mes maux, ils m'accablent assez.
Cet oracle est affreux plus que vous ne pensez.
Des prodiges sans nombre étonnent la nature.
Le ciel m'a tout ravi ; je vous perds.
AZÉMA.
                            Ah! parjure!
Va, cesse d'ajouter aux horreurs de ce jour
L'indigne souvenir de ton perfide amour.
Je ne combattrai point la main qui te couronne,
Les morts qui t'ont parlé, ton cœur qui m'abandonne.
Des prodiges nouveaux qui me glacent d'effroi,
Ta barbare inconstance est le plus grand pour moi.
Achève ; rends Ninus à ton crime propice ;
Commence ici par moi ton affreux sacrifice :
Frappe, ingrat!
ARZACE.
            C'en est trop : mon cœur désespéré
Contre ces derniers traits n'était point préparé.
Vous voyez trop, cruelle, à ma douleur profonde,
Si ce cœur vous préfère à l'empire du monde
Ces victoires, ce nom, dont j'étais si jaloux,
Vous en étiez l'objet : j'avais tout fait pour vous ;
Et mon ambition, au comble parvenue,
Jusqu'à vous mériter avait porté sa vue.
Sémiramis m'est chère ; oui, je dois l'avouer ;
Votre bouche avec moi conspire à la louer.
Nos yeux la regardaient comme un dieu tutélaire
Qui de nos chastes feux protégeait le mystère.
C'est avec cette ardeur, et ces vœux épurés,

Que peut-être les dieux veulent être adorés.
Jugez de ma surprise au choix qu'a fait la reine;
Jugez du précipice où ce choix nous entraîne;
Apprenez tout mon sort.

AZÉMA.
Je le sais.

ARZACE.
Apprenez
Que l'empire ni vous ne me sont destinés.
Ce fils qu'il faut servir, ce fils de Ninus même,
Cet unique héritier de la grandeur suprême....

AZÉMA.
Eh bien ?

ARZACE.
Ce Ninias, qui, presque en son berceau,
De l'hymen avec vous alluma le flambeau,
Qui naquit à la fois mon rival et mon maître...

AZÉMA.
Ninias !

ARZACE.
Il respire, il vient, il va paraître.

AZÉMA.
Ninias, juste ciel ! Eh quoi ! Sémiramis....

ARZACE.
Jusqu'à ce jour trompée, elle a pleuré son fils.

AZÉMA.
Ninias est vivant !

ARZACE.
C'est un secret encore
Renfermé dans le temple, et que la reine ignore.

AZÉMA.
Mais Ninus te couronne, et sa veuve est à toi.

ARZACE.
Mais son fils est à vous; mais son fils est mon roi;
Mais je dois le servir. Quel oracle funeste !

AZÉMA.
L'amour parle, il suffit : que m'importe le reste ?
Ses ordres plus certains n'ont point d'obscurité;
Voilà mon seul oracle, il doit être écouté.
Ninias est vivant ! Eh bien ! qu'il reparaisse;
Que sa mère à mes yeux attestant sa promesse,
Que son père avec lui rappelé du tombeau,
Rejoignent ces liens formés dans mon berceau;
Que Ninias, mon roi, ton rival, et ton maître,
Ait pour moi tout l'amour que tu me dois peut-être :
Viens voir tout cet amour devant toi confondu;
Vois fouler à mes pieds le sceptre qui m'est dû.
Où donc est Ninias ? quel secret ? quel mystère

ACTE IV, SCÈNE I.

Le dérobe à ma vue, et le cache à sa mère?
Qu'il revienne en un mot; lui, ni Sémiramis,
Ni ces mânes sacrés que l'enfer a vomis,
Ni le renversement de toute la nature,
Ne pourront de mon âme arracher un parjure.
Arzace, c'est à toi de te bien consulter;
Vois si ton cœur m'égale, et s'il m'ose imiter.
Quels sont donc ces forfaits que l'enfer en furie,
Que l'ombre de Ninus ordonne qu'on expie?
Cruel, si tu trahis un si sacré lien,
Je ne connais ici de crime que le tien.
Je vois de tes destins le fatal interprète,
Pour te dicter leurs lois, sortir de sa retraite :
Le malheureux amour dont tu trahis la foi
N'est point fait pour paraître entre les dieux et toi.
Va recevoir l'arrêt dont Ninus nous menace;
Ton sort dépend des dieux, le mien dépend d'Arzace.
(Elle sort.)

ARZACE.

Arzace est à vous seule. Ah! cruelle! arrêtez.
Quel mélange d'horreurs et de félicités!
Quels étonnants destins l'un à l'autre contraires!...

SCÈNE II. — ARZACE, OROÈS, *suivi des* MAGES.

OROÈS, *à Arzace.*

Venez, retirons-nous vers ces lieux solitaires;
Je vois quel trouble affreux a dû vous pénétrer :
A de plus grands assauts il faut vous préparer.
(Aux mages.)
Apportez ce bandeau d'un roi que je révère;
Prenez ce fer sacré, cette lettre.
(Les mages vont chercher ce que le grand prêtre demande.)

ARZACE.

O mon père!
Tirez-moi de l'abîme où mes pas sont plongés,
Levez le voile affreux dont mes yeux sont chargés

OROÈS.

Le voile va tomber, mon fils; et voici l'heure
Où, dans sa redoutable et profonde demeure,
Ninus attend de vous, pour apaiser ses cris,
L'offrande réservée à ses mânes trahis.

ARZACE.

Quel ordre? quelle offrande? et qu'est-ce qu'il désire?
Qui? moi! venger Ninus, et Ninias respire!
Qu'il vienne, il est mon roi, mon bras va le servir.

OROÈS.

Son père a commandé; ne sachez qu'obéir.

Dans une heure à sa tombe, Arzace, il faut vous rendre,
(Il donne le diadème et l'épée à Ninias.)
Armé du fer sacré que vos mains doivent prendre,
Ceint du même bandeau que son front a porté,
Et que vous-même ici vous m'avez présenté.

ARZACE.

Du bandeau de Ninus!

OROÈS.

Ses mânes le commandent :
C'est dans cet appareil, c'est ainsi qu'ils attendent
Ce sang qui devant eux doit être offert par vous.
Ne songez qu'à frapper, qu'à servir leur courroux :
La victime y sera; c'est assez vous instruire.
Reposez-vous sur eux du soin de la conduire.

ARZACE.

S'il demande mon sang, disposez de ce bras.
Mais vous ne parlez point, seigneur, de Ninias;
Vous ne me dites point comment son père même
Me donnerait sa femme avec son diadème.

OROÈS.

Sa femme! vous! la reine! ô ciel! Sémiramis!
Eh bien! voici l'instant que je vous ai promis.
Connaissez vos destins, et cette femme impie.

ARZACE.

Grands dieux!

OROÈS.

De son époux elle a tranché la vie.

ARZACE.

Elle! la reine!

OROÈS.

Assur, l'opprobre de son nom,
Le détestable Assur a donné le poison.

ARZACE, *après un peu de silence.*

Ce crime dans Assur n'a rien qui me surprenne;
Mais croirai-je en effet qu'une épouse, une reine,
L'amour des nations, l'honneur des souverains,
D'un attentat si noir ait pu souiller ses mains?
A-t-on tant de vertus après un si grand crime?

OROÈS.

Ce doute, cher Arzace, est d'un cœur magnanime;
Mais ce n'est plus le temps de rien dissimuler :
Chaque instant de ce jour est fait pour révéler
Les effrayants secrets dont frémit la nature :
Elle vous parle ici; vous sentez son murmure;
Votre cœur, malgré vous, gémit épouvanté.
Ne soyez plus surpris si Ninus irrité
Est monté de la terre à ces voûtes impies :

ACTE IV, SCÈNE II.

Il vient briser des nœuds tissus par les furies;
Il vient montrer au jour des crimes impunis;
Des horreurs de l'inceste il vient sauver son fils :
Il parle, il vous attend; Ninus est votre père;
Vous êtes N... as; la reine est votre mère.

ARZACE.
De tous ces coups mortels en un moment frappé,
Dans la nuit du trépas je reste enveloppé.
Moi, son fils? moi?

OROÈS.
Vous-même : en doutez-vous encore?
Apprenez que Ninus, à sa dernière aurore,
Sûr qu'un poison mortel en terminait le cours,
Et que le même crime attentait sur vos jours,
Qu'il attaquait en vous les sources de la vie,
Vous arracha mourant à cette cour impie.
Assur, comblant sur vous ses crimes inouïs,
Pour épouser la mère, empoisonna le fils.
Il crut que, de ses rois exterminant la race,
Le trône était ouvert à sa perfide audace;
Et lorsque le palais déplorait votre mort,
Le fidèle Phradate eut soin de votre sort.
Ces végétaux puissants qu'en Perse on voit éclore,
Bienfaits nés dans ses champs de l'astre qu'elle adore,
Par les soins de Phradate avec art préparés,
Firent sortir la mort de vos flancs déchirés;
De son fils qu'il perdit il vous donna la place;
Vous ne fûtes connu que sous le nom d'Arzace :
Il attendait le jour d'un heureux changement.
Dieu, qui juge les rois, en ordonne autrement.
La vérité terrible est du ciel descendue,
Et du sein des tombeaux la vengeance est venue.

ARZACE.
Dieu! maître des destins, suis-je assez éprouvé?
Vous me rendez la mort dont vous m'avez sauvé.
Eh bien! Sémiramis!... oui, je reçus la vie
Dans le sein des grandeurs et de l'ignominie.
Ma mère.... ô ciel! Ninus! ah! quel aveu cruel!
Mais si le traître Assur était seul criminel,
S'il se pouvait....

OROÈS, *prenant la lettre et la lui donnant.*
Voici ces sacrés caractères,
Ces garants trop certains de ces cruels mystères;
Le monument du crime est ici sous vos yeux :
Douterez-vous encor?

ARZACE.
Que ne le puis-je, ô dieux!

Donnez. Je n'aurai plus de doute qui me flatte;
Donnez.

(Il lit.)

Ninus mourant, au fidèle Phradate.
Je meurs empoisonné; prenez soin de mon fils;
Arrachez Ninias à des bras ennemis :
Ma criminelle épouse....

OROÈS.

En faut-il davantage?
C'est de vous que je tiens cet affreux témoignage.
Ninus n'acheva point; l'approche de la mort
Glaça sa faible main qui traçait votre sort.
Phradate en cet écrit vous apprend tout le reste;
Lisez : il vous confirme un secret si funeste.
Il suffit, Ninus parle, il arme votre bras,
De sa tombe à son trône il va guider vos pas.
Il veut du sang.

ARZACE, *après avoir lu*.

O jour trop fécond en miracles!
Enfer, qui m'as parlé, tes funestes oracles
Sont plus obscurs encore à mon esprit troublé
Que le sein de la tombe où je suis appelé.
Au sacrificateur on cache la victime :
Je tremble sur le choix.

OROÈS.

Tremblez, mais sur le crime.
Allez; dans les horreurs dont vous êtes troublé,
Le ciel vous conduira comme il vous a parlé.
Ne vous regardez plus comme un homme ordinaire;
Des éternels décrets sacré dépositaire,
Marqué du sceau des dieux, séparé des humains,
Avancez dans la nuit qui couvre vos destins.
Mortel, faible instrument des dieux de vos ancêtres,
Vous n'avez pas le droit d'interroger vos maîtres.
A la mort échappé, malheureux Ninias,
Adorez, rendez grâce, et ne murmurez pas.

SCÈNE III. — ARZACE, MITRANE.

ARZACE.

Non, je ne reviens point de cet état horrible!
Sémiramis ma mère! ô ciel! est-il possible?

MITRANE, *arrivant*.

Babylone, seigneur, en ce commun effroi,
Ne peut se rassurer qu'en revoyant son roi.
Souffrez que le premier je vienne reconnaître
Et l'époux de la reine, et mon auguste maître.

ACTE IV, SCENE III.

Sémiramis vous cherche, elle vient sur mes pas;
Je bénis ce moment qui la met dans vos bras.
Vous ne répondez point : un désespoir farouche
Fixe vos yeux troublés, et vous ferme la bouche;
Vous pâlissez d'effroi, tout votre corps frémit.
Qu'est-ce qui s'est passé? qu'est-ce qu'on vous a dit?

ARZACE.

Fuyons vers Azéma.

MITRANE.

    Quel étonnant langage!
Seigneur, est-ce bien vous? faites-vous cet outrage
Aux bontés de la reine, à ses feux, à son choix,
A ce cœur qui pour vous dédaigna tant de rois?
Son espérance en vous est-elle confondue?

ARZACE.

Dieux! c'est Sémiramis qui se montre à ma vue!
O tombe de Ninus! ô séjour des enfers!
Cachez son crime et moi dans vos gouffres ouverts.

SCÈNE IV. — SÉMIRAMIS, ARZACE, OTANE.

SÉMIRAMIS.

On n'attend plus que vous; venez, maître du monde :
Son sort, comme le mien, sur mon hymen se fonde.
Je vois avec transport ce signe révéré,
Qu'a mis sur votre front un pontife inspiré;
Ce sacré diadème, assuré témoignage
Que l'enfer et le ciel confirment mon suffrage.
Tout le parti d'Assur, frappé d'un saint respect,
Tombe à la voix des dieux, et tremble à mon aspect :
Ninus veut une offrande, il en est plus propice;
Pour hâter mon bonheur, hâtez ce sacrifice.
Tous les cœurs sont à nous; tout le peuple applaudit.
Vous régnez, je vous aime; Assur en vain frémit.

ARZACE, *hors de lui*.

Assur! allons.... il faut dans le sang du perfide....
Dans cet infâme sang lavons son parricide,
Allons venger Ninus....

SÉMIRAMIS.

    Qu'entends-je? juste ciel
Ninus!

ARZACE, *d'un air égaré*.

  Vous m'avez dit que son bras criminel
 (Revenant à lui.)
Avait.... que l'insolent s'arme contre sa reine;
Eh! n'est-ce pas assez pour mériter ma haine?

SÉMIRAMIS.

Commencez la vengeance en recevant ma foi

ARZACE.
Mon père !
SÉMIRAMIS.
　　　　Ah ! quels regards vos yeux lancent sur moi !
Arzace, est-ce donc là ce cœur soumis et tendre
Qu'en vous donnant ma main j'ai cru devoir attendre ?
Je ne m'étonne point que ce prodige affreux,
Que les morts, déchaînés du séjour ténébreux,
De la terreur en vous laissent encor la trace ;
Mais j'en suis moins troublée en revoyant Arzace.
Ah ! ne répandez pas cette funeste nuit
Sur ces premiers moments du beau jour qui me luit.
Soyez tel qu'à mes pieds je vous ai vu paraître,
Lorsque vous redoutiez d'avoir Assur pour maître.
Ne craignez point Ninus, et son ombre en courroux.
Arzace, mon appui, mon secours, mon époux ;
Cher prince....
ARZACE, *se détournant*.
　　　　C'en est trop : le crime m'environne...
Arrêtez.
SÉMIRAMIS.
　　　A quel trouble, hélas ! il s'abandonne,
Quand lui seul à la paix a pu me rappeler !
ARZACE.
Sémiramis....
SÉMIRAMIS.
Eh bien ?
ARZACE.
　　　　　　Je ne puis lui parler.
Fuyez-moi pour jamais, ou m'arrachez la vie.
SÉMIRAMIS.
Quels transports ! quels discours ! qui ? moi ! que je vous fuie ?
Éclaircissez ce trouble insupportable, affreux,
Qui passe dans mon âme, et fait deux malheureux.
Les traits du désespoir sont sur votre visage ;
De moment en moment vous glacez mon courage ;
Et vos yeux alarmés me causent plus d'effroi
Que le ciel et les morts soulevés contre moi.
Je tremble en vous offrant ce sacré diadème ;
Ma bouche en frémissant prononce : « Je vous aime ; »
D'un pouvoir inconnu l'invincible ascendant
M'entraîne ici vers vous, m'en repousse à l'instant,
Et, par un sentiment que je ne puis comprendre,
Mêle une horreur affreuse à l'amour le plus tendre.
ARZACE.
Haïssez-moi.
SÉMIRAMIS.
　　　Cruel ! non, tu ne le veux pas.

ACTE IV, SCÈNE IV.

Mon cœur suivra ton cœur, mes pas suivront tes pas.
Quel est donc ce billet que tes yeux pleins d'alarmes
Lisent avec horreur, et trempent de leurs larmes?
Contient-il les raisons de tes refus affreux?

ARZACE.

Oui.

SÉMIRAMIS.

Donne.

ARZACE.

Ah! je ne puis.... osez-vous?...

SÉMIRAMIS.

Je le veux

ARZACE.

Laissez-moi cet écrit horrible et nécessaire....

SÉMIRAMIS.

D'où le tiens-tu?

ARZACE.

Des dieux.

SÉMIRAMIS.

Qui l'écrivit?

ARZACE.

Mon père.

SÉMIRAMIS.

Que me dis-tu?

ARZACE.

Tremblez!

SÉMIRAMIS.

Donne : apprends-moi mon sort.

ARZACE.

Cessez.... à chaque mot vous trouveriez la mort.

SÉMIRAMIS.

N'importe; éclaircissez ce doute qui m'accable;
Ne me résistez plus, ou je vous crois coupable.

ARZACE.

Dieux, qui conduisez tout, c'est vous qui m'y forcez!

SÉMIRAMIS, *prenant le billet.*

Pour la dernière fois, Arzace, obéissez.

ARZACE.

Eh bien! que ce billet soit donc le seul supplice
Qu'à son crime, grand Dieu, réserve ta justice!
(Sémiramis lit.)
Vous allez trop savoir, c'en est fait.

SÉMIRAMIS, *à Otane.*

Qu'ai-je lu?
Soutiens-moi, je me meurs.

ARZACE.

Hélas! tout est connu.

SÉMIRAMIS, *revenant à elle, après un long silence*

Eh bien! ne tarde plus, remplis ta destinée:

Punis cette coupable et cette infortunée ;
Étouffe dans mon sang mes détestables feux.
La nature trompée est horrible à tous deux.
Venge tous mes forfaits ; venge la mort d'un père ;
Reconnais-moi, mon fils ; frappe, et punis ta mère
ARZACE.
Que ce glaive plutôt épuise ici mon flanc
De ce sang malheureux formé de votre sang !
Qu'il perce de vos mains ce cœur qui vous révère,
Et qui porte d'un fils le sacré caractère !
SÉMIRAMIS, *se jetant à genoux*.
Ah ! je fus sans pitié ; sois barbare à ton tour ;
Sois le fils de Ninus en m'arrachant le jour :
Frappe. Mais quoi ! tes pleurs se mêlent à mes larmes !
O Ninias ! ô jour plein d'horreur et de charmes !...
Avant de me donner la mort que tu me dois,
De la nature encor laisse parler la voix ;
Souffre au moins que les pleurs de ta coupable mère
Arrosent une main si fatale et si chère.
ARZACE.
Ah ! je suis votre fils ; et ce n'est pas à vous,
Quoi que vous ayez fait, d'embrasser mes genoux
Ninias vous implore, il vous aime, il vous jure
Les plus profonds respects, et l'amour la plus pure.
C'est un nouveau sujet, plus cher et plus soumis
Le ciel est apaisé, puisqu'il vous rend un fils :
Livrez l'infâme Assur au dieu qui vous pardonne.
SÉMIRAMIS.
Reçois, pour te venger, mon sceptre et ma couronne ;
Je les ai trop souillés.
ARZACE.
Je veux tout ignorer ;
Je veux avec l'Asie encor vous admirer.
SÉMIRAMIS.
Non ; mon crime est trop grand.
ARZACE.
Le repentir l'efface.
SÉMIRAMIS.
Ninus t'a commandé de régner en ma place ;
Crains ses mânes vengeurs.
ARZACE.
Ils seront attendris
Des remords d'une mère et des larmes d'un fils.
Otane, au nom des dieux, ayez soin de ma mère,
Et cachez, comme moi, cet horrible mystère.

ACTE CINQUIÈME.

SCÈNE I. — SÉMIRAMIS, OTANE.

OTANE.
Songez qu'un dieu propice a voulu prévenir
Cet effroyable hymen, dont je vous vois frémir.
La nature étonnée à ce danger funeste,
En vous rendant un fils, vous arrache à l'inceste.
Des oracles d'Ammon les ordres absolus,
Les infernales voix, les mânes de Ninus,
Vous disaient que le jour d'un nouvel hyménée
Finirait les horreurs de votre destinée;
Mais ils ne disaient pas qu'il dût être accompli.
L'hymen s'est préparé, votre sort est rempli,
Ninias vous révère. Un secret sacrifice
Va contenter des dieux la facile justice :
Ce jour si redouté fera votre bonheur.

SÉMIRAMIS.
Ah! le bonheur, Otane, est-il fait pour mon cœur
Mon fils s'est attendri; je me flatte, j'espère
Qu'en ces premiers moments la douleur d'une mère
Parle plus hautement à ses sens oppressés
Que le sang de Ninus, et mes crimes passés.
Mais peut-être bientôt, moins tendre et plus sévère,
Il ne se souviendra que du meurtre d'un père.

OTANE.
Que craignez-vous d'un fils? quel noir pressentiment!

SÉMIRAMIS.
La crainte suit le crime; et c'est son châtiment.
Le détestable Assur sait-il ce qui se passe?
N'a-t-on rien attenté? sait-on quel est Arzace?

OTANE.
Non; ce secret terrible est de tous ignoré :
De l'ombre de Ninus l'oracle est adoré;
Les esprits consternés ne peuvent le comprendre.
Comment servir son fils? pourquoi venger sa cendre?
On l'ignore, on se tait. On attend ces moments
Où, fermé sans réserve au reste des vivants,
Ce lieu saint doit s'ouvrir pour finir tant d'alarmes.
Le peuple est aux autels; vos soldats sont en armes.
Azéma, pâle, errante, et la mort dans les yeux,
Veille autour du tombeau, lève les mains aux cieux.
Ninias est au temple, et d'une âme éperdue
Se prépare à frapper sa victime inconnue.

Dans ses sombres fureurs Assur enveloppé
Rassemble les débris d'un parti dissipé :
Je ne sais quels projets il peut former encore.
SÉMIRAMIS.
Ah ! c'est trop ménager un traître que j'abhorre;
Qu'Assur chargé de fers en vos mains soit remis :
Otane, allez livrer le coupable à mon fils.
Mon fils apaisera l'éternelle justice,
En répandant du moins le sang de mon complice :
Qu'il meure; qu'Azéma, rendue à Ninias,
Du crime de mon règne épure ces climats.
Tu vois ce cœur, Ninus, il doit te satisfaire;
Tu vois du moins en moi des entrailles de mère.
Ah! qui vient dans ces lieux à pas précipités?
Que tout rend la terreur à mes sens agités !

SCÈNE II. — SÉMIRAMIS, AZÉMA.

AZÉMA.
Madame, pardonnez si, sans être appelée,
De mortelles frayeurs trop justement troublée,
Je viens avec transport embrasser vos genoux.
SÉMIRAMIS.
Ah ! princesse ! parlez, que me demandez-vous ?
AZÉMA.
D'arracher un héros au coup qui le menace,
De prévenir le crime, et de sauver Arzace.
SÉMIRAMIS.
Arzace ? lui ! quel crime ?
AZÉMA.
Il devient votre époux,
Il me trahit; n'importe, il doit vivre pour vous
SÉMIRAMIS.
Lui, mon époux ? grands dieux !
AZÉMA.
Quoi ! l'hymen qui vous lie...
SÉMIRAMIS.
Cet hymen est affreux, abominable, impie.
Arzace ? il est.... Parlez; je frissonne; achevez :
Quels dangers ?... hâtez-vous....
AZÉMA.
Madame, vous savez
Que peut-être au moment que ma voix vous implore.
SÉMIRAMIS.
Eh bien ?
AZÉMA.
Ce demi-dieu, que je redoute encore,
D'un secret sacrifice en doit être honoré

ACTE V, SCÈNE II.

Au fond du labyrinthe à Ninus consacré.
J'ignore quels forfaits il faut qu'Arzace expie.

SÉMIRAMIS.
Quels forfaits, justes dieux !

AZÉMA.
　　　　　　　Cet Assur, cet impie,
Va violer la tombe où nul n'est introduit.

SÉMIRAMIS.
Qui ? lui !

AZÉMA.
　　　　Dans les horreurs de la profonde nuit,
Des souterrains secrets, où sa fureur habile
A tout événement se creusait un asile,
Ont servi les desseins de ce monstre odieux ;
Il vient braver les morts, il vient braver les dieux
D'une main sacrilége, aux forfaits enhardie,
Du généreux Arzace il va trancher la vie.

SÉMIRAMIS.
O ciel ! qui vous l'a dit ? comment ? par quel détour ?

AZÉMA.
Fiez-vous à mon cœur éclairé par l'amour ;
J'ai vu du traître Assur la haine envenimée,
Sa faction tremblante, et par lui ranimée,
Ses amis rassemblés, qu'a séduits sa fureur.
De ses desseins secrets j'ai démêlé l'horreur ;
J'ai feint de réunir nos causes mutuelles ;
Je l'ai fait épier par des regards fidèles :
Il ne commet qu'à lui ce meurtre détesté,
Il marche au sacrilége avec impunité.
Sûr que dans ce lieu saint nul n'osera paraître,
Que l'accès en est même interdit au grand-prêtre,
Il y vole : et le bruit par ses soins se répand,
Qu'Arzace est la victime, et que la mort l'attend ;
Que Ninus dans son sang doit laver son injure.
On parle au peuple, aux grands, on s'assemble, on murmure
Je crains Ninus, Assur, et le ciel en courroux

SÉMIRAMIS.
Eh bien ! chère Azéma, ce ciel parle par vous
Il me suffit. Je vois ce qui me reste à faire.
On peut s'en reposer sur le cœur d'une mère.
Ma fille, nos destins à la fois sont remplis ;
Défendez votre époux, je vais sauver mon fils

AZÉMA.
Ciel !

SÉMIRAMIS.
　　　Prête à l'épouser, les dieux m'ont éclairée ;
Ils inspirent encore une mère éplorée :

Mais les moments sont chers. Laissez-moi dans ces lieux;
Ordonnez en mon nom que les prêtres des dieux,
Que les chefs de l'État viennent ici se rendre.

(Azéma passe dans le vestibule du temple; Sémiramis, de l'autre
côté, s'avance vers le mausolée.)

Ombre de mon époux! je vais venger ta cendre.
Voici l'instant fatal où ta voix m'a promis
Que l'accès de ta tombe allait m'être permis :
J'obéirai; mes mains qui guidaient des armées,
Pour secourir mon fils, à ta voix sont armées.
Venez, gardes du trône, accourez à ma voix;
D'Arzace désormais reconnaissez les lois :
Arzace est votre roi; vous n'avez plus de reine,
Je dépose en ses mains la grandeur souveraine.
Soyez ses défenseurs, ainsi que ses sujets.
Allez.

(Les gardes se rangent au fond de la scène.)

Dieux tout-puissants, secondez mes projets.

(Elle entre dans le tombeau.)

SCÈNE III. — AZÉMA, *revenant de la porte du temple sur le devant de la scène.*

Que méditait la reine? et quel dessein l'anime?
A-t-elle encor le temps de prévenir le crime?
O prodige, ô destin, que je ne conçois pas!
Moment cher et terrible! Arzace, Ninias!
Arbitres des humains, puissances que j'adore,
Me l'avez-vous rendu pour le ravir encore?

SCÈNE IV. — AZÉMA, ARZACE ou NINIAS.

AZÉMA.

Ah! cher prince, arrêtez. Ninias, est-ce vous?
Vous, le fils de Ninus, mon maître et mon époux?

NINIAS.

Ah! vous me revoyez confus de me connaître.
Je suis du sang des dieux, et je frémis d'en être.
Écartez ces horreurs qui m'ont environné,
Fortifiez ce cœur au trouble abandonné,
Encouragez ce bras prêt à venger un père.

AZÉMA.

Gardez-vous de remplir cet affreux ministère.

NINIAS.

Je dois un sacrifice, il le faut, j'obéis.

AZÉMA.

Non, Ninus ne veux pas qu'on immole son fils.

NINIAS.

Comment?

ACTE V, SCÈNE IV.

AZÉMA.
Vous n'irez point dans ce lieu redoutable ;
Un traître y tend pour vous un piége inévitable.

NINIAS.
Qui peut me retenir ? et qui peut m'effrayer ?

AZÉMA.
C'est vous que dans la tombe on va sacrifier ;
Assur, l'indigne Assur a d'un pas sacrilége
Violé du tombeau le divin privilége :
Il vous attend.

NINIAS.
Grands dieux ! tout est donc éclairci
Mon cœur est rassuré, la victime est ici.
Mon père, empoisonné par ce monstre perfide,
Demande à haute voix le sang du parricide.
Instruit par le grand-prêtre, et conduit par le ciel,
Par Ninus même armé contre le criminel,
Je n'aurai qu'à frapper la victime funeste
Qu'amène à mon courroux la justice céleste.
Je vois trop que ma main, dans ce fatal moment,
D'un pouvoir invincible est l'aveugle instrument.
Les dieux seuls ont tout fait, et mon âme étonnée
S'abandonne à la voix qui fait ma destinée.
Je vois que, malgré nous, tous nos pas sont marqués,
Je vois que des enfers ces mânes évoqués
Sur le chemin du trône ont semé les miracles :
J'obéis sans rien craindre, et j'en crois les oracles.

AZÉMA.
Tout ce qu'ont fait les dieux ne m'apprend qu'à frémir ;
Ils ont aimé Ninus, ils l'ont laissé périr.

NINIAS.
Ils le vengent enfin ; étouffez ce murmure.

AZÉMA.
Ils choisissent souvent une victime pure ;
Le sang de l'innocence a coulé sous leurs coups.

NINIAS.
Puisqu'ils nous ont unis, ils combattent pour nous.
Ce sont eux qui parlaient par la voix de mon père.
Ils me rendent un trône, une épouse, une mère ;
Et, couvert à vos yeux du sang du criminel,
Ils vont de ce tombeau me conduire à l'autel.
J'obéis, c'est assez, le ciel fera le reste.

SCÈNE V. — AZÉMA.

Dieux ! veillez sur ses pas dans ce tombeau funeste.
Que voulez-vous ? quel sang doit aujourd'hui couler ?

Impénétrables dieux, vous me faites trembler.
Je crains Assur, je crains cette main sanguinaire;
Il peut percer le fils sur la cendre du père.
Abîmes redoutés, dont Ninus est sorti,
Dans vos antres profonds que ce monstre englouti
Porte au sein des enfers la fureur qui le presse!
Cieux, tonnez! cieux, lancez la foudre vengeresse!
O son père! ô Ninus! quoi! tu n'as pas permis
Qu'une épouse éplorée accompagnât ton fils!
Ninus, combats pour lui dans ce lieu de ténèbres!
  N'entends-je pas sa voix parmi des cris funèbres?
Dût ce sacré tombeau, profané par mes pas,
Ouvrir pour me punir les gouffres du trépas,
J'y descendrai; j'y vole.... Ah! quels coups de tonnerre
Ont enflammé le ciel et font trembler la terre!
Je crains, j'espère.... Il vient.

SCÈNE VI. — NINIAS, *avec une épée sanglante à la main;* AZÉMA.

NINIAS.
Ciel! où suis-je?

AZÉMA.
Ah! seigneur
Vous êtes teint de sang, pâle, glacé d'horreur

NINIAS, *d'un air égaré.*
Vous me voyez couvert du sang du parricide.
Au fond de ce tombeau mon père était mon guide;
J'errais dans les détours de ce grand monument,
Plein de respect, d'horreur, et de saisissement;
Il marchait devant moi : j'ai reconnu la place
Que son ombre en courroux marquait à mon audace.
Auprès d'une colonne, et loin de la clarté
Qui suffisait à peine à ce lieu redouté,
J'ai vu briller le fer dans la main du perfide;
J'ai cru le voir trembler : tout coupable est timide.
J'ai deux fois dans son flanc plongé ce fer vengeur;
Et d'un bras tout sanglant, qu'animait ma fureur,
Déjà je le traînais, roulant sur la poussière,
Vers les lieux d'où partait cette faible lumière :
Mais, je vous l'avouerai, ses sanglots redoublés,
Ses cris plaintifs et sourds, et mal articulés,
Les dieux qu'il invoquait, et le repentir même
Qui semblait le saisir à son heure suprême;
La sainteté du lieu, la pitié dont la voix,
Alors qu'on est vengé, fait entendre ses lois;
Un sentiment confus, qui même m'épouvante,

ACTE V, SCÈNE VI.

M'ont fait abandonner la victime sanglante.
Azéma, quel est donc ce trouble, cet effroi,
Cette invincible horreur qui s'empare de moi?
Mon cœur est pur, ô dieux! mes mains sont innocentes
D'un sang proscrit par vous vous les voyez fumantes;
Quoi! j'ai servi le ciel, et je sens des remords!

AZÉMA.

Vous avez satisfait la nature et les morts.
Quittons ce lieu terrible, allons vers votre mère,
Calmez à ses genoux ce trouble involontaire;
Et puisque Assur n'est plus....

SCÈNE VII. — NINIAS, AZÉMA, ASSUR.

(Assur paraît dans l'enfoncement avec Otane et les gardes de la reine.)

AZÉMA.

Ciel! Assur à mes yeux!

NINIAS.

Assur?

AZÉMA.

Accourez tous, ministres de nos dieux
Ministres de nos rois, défendez votre maître.

SCÈNE VIII. — LE GRAND-PRÊTRE OROÈS, LES MAGES ET LE PEUPLE, NINIAS, AZÉMA; ASSUR, *désarmé*, MITRANE, OTANE.

OTANE.

Il n'en est pas besoin; j'ai fait saisir le traître
Lorsque dans ce lieu saint il allait pénétrer:
La reine l'ordonna, je viens vous le livrer.

NINIAS.

Qu'ai-je fait? et quelle est la victime immolée?

OROÈS.

Le ciel est satisfait; la vengeance est comblée.
(En montrant Assur.)
Peuple, de votre roi voilà l'empoisonneur.
(En montrant Ninias.)
Peuple, de votre roi voilà le successeur.
Je viens vous l'annoncer, je viens le reconnaître.
Revoyez Ninias, et servez votre maître.

ASSUR.

Toi, Ninias?

OROÈS.

Lui-même: un dieu qui l'a conduit
Le sauva de ta rage, et ce dieu te poursuit.

ASSUR.

Toi, de Sémiramis tu reçus la naissance?

NINIAS.
Oui ; mais pour te punir j'ai reçu sa puissance.
Allez, délivrez-moi de ce monstre inhumain :
Il ne méritait pas de tomber sous ma main.
Qu'il meure dans l'opprobre, et non de mon épée ;
Et qu'on rende au trépas ma victime échappée.
(Sémiramis paraît au pied du tombeau, mourante ; un mage qui est
à cet.e porte la relève.)

ASSUR.
Va : mon plus grand supplice est de te voir mon roi ;
(Apercevant Sémiramis.)
Mais je te laisse encor plus malheureux que moi
Regarde ce tombeau ; contemple ton ouvrage.

NINIAS.
Quelle victime, ô ciel ! a donc frappé ma rage?

AZÉMA.
Ah ! fuyez, cher époux !

MITRANE.
Qu'avez-vous fait ?

OROÈS, *se mettant entre le tombeau et Ninias*
Sortez,
Venez purifier vos bras ensanglantés ;
Remettez dans mes mains ce glaive trop funeste,
Cet aveugle instrument de la fureur céleste.

NINIAS, *courant vers Sémiramis.*
Ah ! cruels ! laissez-moi le plonger dans mon cœur.

OROÈS, *tandis qu'on désarme Ninias.*
Gardez de le laisser à sa propre fureur.

SÉMIRAMIS, *qu'on fait avancer, et qu'on place sur un fauteuil.*
Viens me venger, mon fils : un monstre sanguinaire,
Un traître, un sacrilége, assassiné ta mère.

NINIAS.
O jour de la terreur ! ô crimes inouïs !
Ce sacrilége affreux, ce monstre, est votre fils.
Au sein qui m'a nourri cette main s'est plongée,
Je vous suis dans la tombe, et vous serez vengée.

SÉMIRAMIS.
Hélas ! j'y descendis pour défendre tes jours.
Ta malheureuse mère allait à ton secours....
J'ai reçu de tes mains la mort qui m'était due.

NINIAS.
Ah ! c'est le dernier trait à mon âme éperdue.
J'atteste ici les dieux qui conduisaient mon bras,
Ces dieux qui m'égaraient....

SÉMIRAMIS.
Mon fils, n'achève pas :
Je te pardonne tout, si pour grâce dernière,

Une si chère main ferme au moins ma paupière.
(Il se jette à genoux.)
Viens, je te le demande, au nom du même sang
Qui t'a donné la vie, et qui sort de mon flanc.
Ton cœur n'a pas sur moi conduit ta main cruelle.
Quand Ninus expira, j'étais plus criminelle :
J'en suis assez punie. Il est donc des forfaits
Que le courroux des dieux ne pardonne jamais !
Ninias, Azéma, que votre hymen efface
L'opprobre dont mon crime a souillé votre race ;
D'une mère expirante approchez-vous tous deux ;
Donnez-moi votre main ; vivez, régnez heureux :
Cet espoir me console, il mêle quelque joie
Aux horreurs de la mort où mon âme est en proie
Je la sens.... elle vient.... Songe à Sémiramis,
Ne hais point sa mémoire : ô mon fils ! mon cher fils....
C'en est fait.

OROÈS.
La lumière à ses yeux est ravie.
Secourez Ninias, prenez soin de sa vie.
Par ce terrible exemple apprenez tous du moins
Que les crimes secrets ont les dieux pour témoins.
Plus le coupable est grand, plus grand est le supplice.
Rois, tremblez sur le trône, et craignez leur justice.

VARIANTES.

ACTE PREMIER.

SCÈNE III.

OROÈS.

Au lieu de :

Aisément des mortels ils ont séduit les yeux,

On lit dans les anciennes éditions :

. . . . ils ont trompé les yeux.

1. Le grand prêtre, dans *Athalie*, finit la pièce par ces vers :

Apprenez, roi des Juifs, et n'oubliez jamais,
Que les rois dans le ciel ont un juge sévère,
L'innocence un vengeur, et l'orphelin un père.

ACTE DEUXIÈME.

SCÈNE II.

ASSUR.

Un accueil que des rois ont vainement brigué,
Quand vous avez paru, vous est donc prodigué?
Vous avez en secret entretenu la reine,
Mais vous a-t-elle dit que votre audace vaine
Est un outrage au trône, à mon honneur, au sien;
Que le sort d'Azéma ne peut s'unir qu'au mien,
Qu'à Ninias, jadis, Azéma fut donnée;
Qu'aux seuls enfants des rois sa main est destinée;
Que du Fils de Ninus le droit m'est assuré;
Qu'entre le trône et moi je ne vois qu'un degré?
La reine a-t-elle enfin daigné du moins vous dire
Dans quel piége en ces lieux votre orgueil vous attire?
Et que tous vos respects ne pourront effacer
Les téméraires vœux qui m'osaient offenser?

FIN DE SÉMIRAMIS

NANINE,

OU LE PRÉJUGÉ VAINCU.

COMÉDIE EN TROIS ACTES.

(16 juin 1749.)

PRÉFACE.

Cette bagatelle fut représentée à Paris, dans l'été de 1749[1], parmi la foule des spectacles qu'on donne à Paris tous les ans.

Dans cette autre foule, beaucoup plus nombreuse, de brochures dont on est inondé, il en parut une dans ce temps-là qui mérite d'être distinguée. C'est une dissertation ingénieuse et approfondie d'un académicien de la Rochelle[2] sur cette question,

---

1. Dans l'édition de 1749, in-12, et dans celle de 1751, cette *Préface* commence ainsi :

« Cette bagatelle fut représentée au mois de juillet 1748. Elle n'avait point été destinée pour le théâtre de Paris, encore moins pour l'impression, et on ne la donnerait pas aujourd'hui au public, s'il n'en avait paru une édition subreptice et toute défigurée, sous le nom de la compagnie des libraires associés de Paris. Il y a dans cette édition fautive plus de cent vers qui ne sont pas de l'auteur. C'est avec la même infidélité, et avec plus de fautes encore, que l'on a imprimé clandestinement la tragédie de *Sémiramis*; et c'est ainsi qu'on a défiguré presque tous les ouvrages de l'auteur. Il est obligé de se servir de cette occasion pour avertir ceux qui cultivent les lettres, et qui se forment des cabinets de livres, que de toutes les éditions qu'on a faites de ses prétendus ouvrages, il n'y en a pas une seule qui mérite d'être regardée. Celle de Ledet, à Amsterdam, celle de Merkus, dans la même ville, les autres qu'on a faites d'après celles-là, sont absurdes; et on y a même ajouté un volume entier, qui n'est rempli que de grossièretés insipides faites pour la canaille ; celles qui sont intitulées de Londres et de Genève ne sont pas moins défectueuses.

« L'auteur n'a pas eu encore le temps d'examiner celle de Dresde, il ne peut rien dire; mais, en général, les amateurs des lettres ne doivent avoir aucun égard aux éditions qui ne sont point faites sous ses yeux et par ses ordres, encore moins à tous ces petits ouvrages qu'on affecte de débiter sous son nom, à ces vers qu'on envoie au *Mercure* et aux journaux étrangers, et qui ne sont que le ridicule effet d'une réputation bien vaine et bien dangereuse. En attendant qu'il puisse un jour donner ses soins à faire imprimer ses véritables ouvrages, il est dans la nécessité de faire donner au moins, par un libraire accrédité et muni d'un privilége, la tragédie de *Sémiramis* et cette petite pièce, qui ont paru toutes deux l'année passée dans la foule des spectacles nouveaux qu'on donne à Paris tous les ans.

« Dans cette autre foule, etc. »

2. Chassiron, dont la brochure était intitulée : *Réflexions sur le comique larmoyant.* (Éd.)

qui semble partager depuis quelques années la littérature ; savoir, s'il est permis de faire des comédies attendrissantes. Il paraît se déclarer fortement contre ce genre, dont la petite comédie de *Nanine* tient beaucoup en quelques endroits. Il condamne avec raison tout ce qui aurait l'air d'une tragédie bourgeoise. En effet, que serait-ce qu'une intrigue tragique entre des hommes du commun? ce serait seulement avilir le cothurne ; ce serait manquer à la fois l'objet de la tragédie et de la comédie ; ce serait une espèce bâtarde, un monstre, né de l'impuissance de faire une comédie et une tragédie véritables.

Cet académicien judicieux blâme surtout les intrigues romanesques et forcées dans ce genre de comédie où l'on veut attendrir les spectateurs, et qu'on appelle, par dérision, comédie larmoyante. Mais dans quel genre les intrigues romanesques et forcées peuvent-elles être admises? ne sont-elles pas toujours un vice essentiel, dans quelque ouvrage que ce puisse être? Il conclut enfin en disant que, si dans une comédie l'attendrissement peut aller quelquefois jusqu'aux larmes, il n'appartient qu'à la passion de l'amour de les faire répandre. Il n'entend pas, sans doute, l'amour tel qu'il est représenté dans les bonnes tragédies, l'amour furieux, barbare, funeste, suivi de crimes et de remords ; il entend l'amour naïf et tendre, qui seul est du ressort de la comédie.

Cette réflexion en fait naître une autre, qu'on soumet au jugement des gens de lettres ; c'est que, dans notre nation, la tragédie a commencé par s'approprier le langage de la comédie. Si l'on y prend garde, l'amour, dans beaucoup d'ouvrages dont la terreur et la pitié devraient être l'âme, est traité comme il doit l'être en effet dans le genre comique. La galanterie, les déclarations d'amour, la coquetterie, la naïveté, la familiarité, tout cela ne se trouve que trop chez nos héros et nos héroïnes de Rome et de la Grèce, dont nos théâtres retentissent ; de sorte qu'en effet l'amour naïf et attendrissant dans une comédie n'est point un larcin fait à Melpomène, mais c'est au contraire Melpomène qui depuis longtemps a pris chez nous les brodequins de Thalie.

Qu'on jette les yeux sur les premières tragédies qui eurent de si prodigieux succès vers le temps du cardinal de Richelieu, la *Sophonisbe* de Mairet, la *Mariamne*, l'*Amour tyrannique*, *Alcionée*, on verra que l'amour y parle toujours sur un ton aussi familier et quelquefois aussi bas que l'héroïsme s'y exprime avec une emphase ridicule ; c'est peut-être la raison pour laquelle notre nation n'eut en ce temps-là aucune comédie supportable ; c'est qu'en effet le théâtre tragique avait envahi tous les droits de l'autre ; il est même vraisemblable que cette raison détermina Molière à donner rarement aux amants qu'il met sur la scène une passion vive et touchante : il sentait que la tragédie l'avait prévenu.

Depuis la *Sophonisbe* de Mairet, qui fut la première pièce dans laquelle on trouva quelque régularité, on avait commencé à regarder les déclarations d'amour des héros, les réponses artificieuses et coquettes des princesses, les peintures galantes de l'amour, comme des choses essentielles au théâtre tragique. Il es resté des écrits de ce temps-là, dans lesquels on cite avec de

grands éloges ces vers que dit Massinisse après la bataille de
Cirthe :

> J'aime plus de moitié quand je me sens aimé,
> Et ma flamme s'accroît par un cœur enflammé....
> Comme par une vague une vague s'irrite,
> Un soupir amoureux par un autre s'excite.
> Quand les chaînes d'hymen étreignent deux esprits,
> Un baiser se doit rendre aussitôt qu'il est pris.
> (*Sophonisbe*, IV, i.)

Cette habitude de parler ainsi d'amour influa sur les meilleurs esprits ; et ceux même dont le génie mâle et sublime était fait pour rendre en tout à la tragédie son ancienne dignité se laissèrent entraîner à la contagion.

On vit, dans les meilleures pièces,

> .... Un malheureux visage
> qui D'un chevalier romain captiva le courage.
> (*Polyeucte*, I, iii.)

Le héros dit à sa maîtresse (*Ib.*, II, ii) :

> Adieu, trop vertueux objet et trop charmant.

L'héroïne lui répond :

> Adieu, trop malheureux et trop parfait amant.

Cléopatre dit qu'une princesse (*Mort de Pompée*, II, i)

> .... Aimant sa renommée,
> En avouant qu'elle aime, est sûre d'être aimée ;

Que César

> ... Trace des soupirs, et, d'un style plaintif,
> Dans son champ de victoire il se dit son captif.

Elle ajoute qu'il ne tient qu'à elle d'avoir des rigueurs et de rendre César malheureux ; sur quoi sa confidente lui répond :

> J'oserais bien jurer que vos charmants appas
> Se vantent d'un pouvoir dont ils n'useront pas.

Dans toutes les pièces du même auteur, qui suivent *la Mort de Pompée*, on est obligé d'avouer que l'amour est toujours traité de ce ton familier. Mais, sans prendre la peine inutile de rapporter des exemples de ces défauts trop visibles, examinons seulement les meilleurs vers que l'auteur de *Cinna* ait fait débiter sur le théâtre comme maxime de galanterie :

> Il est des nœuds secrets, il est des sympathies,
> Dont par le doux rapport les âmes assorties
> S'attachent l'une à l'autre, et se laissent piquer
> Par ce je ne sais quoi qu'on ne peut expliquer.
> (*Rodogune*, I, vii.)

De bonne foi, croirait-on que ces vers du haut comique fussent dans la bouche d'une princesse des Parthes, qui va demander à son amant la tête de sa mère ? Est-ce dans un jour si terrible qu'on parle « d'un je ne sais quoi, dont par le doux rapport les âmes sont assorties? » Sophocle aurait-il débité de tels madrigaux? Et toutes ces petites sentences amoureuses ne sont-elles pas uniquement du ressort de la comédie?

Le grand homme qui a porté à un si haut point la véritable éloquence dans les vers, qui a fait parler à l'amour un langage à la fois si touchant et si noble, a mis cependant dans ses tragédies plus d'une scène que Boileau trouvait plus digne de la haute comédie de Térence que du rival et du vainqueur d'Euripide.

On pourrait citer plus de trois cents vers dans ce goût. Ce n'est pas que la simplicité, qui a ses charmes, la naïveté, qui quelquefois même tient du sublime, ne soient nécessaires pour servir ou de préparation ou de liaison et de passage au pathétique; mais si ces traits naïfs et simples appartiennent même au tragique, à plus forte raison appartiennent-ils au grand comique. C'est dans ce point, où la tragédie s'abaisse et où la comédie s'élève, que ces deux arts se rencontrent et se touchent; c'est là seulement que leurs bornes se confondent, et, s'il est permis à Oreste et à Hermione de se dire :

> Ah! ne souhaitez pas le destin de Pyrrhus;
> Je vous haïrais trop. — Vous m'en aimeriez plus.
> Ah! que vous me verriez d'un regard bien contraire!
> Vous me voulez aimer, et je ne puis vous plaire.
> . . . .
> Vous m'aimeriez, madame, en me voulant haïr....
> Car enfin il vous hait; son âme, ailleurs éprise,
> N'a plus.... — Qui vous l'a dit, seigneur, qu'il me méprise?..
> Jugez-vous que ma vue inspire des mépris?
> (*Andromaque*, II, II.)

Si ces héros, dis-je, se sont exprimés avec cette familiarité, à combien plus forte raison le Misanthrope est-il bien reçu à dire à sa maîtresse avec véhémence (IV, III) :

> Rougissez bien plutôt, vous en avez raison,
> Et j'ai de sûrs témoins de votre trahison.
> . . . .
> Ce n'était pas en vain que s'alarmait ma flamme.
> . . . .
> Mais ne présumez pas que, sans être vengé,
> Je souffre le dépit de me voir outragé.
> . . . .
> C'est une trahison, c'est une perfidie
> Qui ne saurait trouver de trop grands châtiments,
> Et je puis tout permettre à mes ressentiments :
> Oui, oui, redoutez tout après un tel outrage :
> Je ne suis plus à moi; je suis tout à la rage.
> Percé du coup mortel dont vous m'assassinez,
> Mes sens par la raison ne sont plus gouvernés.

Certainement, si toute la pièce du *Misanthrope* était dans ce goût, ce ne serait plus une comédie; si Oreste et Hermione s'exprimaient toujours comme on vient de le voir, ce ne serait plus une tragédie; mais, après que ces deux genres si différents se sont ainsi rapprochés, ils rentrent chacun dans leur véritable carrière : l'un reprend le ton plaisant, et l'autre le ton sublime.

La comédie, encore une fois, peut donc se passionner, s'emporter, attendrir, pourvu qu'ensuite elle fasse rire les honnêtes gens. Si elle manquait de comique, si elle n'était que larmoyante, c'est alors qu'elle serait un genre très-vicieux et très-désagréable.

On avoue qu'il est rare de faire passer les spectateurs insensiblement de l'attendrissement au rire : mais ce passage, tout difficile qu'il est de le saisir dans une comédie, n'en est pas moins naturel aux hommes. On a déjà remarqué ailleurs que rien n'est plus ordinaire que des aventures qui affligent l'âme, et dont certaines circonstances inspirent ensuite une gaieté passagère. C'est ainsi malheureusement que le genre humain est fait. Homère représente même les dieux riant de la mauvaise grâce de Vulcain, dans le temps qu'ils décident du destin du monde. Hector sourit de la peur de son fils Astyanax, tandis qu'Andromaque répand des larmes.

On voit souvent, jusque dans l'horreur des batailles, des incendies, de tous les désastres qui nous affligent, qu'une naïveté, un bon mot, excitent le rire jusque dans le sein de la désolation et de la pitié. On défendit à un régiment, dans la bataille de Spire, de faire quartier; un officier allemand demande la vie à l'un des nôtres, qui lui répond : « Monsieur, demandez-moi toute autre chose; mais pour la vie, il n'y a pas moyen. » Cette naïveté passe aussitôt de bouche en bouche, et on rit au milieu du carnage. A combien plus forte raison le rire peut-il succéder, dans la comédie, à des sentiments touchants! Ne s'attendrit-on pas avec Alcmène? Ne rit-on pas avec Sosie? Quel misérable et vain travail de disputer contre l'expérience! Si ceux qui disputent ainsi ne se payaient pas de raison, et aimaient mieux les vers, on leur citerait ceux-ci :

> L'Amour règne par le délire
> Sur ce ridicule univers :
> Tantôt aux esprits de travers
> Il fait rimer de mauvais vers;
> Tantôt il renverse un empire.
> L'œil en feu, le fer à la main,
> Il frémit dans la tragédie;
> Non moins touchant, et plus humain,
> Il anime la comédie :
> Il affadit dans l'élégie,
> Et, dans un madrigal badin,
> Il se joue aux pieds de Sylvie.
> Tous les genres de poésie,
> De Virgile jusqu'à Chaulieu,
> Sont aussi soumis à ce dieu
> Que tous les états de la vie.

PERSONNAGES.

Le comte D'OLBAN, seigneur retiré à la campagne.
La baronne DE L'ORME, parente du comte, femme impérieuse, aigre, difficile à vivre.
La marquise D'OLBAN, mère du comte.
NANINE, fille élevée dans la maison du comte.
PHILIPPE HOMBERT, paysan du voisinage.
BLAISE, jardinier.
GERMON, } domestiques.
MARIN,

La scène est dans le château du comte d'Olban.

ACTE PREMIER.

SCÈNE I. — LE COMTE D'OLBAN, LA BARONNE DE L'ORME.

LA BARONNE.
Il faut parler, il faut, monsieur le comte,
Vous expliquer nettement sur mon compte.
Ni vous ni moi n'avons un cœur tout neuf;
Vous êtes libre, et depuis deux ans veuf;
Devers ce temps j'eus cet honneur moi-même;
Et nos procès, dont l'embarras extrême
Était si triste et si peu fait pour nous,
Sont enterrés, ainsi que mon époux.

LE COMTE.
Oui, tout procès m'est fort insupportable.

LA BARONNE.
Ne suis-je pas comme eux fort haïssable?

LE COMTE.
Qui? vous, madame?

LA BARONNE.
Oui, moi. Depuis deux ans,
Libres tous deux, comme tous deux parents,
Pour terminer nous habitons ensemble;
Le sang, le goût, l'intérêt nous rassemble.

LE COMTE.
Ah! l'intérêt! parlez mieux.

LA BARONNE.
Non, monsieur.
Je parle bien, et c'est avec douleur;
Et je sais trop que votre âme inconstante
Ne me voit plus que comme une parente.

LE COMTE.
Je n'ai pas l'air d'un volage, je croi.
LA BARONNE.
Vous avez l'air de me manquer de foi.
LE COMTE, *à part.*
Ah !
LA BARONNE.
Vous savez que cette longue guerre,
Que mon mari vous faisait pour ma terre,
A dû finir en confondant nos droits
Dans un hymen dicté par notre choix :
Votre promesse à ma foi vous engage :
Vous différez, et qui diffère outrage.
LE COMTE.
J'attends ma mère.
LA BARONNE.
Elle radote : bon !
LE COMTE.
Je la respecte, et je l'aime.
LA BARONNE.
Et moi, non.
Mais pour me faire un affront qui m'étonne,
Assurément vous n'attendez personne,
Perfide ! ingrat !
LE COMTE.
D'où vient ce grand courroux?
Qui vous a donc dit tout cela?
LA BARONNE.
Qui ? vous;
Vous, votre ton, votre air d'indifférence,
Votre conduite, en un mot, qui m'offense,
Qui me soulève, et qui choque mes yeux :
Ayez moins tort, ou défendez-vous mieux.
Ne vois-je pas l'indignité, la honte,
L'excès, l'affront du goût qui vous surmonte?
Quoi ? pour l'objet le plus vil, le plus bas,
Vous me trompez !
LE COMTE.
Non, je ne trompe pas;
Dissimuler n'est pas mon caractère :
J'étais à vous, vous aviez su me plaire,
Et j'espérais avec vous retrouver
Ce que le ciel a voulu m'enlever,
Goûter en paix, dans cet heureux asile,
Les nouveaux fruits d'un nœud doux et tranquille;
Mais vous cherchez à détruire vos lois.
Je vous l'ai dit, l'amour a deux carquois :
L'un est rempli de ces traits tout de flamme,

Dont la douceur porte la paix dans l'âme,
Qui rend plus purs nos goûts, nos sentiments,
Nos soins plus vifs, nos plaisirs plus touchants;
L'autre n'est plein que de flèches cruelles
Qui, répandant les soupçons, les querelles,
Rebutent l'âme, y portent la tiédeur,
Font succéder les dégoûts à l'ardeur :
Voilà les traits que vous prenez vous-même
Contre nous deux; et vous voulez qu'on aime!

LA BARONNE.

Oui, j'aurai tort! quand vous vous détachez,
C'est donc à moi que vous le reprochez.
Je dois souffrir vos belles incartades,
Vos procédés, vos comparaisons fades.
Qu'ai-je donc fait, pour perdre votre cœur?
Que me peut-on reprocher?

LE COMTE.

Votre humeur,
N'en doutez pas : oui, la beauté, madame,
Ne plaît qu'aux yeux; la douceur charme l'âme.

LA BARONNE.

Mais êtes-vous sans humeur, vous?

LE COMTE.

Moi? non;
J'en ai sans doute, et pour cette raison,
Je veux, madame, une femme indulgente,
Dont la beauté douce et compatissante,
A mes défauts facile à se plier,
Daigne avec moi me réconcilier,
Me corriger sans prendre un ton caustique,
Me gouverner sans être tyrannique,
Et dans mon cœur pénétrer pas à pas,
Comme un jour doux dans des yeux délicats :
Qui sent le joug le porte avec murmure;
L'amour tyran est un dieu que j'abjure,
Je veux aimer, et ne veux point servir;
C'est votre orgueil qui peut seul m'avilir.
J'ai des défauts; mais le ciel fit les femmes
Pour corriger le levain de nos âmes,
Pour adoucir nos chagrins, nos humeurs,
Pour nous calmer, pour nous rendre meilleurs.
C'est là leur lot; et pour moi, je préfère
Laideur affable à beauté rude et fière.

LA BARONNE.

C'est fort bien dit, traître! vous prétendez,
Quand vous m'outrez, m'insultez, m'excédez,
Que je pardonne, en lâche complaisante,

De vos amours la honte extravagante ?
Et qu'à mes yeux un faux air de hauteur
Excuse en vous les bassesses du cœur ?
            LE COMTE.
Comment, madame ?
            LA BARONNE.
                    Oui, la jeune Nanine
Fait tout mon tort. Un enfant vous domine,
Une servante, une fille des champs,
Que j'élevai par mes soins imprudents,
Que par pitié votre facile mère
Daigna tirer du sein de la misère.
Vous rougissez !
            LE COMTE.
                Moi ! je lui veux du bien.
            LA BARONNE.
Non, vous l'aimez, j'en suis très-sûre.
            LE COMTE.
                            Eh bien !
Si je l'aimais, apprenez donc, madame,
Que hautement je publierais ma flamme.
            LA BARONNE.
Vous en êtes capable.
            LE COMTE.
                    Assurément
            LA BARONNE.
Vous oseriez trahir impudemment
De votre rang toute la bienséance,
Humilier ainsi votre naissance ;
Et, dans la honte où vos sens sont plongés,
Braver l'honneur ?
            LE COMTE.
                Dites les préjugés.
Je ne prends point, quoi qu'on en puisse croire,
La vanité pour l'honneur et la gloire.
L'éclat vous plaît ; vous mettez la grandeur
Dans des blasons : je la veux dans le cœur.
L'homme de bien, modeste avec courage,
Et la beauté spirituelle, sage,
Sans bien, sans nom, sans tous ces titres vains,
Sont à mes yeux les premiers des humains.
            LA BARONNE.
Il faut au moins être bon gentilhomme.
Un vil savant, un obscur honnête homme,
Serait chez vous, pour un peu de vertu,
Comme un seigneur avec honneur reçu ?
            LE COMTE.
Le vertueux aurait la préférence.

LA BARONNE.
Peut-on souffrir cette humble extravagance?
Ne doit-on rien, s'il vous plaît, à son rang?
LE COMTE.
Être honnête homme est ce qu'on doit.
LA BARONNE.
Mon sang
Exigerait un plus haut caractère.
LE COMTE.
Il est très-haut, il brave le vulgaire.
LA BARONNE.
Vous dégradez ainsi la qualité !
LE COMTE.
Non; mais j'honore ainsi l'humanité.
LA BARONNE.
Vous êtes fou; quoi ! le public, l'usage...!
LE COMTE.
L'usage est fait pour le mépris du sage;
Je me conforme à ses ordres gênants,
Pour mes habits, non pour mes sentiments.
Il faut être homme, et d'une âme sensée
Avoir à soi ses goûts et sa pensée.
Irai-je en sot aux autres m'informer
Qui je dois fuir, chercher, louer, blâmer?
Quoi ! de mon être il faudra qu'on décide?
J'ai ma raison; c'est ma mode et mon guide
Le singe est né pour être imitateur,
Et l'homme doit agir d'après son cœur.
LA BARONNE.
Voilà parler en homme libre, en sage.
Allez; aimez des filles de village,
Cœur noble et grand, soyez-l'heureux rival
Du magister et du greffier fiscal;
Soutenez bien l'honneur de votre race.
LE COMTE.
Ah ! juste ciel ! que faut-il que je fasse?

SCÈNE II. — LE COMTE, LA BARONNE, BLAISE

LE COMTE.
Que veux-tu, toi?
BLAISE.
C'est votre jardinier,
Qui vient, monsieur, humblement supplier
Votre Grandeur.
LE COMTE.
Ma Grandeur ! Eh bien ! Blaise,
Que te faut-il?

ACTE I, SCÈNE II.

BLAISE.
            Mais c'est, ne vous déplaise,
Que je voudrais me marier....
            LE COMTE.
                        D'accord,
Très-volontiers; ce projet me plaît fort.
Je t'aiderai; j'aime qu'on se marie :
Et la future, est-elle un peu jolie?
            BLAISE.
Ah, oui, ma foi ! c'est un morceau friand
            LA BARONNE.
Et Blaise en est aimé?
            BLAISE.
            Certainement.
            LE COMTE.
Et nous nommons cette beauté divine?...
            BLAISE.
Mais, c'est....
            LE COMTE.
        Eh bien?
            BLAISE.
                C'est la belle Nanine.
            LE COMTE.
Nanine?
            LA BARONNE.
        Ah! bon! je ne m'oppose point
A de pareils amours.
            LE COMTE, *à part*.
                Ciel! à quel point
On m'avilit! Non, je ne le puis être.
            BLAISE.
Ce parti-là doit bien plaire à mon maître.
            LE COMTE.
Tu dis qu'on t'aime, impudent!
            BLAISE.
                    Ah! pardon.
            LE COMTE.
T'a-t-elle dit qu'elle t'aimât?
            BLAISE.
                    Mais.... non,
Pas tout à fait; elle m'a fait entendre
Tant seulement qu'elle a pour nous du tendre;
D'un ton si bon, si doux, si familier,
Elle m'a dit cent fois : « Cher jardinier,
Cher ami Blaise, aide-moi donc à faire
Un beau bouquet de fleurs, qui puisse plaire
A monseigneur, à ce maître charmant; »
Et puis d'un air si touché, si touchant,

Elle faisait ce bouquet : et sa vue
Était troublée ; elle était toute émue,
Toute rêveuse, avec un certain air,
Un air, là, qui.... peste ! l'on y voit clair.
LE COMTE.
Blaise, va-t'en.... Quoi ! j'aurais su lui plaire
BLAISE.
Çà, n'allez pas traînasser notre affaire.
LE COMTE.
Hem !...
BLAISE.
Vous verrez comme ce terrain-là
Entre mes mains bientôt profitera.
Répondez donc ; pourquoi ne me rien dire
LE COMTE.
Ah ! mon cœur est trop plein. Je me retire....
Adieu, madame.

SCÈNE III. — LA BARONNE, BLAISE.

LA BARONNE.
Il l'aime comme un fou,
J'en suis certaine. Et comment donc, par où,
Par quels attraits, par quelle heureuse adresse,
A-t-elle pu me ravir sa tendresse ?
Nanine ? ô ciel ! quel choix ! quelle fureur !
Nanine ? non ; j'en mourrai de douleur.
BLAISE, *revenant*.
Ah ! vous parlez de Nanine.
LA BARONNE.
Insolente !
BLAISE.
Est-il pas vrai que Nanine est charmante ?
LA BARONNE.
Non.
BLAISE.
Eh ! si fait : parlez un peu pour nous,
Protégez Blaise.
LA BARONNE.
Ah ! quels horribles coups !
BLAISE.
J'ai des écus ; Pierre Blaise mon père
M'a bien laissé trois bons journaux de terre :
Tout est pour elle, écus comptants, journaux,
Tout mon avoir, et tout ce que je vaux ;
Mon corps, mon cœur, tout moi-même, tout Blaise.
LA BARONNE.
Autant que toi crois que j'en serais aise,

ACTE I, SCÈNE III.

Mon pauvre enfant ; si je puis te servir,
Tous deux ce soir je voudrais vous unir ;
Je lui paierai sa dot.

BLAISE.

Digne baronne,
Que j'aimerai votre chère personne !
Que de plaisir ! est-il possible !

LA BARONNE.

Hélas !
Je crains, ami, de ne réussir pas.

BLAISE.

Ah ! par pitié, réussissez, madame.

LA BARONNE.

Va, plût au ciel qu'elle devint ta femme !
Attends mon ordre.

BLAISE.

Eh ! puis-je attendre ?

LA BARONNE.

Va.

BLAISE.

Adieu. J'aurai, ma foi, cet enfant-là.

SCÈNE IV. — LA BARONNE.

Vit-on jamais une telle aventure ?
Peut-on sentir une plus vive injure,
Plus lâchement se voir sacrifier ?
Le comte Olban rival d'un jardinier !
(A un laquais.)
Holà ! quelqu'un ! Qu'on appelle Nanine.
C'est mon malheur qu'il faut que j'examine
Où pourrait-elle avoir pris l'art flatteur,
L'art de séduire et de garder un cœur,
L'art d'allumer un feu vif et qui dure ?
Où ? dans ses yeux, dans la simple nature
Je crois pourtant que cet indigne amour
N'a point encore osé se mettre au jour.
J'ai vu qu'Olban se respecte avec elle ;
Ah ! c'est encore une douleur nouvelle ;
J'espérerais s'il se respectait moins.
D'un amour vrai le traître a tous les soins
Ah ! la voici : je me sens au supplice.
Que la nature est pleine d'injustice !
A qui va-t-elle accorder la beauté !
C'est un affront fait à la qualité.
Approchez-vous, venez, mademoiselle.

SCÈNE V. — LA BARONNE, NANINE.

NANINE.

Madame?

LA BARONNE.

Mais est-elle donc si belle?
Ces grands yeux noirs ne disent rien du tout:
Mais s'ils ont dit : « J'aime.... » ah! je suis à bout.
Possédons-nous. Venez.

NANINE.

Je viens me rendre
A mon devoir.

LA BARONNE.

Vous vous faites attendre
Un peu de temps; avancez-vous. Comment!
Comme elle est mise! et quel ajustement!
Il n'est pas fait pour une créature
De votre espèce.

NANINE.

Il est vrai. Je vous jure
Par mon respect, qu'en secret j'ai rougi
Plus d'une fois d'être vêtue ainsi;
Mais c'est l'effet de vos bontés premières,
De ces bontés qui me sont toujours chères.
De tant de soins vous daigniez m'honorer!
Vous vous plaisiez vous-même à me parer.
Songez combien vous m'aviez protégée :
Sous cet habit je ne suis point changée.
Voudriez-vous, madame, humilier
Un cœur soumis, qui ne peut s'oublier?

LA BARONNE.

Approchez-moi ce fauteuil.... Ah! j'enrage....
D'où venez-vous?

NANINE.

Je lisais.

LA BARONNE.

Quel ouvrage?

NANINE.

Un livre anglais dont on m'a fait présent.

LA BARONNE.

Sur quel sujet?

NANINE.

Il est intéressant :
L'auteur prétend que les hommes sont frères
Nés tous égaux; mais ce sont des chimères.
Je ne puis croire à cette égalité.

LA BARONNE.

Elle y croira. Quel fonds de vanité!

ACTE I, SCÈNE V.

Que l'on m'apporte ici mon écritoire....
NANINE.
J'y vais.
LA BARONNE.
Restez. Que l'on me donne à boire.
NANINE.
Quoi ?
LA BARONNE.
Rien. Prenez mon éventail.... Sortez.
Allez chercher mes gants.... Laissez..... Restez.
Avancez-vous.... Gardez-vous, je vous prie,
D'imaginer que vous soyez jolie.
NANINE.
Vous me l'avez si souvent répété,
Que si j'avais ce fonds de vanité,
Si l'amour-propre avait gâté mon âme,
Je vous devrais ma guérison, madame.
LA BARONNE.
Où trouve-t-elle ainsi ce qu'elle dit ?
Que je la hais ! quoi ! belle et de l'esprit !
(Avec dépit.)
Écoutez-moi. J'eus bien de la tendresse
Pour votre enfance.
NANINE.
Oui. Puisse ma jeunesse
Être honorée encor de vos bontés !
LA BARONNE.
Eh bien ! voyez si vous les méritez.
Je prétends, moi, ce jour, cette heure même,
Vous établir; jugez si je vous aime.
NANINE.
Moi ?
LA BARONNE.
Je vous donne une dot. Votre époux
Est fort bien fait, et très-digne de vous;
C'est un parti de tout point fort sortable :
C'est le seul même aujourd'hui convenable;
Et vous devez bien m'en remercier :
C'est, en un mot, Blaise le jardinier.
NANINE.
Blaise, madame ?
LA BARONNE.
Oui. D'où vous vient ce sourire ?
Hésitez-vous un moment d'y souscrire ?
Mes offres sont un ordre, entendez-vous ?
Obéissez, ou craignez mon courroux.
NANINE.
Mais....

LA BARONNE.

Apprenez qu'un *mais* est une offense.
Il vous sied bien d'avoir l'impertinence
De refuser un mari de ma main !
Ce cœur si simple est devenu bien vain.
Mais votre audace est trop prématurée ;
Votre triomphe est de peu de durée.
Vous abusez du caprice d'un jour,
Et vous verrez quel en est le retour.
Petite ingrate, objet de ma colère,
Vous avez donc l'insolence de plaire ?
Vous m'entendez ; je vous ferai rentrer
Dans le néant dont j'ai su vous tirer.
Tu pleureras ton orgueil, ta folie.
Je te ferai renfermer pour ta vie
Dans un couvent.

NANINE.

J'embrasse vos genoux ;
Renfermez-moi ; mon sort sera trop doux.
Oui, des faveurs que vous vouliez me faire,
Cette rigueur est pour moi la plus chère.
Enfermez-moi dans un cloître à jamais :
J'y bénirai mon maître et vos bienfaits ;
J'y calmerai des alarmes mortelles,
Des maux plus grands, des craintes plus cruelles,
Des sentiments plus dangereux pour moi
Que ce courroux qui me glace d'effroi.
Madame, au nom de ce courroux extrême,
Délivrez-moi, s'il se peut, de moi-même ;
Dès cet instant je suis prête à partir.

LA BARONNE.

Est-il possible ? et que viens-je d'ouïr ?
Est-il bien vrai ? me trompez-vous, Nanine ?

NANINE.

Non. Faites-moi cette faveur divine :
Mon cœur en a trop besoin.

LA BARONNE, *avec un emportement de tendresse*

Lève-toi :
Que je t'embrasse. O jour heureux pour moi !
Ma chère amie, eh bien ! je vais sur l'heure
Préparer tout pour ta belle demeure.
Ah ! quel plaisir que de vivre en couvent !

NANINE.

C'est pour le moins un abri consolant.

LA BARONNE.

Non ; c'est, ma fille, un séjour délectable.

ACTE I, SCÈNE V.

NANINE.

Le croyez-vous ?

LA BARONNE.

Le monde est haïssable,
Jaloux....

NANINE.

Oh ! oui.

LA BARONNE.

Fou, méchant, vain, trompeur,
Changeant, ingrat; tout cela fait horreur.

NANINE.

Oui; j'entrevois qu'il me serait funeste,
Qu'il faut le fuir....

LA BARONNE.

La chose est manifeste;
Un bon couvent est un port assuré.
Monsieur le comte, ah ! je vous préviendrai.

NANINE.

Que dites-vous de monseigneur ?

LA BARONNE.

Je t'aime
A la fureur; et dès ce moment même
Je voudrais bien te faire le plaisir
De t'enfermer pour ne jamais sortir.
Mais il est tard, hélas ! il faut attendre
Le point du jour. Écoute : il faut te rendre
Vers le minuit dans mon appartement;
Nous partirons d'ici secrètement
Pour ton couvent à cinq heures sonnantes :
Sois prête au moins.

SCÈNE VI. — NANINE.

Quelles douleurs cuisantes !
Quel embarras ! quel tourment ! quel dessein !
Quels sentiments combattent dans mon sein !
Hélas ! je fuis le plus aimable maître !
En le fuyant, je l'offense peut-être;
Mais, en restant, l'excès de ses bontés
M'attirerait trop de calamités,
Dans sa maison mettrait un trouble horrible.
Madame croit qu'il est pour moi sensible,
Que jusqu'à moi ce cœur peut s'abaisser :
Je le redoute, et n'ose le penser.
De quel courroux madame est animée !
Quoi ! l'on me hait, et je crains d'être aimée ?
Mais moi ! mais moi ! je me crains encor plus;
Mon cœur troublé de lui-même est confus.

Que devenir ? De mon état tirée,
Pour mon malheur je suis trop éclairée.
C'est un danger, c'est peut-être un grand tort
D'avoir une âme au-dessus de son sort.
Il faut partir ; j'en mourrai, mais n'importe.

SCÈNE VII. — LE COMTE, NANINE, UN LAQUAIS.

LE COMTE.

Holà ! quelqu'un ! qu'on reste à cette porte.
Des siéges, vite.
   (Il fait la révérence à Nanine, qui lui en fait une profonde.)
   Asseyons-nous ici.

NANINE.

Qui ? moi, monsieur ?

LE COMTE.

    Oui, je le veux ainsi ;
Et je vous rends ce que votre conduite,
Votre beauté, votre vertu mérite.
Un diamant trouvé dans un désert
Est-il moins beau, moins précieux, moins cher ?
Quoi ! vos beaux yeux semblent mouillés de larmes !
Ah ! je le vois, jalouse de vos charmes,
Notre baronne aura, par ses aigreurs,
Par son courroux, fait répandre vos pleurs.

NANINE.

Non, monsieur, non ; sa bonté respectable
Jamais pour moi ne fut si favorable ;
Et j'avouerai qu'ici tout m'attendrit.

LE COMTE.

Vous me charmez : je craignais son dépit.

NANINE.

Hélas ! pourquoi ?

LE COMTE.

    Jeune et belle Nanine,
La jalousie en tous les cœurs domine :
L'homme est jaloux dès qu'il peut s'enflammer ;
La femme l'est, même avant que d'aimer.
Un jeune objet, beau, doux, discret, sincère,
A tout son sexe est bien sûr de déplaire.
L'homme est plus juste ; et d'un sexe jaloux
Nous nous vengeons autant qu'il est en nous.
Croyez surtout que je vous rends justice.
J'aime ce cœur qui n'a point d'artifice ;
J'admire encore à quel point vous avez
Développé vos talents cultivés.
De votre esprit la naïve justesse
Me rend surpris autant qu'il m'intéresse

NANINE.
J'en ai bien peu; mais quoi ! je vous ai vu,
Et je vous ai tous les jours entendu :
Vous avez trop relevé ma naissance ;
Je vous dois trop ; c'est par vous que je pense.
LE COMTE.
Ah ! croyez-moi, l'esprit ne s'apprend pas.
NANINE.
Je pense trop pour un état si bas ;
Au dernier rang les destins m'ont comprise.
LE COMTE.
Dans le premier vos vertus vous ont mise.
Naïvement dites-moi quel effet
Ce livre anglais sur votre esprit a fait ?
NANINE.
Il ne m'a point du tout persuadée ;
Plus que jamais, monsieur, j'ai dans l'idée
Qu'il est des cœurs si grands, si généreux,
Que tout le reste est bien vil auprès d'eux.
LE COMTE.
Vous en êtes la preuve.... Ah çà, Nanine,
Permettez-moi qu'ici l'on vous destine
Un sort, un rang moins indigne de vous.
NANINE.
Hélas ! mon sort était trop haut, trop doux.
LE COMTE.
Non. Désormais soyez de la famille :
Ma mère arrive ; elle vous voit en fille ;
Et mon estime, et sa tendre amitié
Doivent ici vous mettre sur un pied
Fort éloigné de cette indigne gêne
Où vous tenait une femme hautaine.
NANINE.
Elle n'a fait, hélas ! que m'avertir
De mes devoirs.... Qu'ils sont durs à remplir !
LE COMTE.
Quoi ! quel devoir ? Ah ! le vôtre est de plaire ;
Il est rempli : le nôtre ne l'est guère.
Il vous fallait plus d'aisance et d'éclat :
Vous n'êtes pas encor dans votre état.
NANINE.
J'en suis sortie, et c'est ce qui m'accable ;
C'est un malheur peut-être irréparable.
(Se levant.)
Ah ! monseigneur ! ah ! mon maître ! écartez
De mon esprit toutes ces vanités ;
De vos bienfaits confuse, pénétrée,

Laissez-moi vivre à jamais ignorée.
Le ciel me fit pour un état obscur;
L'humilité n'a pour moi rien de dur.
Ah ! laissez-moi ma retraite profonde.
Eh ! que ferais-je, et que verrais-je au monde,
Après avoir admiré vos vertus ?
LE COMTE.
Non, c'en est trop, je n'y résiste plus.
Qui ? vous obscure ! vous !
NANINE.
     Quoi que je fasse,
Puis-je de vous obtenir une grâce ?
LE COMTE.
Qu'ordonnez-vous ? parlez.
NANINE.
     Depuis un temps
Votre bonté me comble de présents.
LE COMTE.
Eh bien ! pardon. J'en agis comme un père,
Un père tendre à qui sa fille est chère.
Je n'ai point l'art d'embellir un présent ;
Et je suis juste, et ne suis point galant.
De la fortune il faut venger l'injure :
Elle vous traita mal : mais la nature,
En récompense, a voulu vous doter
De tous ses biens ; j'aurais dû l'imiter.
NANINE.
Vous en avez trop fait; mais je me flatte
Qu'il m'est permis, sans que je sois ingrate,
De disposer de ces dons précieux
Que votre main rend si chers à mes yeux.
LE COMTE.
Vous m'outragez.

SCÈNE VIII. — LE COMTE, NANINE, GERMON.

GERMON.
     Madame vous demande,
Madame attend.
LE COMTE.
     Eh ! que madame attende.
Quoi ! l'on ne peut un moment vous parler,
Sans qu'aussitôt on vienne nous troubler !
NANINE
Avec douleur, sans doute, je vous laisse;
Mais vous savez qu'elle fut ma maîtresse.
LE COMTE.
Non, non, jamais je ne veux le savoir.

ACTE I, SCÈNE VIII.   85

NANINE.
Elle conserve un reste de pouvoir.
LE COMTE.
Elle n'en garde aucun, je vous assure.
Vous gémissez.... Quoi ! votre cœur murmure ?
Qu'avez-vous donc ?
NANINE.
Je vous quitte à regret ;
Mais il le faut.... O ciel ! c'en est donc fait !
(Elle sort.)

SCÈNE IX. — LE COMTE, GERMON.

LE COMTE.
Elle pleurait. D'une femme orgueilleuse
Depuis longtemps l'aigreur capricieuse
La fait gémir sous trop de dureté ;
Et de quel droit ? par quelle autorité ?
Sur ces abus ma raison se récrie.
Ce monde-ci n'est qu'une loterie
De biens, de rangs, de dignités, de droits,
Brigués sans titre, et répandus sans choix.
Hé !
GERMON.
Monseigneur.
LE COMTE.
Demain sur sa toilette
Vous porterez cette somme complète
De trois cents louis d'or ; n'y manquez pas ;
Puis vous irez chercher ces gens là-bas ;
Ils attendront.
GERMON.
Madame la baronne
Aura l'argent que monseigneur me donne,
Sur sa toilette.
LE COMTE.
Eh ! l'esprit lourd ! eh non !
C'est pour Nanine, entendez-vous ?
GERMON.
Pardon.
LE COMTE.
Allez, allez, laissez-moi.
(Germon sort.)
Ma tendresse
Assurément n'est point une faiblesse.
Je l'idolâtre, il est vrai, mais mon cœur
Dans ses yeux seuls n'a point pris son ardeur.
Son caractère est fait pour plaire au sage,
Et sa belle âme a mon premier hommage ;

Mais son état? Elle est trop au-dessus;
Fût-il plus bas, je l'en aimerais plus.
Mais puis-je enfin l'épouser? Oui, sans doute.
Pour être heureux qu'est-ce donc qu'il en coûte?
D'un monde vain dois-je craindre l'écueil,
Et de mon goût me priver par orgueil?
Mais la coutume?... Eh bien! elle est cruelle;
Et la nature eut ses droits avant elle.
Eh quoi! rival de Blaise! Pourquoi non?
Blaise est un homme; il l'aime, il a raison.
Elle fera dans une paix profonde
Le bien d'un seul, et les désirs du monde.
Elle doit plaire aux jardiniers, aux rois;
Et mon bonheur justifiera mon choix.

ACTE SECOND.

SCÈNE I. — LE COMTE, MARIN.

LE COMTE.

Ah! cette nuit est une année entière!
Que le sommeil est loin de ma paupière!
Tout dort ici; Nanine dort en paix;
Un doux repos rafraîchit ses attraits :
Et moi, je vais, je cours, je veux écrire,
Je n'écris rien; vainement je veux lire,
Mon œil troublé voit les mots sans les voir,
Et mon esprit ne les peut concevoir;
Dans chaque mot le seul nom de Nanine
Est imprimé par une main divine.
Holà! quelqu'un! qu'on vienne. Quoi! mes gens
Sont-ils pas las de dormir si longtemps?
Germon! Marin!

MARIN, *derrière le théâtre.*
J'accours.

LE COMTE.
Quelle paresse!
Eh! venez vite; il fait jour; le temps presse :
Arrivez donc.

MARIN.
Eh! monsieur, quel lutin
Vous a sans nous éveillé si matin?

LE COMTE.
L'amour

ACTE II, SCÈNE I.

MARIN.

Oh! oh! la baronne de L'Orme
Ne permet pas qu'en ce logis on dorme.
Qu'ordonnez-vous?

LE COMTE.

Je veux, mon cher Marin,
Je veux avoir, au plus tard pour demain,
Six chevaux neufs, un nouvel équipage,
Femme de chambre adroite, bonne, et sage;
Valet de chambre avec deux grands laquais,
Point libertins, qui soient jeunes, bien faits:
Des diamants, des boucles des plus belles,
Des bijoux d'or, des étoffes nouvelles.
Pars à l'instant, cours en poste à Paris;
Crève tous les chevaux.

MARIN.

Vous voilà pris.
J'entends, j'entends; madame la baronne
Est la maîtresse aujourd'hui qu'on nous donne;
Vous l'épousez?

LE COMTE.

Quel que soit mon projet,
Vole et reviens.

MARIN.

Vous serez satisfait.

SCÈNE II. — LE COMTE, GERMON.

LE COMTE.

Quoi! j'aurai donc cette douceur extrême
De rendre heureux, d'honorer ce que j'aime!
Notre baronne avec fureur criera;
Très-volontiers, et tant qu'elle voudra.
Les vains discours, le monde, la baronne,
Rien ne m'émeut, et je ne crains personne;
Aux préjugés c'est trop être soumis :
Il faut les vaincre, ils sont nos ennemis;
Et ceux qui font les esprits raisonnables,
Plus vertueux, sont les seuls respectables.
Eh! mais.... quel bruit entends-je dans ma cour?
C'est un carrosse. Oui.... mais.... au point du jour
Qui peut venir?... C'est ma mère, peut-être.
Germon....

GERMON, *arrivant*.

Monsieur.

LE COMTE.

Vois ce que ce peut être.

GERMON.
C'est un carrosse.
LE COMTE.
Eh qui? par quel hasard?
Qui vient ici?
GERMON.
L'on ne vient point; l'on part.
LE COMTE.
Comment! on part?
GERMON.
Madame la baronne
Sort tout à l'heure.
LE COMTE.
Oh! je le lui pardonne;
Que pour jamais puisse-t-elle sortir!
GERMON.
Avec Nanine elle est prête à partir.
LE COMTE.
Ciel! que dis-tu? Nanine?
GERMON.
La suivante
Le dit tout haut.
LE COMTE.
Quoi donc?
GERMON.
Votre parente
Part avec elle; elle va, ce matin,
Mettre Nanine à ce couvent voisin.
LE COMTE.
Courons, volons. Mais quoi! que vais-je faire?
Pour leur parler je suis trop en colère :
N'importe : allons. Quand je devrais.... mais non
On verrait trop toute ma passion.
Qu'on ferme tout, qu'on vole, qu'on l'arrête:
Répondez-moi d'elle sur votre tête :
Amenez-moi Nanine.
(Germon sort.)
Ah! juste ciel
On l'enlevait. Quel jour! quel coup mortel!
Qu'ai-je donc fait? pourquoi? par quel caprice?
Par quelle ingrate et cruelle injustice?
Qu'ai-je donc fait, hélas! que l'adorer,
Sans la contraindre, et sans me déclarer,
Sans alarmer sa timide innocence?
Pourquoi me fuir? je m'y perds, plus j'y pense.

SCÈNE III. — LE COMTE, NANINE.

LE COMTE.
Belle Nanine, est-ce vous que je voi ?
Quoi ! vous voulez vous dérober à moi !
Ah ! répondez, expliquez-vous, de grâce.
Vous avez craint sans doute la menace
De la baronne ; et ces purs sentiments,
Que vos vertus m'inspirent dès longtemps,
Plus que jamais l'auront sans doute aigrie.
Vous n'auriez point de vous-même eu l'envie
De nous quitter, d'arracher à ces lieux
Leur seul éclat, que leur prêtaient vos yeux.
Hier au soir, de pleurs toute trempée,
De ce dessein étiez-vous occupée?
Répondez donc. Pourquoi me quittiez-vous?
NANINE.
Vous me voyez tremblante à vos genoux.
LE COMTE, *la relevant.*
Ah ! parlez-moi. Je tremble plus encore.
NANINE.
Madame....
LE COMTE.
Eh bien?
NANINE.
Madame, que j'honore,
Pour le couvent n'a point forcé mes vœux.
LE COMTE.
Ce serait vous? qu'entends-je? oh ! malheureux !
NANINE.
Je vous l'avoue ; oui, je l'ai conjurée
De mettre un frein à mon âme égarée....
Elle voulait, monsieur, me marier.
LE COMTE.
Elle? à qui donc?
NANINE.
A votre jardinier.
LE COMTE.
Le digne choix !
NANINE.
Et moi, toute honteuse,
Plus qu'on ne croit peut-être malheureuse,
Moi qui repousse avec un vain effort
Des sentiments au-dessus de mon sort,
Que vos bontés avaient trop élevée,
Pour m'en punir, j'en dois être privée.
LE COMTE.
Vous, vous punir ! ah ! Nanine ! et de quoi?

NANINE.
D'avoir osé soulever contre moi
Votre parente, autrefois ma maîtresse.
Je lui déplais; mon seul aspect la blesse :
Elle a raison; et j'ai près d'elle, hélas!
Un tort bien grand.... qui ne finira pas.
J'ai craint ce tort; il est peut-être extrême.
J'ai prétendu m'arracher à moi-même,
Et déchirer dans les austérités
Ce cœur trop haut, trop fier de vos bontés,
Venger sur lui sa faute involontaire.
Mais ma douleur, hélas! la plus amère,
En perdant tout, en courant m'éclipser,
En vous fuyant, fut de vous offenser.

LE COMTE, *se détournant et se promenant.*
Quels sentiments! et quelle âme ingénue!
En ma faveur est-elle prévenue?
A-t-elle craint de m'aimer? ô vertu!

NANINE.
Cent fois pardon, si je vous ai déplu :
Mais permettez qu'au fond d'une retraite
J'aille cacher ma douleur inquiète,
M'entretenir en secret à jamais
De mes devoirs, de vous, de vos bienfaits.

LE COMTE.
N'en parlons plus. Écoutez : la baronne
Vous favorise, et noblement vous donne
Un domestique, un rustre pour époux;
Moi, j'en sais un moins indigne de vous :
Il est d'un rang fort au-dessus de Blaise,
Jeune, honnête homme; il est fort à son aise :
Je vous réponds qu'il a des sentiments :
Son caractère est loin des mœurs du temps;
Et je me trompe, ou pour vous j'envisage
Un destin doux, un excellent ménage :
Un tel parti flatte-t-il votre cœur?
Vaut-il pas bien le couvent?

NANINE.
Non, monsieur....
Ce nouveau bien que vous daignez me faire,
Je l'avouerai, ne peut me satisfaire.
Vous pénétrez mon cœur reconnaissant :
Daignez y lire, et voyez ce qu'il sent;
Voyez sur quoi ma retraite se fonde.
Un jardinier, un monarque du monde,
Qui pour époux s'offriraient à mes vœux,
Également me déplairaient tous deux.

ACTE II, SCÈNE III.

LE COMTE.
Vous décidez mon sort. Eh bien! Nanine,
Connaissez donc celui qu'on vous destine :
Vous l'estimez : il est sous votre loi;
Il vous adore, et cet époux.... c'est moi.
(A part.)
L'étonnement, le trouble l'a saisie.
(A Nanine.)
Ah! parlez-moi; disposez de ma vie;
Ah! reprenez vos sens trop agités.

NANINE.
Qu'ai-je entendu?

LE COMTE.
Ce que vous méritez.

NANINE.
Quoi! vous m'aimez? Ah! gardez-vous de croire
Que j'ose user d'une telle victoire.
Non, monsieur, non, je ne souffrirai pas
Qu'ainsi pour moi vous descendiez si bas :
Un tel hymen est toujours trop funeste;
Le goût se passe, et le repentir reste.
J'ose à vos pieds attester vos aïeux....
Hélas! sur moi ne jetez point les yeux.
Vous avez pris pitié de mon jeune âge;
Formé par vous, ce cœur est votre ouvrage;
Il en serait indigne désormais,
S'il acceptait le plus grand des bienfaits.
Oui, je vous dois des refus. Oui, mon âme
Doit s'immoler.

LE COMTE.
Non, vous serez ma femme.
Quoi! tout à l'heure ici vous m'assuriez,
Vous l'avez dit, que vous refuseriez
Tout autre époux, fût-ce un prince.

NANINE.
Oui, sans doute;
Et ce n'est pas ce refus qui me coûte.

LE COMTE.
Mais me haïssez-vous?

NANINE.
Aurais-je fui,
Craindrais-je tant si vous étiez haï?

LE COMTE.
Ah! ce mot seul a fait ma destinée.

NANINE.
Eh! que prétendez-vous?

LE COMTE.
Notre hyménée.

NANINE.
Songez....

LE COMTE.
Je songe à tout.

NANINE.
Mais prévoyez....

LE COMTE.
Tout est prévu....

NANINE.
Si vous m'aimez, croyez...

LE COMTE.
Je crois former le bonheur de ma vie.

NANINE.
Vous oubliez...

LE COMTE.
Il n'est rien que j'oublie.
Tout sera prêt, et tout est ordonné.

NANINE.
Quoi ! malgré moi votre amour obstiné....

LE COMTE.
Oui, malgré vous, ma flamme impatiente
Va tout presser pour cette heure charmante.
Un seul instant je quitte vos attraits
Pour que mes yeux n'en soient privés jamais.
Adieu, Nanine, adieu, vous que j'adore.

SCÈNE IV. — NANINE.

Ciel ! est-ce un rêve ? et puis-je croire encore
Que je parvienne au comble du bonheur ?
Non, ce n'est pas l'excès d'un tel honneur,
Tout grand qu'il est, qui me plaît et me frappe;
A mes regards tant de grandeur échappe :
Mais épouser ce mortel généreux,
Lui, cet objet de mes timides vœux,
Lui, que j'avais tant craint d'aimer, que j'aime,
Lui, qui m'élève au-dessus de moi-même;
Je l'aime trop pour pouvoir l'avilir :
Je devrais.... Non, je ne puis plus le fuir;
Non.... Mon état ne saurait se comprendre.
Moi, l'épouser ! quel parti dois-je prendre ?
Le ciel pourra m'éclairer aujourd'hui;
Dans ma faiblesse il m'envoie un appui.
Peut-être même.... Allons; il faut écrire,
Il faut.... Par où commencer, et que dire ?
Quelle surprise ! Écrivons promptement,
Avant d'oser prendre un engagement.

(Elle se met à écrire.)

ACTE II, SCÈNE V.

SCÈNE V. — NANINE, BLAISE.

BLAISE.
Ah! la voici. Madame la baronne
En ma faveur vous a parlé, mignonne.
Ouais, elle écrit sans me voir seulement.

NANINE, *écrivant toujours*.
Blaise, bonjour.

BLAISE.
Bonjour est sec, vraiment.

NANINE, *écrivant*.
A chaque mot mon embarras redouble;
Toute ma lettre est pleine de mon trouble.

BLAISE.
Le grand génie! elle écrit tout courant;
Qu'elle a d'esprit! et que n'en ai-je autant!
Çà, je disais....

NANINE.
Eh bien?

BLAISE.
Elle m'impose
Par son maintien; devant elle je n'ose
M'expliquer.... là.... tout comme je voudrais :
Je suis venu cependant tout exprès.

NANINE.
Cher Blaise, il faut me rendre un grand service.

BLAISE.
Oh! deux plutôt.

NANINE.
Je te fais la justice
De me fier à ta discrétion,
A ton bon cœur.

BLAISE.
Oh! parlez sans façon :
Car, vous voyez, Blaise est prêt à tout faire
Pour vous servir; vite, point de mystère.

NANINE.
Tu vas souvent au village prochain,
A Rémival, à droite du chemin?

BLAISE.
Oui.

NANINE.
Pourrais-tu trouver dans ce village
Philippe Hombert?

BLAISE.
Non. Quel est ce visage?
Philippe Hombert? je ne connais pas ça.

NANINE.

NANINE.
Hier au soir je crois qu'il arriva ;
Informe-t'en. Tâche de lui remettre,
Mais sans délai, cet argent, cette lettre.

BLAISE.
Oh! de l'argent !

NANINE.
Donne aussi ce paquet :
Monte à cheval pour avoir plus tôt fait ;
Pars, et sois sûr de ma reconnaissance.

BLAISE.
J'irais pour vous au fin fond de la France.
Philippe Hombert est un heureux manant ;
La bourse est pleine : ah! que d'argent comptant !
Est-ce une dette ?

NANINE.
Elle est très-avérée ;
Il n'en est point, Blaise, de plus sacrée.
Écoute : Hombert est peut-être 'nconnu ;
Peut-être même il n'est pas revenu.
Mon cher ami, tu me rendras ma lettre,
Si tu ne peux en ses mains la remettre.

BLAISE.
Mon cher ami !

NANINE.
Je me fie à ta foi.

BLAISE.
Son cher ami !

NANINE.
Va, j'attends tout de toi.

SCÈNE VI. — LA BARONNE, BLAISE.

BLAISE.
D'où diable vient cet argent ? quel message !
Il nous aurait aidé dans le ménage.
Allons, elle a pour nous de l'amitié ;
Et ça vaut mieux que de l'argent, morgué :
Courons, courons.
(Il met l'argent et le paquet dans sa poche ; il rencontre la baronne, et la heurte.)

LA BARONNE.
Eh ! le butor !... arrête.
L'étourdi m'a pensé casser la tête.

BLAISE.
Pardon, madame.

LA BARONNE.
Où vas tu ? que tiens-tu ?

ACTE II, SCÈNE VI.

Que fait Nanine? As-tu rien entendu?
Monsieur le comte est-il bien en colère?
Quel billet est-ce là?

BLAISE.

C'est un mystère.

Peste!...

LA BARONNE.

Voyons.

BLAISE.

Nanine gronderait.

LA BARONNE.

Comment dis-tu? Nanine! elle pourrait
Avoir écrit, te charger d'un message!
Donne, ou je romps soudain ton mariage.
Donne, te dis-je.

BLAISE, *riant.*

Ho, ho.

LA BARONNE.

De quoi ris-tu?

BLAISE, *riant encore.*

Ha, ha.

LA BARONNE.

J'en veux savoir le contenu.

(Elle décachette la lettre.)

Il m'intéresse, ou je suis bien trompée.

BLAISE, *riant encore.*

Ha, ha, ha, ha, qu'elle est bien attrapée!
Elle n'a là qu'un chiffon de papier;
Moi j'ai l'argent, et je m'en vais payer
Philippe Hombert : faut servir sa maîtresse.
Courons.

SCÈNE VII. — LA BARONNE.

Lisons : *Ma joie et ma tendresse*
Sont sans mesure, ainsi que mon bonheur :
Vous arrivez; quel moment pour mon cœur!
Quoi! je ne puis vous voir et vous entendre!
Entre vos bras je ne puis me jeter!
Je vous conjure au moins de vouloir prendre
Ces deux paquets : daignez les accepter.
Sachez qu'on m'offre un sort digne d'envie,
Et dont il est permis de s'éblouir :
Mais il n'est rien que je ne sacrifie
Au seul mortel que mon cœur doit chérir.
Ouais. Voilà donc le style de Nanine.
Comme elle écrit, l'innocente orpheline!
Comme elle fait parler la passion!
En vérité, ce billet est bien bon.

Tout est parfait, je ne me sens pas d'aise.
Ah! ah! rusée, ainsi vous trompiez Blaise!
Vous m'enleviez en secret mon amant.
Vous avez feint d'aller dans un couvent;
Et tout l'argent que le comte vous donne,
C'est pour Philippe Hombert! Fort bien, friponne;
J'en suis charmée, et le perfide amour
Du comte Olban méritait bien ce tour.
Je m'en doutais, que le cœur de Nanine
Était plus bas que sa basse origine.

SCÈNE VIII. — LE COMTE, LA BARONNE.

LA BARONNE.

Venez, venez, homme à grands sentiments,
Homme au-dessus des préjugés du temps,
Sage amoureux, philosophe sensible;
Vous allez voir un trait assez risible.
Vous connaissez sans doute à Rémival
Monsieur Philippe Hombert, votre rival?

LE COMTE.

Ah! quels discours vous me tenez!

LA BARONNE.

Peut-être
Ce billet-là vous le fera connaître.
Je crois qu'Hombert est un fort beau garçon.

LE COMTE.

Tous vos efforts ne sont plus de saison :
Mon parti pris, je suis inébranlable.
Contentez-vous du tour abominable
Que vous vouliez me jouer ce matin.

LA BARONNE.

Ce nouveau tour est un peu plus malin.
Tenez, lisez. Ceci pourra vous plaire;
Vous connaîtrez les mœurs, le caractère
Du digne objet qui vous a subjugué.
(Tandis que le comte lit.)
Tout en lisant, il me semble intrigué.
Il a pâli, l'affaire émeut sa bile....
Eh bien! monsieur, que pensez-vous du style?
Il ne voit rien, ne dit rien, n'entend rien :
Oh! le pauvre homme! il le méritait bien.

LE COMTE.

Ai-je bien lu? Je demeure stupide.
O tour affreux! sexe ingrat, cœur perfide!

LA BARONNE.

Je le connais, il est né violent;

ACTE II, SCÈNE VIII.

Il est prompt, ferme; il va dans un moment
Prendre un parti.

SCÈNE IX. — LE COMTE, LA BARONNE, GERMON.

GERMON.
Voici dans l'avenue
Madame Olban.
LA BARONNE.
La vieille est revenue.
GERMON.
Madame votre mère, entendez-vous?
Est près d'ici, monsieur.
LA BARONNE.
Dans son courroux,
Il est devenu sourd. La lettre opère.
GERMON, *criant.*
Monsieur.
LE COMTE.
Plaît-il?
GERMON, *haut.*
Madame votre mère,
Monsieur.
LE COMTE.
Que fait Nanine en ce moment?
GERMON.
Mais.... elle écrit dans son appartement.
LE COMTE, *d'un air froid et sec.*
Allez saisir ses papiers, allez prendre
Ce qu'elle écrit; vous viendrez me le rendre;
Qu'on la renvoie à l'instant.
GERMON.
Qui, monsieur?
LE COMTE.
Nanine.
GERMON.
Non, je n'aurais pas ce cœur;
Si vous saviez à quel point sa personne
Nous charme tous; comme elle est noble, bonne!
LE COMTE.
Obéissez, ou je vous chasse.
GERMON.
Allons.
(Il sort.)

SCÈNE X. — LE COMTE, LA BARONNE.

LA BARONNE.
Ah! je respire : enfin nous l'emportons;
Vous devenez un homme raisonnable.

Ah çà, voyez s'il n'est pas véritable
Qu'on tient toujours de son premier état,
Et que les gens dans un certain éclat
Ont un cœur noble, ainsi que leur personne.
Le sang fait tout, et la naissance donne
Des sentiments à Nanine inconnus.

LE COMTE.

Je n'en crois rien; mais soit, n'en parlons plus :
Réparons tout. Le plus sage, en sa vie,
A quelquefois ses accès de folie :
Chacun s'égare, et le moins imprudent
Est celui-là qui plus tôt se repent.

LA BARONNE.

Oui.

LE COMTE.

Pour jamais cessez de parler d'elle.

LA BARONNE.

Très-volontiers.

LE COMTE.

Ce sujet de querelle
Doit s'oublier.

LA BARONNE.

Mais vous, de vos serments
Souvenez-vous.

LE COMTE.

Fort bien. Je vous entends;
Je les tiendrai.

LA BARONNE.

Ce n'est qu'un prompt hommage
Qui peut ici réparer mon outrage.
Indignement notre hymen différé
Est un affront.

LE COMTE.

Il sera réparé.
Madame, il faut....

LA BARONNE.

Il ne faut qu'un notaire.

LE COMTE.

Vous savez bien.... que j'attendais ma mère.

LA BARONNE.

Elle est ici.

SCÈNE XI. — LA MARQUISE, LE COMTE, LA BARONNE.

LE COMTE, *à sa mère*.

Madame, j'aurais dû....

(A part.)   (A sa mère.)

Philippe Hombert!... Vous m'avez prévenu;
Et mon respect, mon zèle, ma tendresse.

ACTE II, SCÈNE XI.

(A part.)
Avec cet air innocent, la traîtresse !
LA MARQUISE.
Mais vous extravaguez, mon très-cher fils.
On m'avait dit, en passant par Paris,
Que vous aviez la tête un peu frappée :
Je m'aperçois qu'on ne m'a pas trompée :
Mais ce mal-là....
LE COMTE.
Ciel, que je suis confus !
LA MARQUISE.
Prend-il souvent ?
LE COMTE.
Il ne me prendra plus.
LA MARQUISE.
Çà, je voudrais ici vous parler seule.
(Faisant une petite révérence à la baronne.)
Bonjour, madame.
LA BARONNE, *à part*.
Hom ! la vieille bégueule !
Madame, il faut vous laisser le plaisir
D'entretenir monsieur tout à loisir.
Je me retire.
(Elle sort.)

SCÈNE XII. — LA MARQUISE, LE COMTE.

LA MARQUISE, *parlant fort vite, et d'un ton de petite vieille babillarde*.
Eh bien ! monsieur le comte,
Vous faites donc à la fin votre compte
De me donner la baronne pour bru ;
C'est sur cela que j'ai vite accouru.
Votre baronne est une acariâtre,
Impertinente, altière, opiniâtre,
Qui n'eut jamais pour moi le moindre égard ;
Qui l'an passé, chez la marquise Agard,
En plein souper me traita de bavarde :
D'y plus souper désormais Dieu me garde !
Bavarde, moi ! je sais d'ailleurs très-bien
Qu'elle n'a pas, entre nous, tant de bien :
C'est un grand point ; il faut qu'on s'en informe ;
Car on m'a dit que son château de l'Orme
A son mari n'appartient qu'à moitié ;
Qu'un vieux procès, qui n'est pas oublié,
Lui disputait la moitié de la terre :
J'ai su cela de feu votre grand-père :
Il disait vrai, c'était un homme, lui :
On n'en voit plus de sa trempe aujourd'hui.

Paris est plein de ces petits bouts d'homme,
Vains, fiers, fous, sots, dont le caquet m'assomme,
Parlant de tout avec l'air empressé,
Et se moquant toujours du temps passé.
J'entends parler de nouvelle cuisine,
De nouveaux goûts; on crève, on se ruine :
Les femmes sont sans frein, et les maris
Sont des benêts. Tout va de pis en pis.

LE COMTE, *relisant le billet.*

Qui l'aurait cru? ce trait me désespère.
Eh bien, Germon?

SCÈNE XIII. — LA MARQUISE, LE COMTE, GERMON.

GERMON.

Voici votre notaire.

LE COMTE.

Oh! qu'il attende.

GERMON.

Et voici le papier
Qu'elle devait, monsieur, vous envoyer.

LE COMTE, *lisant.*

Donne.... Fort bien. Elle m'aime, dit-elle,
Et, par respect, me refuse.... Infidèle!
Tu ne dis pas la raison du refus!

LA MARQUISE.

Ma foi, mon fils a le cerveau perclus :
C'est sa baronne; et l'amour le domine.

LE COMTE, *à Germon.*

M'a-t-on bientôt délivré de Nanine?

GERMON.

Hélas! monsieur, elle a déjà repris
Modestement ses champêtres habits,
Sans dire un mot de plainte et de murmure.

LE COMTE.

Je le crois bien.

GERMON.

Elle a pris cette injure
Tranquillement, lorsque nous pleurons tous.

LE COMTE.

Tranquillement?

LA MARQUISE.

Hem! de qui parlez-vous?

GERMON.

Nanine, hélas! madame, que l'on chasse :
Tout le château pleure de sa disgrâce.

LA MARQUISE.

Vous la chassez? je n'entends point cela.
Quoi! ma Nanine? Allons, rappelez-la.
Qu'a-t-elle fait, ma charmante orpheline?
C'est moi, mon fils, qui vous donnai Nanine.
Je me souviens qu'à l'âge de dix ans
Elle enchantait tout le monde céans.
Notre baronne ici la prit pour elle;
Et je prédis dès lors que cette belle
Serait fort mal; et j'ai très-bien prédit.
Mais j'eus toujours chez vous peu de crédit:
Vous prétendez tout faire à votre tête.
Chasser Nanine est un trait malhonnête.

LE COMTE.

Quoi! seule, à pied, sans secours, sans argent?

GERMON.

Ah! j'oubliais de dire qu'à l'instant
Un vieux bonhomme à vos gens se présente:
Il dit que c'est une affaire importante,
Qu'il ne saurait communiquer qu'à vous,
Il veut, dit-il, se mettre à vos genoux.

LE COMTE.

Dans le chagrin où mon cœur s'abandonne,
Suis-je en état de parler à personne?

LA MARQUISE.

Ah! vous avez du chagrin, je le croi;
Vous m'en donnez aussi beaucoup à moi.
Chasser Nanine, et faire un mariage
Qui me déplaît! non, vous n'êtes pas sage.
Allez; trois mois ne seront pas passés
Que vous serez l'un de l'autre lassés.
Je vous prédis la pareille aventure
Qu'à mon cousin le marquis de Marmure.
Sa femme était aigre comme verjus;
Mais, entre nous, la vôtre l'est bien plus.
En s'épousant, ils crurent qu'ils s'aimèrent;
Deux mois après, tous deux se séparèrent:
Madame alla vivre avec un galant,
Fat, petit-maître, escroc, extravagant;
Et monsieur prit une franche coquette,
Une intrigante et friponne parfaite;
Des soupers fins, la petite maison,
Chevaux, habits, maître d'hôtel fripon,
Bijoux nouveaux pris à crédit, notaires,
Contrats vendus, et dettes usuraires:
Enfin monsieur et madame, en deux ans,
A l'hôpital allèrent tout d'un temps

Je me souviens encor d'une autre histoire.
Bien plus tragique, et difficile à croire;
C'était....

LE COMTE.
Ma mère, il faut aller dîner.
Venez.... O ciel! ai-je pu soupçonner
Pareille horreur!

LA MARQUISE.
Elle est épouvantable.
Allons, je vais la raconter à table;
Et vous pourrez tirer un grand profit
En temps et lieu de tout ce que j'ai dit.

ACTE TROISIÈME.

SCÈNE I. — NANINE, *vêtue en paysanne*; GERMON.

GERMON.
Nous pleurons tous en vous voyant sortir.

NANINE.
J'ai tardé trop; il est temps de partir.

GERMON.
Quoi! pour jamais, et dans cet équipage!

NANINE.
L'obscurité fut mon premier partage.

GERMON.
Quel changement! Quoi! du matin au soir....
Souffrir n'est rien; c'est tout que de déchoir.

NANINE.
Il est des maux mille fois plus sensibles.

GERMON.
J'admire encor des regrets si paisibles.
Certes, mon maître est bien malavisé;
Notre baronne a sans doute abusé
De son pouvoir, et vous fait cet outrage
Jamais monsieur n'aurait eu ce courage.

NANINE.
Je lui dois tout : il me chasse aujourd'hui;
Obéissons. Ses bienfaits sont à lui;
Il peut user du droit de les reprendre.

GERMON.
A ce trait-là qui diable eût pu s'attendre?
En cet état qu'allez-vous devenir?

NANINE.
Me retirer, longtemps me repentir.

GERMON.
Que nous allons haïr notre baronne !
NANINE.
Mes maux sont grands, mais je les lui pardonne.
GERMON.
Mais que dirai-je au moins de votre part
A notre maître, après votre départ ?
NANINE.
Vous lui direz que je le remercie
Qu'il m'ait rendue à ma première vie,
Et qu'à jamais sensible à ses bontés
Je n'oublierai.... rien.... que ses cruautés.
GERMON.
Vous me fendez le cœur, et tout à l'heure
Je quitterais pour vous cette demeure ;
J'irais partout avec vous m'établir ;
Mais monsieur Blaise a su nous prévenir ;
Qu'il est heureux ! avec vous il va vivre :
Chacun voudrait l'imiter, et vous suivre.
NANINE.
On est bien loin de me suivre.... Ah ! Germon !
Je suis chassée.... et par qui !....
GERMON.
Le démon
A mis du sien dans cette brouillerie :
Nous vous perdons.... et monsieur se marie.
NANINE.
Il se marie !.... Ah ! partons de ce lieu ;
Il fut pour moi trop dangereux.... Adieu....
(Elle sort.)
GERMON.
Monsieur le comte a l'âme un peu bien dure :
Comment chasser pareille créature ?
Elle paraît une fille de bien ;
Mais il ne faut pourtant jurer de rien.

SCÈNE II. — LE COMTE, GERMON.

LE COMTE.
Eh bien ! Nanine est donc enfin partie !
GERMON.
Oui, c'en est fait.
LE COMTE.
J'en ai l'âme ravie.
GERMON.
Votre âme est donc de fer ?
LE COMTE.
Dans le chemm

Philippe Hombert lui donnait-il la main?

GERMON.

Qui? quel Philippe Hombert? Hélas! Nanine,
Sans écuyer, fort tristement chemine;
Et de ma main ne veut pas seulement.

LE COMTE.

Où donc va-t-elle?

GERMON.

Où? mais apparemment
Chez ses amis.

LE COMTE.

A Rémival, sans doute?

GERMON.

Oui, je crois bien qu'elle prend cette route.

LE COMTE.

Va la conduire à ce couvent voisin,
Où la baronne allait dès ce matin :
Mon dessein est qu'on la mette sur l'heure
Dans cette utile et décente demeure;
Ces cent louis la feront recevoir.
Va... garde-toi de laisser entrevoir
Que c'est un don que je veux bien lui faire ;
Dis-lui que c'est un présent de ma mère;
Je te défends de prononcer mon nom.

GERMON.

Fort bien! je vais vous obéir.

(Il fait quelques pas.)

LE COMTE.

Germon,
A son départ tu dis que tu l'as vue?

GERMON.

Eh! oui, vous dis-je.

LE COMTE.

Elle était abattue?
Elle pleurait?

GERMON.

Elle faisait bien mieux :
Ses pleurs coulaient à peine de ses yeux;
Elle voulait ne pas pleurer.

LE COMTE.

A-t-elle
Dit quelque mot qui marque, qui décèle
Ses sentiments? as-tu remarqué....

GERMON.

Quoi?

LE COMTE.

A-t-elle enfin, Germon, parlé de moi?

ACTE III, SCÈNE II.

GERMON.
Oh! oui, beaucoup.
LE COMTE.
Eh bien! dis-moi donc, traître,
Qu'a-t-elle dit?
GERMON.
Que vous êtes son maître;
Que vous avez des vertus, des bontés....
Qu'elle oubliera tout.... hors vos cruautés.
LE COMTE.
Va.... mais surtout garde qu'elle revienne.
(Germon sort.)
Germon!
GERMON.
Monsieur.
LE COMTE.
Un mot; qu'il te souvienne,
Si par hasard, quand tu la conduiras,
Certain Hombert venait suivre ses pas,
De le chasser de la belle manière.
GERMON.
Oui, poliment, à grands coups d'étrivière :
Comptez sur moi; je sers fidèlement.
Le jeune Hombert, dites-vous?
LE COMTE.
Justement.
GERMON.
Bon! je n'ai pas l'honneur de le connaître;
Mais le premier que je verrai paraître
Sera rossé de la bonne façon;
Et puis après il me dira son nom.
(Il fait un pas et revient.)
Ce jeune Hombert est quelque amant, je gage,
Un beau garçon, le coq de son village.
Laissez-moi faire.
LE COMTE.
Obéis promptement.
GERMON.
Je me doutais qu'elle avait quelque amant;
Et Blaise aussi lui tient au cœur peut-être.
On aime mieux son égal que son maître.
LE COMTE.
Ah! cours, te dis-je.

SCÈNE III. — LE COMTE.

Hélas! il a raison:
Il prononçait ma condamnation;
Et moi, du coup qui m'a pénétré l'âme

Je me punis; la baronne est ma femme;
Il le faut bien, le sort en est jeté.
Je souffrirai, je l'ai bien mérité.
Ce mariage est au moins convenable.
Notre baronne a l'humeur peu traitable;
Mais, quand on veut, on sait donner la loi :
Un esprit ferme est le maître chez soi.

SCÈNE IV. — LE COMTE, LA BARONNE, LA MARQUISE.

LA MARQUISE.

Or çà, mon fils, vous épousez madame?

LE COMTE.

Eh! oui.

LA MARQUISE.

Ce soir elle est donc votre femme?
Elle est ma bru?

LA BARONNE.

Si vous le trouvez bon :
J'aurai, je crois, votre approbation.

LA MARQUISE.

Allons, allons, il faut bien y souscrire;
Mais dès demain chez moi je me retire.

LE COMTE.

Vous retirer! eh! ma mère, pourquoi?

LA MARQUISE.

J'emmènerai ma Nanine avec moi.
Vous la chassez, et moi je la marie;
Je fais la noce en mon château de Brie,
Et je la donne au jeune sénéchal,
Propre neveu du procureur fiscal,
Jean Roc Souci; c'est lui de qui le père
Eut à Corbeil cette plaisante affaire.
De cet enfant je ne puis me passer;
C'est un bijou que je veux enchâsser.
Je vais la marier.... Adieu.

LE COMTE.

Ma mère,
Ne soyez pas contre nous en colère;
Laissez Nanine aller dans le couvent;
Ne changez rien à notre arrangement.

LA BARONNE.

Oui, croyez-nous, madame, une famille
Ne se doit point charger de telle fille.

LA MARQUISE.

Comment? quoi donc?

LA BARONNE.

Peu de chose.

ACTE III, SCÈNE IV.

LA MARQUISE.

Mais....

LA BARONNE.

Rien.

LA MARQUISE.

Rien, c'est beaucoup. J'entends, j'entends fort bien.
Aurait-elle eu quelque tendre folie?
Cela se peut, car elle est si jolie!
Je m'y connais; on tente, on est tenté:
Le cœur a bien de la fragilité;
Les filles sont toujours un peu coquettes :
Le mal n'est pas si grand que vous le faites.
Çà, contez-moi sans nul déguisement
Tout ce qu'a fait notre charmante enfant.

LE COMTE.

Moi, vous conter...?

LA MARQUISE.

Vous avez bien la mine
D'avoir au fond quelque goût pour Nanine;
Et vous pourriez....

SCÈNE V. — LE COMTE, LA MARQUISE, LA BARONNE;
MARIN, *en bottes.*

MARIN.

Enfin tout est bâclé,
Tout est fini.

LA MARQUISE.

Quoi?

LA BARONNE.

Qu'est-ce?

MARIN.

J'ai parlé
A nos marchands; j'ai bien fait mon message;
Et vous aurez demain tout l'équipage.

LA BARONNE.

Quel équipage?

MARIN.

Oui, tout ce que pour vous
A commandé votre futur époux;
Six beaux chevaux : et vous serez contente
De la berline; elle est bonne, brillante;
Tous les panneaux par Martin sont vernis :
Les diamants sont beaux, très-bien choisis;
Et vous verrez des étoffes nouvelles
D'un goût charmant.... oh! rien n'approche d'elles.

LA BARONNE, *au comte.*

Vous avez donc commandé tout cela?

LE COMTE.

(A part.)
Oui.... Mais pour qui !

MARIN.

Le tout arrivera
Demain matin dans ce nouveau carrosse,
Et sera prêt le soir pour votre noce.
Vive Paris pour avoir sur-le-champ
Tout ce qu'on veut, quand on a de l'argent!
En revenant, j'ai revu le notaire
Tout près d'ici, griffonnant votre affaire.

LA BARONNE.

Ce mariage a traîné bien longtemps.

LA MARQUISE, *à part.*

Ah! je voudrais qu'il traînât quarante ans.

MARIN.

Dans ce salon j'ai trouvé tout à l'heure
Un bon vieillard, qui gémit et qui pleure;
Depuis longtemps il voudrait vous parler.

LA BARONNE.

Quel importun! qu'on le fasse en aller;
Il prend trop mal son temps.

LA MARQUISE.

Pourquoi, madame?
Mon fils, ayez un peu de bonté d'âme,
Et, croyez-moi, c'est un mal des plus grands
De rebuter ainsi les pauvres gens :
Je vous ai dit cent fois dans votre enfance
Qu'il faut pour eux avoir de l'indulgence,
Les écouter d'un air affable, doux.
Ne sont-ils pas hommes tout comme nous?
On ne sait pas à qui l'on fait injure;
On se repent d'avoir eu l'âme dure.
Les orgueilleux ne prospèrent jamais.
(A Marin.)
Allez chercher ce bonhomme.

MARIN.

J'y vais.
(Il sort.)

LE COMTE.

Pardon, ma mère ; il a fallu vous rendre
Mes premiers soins, et je suis prêt d'entendre
Cet homme-là, malgré mon embarras.

SCÈNE VI. — LE COMTE, LA MARQUISE, LA BARONNE,
LE PAYSAN.

LA MARQUISE, *au paysan.*
Approchez-vous, parlez, ne tremblez pas.
LE PAYSAN.
Ah! monseigneur! écoutez-moi de grâce;
Je suis.... Je tombe à vos pieds que j'embrasse!
Je viens vous rendre....
LE COMTE.
Ami, relevez-vous;
Je ne veux point qu'on me parle à genoux;
D'un tel orgueil je suis trop incapable.
Vous avez l'air d'être un homme estimable.
Dans ma maison cherchez-vous de l'emploi?
A qui parlé-je?
LA MARQUISE.
Allons, rassure-toi.
LE PAYSAN.
Je suis, hélas! le père de Nanine.
LE COMTE.
Vous?
LA BARONNE.
Ta fille est une grande coquine.
LE PAYSAN.
Ah! monseigneur, voilà ce que j'ai craint;
Voilà le coup dont mon cœur est atteint :
J'ai bien pensé qu'une somme si forte
N'appartient pas à des gens de sa sorte;
Et les petits perdent bientôt leurs mœurs,
Et sont gâtés auprès des grands seigneurs.
LA BARONNE.
Il a raison : mais il trompe, et Nanine
N'est point sa fille; elle était orpheline.
LE PAYSAN.
Il est trop vrai : chez de pauvres parents
Je la laissai dès ses plus jeunes ans;
Ayant perdu mon bien avec sa mère,
J'allai servir, forcé par la misère,
Ne voulant pas, dans mon funeste état,
Qu'elle passât pour fille d'un soldat,
Lui défendant de me nommer son père.
LA MARQUISE.
Pourquoi cela? Pour moi, je considère
Les bons soldats; on a grand besoin d'eux.
LE COMTE.
Qu'a ce métier, s'il vous plaît, de honteux?

LE PAYSAN.
Il est bien moins honoré qu'honorable.
LE COMTE.
Ce préjugé fut toujours condamnable.
J'estime plus un vertueux soldat,
Qui de son sang sert son prince et l'État,
Qu'un important, que sa lâche industrie
Engraisse en paix du sang de la patrie.
LA MARQUISE.
Çà, vous avez vu beaucoup de combats;
Contez-les-moi bien tous, n'y manquez pas.
LE PAYSAN.
Dans la douleur, hélas! qui me déchire,
Permettez-moi seulement de vous dire
Qu'on me promit cent fois de m'avancer :
Mais, sans appui, comment peut-on percer?
Toujours jeté dans la foule commune,
Mais distingué, l'honneur fut ma fortune.
LA MARQUISE.
Vous êtes donc né de condition?
LA BARONNE.
Fi! quelle idée!
LE PAYSAN, *à la marquise.*
Hélas! madame, non;
Mais je suis né d'une honnête famille :
Je méritais peut-être une autre fille.
LA MARQUISE.
Que vouliez-vous de mieux?
LE COMTE.
Eh! poursuivez.
LA MARQUISE.
Mieux que Nanine?
LE COMTE.
Ah! de grâce, achevez.
LE PAYSAN.
J'appris qu'ici ma fille fut nourrie,
Qu'elle y vivait bien traitée et chérie.
Heureux alors, et bénissant le ciel,
Vous, vos bontés, votre soin paternel,
Je suis venu dans le prochain village,
Mais plein de trouble et craignant son jeune âge,
Tremblant encor, lorsque j'ai tout perdu,
De retrouver le bien qui m'est rendu.
(Montrant la baronne.)
Je viens d'entendre, au discours de madame,
Que j'eus raison : elle m'a percé l'âme;
Je vois fort bien que ces cent louis d'or,

Des diamants, sont un trop grand trésor,
Pour les tenir par un droit légitime ;
Elle ne peut les avoir eus sans crime.
Ce seul soupçon me fait frémir d'horreur,
Et j'en mourrai de honte et de douleur.
Je suis venu soudain pour vous les rendre :
Ils sont à vous ; vous devez les reprendre :
Et si ma fille est criminelle, hélas !
Punissez-moi, mais ne la perdez pas.
LA MARQUISE.
Ah ! mon cher fils ! je suis tout attendrie.
LA BARONNE.
Ouais, est-ce un songe ? est-ce une fourberie ?
LE COMTE.
Ah ! qu'ai-je fait ?
LE PAYSAN, *tirant la bourse et le paquet.*
Tenez, monsieur, tenez.
LE COMTE.
Moi, les reprendre ! ils ont été donnés,
Elle en a fait un respectable usage.
C'est donc à vous qu'on a fait le message ?
Qui l'a porté ?
LE PAYSAN.
C'est votre jardinier,
A qui Nanine osa se confier.
LE COMTE.
Quoi ! c'est à vous que le présent s'adresse ?
LE PAYSAN.
Oui, je l'avoue.
LE COMTE.
O douleur ! ô tendresse !
Des deux côtés quel excès de vertu !
Et votre nom ?... Je demeure éperdu.
LA MARQUISE.
Eh ! dites donc votre nom. Quel mystère !
LE PAYSAN.
Philippe Hombert de Gatine.
LE COMTE.
Ah ! mon père !
LA BARONNE.
Que dit-il là ?
LE COMTE.
Quel jour vient m'éclairer !
J'ai fait un crime ; il le faut réparer.
Si vous saviez combien je suis coupable !
J'ai maltraité la vertu respectable.
(*Il va lui-même à un de ses gens.*)
Holà, courez.

LA BARONNE.
Eh! quel empressement!
LE COMTE.
Vite un carrosse.
LA MARQUISE.
Oui, madame, à l'instant :
Vous devriez être sa protectrice.
Quand on a fait une telle injustice,
Sachez de moi que l'on ne doit rougir
Que de ne pas assez se repentir.
Monsieur mon fils a souvent des lubies
Que l'on prendrait pour de franches folies :
Mais dans le fond c'est un cœur généreux;
Il est né bon; j'en fais ce que je veux.
Vous n'êtes pas, ma bru, si bienfaisante;
Il s'en faut bien.
LA BARONNE.
Que tout m'impatiente!
Qu'il a l'air sombre, embarrassé, rêveur!
Quel sentiment étrange est dans son cœur?
Voyez, monsieur, ce que vous voulez faire.
LA MARQUISE.
Oui, pour Nanine.
LA BARONNE.
On peut la satisfaire
Par des présents.
LA MARQUISE.
C'est le moindre devoir.
LA BARONNE.
Mais moi, jamais je ne veux la revoir;
Que du château jamais elle n'approche :
Entendez-vous?
LE COMTE.
J'entends.
LA MARQUISE.
Quel cœur de roche
LA BARONNE.
De mes soupçons évitez les éclats :
Vous hésitez?
LE COMTE, *après un silence.*
Non, je n'hésite pas.
LA BARONNE.
Je dois m'attendre à cette déférence;
Vous la devez à tous les deux, je pense.
LA MARQUISE.
Seriez-vous bien assez cruel, mon fils?
LA BARONNE.
Quel parti prendrez-vous?

ACTE III, SCÈNE VI.

LE COMTE.

Il est tout pris.
Vous connaissez mon âme et sa franchise :
Il faut parler. Ma main vous fut promise ;
Mais nous n'avions voulu former ces nœuds
Que pour finir un procès dangereux :
Je le termine ; et, dès l'instant je donne,
Sans nul regret, sans détour j'abandonne
Mes droits entiers, et les prétentions
Dont il naquit tant de divisions :
Que l'intérêt encor vous en revienne :
Tout est à vous ; jouissez-en sans peine.
Que la raison fasse du moins de nous
Deux bons parents, ne pouvant être époux.
Oublions tout ; que rien ne nous aigrisse :
Pour n'aimer pas, faut-il qu'on se haïsse ?

LA BARONNE.

Je m'attendais à ton manque de foi.
Va, je renonce à tes présents, à toi.
Traître ! je vois avec qui tu vas vivre,
A quel mépris ta passion te livre.
Sers noblement sous les plus viles lois ;
Je t'abandonne à ton indigne choix.

(Elle sort.)

SCÈNE VII. — LE COMTE, LA MARQUISE, PHILIPPE HOMBERT.

LE COMTE.

Non, il n'est point indigne ; non, madame,
Un fol amour n'aveugla point mon âme :
Cette vertu, qu'il faut récompenser,
Doit m'attendrir, et ne peut m'abaisser.
Dans ce vieillard, ce qu'on nomme bassesse
Fait son mérite ; et voilà sa noblesse.
La mienne à moi, c'est d'en payer le prix.
C'est pour des cœurs par eux-même ennoblis,
Et distingués par ce grand caractère,
Qu'il faut passer sur la règle ordinaire :
Et leur naissance, avec tant de vertus,
Dans ma maison n'est qu'un titre de plus.

LA MARQUISE.

Quoi donc ? quel titre ? et que voulez-vous dire ?

SCÈNE VIII. — LE COMTE, LA MARQUISE, NANINE, PHILIPPE HOMBERT.

LE COMTE, *à sa mère*.

Son seul aspect devrait vous en instruire.

LA MARQUISE.
Embrasse-moi cent fois, ma chère enfant.
Elle est vêtue un peu mesquinement;
Mais qu'elle est belle ! et comme elle a l'air sage !
NANINE, *courant entre les bras de Philippe Hombert, après s'être baissée devant la marquise.*
Ah ! la nature a mon premier hommage.
Mon père !
PHILIPPE HOMBERT.
O ciel ! ô ma fille ! ah ! monsieur,
Vous réparez quarante ans de malheur !
LE COMTE.
Oui; mais comment faut-il que je répare
L'indigne affront qu'un mérite si rare
Dans ma maison put de moi recevoir ?
Sous quel habit revient-elle nous voir !
Il est trop vil; mais elle le décore.
Non, il n'est rien que Nanine n'honore.
Eh bien ! parlez ; auriez-vous la bonté
De pardonner à tant de dureté ?
NANINE.
Que me demandez-vous ? Ah ! je m'étonne
Que vous doutiez si mon cœur vous pardonne.
Je n'ai pas cru que vous pussiez jamais
Avoir eu tort après tant de bienfaits.
LE COMTE.
Si vous avez oublié cet outrage,
Donnez-m'en donc le plus sûr témoignage :
Je ne veux plus commander qu'une fois;
Mais jurez-moi d'obéir à mes lois.
PHILIPPE HOMBERT.
Elle le doit, et sa reconnaissance..
NANINE, *à son père.*
Il est bien sûr de mon obéissance.
LE COMTE.
J'ose y compter. Oui, je vous avertis
Que vos devoirs ne sont pas tous remplis.
Je vous ai vue aux genoux de ma mère;
Je vous ai vue embrasser votre père ;
Ce qui vous reste en des moments si doux....
C'est.... à leurs yeux.... d'embrasser votre époux.
NANINE.
Moi !
LA MARQUISE.
Quelle idée ! Est-il bien vrai ?
PHILIPPE HOMBERT.
Ma fille !

ACTE III, SCÈNE VIII.

LE COMTE, *à sa mère.*
Le daignez-vous permettre ?

LA MARQUISE.
       La famille
Étrangement, mon fils, clabaudera.

LE COMTE.
En la voyant, elle l'approuvera.

PHILIPPE HOMBERT.
Quel coup du sort ! Non, je ne puis comprendre
Que jusque-là vous prétendiez descendre.

LE COMTE.
On m'a promis d'obéir.... je le veux.

LA MARQUISE.
Mon fils....

LE COMTE.
    Ma mère, il s'agit d'être heureux.
L'intérêt seul a fait cent mariages.
Nous avons vu les hommes les plus sages
Ne consulter que les mœurs et le bien
Elle a les mœurs, il ne lui manque rien
Et je ferai par goût et par justice
Ce qu'on a fait cent fois par avarice.
Ma mère, enfin, terminez ces combats,
Et consentez.

NANINE.
    Non, n'y consentez pas ;
Opposez-vous à sa flamme.... à la mienne :
Voilà de vous ce qu'il faut que j'obtienne.
L'amour l'aveugle ; il le faut éclairer.
Ah ! loin de lui, laissez-moi l'adorer.
Voyez mon sort, voyez ce qu'est mon père :
Puis-je jamais vous appeler ma mère ?

LA MARQUISE.
Oui, tu le peux, tu le dois ; c'en est fait
Je ne tiens pas contre ce dernier trait ;
Il nous dit trop combien il faut qu'on t'aime ;
Il est unique aussi bien que toi-même.

NANINE.
J'obéis donc à votre ordre, à l'amour ;
Mon cœur ne peut résister.

LA MARQUISE.
       Que ce jour
Soit des vertus la digne récompense ;
Mais sans tirer jamais à conséquence !

FIN DE NANINE.

LA FEMME QUI A RAISON.

COMÉDIE EN TROIS ACTES.

(1749.)

PERSONNAGES.

M. DURU.
MADAME DURU.
LE MARQUIS D'OUTREMONT.
DAMIS, fils de M. Duru.
ÉRISE, fille de M. Duru.
M. GRIPON, correspondant de M. Duru.
MARTHE, suivante de Mme Duru.

La scène est chez Mme Duru, dans la rue Thévenot, à Paris.

ACTE PREMIER.

SCÈNE I. — MADAME DURU, LE MARQUIS.

MADAME DURU.
Mais, mon très-cher marquis, comment, en conscience,
Puis-je accorder ma fille à votre impatience,
Sans l'aveu d'un époux ? le cas est inouï.
LE MARQUIS.
Comment ? avec trois mots, un bon contrat, un oui ;
Rien de plus agréable, et rien de plus facile.
A vos commandements votre fille est docile :
Vos bontés m'ont permis de lui faire ma cour :
Elle a quelque indulgence, et moi beaucoup d'amour :
Pour votre intime ami dès longtemps je m'affiche ;
Je me crois honnête homme, et je suis assez riche.
Nous vivons fort gaiement, nous vivrons encor mieux,
Et nos jours, croyez-moi, seront délicieux.
MADAME DURU.
D'accord ; mais mon mari ?
LE MARQUIS.
Votre mari m'assomme.
Quel besoin avons-nous du conseil d'un tel homme ?
MADAME DURU.
Quoi ! pendant son absence ?
LE MARQUIS.
Ah ! les absents ont tort ;

Absent depuis douze ans, c'est comme à peu près mort.
Si dans le fond de l'Inde il prétend être en vie,
C'est pour vous amasser, avec sa ladrerie,
Un bien que vous savez dépenser noblement,
Je consens qu'à ce prix il soit encor vivant;
Mais je le tiens pour mort, aussitôt qu'il s'avise
De vouloir disposer de la charmante Érise.
Celle qui la forma doit en prendre le soin;
Et l'on n'arrange pas les filles de si loin.
Pardonnez....

MADAME DURU.

   Je suis bonne, et vous devez connaître
Que pour monsieur Duru, mon seigneur et mon maître
Je n'ai pas un amour aveugle et violent
Je l'aime.... comme il faut.... pas trop fort.... sensément;
Mais je lui dois respect, et quelque obéissance.

LE MARQUIS.

Eh, mon Dieu! point du tout : vous vous moquez, je pense;
Qui, vous? vous, du respect pour un monsieur Duru?
Fort bien. Nous vous verrions, si nous l'en avions cru,
Dans un habit de serge, en un second étage,
Tenir sans domestique un fort plaisant ménage.
Vous êtes demoiselle; et quand l'adversité,
Malgré votre mérite et votre qualité,
Avec monsieur Duru vous fit en biens commune,
Alors qu'il commençait à bâtir sa fortune,
C'était à ce monsieur faire beaucoup d'honneur:
Et vous aviez, je crois, un peu trop de douceur
De souffrir qu'il joignît avec rude manière
A vos tendres appas sa personne grossière.
Voulez-vous pas encore aller sacrifier
Votre charmante Érise au fils d'un usurier,
De ce monsieur Gripon, son très-digne compère?
Monsieur Duru, je pense, a voulu cette affaire;
Il l'avait fort à cœur; et, par respect pour lui,
Vous devriez, ma foi, la conclure aujourd'hui.

MADAME DURU.

Ne plaisantez pas tant; il m'en écrit encore,
Et de son plein pouvoir dans sa lettre il m'honore.

LE MARQUIS.

Eh! de ce plein pouvoir que ne vous servez-vous
Pour faire un heureux choix d'un plus honnête époux?

MADAME DURU.

Hélas! à vos désirs je voudrais condescendre;
Ce serait mon bonheur de vous avoir pour gendre;
J'avais, dans cette idée, écrit plus d'une fois;
J'ai prié mon mari de laisser à mon choix

Cet établissement de deux enfants que j'aime.
Monsieur Gripon me cause une frayeur extrême;
Mais, tout Gripon qu'il est, il le faut ménager,
Écrire encor dans l'Inde, examiner, songer.

LE MARQUIS.

Oui; voilà des raisons, des mesures commodes,
Envoyer publier des bans aux antipodes
Pour avoir dans trois ans un refus clair et net !
De votre cher mari je ne suis pas le fait;
Du seul nom de marquis sa grosse âme étonnée
Croirait voir sa maison au pillage donnée.
Il aime fort l'argent; il connaît peu l'amour.
Au nom du cher objet qui de vous tient le jour,
De la vive amitié qui m'attache à sa mère,
De cet amour ardent qu'elle voit sans colère,
Daignez former, madame, un si tendre lien :
Ordonnez mon bonheur, j'ose dire le sien :
Qu'à jamais à vos pieds je passe ici ma vie.

MADAME DURU.

Oh çà, vous aimez donc ma fille à la folie?

LE MARQUIS.

Si je l'adore, ô ciel! Pour combler mon bonheur,
Je compte à votre fils donner aussi ma sœur.
Vous aurez quatre enfants, qui, d'une âme soumise,
D'un cœur toujours à vous....

SCÈNE II. — MADAME DURU, LE MARQUIS, ÉRISE.

LE MARQUIS.

           Ah ! venez, belle Érise.
Fléchissez votre mère, et daignez la toucher :
Je ne la connais plus, c'est un cœur de rocher.

MADAME DURU.

Quel rocher! Vous voyez un homme ici, ma fille,
Qui veut obstinément être de la famille :
Il est pressant; je crains que l'ardeur de ce feu,
Le rendant importun, ne vous déplaise un peu.

ÉRISE.

Oh! non, ne craignez rien; s'il n'a pu vous déplaire,
Croyez que contre lui je n'ai point de colère :
J'aime à vous obéir. Comment ne pas vouloir
Ce que vous commandez, ce qui fait mon devoir,
Ce qui de mon respect est la preuve si claire?

MADAME DURU.

Je ne commande point.

ÉRISE.

           Pardonnez-moi, ma mère;

ACTE I, SCÈNE II.

Vous l'avez commandé, mon cœur en est témoin.
LE MARQUIS.
De me justifier elle-même prend soin.
Nous sommes deux ici contre vous. Ah ! madame,
Soyez sensible aux feux d'une si pure flamme;
Vous l'avez allumée, et vous ne voudrez point
Voir mourir sans s'unir ce que vous avez joint.
(A Érise.)
Parlez donc, aidez-moi. Qu'avez-vous à sourire ?
ÉRISE.
Mais vous parlez si bien que je n'ai rien à dire;
J'aurais peur d'être trop de votre sentiment,
Et j'en ai dit, me semble, assez honnêtement.
MADAME DURU.
Je vois, mes chers enfants, qu'il est fort nécessaire
De conclure au plus tôt cette importante affaire.
C'est pitié de vous voir ainsi sécher tous deux,
Et mon bonheur dépend du succès de vos vœux :
Mais mon mari ?
LE MARQUIS.
Toujours son mari ! sa faiblesse
De cet épouvantail s'inquiète sans cesse.
ÉRISE.
Il est mon père.

SCÈNE III. — MADAME DURU, LE MARQUIS, ÉRISE, DAMIS.

DAMIS.
Ah ! ah ! l'on parle donc ici
D'hyménée et d'amour ? je veux m'y joindre aussi.
Votre bonté pour moi ne s'est point démentie;
Ma mère me mettra, je crois, de la partie.
Monsieur a la bonté de m'accorder sa sœur;
Je compte absolument jouir de cet honneur,
Non point par vanité, mais par tendresse pure :
Je l'aime éperdument, et mon cœur vous conjure
De voir avec pitié ma vive passion.
Voyez-vous, je suis homme à perdre la raison;
Enfin c'est un parti qu'on ne peut plus combattre.
Une noce, après tout, suffira pour nous quatre.
Il n'est pas trop commun de savoir en un jour
Rendre deux cœurs heureux par les mains de l'amour;
Mais faire quatre heureux par un seul coup de plume,
Par un seul mot, ma mère, et contre la coutume,
C'est un plaisir divin qui n'appartient qu'à vous;
Et vous serez, ma mère, heureuse autant que nous.

LE MARQUIS.

Je réponds de ma sœur, je réponds de moi-même ;
Mais madame balance, et c'est en vain qu'on aime.

ÉRISE.

Ah ! vous êtes si bonne ! auriez-vous la rigueur
De maltraiter un fils si cher à votre cœur ?
Son amour est si vrai, si pur, si raisonnable !
Vous l'aimez ; voulez-vous le rendre misérable ?

DAMIS.

Désespérerez-vous par tant de cruautés
Une fille toujours souple à vos volontés ?
Elle aime tout de bon, et je me persuade
Que le moindre refus va la rendre malade

ÉRISE.

Je connais bien mon frère, et j'ai lu dans son cœur ;
Un refus le ferait expirer de douleur.
Pour moi, j'obéirai sans réplique à ma mère.

DAMIS.

Je parle pour ma sœur.

ÉRISE.

Je parle pour mon frère.

LE MARQUIS.

Moi, je parle pour tous.

MADAME DURU.

Écoutez donc tous trois.
Vos amours sont charmants, et vos goûts sont mon choix
Je sens combien m'honore une telle alliance ;
Mon cœur à vos plaisirs se livre par avance.
Nous serons tous contents, ou bien je ne pourrai :
J'ai donné ma parole, et je vous la tiendrai.

DAMIS, ÉRISE, LE MARQUIS, *ensemble.*

Ah !

MADAME DURU.

Mais....

LE MARQUIS.

Toujours des mais ! vous allez encor dire
« Mais mon mari ! »

MADAME DURU.

Sans doute.

ÉRISE.

Ah ! quels coups !

DAMIS.

Quel martyre !

MADAME DURU.

Oh ! laissez-moi parler. Vous saurez, mes enfants,
Que quand on m'épousa, j'avais près de quinze ans.
Je dois tout aux bons soins de votre honoré père :
Sa fortune déjà commençait à se faire ;

ACTE I, SCÈNE III.

Il eut l'art d'amasser et de garder du bien,
En travaillant beaucoup, et ne dépensant rien.
Il me recommanda, quand il quitta la France,
De fuir toujours le monde, et surtout la dépense :
J'ai dépensé beaucoup à vous bien élever ;
Malgré moi le beau monde est venu me trouver.
Au fond d'un galetas il reléguait ma vie,
Et plus honnêtement je me suis établie.
Il voulait que son fils, en bonnet, en rabat,
Traînât dans le palais la robe d'avocat :
Au régiment du roi je le fis capitaine.
Il prétend aujourd'hui, sous peine de sa haine,
Que de monsieur Gripon et la fille et le fils,
Par un beau mariage, avec nous soient unis :
Je l'empêcherai bien, j'y suis fort résolue.

DAMIS.

Et nous aussi.

MADAME DURU.

    Je crains quelque déconvenue,
Je crains de mon mari le courroux véhément.

LE MARQUIS.

Ne craignez rien de loin.

MADAME DURU.

     Son cher correspondant,
Maître Isaac Gripon, d'une âme fort rebourse,
Ferme depuis un an les cordons de sa bourse.

DAMIS.

Il vous en reste assez.

MADAME DURU.

    Oui ; mais j'ai consulté...

LE MARQUIS.

Hélas ! consultez-nous.

MADAME DURU.

     Sur la validité
D'une telle démarche ; et l'on dit qu'à votre âge
On ne peut sûrement contracter mariage
Contre la volonté d'un propre père.

DAMIS.

     Non,
Lorsque ce propre père, étant dans la maison,
Sur son droit de présence obstinément se fonde :
Mais quand ce propre père est dans un bout du monde,
On peut à l'autre bout se marier sans lui.

LE MARQUIS.

Oui, c'est ce qu'il faut faire ; et quand ? dès aujourd'hui.

SCÈNE IV. — MADAME DURU, LE MARQUIS, ÉRISE, DAMIS, MARTHE.

MARTHE.

Voilà monsieur Gripon qui veut forcer la porte.
Il vient pour un grand cas, dit-il, qui vous importe;
Ce sont ses propres mots. Faut-il qu'il entre?

MADAME DURU.

Hélas!
Il le faut bien souffrir. Voyons quel est ce cas.

SCÈNE V. — MADAME DURU, LE MARQUIS, ÉRISE, DAMIS, M. GRIPON, MARTHE.

MADAME DURU.

Si tard, monsieur Gripon, quel sujet vous attire?

M. GRIPON.

Un bon sujet.

MADAME DURU.

Comment?

M. GRIPON.

Je m'en vais vous le dire.

DAMIS.

Quelque présent de l'Inde?

M. GRIPON.

Oh! vraiment oui. Voici
L'ordre de votre père, et je le porte ici.
Ma fille est votre bru, mon fils est votre gendre;
Ils le seront du moins, et sans beaucoup attendre.
Lisez.
(Il lui donne une lettre.)

MADAME DURU.

L'ordre est très-net. Que faire?

M. GRIPON.

A votre chef
Obéir sans réplique, et tout bâcler en bref.
Il reviendra bientôt; et même, par avance,
Son commis vient régler des comptes d'importance.
J'ai peu de temps à perdre; ayez la charité
De dépêcher la chose avec célérité.

MADAME DURU.

La proposition, mes enfants, doit vous plaire.
Comment la trouvez-vous?

DAMIS, ÉRISE, *ensemble*.

Tout comme vous, ma mère.

LE MARQUIS, *à M. Gripon*.

De nos communs désirs il faut presser l'effet.
Ah! que de cet hymen mon cœur est satisfait!

ACTE I, SCÈNE V.

M. GRIPON.
Que ça vous satisfasse, ou que ça vous déplaise,
Ça doit importer peu.

LE MARQUIS.
Je ne me sens pas d'aise.

M. GRIPON.
Pourquoi tant d'aise?

LE MARQUIS.
Mais.... j'ai cette affaire à cœur.

M. GRIPON.
Vous, à cœur mon affaire?

LE MARQUIS.
Oui, je suis serviteur
De votre ami Duru, de toute la famille,
De madame sa femme, et surtout de sa fille.
Cet hymen est si cher, si précieux pour moi!...
Je suis le bon ami du logis.

M. GRIPON.
Par ma foi,
Ces amis du logis sont de mauvais augure.
Madame, sans amis, hâtons-nous de conclure.

ÉRISE.
Quoi! sitôt?

MADAME DURU.
Sans donner le temps de consulter,
De voir ma bru, mon gendre, et sans les présenter?
C'est pousser avec nous vivement votre pointe.

M. GRIPON.
Pour se bien marier, il faut que la conjointe
N'ait jamais entrevu son conjoint.

MADAME DURU.
Oui, d'accord;
On s'en aime bien mieux : mais je voudrais d'abord,
Moi, mère, et qui dois voir le parti qu'il faut prendre,
Embrasser votre fille, et voir un peu mon gendre.

M. GRIPON.
Vous les voyez en moi, corps pour corps, trait pour trait,
Et ma fille Phlipotte est en tout mon portrait.

MADAME DURU.
Les aimables enfants!

DAMIS.
Oh! monsieur, je vous jure
Qu'on ne sentit jamais une flamme plus pure.

M. GRIPON.
Pour ma Phlipotte?

DAMIS.
Hélas! pour cet objet vainqueur
Qui règne sur mes sens, et m'a donné son cœur.

M. GRIPON.
On ne t'a rien donné : je ne puis te comprendre ;
Ma fille, ainsi que moi, n'a point l'âme si tendre.
(A Érise.)
Et vous qui souriez, vous ne me dites rien ?

ÉRISE.
Je dis la même chose, et je vous promets bien
De placer les devoirs, les plaisirs de ma vie,
A plaire au tendre amant à qui mon cœur me lie.

M. GRIPON.
Il n'est point tendre amant, vous répondez fort mal.

LE MARQUIS.
Je vous jure qu'il l'est.

M. GRIPON.
Oh ! quel original !
L'ami de la maison, mêlez-vous, je vous prie,
Un peu moins de la fête, et des gens qu'on marie.
(Le marquis lui fait de grandes révérences.)
(A Mme Duru.)
Or çà, j'ai réussi dans ma commission.
Je vois pour votre époux votre soumission ;
Il ne faut à présent qu'un peu de signature.
J'amènerai demain le futur, la future.
Vous aurez deux enfants, souples, respectueux,
Grands ménagers ; enfin on sera content d'eux.
Il est vrai qu'ils n'ont pas les grands airs du beau monde

MADAME DURU.
C'est une bagatelle, et mon espoir se fonde
Sur les leçons d'un père, et sur leurs sentiments,
Qui valent cent fois mieux que ces dehors charmants.

DAMIS.
J'aime déjà leur grâce et simple et naturelle....

ÉRISE.
Leur bon sens, dont le père est le parfait modèle.

LE MARQUIS.
Je leur crois bien du goût.

M. GRIPON.
Ils n'ont rien de cela
Que diable ici fait-on de ce beau monsieur-là ?
(A Mme Duru.)
A demain donc, madame : une noce frugale
Préparera sans bruit l'union conjugale.
Il est tard, et le soir jamais nous ne sortons.

DAMIS.
Eh ! que faites-vous donc vers le soir ?

M. GRIPON.
Nous dormons.
On se lève avant jour ; ainsi fait votre père :

Imitez-le dans tout, pour vivre heureux sur terre.
Soyez sobre, attentif à placer votre argent;
Ne donnez jamais rien, et prêtez rarement.
Demain, de grand matin, je reviendrai, madame.

MADAME DURU.

Pas si matin.

LE MARQUIS.

Allez, vous nous ravissez l'âme.

M. GRIPON.

Cet homme me déplaît. Dès demain je prétends
Que l'ami du logis déniche de céans.
Adieu.

MARTHE, *l'arrêtant par le bras.*

Monsieur, un mot.

M. GRIPON.

Eh quoi?

MARTHE.

Sans vous déplaire,
Peut-on vous proposer une excellente affaire?

M. GRIPON.

Proposez.

MARTHE.

Vous donnez aux enfants du logis
Phlipotte votre fille, et Phlipot votre fils?

M. GRIPON.

Oui.

MARTHE.

L'on donne une dot en pareille aventure.

M. GRIPON.

Pas toujours.

MARTHE.

Vous pourriez, et je vous en conjure,
Partager par moitié vos généreux présents.

M. GRIPON.

Comment?

MARTHE.

Payez la dot, et gardez vos enfants.

M. GRIPON, *à Mme Duru.*

Madame, il nous faudra chasser cette donzelle;
Et l'ami du logis ne me plaît pas plus qu'elle.
(Il s'en va, et tout le monde lui fait la révérence.)

SCÈNE VI. — MADAME DURU, ÉRISE, DAMIS,
LE MARQUIS, MARTHE.

MARTHE.

Eh bien! vous laissez-vous tous les quatre effrayer
Par le malheureux cas de ce maître usurier?

DAMIS.
Madame, vous voyez qu'il est indispensable
De prévenir soudain ce marché détestable.
LE MARQUIS.
Contre nos ennemis formons vite un traité
Qui mette pour jamais nos droits en sûreté.
Madame, on vous y force, et tout vous autorise,
Et c'est le sentiment de la charmante Érise.
ÉRISE.
Je me flatte toujours d'être de votre avis.
DAMIS.
Hélas! de vos bienfaits mon cœur s'est tout promis.
Il faut que le vilain qui tous nous inquiète,
En revenant demain, trouve la noce faite.
MADAME DURU.
Mais....
LE MARQUIS.
Les mais à présent deviennent superflus.
Résolvez-vous, madame, ou nous sommes perdus.
MADAME DURU.
Le péril est pressant, et je suis bonne mère;
Mais.... à qui pourrons-nous recourir?
MARTHE.
Au notaire,
A la noce, à l'hymen. Je prends sur moi le soin
D'amener à l'instant le notaire du coin,
D'ordonner le souper, de mander la musique :
S'il est quelque autre usage admis dans la pratique,
Je ne m'en mêle pas.
DAMIS.
Elle a grande raison;
Et je veux que demain maître Isaac Gripon
Trouve en venant ici peu de choses à faire.
ÉRISE.
J'admire vos conseils et celui de mon frère.
MADAME DURU.
C'est votre avis à tous?
DAMIS, ÉRISE, LE MARQUIS, *ensemble*.
Oui, ma mère.
MADAME DURU.
Fort bien.
Je puis vous assurer que c'est aussi le mien.

ACTE SECOND.

SCÈNE I. — M. GRIPON, DAMIS.

Comment ! dans ce logis est-on fou, mon garçon.
Quel tapage a-t-on fait la nuit dans la maison ?
Quoi ! deux tables encore impudemment dressées !
Des débris d'un festin, des chaises renversées,
Des laquais étendus ronflants sur le plancher,
Et quatre violons, qui, ne pouvant marcher,
S'en vont en fredonnant à tâtons dans la rue !
N'es-tu pas tout honteux ?

DAMIS.
     Non : mon âme est émue
D'un sentiment si doux, d'un si charmant plaisir,
Que devant vous encor je n'en saurais rougir.

M. GRIPON.
D'un sentiment si doux ! que diable veux-tu dire ?

DAMIS.
Je dis que notre hymen à la famille inspire
Un délire de joie, un transport inouï.
A peine hier au soir sortîtes-vous d'ici,
Que, livrés par avance au lien qui nous presse,
Après un long souper, la joie et la tendresse,
Préparant à l'envi le lien conjugal,
Nous avons cette nuit ici donné le bal.

M. GRIPON.
Voilà trop de fracas, avec trop de dépense.
Je n'aime point qu'on ait du plaisir par avance
Cette vie à ton père à coup sûr déplaira.
Et que feras-tu donc quand on te mariera ?

DAMIS.
Ah ! si vous connaissiez cette ardeur vive et pure,
Ces traits, ces feux sacrés, l'âme de la nature,
Cette délicatesse, et ces ravissements,
Qui ne sont bien connus que des heureux amants !
Si vous saviez....

M. GRIPON.
    Je sais que je ne puis comprendre
Rien de ce que tu dis.

DAMIS.
     Votre cœur n'est point tendre :
Vous ignorez les feux dont je suis consumé.
Mon cher monsieur Gripon, vous n'avez point aimé.

M. GRIPON.
Si fait, si fait.
DAMIS.
Comment? vous aussi, vous?
M. GRIPON.
Moi-même.
DAMIS.
Vous concevez donc bien l'emportement extrême,
Les douceurs....
M. GRIPON.
Eh! oui, oui; j'ai fait à ma façon
L'amour un jour ou deux à madame Gripon;
Mais cela n'était pas comme ta belle flamme,
Ni tes discours de fou que tu tiens sur ta femme.
DAMIS.
Je le crois bien : enfin vous me le pardonnez?
M. GRIPON.
Oui-da, quand les contrats seront faits et signés.
Allons; avec ta mère il faut que je m'abouche :
Finissons tout.
DAMIS.
Ma mère en ce moment se couche.
M. GRIPON.
Quoi! ta mère...?
DAMIS.
Approuvant le goût qui nous conduit,
Elle a dans notre bal dansé toute la nuit.
M. GRIPON.
Ta mère est folle.
DAMIS.
Non; elle est très-respectable,
Magnifique avec goût, douce, tendre, adorable.
M. GRIPON.
Écoute : il faut ici te parler clairement.
Nous attendons ton père, il viendra promptement;
Et déjà son commis arrive en diligence,
Pour régler sa recette ainsi que la dépense.
Il sera très-fâché du train qu'on fait ici;
Et tu comprends fort bien que je le suis aussi.
C'est dans un autre esprit que Phlipotte est nourrie
Elle a trente-sept ans, fille honnête, accomplie,
Qui, seule avec mon fils, compose ma maison;
L'été sans éventail, et l'hiver sans manchon,
Blanchit, repasse, coud, compte comme Barême,
Et sait manquer de tout aussi bien que moi-même.
Prends exemple sur elle, afin de vivre heureux.
Je reviendrai ce soir vous marier tous deux.
Tu parais bon enfant, et ma fille est bien née;

Mais, crois-moi, ta cervelle est un peu mal tournée :
Il faut que la maison soit sur un autre pied.
Dis-moi, ce grand flandrin qui m'a tant ennuyé,
Qui toujours de côté me fait la révérence,
Vient-il ici souvent ?

DAMIS.
Oh ! fort souvent.

M. GRIPON.
Je pense
Que, pour cause, il est bon qu'il ne revienne plus

DAMIS.
Nous suivrons sur cela vos ordres absolus.

M. GRIPON.
C'est très-bien dit. Mon gendre a du bon ; et j'espère
Morigéner bientôt cette tête légère :
Mais surtout plus de bal ; je ne prétends plus voir
Changer la nuit en jour, et le matin en soir.

DAMIS.
Ne craignez rien.

M. GRIPON.
Eh bien ! où vas-tu ?

DAMIS.
Satisfaire
Le plus doux des devoirs et l'ardeur la plus chère

M. GRIPON.
Il brûle pour Phlipotte.

DAMIS.
Après avoir dansé,
Plein des traits amoureux dont mon cœur est blessé,
Je vais, monsieur, je vais.... me coucher.... je me flatte
Que ma passion vive autant que délicate
Me fera peu dormir en ce fortuné jour,
Et je serai longtemps éveillé par l'amour.

(Il l'embrasse.)

SCÈNE II. — M. GRIPON.

Les romans l'ont gâté ; sa tête est attaquée ;
Mais celle de son père est bien plus détraquée ;
Il veut incognito rentrer dans sa maison.
Quel profit à cela ? quel projet sans raison
Ce n'est qu'en fait d'argent que j'aime le mystère ;
Mais je fais ce qu'il veut ; ma foi, c'est son affaire.
Mari qui veut surprendre est souvent fort surpris.
Et...., mais voici monsieur qui vient dans son logis.

SCÈNE III. — M. DURU, M. GRIPON.

M. DURU.

Quelle réception, après douze ans d'absence !
Comme tout se corrompt, comme tout change en France !

M. GRIPON.

Bonjour, compère.

M. DURU.

O ciel !

M. GRIPON.

Il ne me répond point ;
il rêve.

M. DURU.

Quoi ! ma femme infidèle à ce point !
A quel horrible luxe elle s'est emportée !
Cette maison, je crois, du diable est habitée ;
Et j'y mettrais le feu, sans les dépens maudits
Qu'à brûler les maisons il en coûte à Paris.

M. GRIPON.

Il parle longtemps seul ; c'est signe de démence.

M. DURU.

Je l'ai bien mérité par ma sotte imprudence.
A votre femme un mois confiez votre bien,
Au bout de trente jours vous ne retrouvez rien.
Je m'étais noblement privé du nécessaire :
M'en voilà bien payé. Que résoudre ? que faire ?
Je suis assassiné, confondu, ruiné.

M. GRIPON.

Bonjour, compère. Eh bien ! vous avez terminé
Assez heureusement un assez long voyage ?
Je vous trouve un peu vieux.

M. DURU.

Je vous dis que j'enrage.

M. GRIPON.

Oui, je le crois ; il est fort triste de vieillir ;
On a bien moins de temps pour pouvoir s'enrichir.

M. DURU.

Plus d'honneur, plus de règle, et les lois violées !...

M. GRIPON.

Je n'ai violé rien, les choses sont réglées.
J'ai pour vous dans mes mains, en beaux et bons papiers
Trois cent deux mille francs, dix-huit sous, neuf deniers
Revenez-vous bien riche ?

M. DURU.

Oui.

M. GRIPON.

Moquez-vous du monde.

ACTE II, SCÈNE III.

M. DURU.
Oh! j'ai le cœur navré d'une douleur profonde.
J'apporte un million tout au plus; le voilà.
(Il montre son portefeuille.)
Je suis outré, perdu.

M. GRIPON.
Quoi! n'est-ce que cela?
Il faut se consoler.

M. DURU.
Ma femme me ruine.
Vous voyez quel logis et quel train. La coquine!

M. GRIPON.
Sois le maître chez toi; mets-la dans un couvent.

M. DURU.
Je n'y manquerai pas. Je trouve, en arrivant,
Des laquais de six pieds tous ivres de la veille;
Un portier à moustache, armé d'une bouteille,
Qui, me voyant passer, m'invite, en bégayant
A venir déjeuner dans son appartement.

M. GRIPON.
Chasse tous ces coquins.

M. DURU.
C'est ce que je veux faire.

M. GRIPON.
C'est un profit tout clair. Tous ces gens-là, compère
Sont nos vrais ennemis, dévorent notre bien;
Et, pour vivre à son aise, il faut vivre de rien.

M. DURU.
Ils m'auront ruiné; cela me perce l'âme.
Me conseillerais-tu de surprendre ma femme?

M. GRIPON.
Tout comme tu voudras.

M. DURU.
Me conseillerais-tu
D'attendre encore un peu, de rester inconnu?

M. GRIPON.
Selon ta fantaisie.

M. DURU.
Ah! le maudit ménage!
Comment a-t-on reçu l'offre du mariage?

M. GRIPON.
Oh! fort bien; sur ce point nous serons tous contents
On aime avec transport déjà mes deux enfants.

M. DURU.
Passe. On n'a donc point eu de peine à satisfaire
A mes ordres précis?

M. GRIPON.
De la peine? au contraire;

Ils ont avec plaisir conclu soudainement.
Ton fils a pour ma fille un amour véhément ;
Et ta fille déjà brûle, sur ma parole,
Pour mon petit Gripon.

M. DURU.

Du moins cela console.
Nous mettrons ordre au reste.

M. GRIPON.

Oh ! tout est résolu,
Et cette après-midi l'hymen sera conclu.

M. DURU.

Mais ma femme ?

M. GRIPON.

Oh ! parbleu, ta femme est ton affaire.
Je te donne une bru charmante et ménagère :
J'ai toujours à ton fils destiné ce bijou ;
Et nous les marierons sans leur donner un sou.

M. DURU.

Fort bien.

M. GRIPON.

L'argent corrompt la jeunesse volage.
Point d'argent ; c'est un point capital en ménage.

M. DURU.

Mais ma femme ?

M. GRIPON.

Fais-en tout ce qu'il te plaira.

M. DURU.

Je voudrais voir un peu comme on me recevra,
Quel air aura ma femme.

M. GRIPON.

Et pourquoi ? que t'importe ?

M. DURU.

Voir.... la.... si la nature est au moins assez forte,
Si le sang parle assez dans ma fille et mon fils
Pour reconnaître en moi le maître du logis.

M. GRIPON.

Quand tu te nommeras, tu te feras connaître :
Est-ce que le sang parle ? et ne dois-tu pas être
Honnêtement content, quand pour comble de biens
Tes dociles enfants vont épouser les miens ?
Adieu ! j'ai quelque dette active et d'importance,
Qui devers le midi demande ma présence ;
Et je reviens, compère, après un court dîner
Moi, ma fille, et mon fils, pour conclure et signer

SCÈNE IV. — M. DURU.

Les affaires vont bien : quant à ce mariage,
J'en suis fort satisfait ; mais quant à mon ménage,
C'est un scandale affreux, et qui me pousse à bout.
Il faut tout observer, découvrir tout, voir tout.
(On sonne.)
J'entends une sonnette et du bruit ; on appelle.

SCÈNE V. — M. DURU, MARTHE, *à la porte*.

M. DURU.
Oh ! quelle est cette jeune et belle demoiselle
Qui va vers cette porte ? elle a l'air bien coquet.
Est-ce ma fille ? mais.... j'en ai peur, en effet :
Elle est bien faite, au moins, passablement jolie
Et cela fait plaisir. Écoutez, je vous prie ;
Où courez-vous si vite, aimable et chère enfant ?

MARTHE.
Je vais chez ma maîtresse, en son appartement.

M. DURU.
Quoi ! vous êtes suivante ? et de qui, ma mignonne ?

MARTHE.
De madame Duru.

M. DURU, *à part*.
Je veux de la friponne
Tirer quelque parti, m'instruire, si je puis....
Écoutez.

MARTHE.
Quoi, monsieur ?

M. DURU.
Savez-vous qui je suis ?

MARTHE.
Non ; mais je vois assez ce que vous pouvez être.

M. DURU.
Je suis l'intime ami de monsieur votre maître,
Et de monsieur Gripon. Je puis très-aisément
Vous faire ici du bien, même en argent comptant.

MARTHE.
Vous me ferez plaisir. Mais, monsieur, le temps presse,
Et voici le moment de coucher ma maîtresse.

M. DURU.
Se coucher quand il est neuf heures du matin ?

MARTHE.
Oui, monsieur.

M. DURU.
Quelle vie ! et quel horrible train !

MARTHE.
C'est un train fort honnête. Après souper on joue ;
Après le jeu l'on danse, et puis on dort.

M. DURU.
J'avoue
Que vous me surprenez ; je ne m'attendais pas
Que madame Duru fît un si beau fracas.

MARTHE.
Quoi ! cela vous surprend, vous, bonhomme, à votre âge ?
Mais rien n'est plus commun. Madame fait usage
Des grands biens amassés par son ladre mari ;
Et quand on tient maison, chacun en use ainsi.

M. DURU.
Mignonne, ces discours me font peine à comprendre ;
Qu'est-ce tenir maison ?

MARTHE.
Faut-il tout vous apprendre ?
D'où diable venez-vous ?

M. DURU.
D'un peu loin.

MARTHE.
Je le voi.
Vous me paraissez neuf, quoique antique.

M. DURU.
Ma foi,
Tout est neuf à mes yeux. Ma petite maîtresse,
Vous tenez donc maison ?

MARTHE.
Oui.

M. DURU.
Mais de quelle espèce ?
Et dans cette maison que fait-on, s'il vous plaît ?

MARTHE.
De quoi vous mêlez-vous ?

M. DURU.
J'y prends quelque intérêt.

MARTHE.
Vous, monsieur ?

M. DURU.
(A part.)
Oui, moi-même. Il faut que je hasarde
Un peu d'or de ma poche avec cette égrillarde :
Ce n'est pas sans regret ; mais essayons enfin.
(Haut.)
Monsieur Duru vous fait ce présent par ma main.

MARTHE.
Grand merci.

M. DURU.
Méritez un tel effort, ma belle ;

ACTE II, SCÈNE V.

C'est à vous de montrer l'excès de votre zèle
Pour le patron d'ici, le bon monsieur Duru,
Que, par malheur pour vous, vous n'avez jamais vu.
Quelque amant, entre nous, a, pendant son absence,
Produit tous ces excès, avec cette dépense?

MARTHE.

Quelque amant ! vous osez attaquer notre honneur?
Quelque amant ! A ce trait, qui blesse ma pudeur,
Je ne sais qui me tient que mes mains appliquées
Ne soient sur votre face avec cinq doigts marquées.
Quelque amant ! dites-vous?

M. DURU.
Eh ! pardon.

MARTHE.
Apprenez
Que ce n'est pas à vous à fourrer votre nez
Dans ce que fait madame.

M. DURU.
Eh ! mais....

MARTHE.
Elle est trop bonne,
Trop sage, trop honnête, et trop douce personne
Et vous êtes un sot avec vos questions....
(On sonne.)
J'y vais.... Un impudent, un rôdeur de maisons....
(On sonne.)
Tout à l'heure.... Un benêt qui pense que les filles
Iront lui confier les secrets des familles....
(On sonne.)
Eh ! j'y cours.... Un vieux fou, que la main que voilà
(On sonne.)
Devrait punir cent fois.... L'on y va, l'on y va.

SCÈNE VI. — M. DURU.

Je ne sais si je dois en croire sa colère :
Tout ici m'est suspect ; et, sur ce grand mystère,
Les femmes ont juré de ne parler jamais :
On n'en peut rien tirer par force ou par bienfaits ;
Et toutes, se liguant pour nous en faire accroire,
S'entendent contre nous comme larrons en foire.
Non, je n'entrerai point ; je veux examiner
Jusqu'où du bon chemin l'on peut se détourner.
Que vois-je? un beau monsieur sortant de chez ma femme
Ah ! voilà comme on tient maison !

SCÈNE VII. — M. DURU; LE MARQUIS, *sortant de l'appartement de Mme Duru, en lui parlant tout haut.*

LE MARQUIS.

Adieu, madame.

Ah! que je suis heureux!

M. DURU.

Et beaucoup trop. J'en tiens.

LE MARQUIS.

Adieu, jusqu'à ce soir.

M. DURU.

Ce soir encor! Fort bien.
Comme de la maison je vois ici deux maîtres,
L'un des deux pourrait bien sortir par les fenêtres.
On ne me connaît pas; gardons-nous d'éclater.

LE MARQUIS.

Quelqu'un parle, je crois.

M. DURU.

Je n'en saurais douter.
Volets fermés, au lit, rendez-vous, porte close;
La suivante, à mon nez, complice de la chose!

LE MARQUIS.

Quel est cet homme-là qui jure entre ses dents?

M. DURU.

Mon fait est net et clair.

LE MARQUIS.

Il paraît hors de sens.

M. DURU.

J'aurais mieux fait, ma foi, de rester à Surate
Avec tout mon argent. Ah! traître! ah! scélérate!

LE MARQUIS.

Qu'avez-vous donc, monsieur, qui parlez seul ainsi?

M. DURU.

Mais j'étais étonné que vous fussiez ici.

LE MARQUIS.

Et pourquoi, mon ami?

M. DURU.

Monsieur Duru, peut-être,
Ne serait pas content de vous y voir paraître.

LE MARQUIS.

Lui, mécontent de moi! Qui vous a dit cela?

M. DURU.

Des gens bien informés. Ce monsieur Duru-là,
Chez qui vous avez pris des façons si commodes,
Le connaissez-vous?

LE MARQUIS.

Non : il est aux antipodes,
Dans les Indes, je crois, cousu d'or et d'argent.

M. DURU.
Mais vous connaissez fort madame?
LE MARQUIS.
Apparemment :
Sa bonté m'est toujours précieuse et nouvelle,
Et je fais mon bonheur de vivre ici près d'elle.
Si vous avez besoin de sa protection,
Parlez; j'ai du crédit, je crois, dans la maison.
M. DURU.
Je le vois.... De monsieur je suis l'homme d'affaires.
LE MARQUIS.
Ma foi! de ces gens-là je ne me mêle guères.
Soyez le bienvenu; prenez surtout le soin
D'apporter quelque argent, dont nous avons besoin.
Bonsoir.
M. DURU, à part.
J'enfermerai dans peu ma chère femme.
(Au marquis.)
Que l'enfer.... Mais, monsieur, qui gouvernez madame,
La chambre de sa fille est-elle près d'ici?
LE MARQUIS.
Tout auprès, et j'y vais. Oui, l'ami; la voici.
(Il entre chez Érise, et ferme la porte.)
M. DURU.
Cet homme est nécessaire à toute ma famille :
Il sort de chez ma femme, et s'en va chez ma fille.
Je n'y puis plus tenir, et je succombe enfin.
Justice! je suis mort.

SCÈNE VIII. — M. DURU; LE MARQUIS, *revenant avec*
ÉRISE.

ÉRISE.
Eh, mon Dieu! quel lutin,
Quand on va se coucher, tempête à cette porte?
Qui peut crier ainsi de cette étrange sorte?
LE MARQUIS.
Faites donc moins de bruit; ne vous a-t-on pas dit
Qu'après qu'on a dansé l'on va se mettre au lit?
Jurez plus bas tout seul.
M. DURU.
Je ne puis plus rien dire.
Je suffoque.
ÉRISE.
Quoi donc?
M. DURU.
Est-ce un rêve, un délire?
Je vengerai l'affront fait avec tant d'éclat.

Juste ciel! et comment son frère l'avocat
Peut-il souffrir céans cette honte inouïe,
Sans plaider?

ÉRISE.

Quel est donc cet homme, je vous prie?

LE MARQUIS.

Je ne sais; il paraît qu'il est extravagant :
Votre père, dit-il, l'a pris pour son agent.

ÉRISE.

D'où vient que cet agent fait tant de tintamarre?

LE MARQUIS.

Ma foi! je n'en sais rien; cet homme est si bizarre!

ÉRISE.

Est-ce que mon mari, monsieur, vous a fâché?

M. DURU.

Son mari!... J'en suis quitte encore à bon marché.
C'est là votre mari?

ÉRISE.

Sans doute, c'est lui-même.

M. DURU.

Lui, le fils de Gripon?

ÉRISE.

C'est mon mari, que j'aime.
A mon père, monsieur, lorsque vous écrirez,
Peignez-lui bien les nœuds dont nous sommes serrés

M. DURU.

Que la fièvre le serre!

LE MARQUIS.

Ah! daignez condescendre...

M. DURU.

Maître Isaac Gripon m'avait bien fait entendre
Qu'à votre mariage on pensait en effet;
Mais il ne m'a pas dit que tout cela fût fait.

LE MARQUIS.

Eh bien! je vous en fais la confidence entière.

M. DURU.

Mariés?

ÉRISE.

Oui, monsieur.

M. DURU.

De quand?

LE MARQUIS.

La nuit dernière.

M. DURU, *regardant le marquis.*

Votre époux, je l'avoue, est un fort beau garçon;
Mais il ne m'a point l'air d'être fils de Gripon.

LE MARQUIS.

Monsieur sait qu'en la vie il est fort ordinaire

ACTE II, SCÈNE VIII.

De voir beaucoup d'enfants tenir peu de leur père.
Par exemple, le fils de ce monsieur Duru
En est tout différent, n'en a rien.

M. DURU.
Qui l'eût cru ?
Serait-il point aussi marié, lui ?

LE MARQUIS.
Sans doute.

M. DURU.
Lui ?

LE MARQUIS.
Ma sœur, dans ses bras, en ce moment-ci, goûte
Les premières douceurs du conjugal lien.

M. DURU.
Votre sœur !

LE MARQUIS.
Oui, monsieur.

M. DURU.
Je n'y conçois plus rien.
Le compère Gripon m'eût dit cette nouvelle.

LE MARQUIS.
Il regarde cela comme une bagatelle.
C'est un homme occupé toujours du denier dix,
Noyé dans le calcul, fort distrait.

M. DURU.
Mais jadis
Il avait l'esprit net.

LE MARQUIS.
Les grands travaux et l'âge
Altèrent la mémoire ainsi que le visage.

M. DURU.
Ce double mariage est donc fait ?

ÉRISE.
Oui, monsieur

LE MARQUIS.
Je vous en donne ici ma parole d'honneur ;
N'avez-vous donc pas vu les débris de la noce ?

M. DURU.
Vous m'avez tous bien l'air d'aimer le fruit précoce,
D'anticiper l'hymen qu'on avait projeté.

LE MARQUIS.
Ne nous soupçonnez pas de cette indignité ;
Cela serait criant.

M. DURU.
Oh ! la faute est légère.
Pourvu qu'on n'ait pas fait une trop forte chère,
Que la noce n'ait pas horriblement coûté,
On peut vous pardonner cette vivacité.

Vous paraissez d'ailleurs un homme assez aimable.

ÉRISE.

Oh! très-fort.

M. DURU.

Votre sœur est-elle aussi passable?

LE MARQUIS.

Elle vaut cent fois mieux.

M. DURU.

Si la chose est ainsi,
Monsieur Duru pourrait excuser tout ceci.
Je vais enfin parler à sa mère, et pour cause....

ÉRISE.

Ah! gardez-vous-en bien, monsieur, elle repose.
Elle est trop fatiguée; elle a pris tant de soins....

M. DURU.

Je m'en vais donc parler à son fils.

ÉRISE.

Encor moins.

LE MARQUIS.

Il est trop occupé.

M. DURU.

L'aventure est fort bonne.
Ainsi, dans ce logis, je ne puis voir personne?

LE MARQUIS.

Il est de certains cas où des hommes de sens
Se garderont toujours d'interrompre les gens.
Vous voilà bien au fait; je vais avec madame
Me rendre aux doux transports de la plus pure flamme.
Écrivez à son père un détail si charmant.

ÉRISE.

Marquez-lui mon respect et mon contentement.

M. DURU.

Et son contentement! Je ne sais si ce père
Doit être aussi content d'une si prompte affaire.
Quelle éveillée!

LE MARQUIS.

Adieu : revenez vers le soir,
Et soupez avec nous.

ÉRISE.

Bonjour, jusqu'au revoir.

LE MARQUIS.

Serviteur.

ÉRISE.

Tout à vous.

SCÈNE IX. — M. DURU.

Mais Gripon le compère
S'est bien pressé, sans moi, de finir cette affaire.

Quelle fureur de noce a saisi tous nos gens!
Tous quatre à s'arranger sont un peu diligents.
De tant d'événements j'ai la vue ébahie.
J'arrive, et tout le monde à l'instant se marie.
Il reste, en vérité, pour compléter ceci,
Que ma femme à quelqu'un soit mariée aussi.
Entrons, sans plus tarder. Ma femme! holà! qu'on m'ouvre.
  (Il heurte.)
Ouvrez, vous dis-je; il faut qu'enfin tout se découvre.

MARTHE, *derrière la porte.*

Paix! paix! l'on n'entre point.

M. DURU.

Oh! je veux, malgré toi,
Suivante impertinente, entrer enfin chez moi.

ACTE TROISIÈME.

SCÈNE I. — M. DURU.

J'ai beau frapper, crier, courir dans ce logis,
De ma femme à mon gendre, et du gendre à mon fils,
On répond en ronflant : les valets, les servantes,
Ont tout barricadé. Ces manœuvres plaisantes
Me déplaisent beaucoup : ces quatre extravagants,
Si vite mariés, sont au lit trop longtemps.
Et ma femme! ma femme! oh! je perds patience :
Ouvrez, morbleu!

SCÈNE II. — M. DURU; M. GRIPON, *tenant le contrat et une écritoire à la main.*

M. GRIPON.

Je viens signer notre alliance.

M. DURU.

Comment, signer!

M. GRIPON.

Sans doute, et vous l'avez voulu :
Il faut conclure tout.

M. DURU.

Tout est assez conclu;
Vous radotez.

M. GRIPON.

Je viens pour consommer la chose.

M. DURU.

La chose est consommée.

M. GRIPON.
                    Oh! oui, je me propose
De produire au grand jour ma Phlipotte et Phlipot.
Ils viennent.
                        M. DURU.
    Quels discours!
                        M. GRIPON.
                        Tout est prêt, en un mot.
                        M. DURU.
Morbleu, vous vous moquez; tout est fait.
                        M. GRIPON.
                                Çà, compère
Votre femme est instruite et prépare l'affaire.
                        M. DURU.
Je n'ai point vu ma femme : elle dort; et mon fils
Dort avec votre fille; et mon gendre au logis
Avec ma fille dort; et tout dort. Quelle rage
Vous a fait cette nuit presser ce mariage?
                        M. GRIPON.
Es-tu devenu fou?
                        M. DURU.
                    Quoi! mon fils ne tient pas
A présent dans son lit Phlipotte et ses appas?
Les noces cette nuit n'auraient pas été faites?
                        M. GRIPON.
Ma fille a cette nuit repassé ses cornettes :
Elle s'habille en hâte; et mon fils, son cadet,
Pour épargner les frais, met le contrat au net.
                        M. DURU.
Juste ciel! quoi! ton fils n'est pas avec ma fille?
                        M. GRIPON.
Non, sans doute.
                        M. DURU.
                Le diable est donc dans ma famille?
                        M. GRIPON.
Je le crois.
                        M. DURU.
                Ah, fripons! femme indigne du jour!
Vous payerez bien cher ce détestable tour!
Lâches, vous apprendrez que c'est moi qui suis maître!
Approfondissons tout; je prétends tout connaître :
Fais descendre mon fils : va, compère; dis-lui
Qu'un ami de son père, arrivé d'aujourd'hui,
Vient lui parler d'affaire, et ne saurait attendre.
                        M. GRIPON
Je vais te l'amener : il faut punir mon gendre;
Il faut un commissaire, il faut verbaliser,
Il faut venger Phlipotte.

M. DURU.
Eh! cours, sans tant jaser.
M. GRIPON, *revenant.*
Cela pourra coûter quelque argent, mais n'importe.
M. DURU.
Eh! va donc.
M GRIPON, *revenant.*
Il faudra faire amener main-forte.
M. DURU.
Va, te dis-je.
M. GRIPON.
J'y cours.

SCÈNE III. — M. DURU.

O voyage cruel!
O pouvoir marital, et pouvoir paternel!
O luxe! maudit luxe! invention du diable!
C'est toi qui corromps tout, perds tout, monstre exécrable!
Ma femme, mes enfants, de toi sont infectés :
J'entrevois là-dessous un tas d'iniquités,
Un amas de noirceurs, et surtout de dépenses,
Qui me glacent le sang et redoublent mes transes.
Épouse, fille, fils, m'ont tous perdu d'honneur :
Je ne sais si je dois en mourir de douleur;
Et, quoique de me pendre il me prenne une envie,
L'argent qu'on a gagné fait qu'on aime la vie.
Ah! j'aperçois, je crois, mon traître d'avocat
Quel habit! pourquoi donc n'a-t-il point de rabat!

SCÈNE IV. — M. DURU, M. GRIPON, DAMIS.

DAMIS, *à M. Gripon.*
Quel est cet homme? il a l'air bien atrabilaire.
M. GRIPON.
C'est le meilleur ami qu'ait monsieur votre père.
DAMIS.
Prête-t-il de l'argent?
M. GRIPON.
En aucune façon,
Car il en a beaucoup.
M. DURU.
Répondez, beau garçon,
Êtes-vous avocat?
DAMIS.
Point du tout.
M. DURU.
Ah! le traître.
Êtes-vous marié?

DAMIS.
J'ai le bonheur de l'être.
M. DURU.
Et votre sœur?
DAMIS.
Aussi. Nous avons cette nuit
Goûté d'un double hymen le tendre et premier fruit.
M. GRIPON.
Mariés!
M. DURU.
Scélérat!
M. GRIPON.
— A qui donc?
DAMIS.
A ma femme.
M. GRIPON.
A ma Phlipotte?
DAMIS.
Non.
M. DURU.
Je me sens percer l'âme.
Quelle est-elle? En un mot, vite répondez-moi.
DAMIS.
Vous êtes curieux et poli, je le voi.
M. DURU.
Je veux savoir de vous celle qui, par surprise,
Pour braver votre père ici s'impatronise.
DAMIS.
Quelle est ma femme?
M. DURU.
Oui, oui.
DAMIS.
C'est la sœur de celui
A qui ma propre sœur est unie aujourd'hui.
M. GRIPON.
Quel galimatias!
DAMIS.
La chose est toute claire.
Vous savez, cher Gripon, qu'un ordre de mon père
Enjoignait à ma mère, en termes très-précis,
D'établir au plus tôt et sa fille et son fils.
M. DURU.
Eh bien! traître?
DAMIS.
A cet ordre elle s'est asservie,
Non pas absolument, mais du moins en partie :
Il veut un prompt hymen; il s'est fait promptement.
Il est vrai qu'on n'a pas conclu précisément
Avec ceux que sa lettre a nommés par sa clause;

Mais le plus fort est fait, le reste est peu de chose.
Le marquis d'Outremont, l'un de nos bons amis,
Est un homme....
M. GRIPON.
Ah! c'est là cet ami du logis :
On s'est moqué de nous, je m'en doutais, compère.
M. DURU.
Allons; faites venir vite le commissaire,
Vingt huissiers.
DAMIS.
Eh! qui donc êtes-vous, s'il vous plaît,
Qui daignez prendre à nous un si grand intérêt?
Cher ami de mon père, apprenez que peut-être
Sans mon respect pour lui, cette large fenêtre
Serait votre chemin pour vider la maison.
Dénichez de chez moi.
M. DURU.
Comment, maître fripon,
Toi me chasser d'ici! toi, scélérat, faussaire,
Aigrefin, débauché, l'opprobre de ton père!
Qui n'es point avocat!

SCÈNE V. — MADAME DURU, *sortant d'un côté avec* MARTHE;
LE MARQUIS, *sortant de l'autre avec* ÉRISE; M. DURU,
M. GRIPON, DAMIS.

MADAME DURU, *dans le fond.*
Mon carrosse est-il prêt?
D'où vient donc tout ce bruit?
LE MARQUIS.
Ah! je vois ce que c'est.
MARTHE.
C'est mon questionneur.
LE MARQUIS.
Oui, c'est ce vieux visage,
Qui semblait si surpris de notre mariage.
MADAME DURU.
Qui donc?
LE MARQUIS.
De votre époux il dit qu'il est agent.
M. DURU, *en colère, se retournant.*
Oui, c'est moi.
MARTHE.
Cet agent paraît peu patient.
MADAME DURU, *avançant.*
Ah! que vois-je? quels traits! c'est lui-même! et mon âme....
M. DURU.
Voilà donc à la fin ma coquine de femme!

Oh! comme elle est changée! elle n'a plus, ma foi,
De quoi raccommoder ses fautes près de moi.
MADAME DURU.
Quoi! c'est vous, mon mari, mon cher époux!
DAMIS, ÉRISE, LE MARQUIS, *ensemble*.
                                        Mon père!
MADAME DURU.
Daignez jeter, monsieur, un regard moins sévère
Sur moi, sur mes enfants, qui sont à vos genoux.
LE MARQUIS.
Oh! pardon : j'ignorais que vous fussiez chez vous.
M. DURU.
Ce matin....
LE MARQUIS.
      Excusez; j'en suis honteux dans l'âme.
MARTHE.
Et qui vous aurait cru le mari de madame?
DAMIS.
A vos pieds....
M. DURU.
            Fils indigne, apostat du barreau,
Malheureux marié, qui fais ici le beau,
Fripon, c'est donc ainsi que ton père lui-même
S'est vu reçu de toi? c'est ainsi que l'on m'aime?
M. GRIPON.
C'est la force du sang.
DAMIS.
          Je ne suis pas devin.
MADAME DURU.
Pourquoi tant de courroux dans notre heureux destin?
Vous retrouvez ici toute votre famille;
Un gendre, un fils bien né, votre épouse, une fille.
Que voulez-vous de plus? Faut-il après douze ans
Voir d'un œil de travers sa femme et ses enfants?
M. DURU.
Vous n'êtes point ma femme : elle était ménagère;
Elle cousait, filait, faisait très-maigre chère,
Et n'eût point à mon bien porté le coup mortel
Par la main d'un filou, nommé maître d'hôtel;
N'eût point joué, n'eût point ruiné ma famille,
Ni d'un maudit marquis ensorcelé ma fille;
N'aurait pas à mon fils fait perdre son latin,
Et fait d'un avocat un pimpant aigrefin.
Perfide! voilà donc la belle récompense
D'un travail de douze ans et de ma confiance?
Des soupers dans la nuit! à midi, petit jour!
Auprès de votre lit, un oisif de la cour
Et portant en public le honteux étalage

ACTE III, SCÈNE V.

Du rouge enluminé qui peint votre visage !
C'est ainsi qu'à profit vous placiez mon argent ?
Allons, de cet hôtel qu'on déniche à l'instant,
Et qu'on aille m'attendre à son second étage.

DAMIS.

Quel père !

LE MARQUIS.

Quel beau-père !

ÉRISE.

Eh ! bon Dieu, quel langage !

MADAME DURU.

Je puis avoir des torts ; vous, quelques préjugés :
Modérez-vous, de grâce ; écoutez, et jugez.
Alors que la misère à tous deux fut commune,
Je me fis des vertus propres à ma fortune ;
D'élever vos enfants je pris sur moi les soins ;
Je me refusai tout pour leur laisser du moins
Une éducation qui tint lieu d'héritage.
Quand vous eûtes acquis, dans votre heureux voyage,
Un peu de bien commis à ma fidélité,
J'en sus placer le fonds ; il est en sûreté.

M. DURU.

Oui.

MADAME DURU.

Votre bien s'accrut ; il servit, en partie,
A nous donner à tous une plus douce vie.
Je voulus dans la robe élever votre fils ;
Il n'y parut pas propre, et je changeai d'avis.
De mon premier état je soutins l'indigence ;
Avec le même esprit j'use de l'abondance.
On doit compte au public de l'usage du bien,
Et qui l'ensevelit est mauvais citoyen ;
Il fait tort à l'État, il s'en fait à soi-même.
Faut-il, sur son comptoir, l'œil trouble et le teint blême,
Manquer du nécessaire auprès d'un coffre-fort,
Pour avoir de quoi vivre un jour après sa mort ?
Ah ! vivez avec nous dans une honnête aisance.
Le prix de nos travaux est dans la jouissance :
Faites votre bonheur en remplissant nos vœux.
Être riche n'est rien ; le tout est d'être heureux.

M. DURU.

Le beau sermon du luxe et de l'intempérance !
Gripon, je souffrirais que, pendant mon absence,
On dispose de tout, de mes biens, de mon fils,
De ma fille !

MADAME DURU.

Monsieur, je vous en écrivis :

Cette union est sage, et doit vous le paraître ;
Vos enfants sont heureux, leur père devrait l'être.
M. DURU.
Non ; je serais outré d'être heureux malgré moi :
C'est être heureux en sot de souffrir que, chez soi
Femme, fils, gendre, fille, ainsi se réjouissent.
MADAME DURU.
Ah ! qu'à cette union tous vos vœux applaudissent
M. DURU.
Non, non, non, non ; il faut être maître chez soi.
MADAME DURU.
Vous le serez toujours.
ÉRISE.
Ah ! disposez de moi.
MADAME DURU.
Nous sommes à vos pieds.
DAMIS.
Tout ici doit vous plaire ;
Serez-vous inflexible ?
MADAME DURU.
Ah ! mon époux !
DAMIS, ÉRISE, *ensemble*.
Mon père !
M. DURU.
Gripon, m'attendrirai-je ?
M. GRIPON.
Écoutez, entre nous,
Ça demande du temps.
MARTHE.
Vite, attendrissez-vous :
Tous ces gens-là, monsieur, s'aiment à la folie ;
Croyez-moi ; mettez-vous aussi de la partie.
Personne n'attendait que vous vinssiez ici :
La maison va fort bien ; vous voilà ; restez-y.
Soyez gai comme nous, ou que Dieu vous renvoie.
Nous vous promettons tous de vous tenir en joie.
Rien n'est plus douloureux, comme plus inhumain
Que de gronder tout seul des plaisirs du prochain.
M. DURU.
L'impertinente ! Eh bien ! qu'en penses-tu, compère ?
M. GRIPON.
J'ai le cœur un peu dur ; mais, après tout, que faire ?
La chose est sans remède ; et ma Phlipotte aura
Cent avocats pour un, sitôt qu'elle voudra.
MADAME DURU.
Eh bien ! vous rendez-vous ?
M. DURU.
Çà, mes enfants, ma femme.

Je n'ai pas, dans le fond, une si vilaine âme.
Mes enfants sont pourvus; et, puisque de son bien,
Alors que l'on est mort, on ne peut garder rien,
Il faut en dépenser un peu pendant sa vie :
Mais ne mangez pas tout, madame, je vous prie.

MADAME DURU.

Ne craignez rien, vivez, possédez, jouissez....

M. DURU.

Dix fois cent mille francs par vous sont-ils placés?

MADAME DURU.

En contrats, en effets de la meilleure sorte.

M. DURU.

En voici donc autant qu'avec moi je rapporte.
(Il veut lui donner son portefeuille, et le remet dans sa poche.)

MADAME DURU.

Rapportez-nous un cœur doux, tendre, généreux;
Voilà les millions qui sont chers à nos vœux.

M. DURU.

Allons donc; je vois bien qu'il faut avec constance
Prendre enfin mon bonheur du moins en patience.

VARIANTE.

Dans la dernière scène, après ces mots de Mme Duru :

> Je voulus dans la robe élever votre fils;
> Il n'y parut pas propre, et je changeai d'avis....

Les premières éditions ajoutent :

> Il fallait cultiver, non forcer la nature;
> Il est né valeureux, vif, mais plein de droiture :
> J'ai fait, à ses talents habile à me plier,
> D'un mauvais avocat un très-bon officier.
> Avantageusement j'ai marié ma fille;
> La paix et les plaisirs règnent dans ma famille.
> Nous avons des amis; des seigneurs sans fracas,
> Sans vanité, sans airs, et qui n'empruntent pas,
> Soupent chez nous gaiement, et passent la soirée :
> La chère est délicate et toujours modérée;
> Le jeu n'est pas trop fort, et jamais nos plaisirs
> Ne nous ont, grâce au ciel, causé de repentirs.
> Dans mon premier état....

FIN DE LA FEMME QUI A RAISON.

ORESTE.

TRAGÉDIE EN CINQ ACTES.

(12 janvier 1750.)

AVIS AU LECTEUR.

L'auteur des ouvrages qu'on trouvera dans ce volume[1] se croit obligé d'avertir encore les gens de lettres, et tous ceux qui se forment des cabinets de livres, que de toutes les éditions faites jusqu'ici, en Hollande et ailleurs, de ses prétendues OEuvres, il n'y en a pas une seule qui mérite la moindre attention, et qu'elles sont toutes remplies de pièces supposées ou défigurées.

Il n'y a guère d'années qu'on ne débite sous son nom des ouvrages qu'il n'a jamais vus; et il apprend qu'il n'y a guère de mois où l'on ne lui impute dans les *Mercures* quelque pièce fugitive qu'il ne connaît pas davantage. Il se flatte que les lecteurs judicieux ne feront pas plus de cas de ces imputations continuelles que des critiques passionnées dont il entend dire qu'on remplit les ouvrages périodiques.

Il ne fera plus qu'une seule réflexion sur ces critiques : c'est que, depuis les *Observations de l'Académie sur le Cid*, il n'y a pas eu une seule pièce de théâtre qui n'ait été critiquée, et qu'il n'y en a pas eu une seule qui l'ait bien été. Les *Observations de l'Académie* sont, depuis plus de cent ans, la seule critique raisonnable qui ait paru, et la seule qui puisse passer à la postérité. La raison en est qu'elle fut composée avec beaucoup de temps et de soin par des hommes capables de juger, et qui jugeaient sans partialité.

ÉPITRE

A S. A. S. MADAME LA DUCHESSE DU MAINE.

Madame,

Vous avez vu passer ce siècle admirable, à la gloire duquel vous avez tant contribué par votre goût et par vos exemples; ce siècle qui sert de modèle au nôtre en tant de choses, et peut-être de reproche, comme il en servira à tous les âges. C'est dans ces temps illustres que les Condé, vos aïeux, couverts de tant de lauriers, cultivaient et encourageaient les arts; où un Bossuet immortalisait les héros, et instruisait les rois; où un Fénelon, le second des hommes dans l'éloquence, et le premier dans l'art de rendre la vertu aimable, enseignait avec tant de charmes la justice et l'humanité; où les Racine, les Despréaux, présidaient

---

1. *Oreste* parut séparément avec *Samson* et quelques petits écrits. (Éd.)

aux belles-lettres, Lulli à la musique, Le Brun à la peinture.
Tous ces arts, madame, furent accueillis surtout dans votre palais. Je me souviendrai toujours que, presque au sortir de l'enfance, j'eus le bonheur d'y entendre quelquefois un homme dans qui l'érudition la plus profonde n'avait point éteint le génie, et qui cultiva l'esprit de Mgr le duc de Bourgogne, ainsi que le vôtre et celui de M. le duc du Maine; travaux heureux dans lesquels il fut si puissamment secondé par la nature. Il prenait quelquefois devant Votre Altesse Sérénissime un Sophocle, un Euripide; il traduisait sur-le-champ en français une de leurs tragédies. L'admiration, l'enthousiasme dont il était saisi, lui inspirait des expressions qui répondaient à la mâle et harmonieuse énergie des vers grecs, autant qu'il est possible d'en approcher dans la prose d'une langue à peine tirée de la barbarie, et qui, polie par tant de grands auteurs, manque encore pourtant de précision, de force et d'abondance. On sait qu'il est impossible de faire passer dans aucune langue moderne la valeur des expressions grecques : elles peignent d'un trait ce qui exige trop de paroles chez tous les autres peuples; un seul terme y suffit pour représenter ou une montagne toute couverte d'arbres chargés de feuilles, ou un dieu qui lance au loin ses traits, ou les sommets des rochers souvent frappés de la foudre. Non-seulement cette langue avait l'avantage de remplir d'un mot l'imagination, mais chaque terme, comme on sait, avait une mélodie marquée et charmait l'oreille, tandis qu'il étalait à l'esprit de grandes peintures. Voilà pourquoi toute traduction d'un poëte grec est toujours faible, sèche, indigente : c'est du caillou et de la brique avec quoi on veut imiter des palais de porphyre. Cependant M. de Malézieu, par des efforts que produisait un enthousiasme subit, et par un récit véhément, semblait suppléer à la pauvreté de la langue, et mettre dans sa déclamation toute l'âme des grands hommes d'Athènes. Permettez-moi, madame, de rappeler ici ce qu'il pensait de ce peuple inventeur, ingénieux et sensible, qui enseigna tout aux Romains ses vainqueurs, et qui, longtemps après sa ruine et celle de l'empire romain, a servi encore à tirer l'Europe moderne de sa grossière ignorance.

Il connaissait Athènes mieux qu'aujourd'hui quelques voyageurs ne connaissent Rome après l'avoir vue. Ce nombre prodigieux de statues des plus grands maîtres, ces colonnes qui ornaient les marchés publics, ces monuments de génie et de grandeur, ce théâtre superbe et immense, bâti dans une grande place, entre la ville et la citadelle, où les ouvrages des Sophocle et des Euripide étaient écoutés par les Périclès et par les Socrate, et où des jeunes gens n'assistaient pas debout et en tumulte; en un mot, tout ce que les Athéniens avaient fait pour les arts en tous les genres, était présent à son esprit. Il était bien loin de penser comme ces hommes ridiculement austères et ces faux politiques qui blâment encore les Athéniens d'avoir été trop somptueux dans leurs jeux publics, et qui ne savent pas que cette magnificence même enrichissait Athènes, en attirant dans son sein une foule d'étrangers qui venaient l'admirer, et prendre chez elle des leçons de vertu et d'éloquence.

Vous engageâtes, madame, cet homme d'un esprit presque universel à traduire, avec une fidélité pleine d'élégance et de force, l'*Iphigénie en Tauride* d'Euripide. On la représenta dans une fête qu'il eut l'honneur de donner à Votre Altesse Sérénissime, fête digne de celle qui la recevait et de celui qui en faisait les honneurs : vous y représentiez Iphigénie. Je fus témoin de ce spectacle : je n'avais alors nulle habitude de notre théâtre français ; il ne m'entra pas dans la tête qu'on pût mêler de la galanterie dans ce sujet tragique : je me livrai aux mœurs et aux coutumes de la Grèce d'autant plus aisément qu'à peine j'en connaissais d'autres ; j'admirai l'antique dans toute sa noble simplicité. Ce fut là ce qui me donna la première idée de faire la tragédie d'*OEdipe*, sans même avoir lu celle de Corneille. Je commençai par m'essayer en traduisant la fameuse scène de Sophocle, qui contient la double confidence de Jocaste et d'Œdipe. Je la lus à quelques-uns de mes amis qui fréquentaient les spectacles, et à quelques acteurs : ils m'assurèrent que ce morceau ne pourrait jamais réussir en France ; ils m'exhortèrent à lire Corneille qui l'avait soigneusement évité, et me dirent tous que, si je ne mettais, à son exemple, une intrigue amoureuse dans *OEdipe*, les comédiens même ne pourraient pas se charger de mon ouvrage. Je lus donc l'*OEdipe* de Corneille, qui, sans être au rang de *Cinna* et de *Polyeucte*, avait pourtant alors beaucoup de réputation. J'avoue que je fus révolté d'un bout à l'autre ; mais il fallut céder à l'exemple et à la mauvaise coutume. J'introduisis, au milieu de la terreur de ce chef-d'œuvre de l'antiquité, non pas une intrigue d'amour, l'idée m'en paraissait trop choquante, mais au moins le ressouvenir d'une passion éteinte. Je ne répéterai point ce que j'ai dit ailleurs sur ce sujet.

Votre Altesse Sérénissime se souvient que j'eus l'honneur de lire *OEdipe* devant elle. La scène de Sophocle ne fut assurément pas condamnée à ce tribunal ; mais vous et M. le cardinal Polignac, et M. de Malézieu, et tout ce qui composait votre cour, vous me blâmâtes universellement, et avec très-grande raison, d'avoir prononcé le mot d'amour dans un ouvrage où Sophocle avait si bien réussi sans ce malheureux ornement étranger ; et ce qui seul avait fait recevoir ma pièce, fut précisément le seul défaut que vous condamnâtes.

Les comédiens jouèrent à regret *OEdipe*, dont ils n'espéraient rien. Le public fut entièrement de votre avis : tout ce qui était dans le goût de Sophocle fut applaudi généralement ; et ce qui ressentait un peu la passion de l'amour fut condamné de tous les critiques éclairés. En effet, madame, quelle place pour la galanterie que le parricide et l'inceste qui désolent une famille, et la contagion qui ravage un pays ! Et quel exemple plus frappant du ridicule de notre théâtre et du pouvoir de l'habitude, que Corneille, d'un côté, qui fait dire à Thésée :

Quelque ravage affreux qu'étale ici la peste,
L'absence aux vrais amants est encor plus funeste ;

et moi qui, soixante ans après lui, viens faire parler une vieille Jocaste d'un vieil amour ; et tout cela pour complaire au goût le plus fade et le plus faux qui ait jamais corrompu la littérature ?

Qu'une Phèdre, dont le caractère est le plus théâtral qu'on ait jamais vu, et qui est presque la seule que l'antiquité ait représentée amoureuse ; qu'une Phèdre, dis-je, étale les fureurs de cette passion funeste; qu'une Roxane, dans l'oisiveté du sérail, s'abandonne à l'amour et à la jalousie; qu'Ariane se plaigne au ciel et à la terre d'une infidélité cruelle; qu'Orosmane tue ce qu'il adore : tout cela est vraiment tragique. L'amour furieux, criminel, malheureux, suivi de remords, arrache de nobles larmes. Point de milieu : il faut, ou que l'amour domine en tyran, ou qu'il ne paraisse pas; il n'est point fait pour la seconde place. Mais que Néron se cache derrière une tapisserie pour entendre les discours de sa maîtresse et de son rival; mais que le vieux Mithridate se serve d'une ruse comique pour savoir le secret d'une jeune personne aimée par ses deux enfants; mais que Maxime, même dans la pièce de *Cinna*, si remplie de beautés mâles et vraies, ne découvre en lâche une conspiration si importante que parce qu'il est imbécilement amoureux d'une femme dont il devait connaître la passion pour Cinna, et qu'on donne pour raison :

.... L'amour rend tout permis;
Un véritable amant ne connaît point d'amis;

mais qu'un vieux Sertorius aime je ne sais quelle Viriate, et qu'il soit assassiné par Perpenna, amoureux de cette Espagnole, tout cela est petit et puéril, il faut le dire hardiment; et ces petitesses nous mettraient prodigieusement au-dessous des Athéniens, si nos grands maîtres n'avaient racheté ces défauts, qui sont de notre nation, par les sublimes beautés qui sont uniquement de leur génie.

Une chose à mon sens assez étrange, c'est que les grands poëtes tragiques d'Athènes aient si souvent traité des sujets où la nature étale tout ce qu'elle a de touchant, une Électre, une Iphigénie, une Mérope, un Alcméon, et que nos grands modernes, négligeant de tels sujets, n'aient presque traité que l'amour, qui est souvent plus propre à la comédie qu'à la tragédie. Ils ont cru quelquefois ennoblir cet amour par la politique; mais un amour qui n'est pas furieux est froid, et une politique qui n'est pas forcenée est plus froide encore. Des raisonnements politiques sont bons dans Polybe, dans Machiavel; la galanterie est à sa place dans la comédie et dans les contes : mais rien de tout cela n'est digne du pathétique et de la grandeur de la tragédie.

Le goût de la galanterie avait, dans la tragédie, prévalu au point qu'une grande princesse, qui, par son esprit et par son rang, semblait en quelque sorte excusable de croire que tout le monde devait penser comme elle, imagina qu'un adieu de Titus et de Bérénice était un sujet tragique : elle le donna à traiter aux *deux* maîtres de la scène. Aucun des deux n'avait jamais fait de pièce dans laquelle l'amour n'eût joué un principal ou un second rôle; mais l'un n'avait jamais parlé au cœur que dans les seules scènes du *Cid*, qu'il avait imitées de l'espagnol; l'autre, toujours élégant et tendre, était éloquent dans tous les genres, et savant dans cet art enchanteur de tirer de la plus petite situation les sentiments les plus délicats : aussi le premier fit de Titus et de Bérénice un des plus mauvais ouvrages qu'on connaisse au théâtre; l'autre trouva le secret d'intéresser pendant cinq actes, sans autre fonds que ces paroles : *Je vous aime, et je vous quitte.* C'était, à la vérité, une pastorale entre un empereur, une reine et un roi ; et une pastorale cent fois moins tragique que les scènes intéressantes du *Pastor fido*. Ce succès avait persuadé tout le public et tous les auteurs que l'amour seul devait être à jamais l'âme de toutes les tragédies.

Ce ne fut que dans un âge plus mûr que cet homme éloquent comprit qu'il était capable de mieux faire, et qu'il se repentit d'avoir affaibli la scène par tant de déclamations d'amour, par tant de sentiments de jalousie et de coquetterie, plus dignes, comme j'ai déjà osé le dire, de Ménandre que de Sophocle et d'Euripide. Il composa son chef-d'œuvre d'*Athalie* : mais, quand il se fut ainsi détrompé lui-même, le public ne le fut pas encore. On ne put imaginer qu'une femme, un enfant et un prêtre, pussent former une tragédie intéressante : l'ouvrage le plus approchant de la perfection qui soit jamais sorti de la main des hommes resta longtemps méprisé ; et son illustre auteur mourut avec le chagrin d'avoir vu son siècle, éclairé mais corrompu, ne pas rendre justice à son chef-d'œuvre.

Il est certain que si ce grand homme avait vécu, et s'il avait cultivé un talent qui seul avait fait sa fortune et sa gloire, et qu'il ne devait pas abandonner, il eût rendu au théâtre son ancienne pureté, il n'eût point avili, par des amours de ruelle, les grands sujets de l'antiquité. Il avait commencé l'*Iphigénie en Tauride*, et la galanterie n'entrait point dans son plan : il n'eût jamais rendu amoureux ni Agamemnon, ni Oreste, ni Électre, ni Téléphonte, ni Ajax ; mais ayant malheureusement quitté le théâtre avant que de l'épurer, tous ceux qui le suivirent imitèrent et outrèrent ses défauts, sans atteindre à aucune de ses beautés. La morale des opéras de Quinault entra dans presque toutes les scènes tragiques : tantôt c'est un Alcibiade[1], qui avoue que « dans « ses tendres moments il a toujours éprouvé qu'un mortel peut « goûter un bonheur achevé ; » tantôt c'est une Amestris, qui dit que

.... La fille d'un grand roi
Brûle d'un feu secret, sans honte et sans effroi.

Ici un Agnonide

De la belle Chrysis en tous lieux suit les pas,
Adorateur constant de ses divins appas.

Le féroce Arminius, ce défenseur de la Germanie, proteste « qu'il « vient lire son sort dans les yeux d'Isménie[2] ; » et vient dans le camp de Varus pour voir si les beaux yeux de cette Isménie « dai- « gnent lui montrer leur tendresse ordinaire. » Dans *Amasis*, qui n'est autre chose que la *Mérope* chargée d'épisodes romanesques, une jeune héroïne, qui, depuis trois jours, a vu un moment dans une maison de campagne un jeune inconnu dont elle est éprise, s'écrie avec bienséance :

C'est ce même inconnu : pour mon repos, hélas !
Autant qu'il le devait il ne se cacha pas ;

1. Dans l'*Alcibiade* de Campistron. (Éd.)
2. Dans l'*Arminius* de Campistron. (Éd.)

Je le vis, j'en rougis; mon âme en fut émue,
Et, pour quelques moments qu'il s'offrit à ma vue, etc.[1].

Dans *Athénaïs*[2], un prince de Perse se déguise pour aller voir sa maîtresse à la cour d'un empereur romain. On croit lire enfin les romans de Mlle de Scudéri, qui peignait des bourgeois de Paris sous le nom de héros de l'antiquité.

Pour achever de fortifier la nation dans ce goût détestable, et qui nous rend ridicules aux yeux de tous les étrangers sensés, il arriva, par malheur, que M. de Longepierre, très-zélé pour l'antiquité, mais qui ne connaissait pas assez notre théâtre, et qui ne travaillait pas assez ses vers, fit représenter son *Électre*. Il faut avouer qu'elle était dans le goût antique : une froide et malheureuse intrigue ne défigurait pas ce sujet terrible; la pièce était simple et sans épisode : voilà ce qui lui valait avec raison la faveur déclarée de tant de personnes de la première considération, qui espéraient qu'enfin cette simplicité précieuse, qui avait fait le mérite des grands génies d'Athènes, pourrait être bien reçue à Paris, où elle avait été si négligée.

Vous étiez, madame, aussi bien que feu Mme la princesse de Conti, à la tête de ceux qui se flattaient de cette espérance; mais malheureusement les défauts de la pièce française l'emportèrent si fort sur les beautés qu'il avait empruntées de la Grèce, que vous avouâtes, à la représentation, que c'était une statue de Praxitèle défigurée par un moderne. Vous eûtes le courage d'abandonner ce qui en effet n'était pas digne d'être soutenu, sachant très-bien que la faveur prodiguée aux mauvais ouvrages est aussi contraire aux progrès de l'esprit que le déchaînement contre les bons. Mais la chute de cette *Électre* fit en même temps grand tort aux partisans de l'antiquité : on se prévalut très-mal à propos des défauts de la copie contre le mérite de l'original; et, pour corrompre le goût de la nation, on se persuada qu'il était impossible de soutenir, sans une intrigue amoureuse, et sans des aventures romanesques, ces sujets que les Grecs n'avaient jamais déshonorés par de tels épisodes; on prétendit qu'on pouvait admirer les Grecs dans la lecture, mais qu'il était impossible de les imiter sans être condamné par son siècle : étrange contradiction! car, si en effet la lecture en plaît, comment la représentation en peut-elle déplaire?

Il ne faut pas, je l'avoue, s'attacher à imiter ce que les anciens avaient de défectueux et de faible : il est même très-vraisemblable que les défauts où ils tombèrent furent relevés de leur temps. Je suis persuadé, madame, que les bons esprits d'Athènes condamnèrent, comme vous, quelques répétitions, quelques déclamations, dont Sophocle avait chargé son *Électre*; ils durent remarquer qu'il ne fouillait pas assez dans le cœur humain. J'avouerai encore qu'il y a des beautés propres, non-seulement à la langue grecque, mais aux mœurs, au climat, au temps, qu'il serait ridicule de vouloir transplanter parmi nous. Je n'ai point copié l'*Électre* de Sophocle, il s'en faut beaucoup; j'en ai pris, autant que j'ai pu, tout l'esprit et toute la substance. Les

1. Dans l'*Amasis* de La Grange-Chancel. (Éd.)
2. De La Grange-Chancel. (Éd.)

fêtes que célébraient Égisthe et Clytemnestre, et qu'ils appelaient les festins d'Agamemnon, l'arrivée d'Oreste et de Pylade, l'urne dans laquelle on croit que sont renfermées les cendres d'Oreste, l'anneau d'Agamemnon, le caractère d'Électre, celui d'Iphise, qui est précisément la Chrysothémis de Sophocle, et surtout les remords de Clytemnestre, tout est puisé dans la tragédie grecque; car lorsque celui qui fait à Clytemnestre le récit de la prétendue mort d'Oreste lui dit : « Eh quoi! madame, cette mort vous afflige? » Clytemnestre répond : « Je suis mère, et par là malheureuse ; une mère, quoique outragée, ne peut haïr son sang : » elle cherche même à se justifier devant Électre du meurtre d'Agamemnon : elle plaint sa fille; et Euripide a poussé encore plus loin que Sophocle l'attendrissement et les larmes de Clytemnestre. Voilà ce qui fut applaudi chez le peuple le plus judicieux et le plus sensible de la terre : voilà ce que j'ai vu senti par tous les bons juges de notre nation. Rien n'est en effet plus dans la nature qu'une femme criminelle envers son époux, et qui se laisse attendrir par ses enfants, qui reçoit la pitié dans son cœur altier et farouche, qui s'irrite, qui reprend la dureté de son caractère quand on lui fait des reproches trop violents, et qui s'apaise ensuite par les soumissions et par les larmes : le germe de ce personnage était dans Sophocle et dans Euripide, et je l'ai développé. Il n'appartient qu'à l'ignorance et à la présomption, qui en est la suite, de dire qu'il n'y a rien à imiter dans les anciens; il n'y a point de beautés dont on ne trouve chez eux les semences.

Je me suis imposé surtout la loi de ne pas m'écarter de cette simplicité tant recommandée par les Grecs, et si difficile à saisir : c'était là le vrai caractère de l'invention et du génie; c'était l'essence du théâtre. Un personnage étranger, qui dans l'*OEdipe* ou dans *Électre* ferait un grand rôle, qui détournerait sur lui l'attention, serait un monstre aux yeux de quiconque connaît les anciens et la nature, dont ils ont été les premiers peintres. L'art et le génie consistent à trouver tout dans son sujet, et non pas à chercher hors de son sujet. Mais comment imiter cette pompe et cette magnificence vraiment tragique des vers de Sophocle, cette élégance, cette pureté, ce naturel, sans quoi un ouvrage (bien fait d'ailleurs) serait un mauvais ouvrage ?

J'ai donné au moins à ma nation quelque idée d'une tragédie sans amour, sans confidents, sans épisodes : le petit nombre des partisans du bon goût m'en sait gré; les autres ne reviennent qu'à la longue, quand la fureur de parti, l'injustice de la persécution et les ténèbres de l'ignorance, sont dissipées. C'est à vous, madame, à conserver les étincelles qui restent encore parmi nous de cette lumière précieuse que les anciens nous ont transmise. Nous leur devons tout; aucun art n'est né parmi nous, tout y a été transplanté : mais la terre qui porte ces fruits étrangers s'épuise et se lasse; et l'ancienne barbarie, aidée de la frivolité, percerait encore quelquefois malgré la culture; les disciples d'Athènes et de Rome deviendraient des Goths et des Vandales, amollis par les mœurs des Sybarites, sans cette protection éclairée et attentive des personnes de votre rang. Quand la nature leur a donné ou du génie, ou l'amour du génie, elles encouragent notre nation, qui est plus faite pour imiter que pour inventer, et qui cherche toujours dans le sang de ses maîtres les leçons et les exemples dont elle a besoin. Tout ce que je désire, madame, c'est qu'il se trouve quelque génie qui achève ce que j'ai ébauché, qui tire le théâtre de cette mollesse et de cette afféterie où il est plongé, qui le rende respectable aux esprits les plus austères, digne du théâtre d'Athènes, digne du très-petit nombre de chefs-d'œuvre que nous avons, et enfin du suffrage d'un esprit tel que le vôtre, et de ceux qui peuvent vous ressembler.

DISCOURS

PRONONCÉ AU THÉATRE-FRANÇAIS PAR UN DES ACTEURS,
AVANT LA PREMIÈRE REPRÉSENTATION DE LA TRAGÉDIE D'ORESTE
(12 JANVIER 1750).

MESSIEURS,

L'auteur de la tragédie que nous allons avoir l'honneur de vous donner n'a point la vanité téméraire de vouloir lutter contre la pièce d'*Électre*, justement honorée de vos suffrages, encore moins contre son confrère qu'il a souvent appelé son maître[1], et qui ne lui a inspiré qu'une noble émulation, également éloignée du découragement et de l'envie ; émulation compatible avec l'amitié, et telle que doivent la sentir les gens de lettres. Il a voulu seulement, messieurs, hasarder devant vous un tableau de l'antiquité ; quand vous aurez jugé cette faible esquisse d'un monument des siècles passés, vous reviendrez aux peintures plus brillantes et plus composées des célèbres modernes.

Les Athéniens, qui inventèrent ce grand art que les Français seuls sur la terre cultivèrent heureusement, encouragèrent trois de leurs citoyens à travailler sur le même sujet. Vous, messieurs, en qui l'on voit aujourd'hui revivre ce peuple aussi célèbre par son esprit que par son courage, vous qui avez son goût, vous aurez son équité. L'auteur, qui vous présente une imitation de l'antique, est bien plus sûr de trouver en vous des Athéniens, qu'il ne se flatte d'avoir rendu Sophocle. Vous savez que la Grèce, dans tous ses monuments, dans tous les genres de poésie et d'éloquence, voulait que les beautés fussent simples : vous trouverez ici cette simplicité, et vous devinerez les beautés de l'original, malgré les défauts de la copie ; vous daignerez vous prêter surtout à quelques usages des anciens Grecs ; ils sont dans les arts vos véritables ancêtres. La France, qui suit leurs traces, ne blâmera point leurs coutumes ; vous devez songer que déjà votre goût, surtout dans les ouvrages dramatiques, sert de modèle aux autres nations. Il suffira un jour, pour être approuvé ailleurs, qu'on dise : *Tel était le goût des Français ; c'est ainsi que pensait cette nation illustre.* Nous vous demandons votre indulgence pour les mœurs de l'antiquité, au même titre que l'Europe, dans les siècles à venir, rendra justice à vos lumières.

1. Crébillon. (Éd.)

PERSONNAGES.

ORESTE, fils de Clytemnestre et d'Agamemnon.
ÉLECTRE, } sœurs d'Oreste.
IPHISE,
CLYTEMNESTRE, épouse d'Égisthe.
ÉGISTHE, tyran d'Argos.
PYLADE, ami d'Oreste.
PAMMÈNE, vieillard attaché à la famille d'Agamemnon.
DIMAS, officier des gardes.
SUITE.

Le théâtre doit représenter le rivage de la mer ; un bois, un temple, un palais, et un tombeau, d'un côté ; et de l'autre, Argos dans le lointain.

ACTE PREMIER.

SCÈNE I. — IPHISE, PAMMÈNE.

IPHISE.

Est-il vrai, cher Pammène, et ce lieu solitaire,
Ce palais exécrable où languit ma misère,
Me verra-t-il goûter la funeste douceur
De mêler mes regrets aux larmes de ma sœur ?
La malheureuse Électre, à mes douleurs si chère,
Vient-elle avec Égisthe au tombeau de mon père ?
Égisthe ordonne-t-il qu'en ces solennités
Le sang d'Agamemnon paraisse à ses côtés ?
Serons-nous les témoins de la pompe inhumaine
Qui célèbre le crime, et que ce jour amène ?

PAMMÈNE.

Ministre malheureux d'un temple abandonné,
Du fond de ces déserts où je suis confiné,
J'adresse au ciel des vœux pour le retour d'Oreste ;
Je pleure Agamemnon ; j'ignore tout le reste.
O respectable Iphise ! ô pur sang de mon roi !
Ce jour vient tous les ans répandre ici l'effroi.
Les desseins d'une cour en horreurs si fertile
Pénètrent rarement dans mon obscur asile
Mais on dit qu'en effet Égisthe soupçonneux,
Doit entraîner Électre à ces funèbres jeux ;
Qu'il ne souffrira plus qu'Électre en son absence
Appelle par ses cris Argos à la vengeance.
Il redoute sa plainte ; il craint que tous les cœurs
Ne réveillent leur haine au bruit de ses clameurs ;

Et, d'un œil vigilant épiant sa conduite,
Il la traite en esclave, et la traîne à sa suite.

IPHISE.

Ma sœur esclave! ô ciel! ô sang d'Agamemnon!
Un barbare à ce point outrage encor ton nom!
Et Clytemnestre, hélas! cette mère cruelle,
A permis cet affront, qui rejaillit sur elle!

PAMMÈNE.

Peut-être votre sœur avec moins de fierté
Devait de son tyran braver l'autorité,
Et, n'ayant contre lui que d'impuissantes armes,
Mêler moins de reproche et d'orgueil à ses larmes.
Qu'a produit sa fierté? que servent ses éclats?
Elle irrite un barbare, et ne nous venge pas.

IPHISE.

On m'a laissé du moins, dans ce funeste asile,
Un destin sans opprobre, un malheur plus tranquille.
Mes mains peuvent d'un père honorer le tombeau,
Loin de ses ennemis, et loin de son bourreau :
Dans ce séjour de sang, dans ce désert si triste,
Je pleure en liberté, je hais en paix Égisthe.
Je ne suis condamnée à l'horreur de le voir
Que lorsque, rappelant le temps du désespoir,
Le soleil à regret ramène la journée
Où le ciel a permis ce barbare hyménée,
Où ce monstre, enivré du sang du roi des rois,
Où Clytemnestre....

SCÈNE II. — ÉLECTRE, IPHISE, PAMMÈNE.

IPHISE.

Hélas! est-ce vous que je vois,
Ma sœur?...

ÉLECTRE.

Il est venu ce jour où l'on apprête
Les détestables jeux de leur coupable fête.
Électre leur esclave, Électre votre sœur,
Vous annonce en leur nom leur horrible bonheur.

IPHISE.

Un destin moins affreux permet que je vous voie;
A ma douleur profonde il mêle un peu de joie;
Et vos pleurs et les miens ensemble confondus....

ÉLECTRE.

Des pleurs! ah! ma faiblesse en a trop répandus.
Des pleurs! ombre sacrée, ombre chère et sanglante,
Est-ce là le tribut qu'il faut qu'on te présente?
C'est du sang que je dois, c'est du sang que tu veux :

C'est parmi les apprêts de tes indignes jeux,
Dans ce cruel triomphe où mon tyran m'entraîne,
Que, ranimant ma force, et soulevant ma chaîne,
Mon bras, mon faible bras osera l'égorger
Au tombeau que sa rage ose encore outrager.
Quoi ! j'ai vu Clytemnestre, avec lui conjurée,
Lever sur son époux sa main trop assurée !
Et nous sur le tyran nous suspendons des coups
Que ma mère à mes yeux porta sur son époux !
O douleur ! ô vengeance ! ô vertu qui m'animes,
Pouvez-vous en ces lieux moins que n'ont pu les crimes ?
Nous seules désormais devons nous secourir :
Craignez-vous de frapper ? craignez-vous de mourir ?
Secondez de vos mains ma main désespérée ;
Fille de Clytemnestre, et rejeton d'Atrée,
Venez.

IPHISE.
Ah ! modérez ces transports impuissants ;
Commandez, chère Electre, au trouble de vos sens ;
Contre nos ennemis nous n'avons que des larmes :
Qui peut nous seconder ? comment trouver des armes ?
Comment frapper un roi de gardes entouré,
Vigilant, soupçonneux, par le crime éclairé ?
Hélas ! à nos regrets n'ajoutons point de craintes ;
Tremblez que le tyran n'ait écouté vos plaintes.

ÉLECTRE.
Je veux qu'il les écoute ; oui, je veux dans son cœur
Empoisonner sa joie, y porter ma douleur ;
Que mes cris jusqu'au ciel puissent se faire entendre ;
Qu'ils appellent la foudre, et la fassent descendre ;
Qu'ils réveillent cent rois indignes de ce nom,
Qui n'ont osé venger le sang d'Agamemnon.
Je vous pardonne, hélas ! cette douleur captive,
Ces faibles sentiments de votre âme craintive :
Il vous ménage au moins. De son indigne loi
Le joug appesanti n'est tombé que sur moi.
Vous n'êtes point esclave, et d'opprobres nourrie,
Vos yeux ne virent point ce parricide impie,
Ces vêtements de mort, ces apprêts, ce festin ;
Ce festin détestable, où, le fer à la main,
Clytemnestre.... ma mère.... ah ! cette horrible image
Est présente à mes yeux, présente à mon courage.
C'est là, c'est en ces lieux, où vous n'osez pleurer,
Où vos ressentiments n'osent se déclarer,
Que j'ai vu votre père, attiré dans le piége,
Se débattre et tomber sous leur main sacrilége.
Pammène, aux derniers cris, aux sanglots de ton roi,

Je crois te voir encore accourir avec moi;
J'arrive. Quel objet! une femme en furie
Recherchait dans son flanc les restes de sa vie.
Tu vis mon cher Oreste enlevé dans mes bras,
Entouré des dangers qu'il ne connaissait pas,
Près du corps tout sanglant de son malheureux père;
A son secours encore il appelait sa mère.
Clytemnestre, appuyant mes soins officieux,
Sur ma tendre pitié daigna fermer les yeux;
Et, s'arrêtant du moins au milieu de son crime,
Nous laissa loin d'Égisthe emporter la victime.
Oreste, dans ton sang consommant sa fureur,
Égisthe a-t-il détruit l'objet de sa terreur?
Es-tu vivant encore? as-tu suivi ton père?
Je pleure Agamemnon; je tremble pour un frère.
Mes mains portent des fers; et mes yeux, pleins de pleurs,
N'ont vu que des forfaits et des persécuteurs.

PAMMÈNE.

Filles d'Agamemnon, race divine et chère
Dont j'ai vu la splendeur et l'horrible misère,
Permettez que ma voix puisse encore en vous deux
Réveiller cet espoir qui reste aux malheureux.
Avez-vous donc des dieux oublié les promesses?
Avez-vous oublié que leurs mains vengeresses
Doivent conduire Oreste en cet affreux séjour,
Où sa sœur avec moi lui conserva le jour?
Qu'il doit punir Égisthe au lieu même où vous êtes,
Sur ce même tombeau, dans ces mêmes retraites,
Dans ces jours de triomphe, où son lâche assassin
Insulte encore au roi dont il perça le sein?
La parole des dieux n'est point vaine et trompeuse;
Leurs desseins sont couverts d'une nuit ténébreuse
La peine suit le crime : elle arrive à pas lents.

ÉLECTRE.

Dieux, qui la préparez, que vous tardez longtemps!

IPHISE.

Vous le voyez, Pammène, Égisthe renouvelle
De son hymen sanglant la pompe criminelle.

ÉLECTRE.

Et mon frère, exilé de déserts en déserts,
Semble oublier son père, et négliger mes fers.

PAMMÈNE.

Comptez les temps; voyez qu'il touche à peine l'âge
Où la force commence à se joindre au courage :
Espérez son retour, espérez dans les dieux.

ÉLECTRE.

Sage et prudent vieillard, oui, vous m'ouvrez les yeu

Pardonnez à mon trouble, à mon impatience ;
Hélas ! vous me rendez un rayon d'espérance.
Qui pourrait de ces dieux encenser les autels,
S'ils voyaient sans pitié les malheurs des mortels,
Si le crime insolent, dans son heureuse ivresse,
Écrasait à loisir l'innocente faiblesse ?
Dieux, vous rendrez Oreste aux larmes de sa sœur ;
Votre bras suspendu frappera l'oppresseur.
Oreste ! entends ma voix, celle de ta patrie,
Celle du sang versé qui t'appelle et qui crie :
Viens du fond des déserts, où tu fus élevé,
Où les maux exerçaient ton courage éprouvé.
Aux monstres des forêts ton bras fait-il la guerre ?
C'est aux monstres d'Argos, aux tyrans de la terre,
Aux meurtriers des rois, que tu dois t'adresser :
Viens, qu'Électre te guide au sein qu'il faut percer.

IPHISE.
Renfermez ces douleurs et cette plainte amère ;
Votre mère paraît.

ÉLECTRE.
Ai-je encore une mère ?

SCÈNE III. — CLYTEMNESTRE, ÉLECTRE, IPHISE.

CLYTEMNESTRE.
Allez ; que l'on me laisse en ces lieux retirés ;
Pammène, éloignez-vous ; mes filles, demeurez

IPHISE.
Hélas ! ce nom sacré dissipe mes alarmes.

ÉLECTRE.
Ce nom, jadis si saint, redouble encor mes larmes.

CLYTEMNESTRE.
J'ai voulu sur mon sort et sur vos intérêts
Vous dévoiler enfin mes sentiments secrets.
Je rends grâce au destin, dont la rigueur utile
De mon second époux rendit l'hymen stérile,
Et qui n'a pas formé, dans ce funeste flanc,
Un sang que j'aurais vu l'ennemi de mon sang
Peut-être que je touche aux bornes de ma vie ;
Et les chagrins secrets dont je fus poursuivie,
Dont toujours à vos yeux j'ai dérobé le cours,
Pourront précipiter le terme de mes jours.
Mes filles devant moi ne sont point étrangères ;
Même en dépit d'Égisthe elles m'ont été chères :
Je n'ai point étouffé mes premiers sentiments
Et, malgré la fureur de ses emportements,
Électre, dont l'enfance a consolé sa mère

ACTE I, SCÈNE III.

Du sort d'Iphigénie et des rigueurs d'un père,
Électre, qui m'outrage, et qui brave mes lois,
Dans le fond de mon cœur n'a point perdu ses droits.

ÉLECTRE.

Qui? vous, madame, ô ciel! vous m'aimeriez encore.
Quoi! vous n'oubliez point ce sang qu'on déshonore?
Ah! si vous conservez des sentiments si chers,
Observez cette tombe, et regardez mes fers.

CLYTEMNESTRE.

Vous me faites frémir; votre esprit inflexible
Se plaît à m'accabler d'un souvenir horrible;
Vous portez le poignard dans ce cœur agité;
Vous frappez une mère, et je l'ai mérité.

ÉLECTRE.

Eh bien! vous désarmez une fille éperdue
La nature en mon cœur est toujours entendue.
Ma mère, s'il le faut, je condamne à vos pieds
Ces reproches sanglants trop longtemps essuyés.
Aux fers de mon tyran par vous-même livrée,
D'Égisthe dans mon cœur je vous ai séparée.
Ce sang que je vous dois ne saurait se trahir :
J'ai pleuré sur ma mère, et n'ai pu vous haïr.
Ah! si le ciel enfin vous parle et vous éclaire,
S'il vous donne en secret un remords salutaire,
Ne le repoussez pas; laissez-vous pénétrer
A la secrète voix qui vous daigne inspirer;
Détachez vos destins des destins d'un perfide;
Livrez-vous tout entière à ce dieu qui vous guide;
Appelez votre fils; qu'il revienne en ces lieux
Reprendre de vos mains le rang de ses aïeux,
Qu'il punisse un tyran, qu'il règne, qu'il vous aime,
Qu'il venge Agamemnon, ses filles, et vous-même;
Faites venir Oreste.

CLYTEMNESTRE.

Électre, levez-vous;
Ne parlez point d'Oreste, et craignez mon époux.
J'ai plaint les fers honteux dont vous êtes chargée;
Mais d'un maître absolu la puissance outragée
Ne pouvait épargner qui ne l'épargne pas :
Et vous l'avez forcé d'appesantir son bras.
Moi-même, qui me vois sa première sujette,
Moi, qu'offensa toujours votre plainte indiscrète,
Qui tant de fois pour vous ai voulu le fléchir,
Je l'irritais encore au lieu de l'adoucir.
N'imputez qu'à vous seule un affront qui m'outrage.
Pliez à votre état ce superbe courage;
Apprenez d'une sœur comme il faut s'affliger,

Comme on cède au destin, quand on veut le changer.
Je voudrais dans le sein de ma famille entière
Finir un jour en paix ma fatale carrière ;
Mais si vous vous hâtez, si vos soins imprudents
Appellent en ces lieux Oreste avant le temps,
Si d'Égisthe jamais il affronte la vue,
Vous hasardez sa vie, et vous êtes perdue ;
Et, malgré la pitié dont mes sens sont atteints,
Je dois à mon époux plus qu'au fils que je crains.
                    ÉLECTRE.
Lui, votre époux, ô ciel ! lui, ce monstre ? Ah ! ma mère,
Est-ce ainsi qu'en effet vous plaignez ma misère ?
A quoi vous sert, hélas ! ce remords passager ?
Ce sentiment si tendre était-il étranger ?
Vous menacez Électre, et votre fils lui-même !
        (A Iphise.)
Ma sœur ! et c'est ainsi qu'une mère nous aime ?
        (A Clytemnestre.)
Vous menacez Oreste !... Hélas ! loin d'espérer
Qu'un frère malheureux nous vienne délivrer,
J'ignore si le ciel a conservé sa vie ;
J'ignore si ce maître abominable, impie,
Votre époux, puisque ainsi vous l'osez appeler,
Ne s'est pas en secret hâté de l'immoler.
                    IPHISE.
Madame, croyez-nous ; je jure, j'en atteste
Les dieux dont nous sortons, et la mère d'Oreste,
Que, loin de l'appeler dans ce séjour de mort,
Nos yeux, nos tristes yeux sont fermés sur son sort.
Ma mère, ayez pitié de vos filles tremblantes,
De ce fils malheureux, de ses sœurs gémissantes ;
N'affligez plus Électre ; on peut à ses douleurs
Pardonner le reproche, et permettre les pleurs.
                    ÉLECTRE.
Loin de leur pardonner, on nous défend la plainte ;
Quand je parle d'Oreste, on redouble ma crainte.
Je connais trop Égisthe et sa férocité ;
Et mon frère est perdu, puisqu'il est redouté.
                    CLYTEMNESTRE.
Votre frère est vivant, reprenez l'espérance ;
Mais, s'il est en danger, c'est par votre imprudence.
Modérez vos fureurs, et sachez aujourd'hui,
Plus humble en vos chagrins, respecter mon ennui.
Vous pensez que je viens, heureuse et triomphante,
Conduire dans la joie une pompe éclatante :
Électre, cette fête est un jour de douleur ;
Vous pleurez dans les fers ; et moi, dans ma grandeur.

ACTE I, SCÈNE III.

Je sais quels vœux forma votre haine insensée,
N'implorez plus les dieux ; ils vous ont exaucée.
Laissez-moi respirer.

SCÈNE IV.—CLYTEMNESTRE.

L'aspect de mes enfants
Dans mon cœur éperdu redouble mes tourments.
Hymen ! fatal hymen ! crime longtemps prospère,
Nœuds sanglants qu'ont formés le meurtre et l'adultère,
Pompe jadis trop chère à mes vœux égarés,
Quel est donc cet effroi dont vous me pénétrez
Mon bonheur est détruit, l'ivresse est dissipée ;
Une lumière horrible en ces lieux m'a frappée.
Qu'Égisthe est aveuglé, puisqu'il se croit heureux !
Tranquille, il me conduit à ces funèbres jeux ;
Il triomphe, et je sens succomber mon courage.
Pour la première fois je redoute un présage ;
Je crains Argos, Électre, et ses lugubres cris,
La Grèce, mes sujets, mon fils, mon propre fils.
Ah ! quelle destinée, et quel affreux supplice,
De former de son sang ce qu'il faut qu'on haïsse !
De n'oser prononcer sans des troubles cruels
Les noms les plus sacrés, les plus chers aux mortels !
Je chassai de mon cœur la nature outragée ;
Je tremble au nom d'un fils : la nature est vengée.

SCÈNE V. — ÉGISTHE, CLYTEMNESTRE.

CLYTEMNESTRE.
Ah ! trop cruel Égisthe, où guidiez-vous mes pas ?
Pourquoi revoir ces lieux consacrés au trépas ?

ÉGISTHE.
Quoi ! ces solennités qui vous étaient si chères,
Ces gages renaissants de nos destins prospères,
Deviendraient à vos yeux des objets de terreur !
Ce jour de notre hymen est-il un jour d'horreur ?

CLYTEMNESTRE.
Non ; mais ce lieu peut-être est pour nous redoutable.
Ma famille y répand une horreur qui m'accable.
A des tourments nouveaux tous mes sens sont ouverts
Iphise dans les pleurs, Électre dans les fers ;
Du sang versé par nous cette demeure empreinte,
Oreste, Agamemnon, tout me remplit de crainte.

ÉGISTHE.
Laissez gémir Iphise, et vous ressouvenez
Qu'après tous nos affronts, trop longtemps pardonnés,

L'impétueuse Électre a mérité l'outrage
Dont j'humilie enfin cet orgueilleux courage.
Je la traîne enchaînée, et je ne prétends pas
Que, de ses cris plaintifs alarmant mes États,
Dans Argos désormais sa dangereuse audace
Ose des dieux sur nous rappeler la menace,
D'Oreste aux mécontents promettre le retour.
On n'en parle que trop ; et, depuis plus d'un jour,
Partout le nom d'Oreste a blessé mon oreille ;
Et ma juste colère à ce bruit se réveille.

CLYTEMNESTRE.

Quel nom prononcez-vous ? tout mon cœur en frémit
On prétend qu'en secret un oracle a prédit
Qu'un jour, en ce lieu même où mon destin me guide,
Il porterait sur nous une main parricide.
Pourquoi tenter les dieux ? pourquoi vous présenter
Aux coups qu'il vous faut craindre, et qu'on peut éviter ?

ÉGISTHE.

Ne craignez rien d'Oreste : il est vrai qu'il respire ;
Mais, loin que dans le piége Oreste nous attire,
Lui-même à ma poursuite il ne peut échapper.
Déjà de toutes parts j'ai su l'envelopper.
Errant et poursuivi de rivage en rivage,
Il promène en tremblant son impuissante rage ;
Aux forêts d'Épidaure il s'est enfin caché.
D'Épidaure en secret le roi m'est attaché.
Plus que vous ne pensez on prend notre défense.

CLYTEMNESTRE.

Mais quoi ! mon fils...

ÉGISTHE.

     Je sais quelle est sa violence ;
Il est fier, implacable, aigri par son malheur ;
Digne du sang d'Atrée, il en a la fureur.

CLYTEMNESTRE.

Ah, seigneur ! elle est juste.

ÉGISTHE.

     Il faut la rendre vaine.
Vous savez qu'en secret j'ai fait partir Plistène :
Il est dans Épidaure.

CLYTEMNESTRE.

     A quel dessein ? pourquoi

ÉGISTHE.

Pour assurer mon trône et calmer votre effroi.
Oui, Plistène, mon fils, adopté par vous-même,
L'héritier de mon nom et de mon diadème,
Est trop intéressé, madame, à détourner
Des périls que toujours vous voulez soupçonner

Il vous tient lieu de fils, n'en connaissez plus d'autre
Vous savez, pour unir ma famille et la vôtre,
Qu'Electre eût pu prétendre à l'hymen de mon fils,
Si son cœur à vos lois eût été plus soumis,
Si vos soins avaient pu fléchir son caractère :
Mais je punis la sœur, et je cherche le frère;
Plistène me seconde : en un mot, il vous sert.
Notre ennemi commun sans doute est découvert
Vous frémissez, madame?

CLYTEMNESTRE.
    O nouvelles victimes!
Ne puis-je respirer qu'à force de grands crimes?
Égisthe, vous savez qui j'ai privé du jour....
Le fils que j'ai nourri périrait à son tour!
Ah! de mes jours usés le déplorable reste
Doit-il être acheté par un prix si funeste?

ÉGISTHE.
Songez....

CLYTEMNESTRE.
   Souffrez du moins que j'implore une fois
Ce ciel dont si longtemps j'ai méprisé les lois.

ÉGISTHE.
Voulez-vous qu'à mes vœux il mette des obstacles?
Qu'attendez-vous ici du ciel et des oracles?
Au jour de notre hymen furent-ils écoutés?

CLYTEMNESTRE.
Vous rappelez des temps dont ils sont irrités.
De mon cœur étonné vous voyez le tumulte.
L'amour brava les dieux, la crainte les consulte.
N'insultez point, seigneur, à mes sens affaiblis.
Le temps, qui change tout, a changé mes esprits;
Et peut-être des dieux la main appesantie
Se plaît à subjuguer ma fierté démentie.
Je ne sens plus en moi ce courage emporté,
Qu'en ce palais sanglant j'avais trop écouté.
Ce n'est pas que pour vous mon amitié s'altère :
Il n'est point d'intérêt que mon cœur vous préfère;
Mais une fille esclave, un fils abandonné,
Un fils mon ennemi, peut-être assassiné,
Et qui, s'il est vivant, me condamne et m'abhorre;
L'idée en est horrible, et je suis mère encore.

ÉGISTHE.
Vous êtes mon épouse, et surtout vous régnez.
Rappelez Clytemnestre à mes yeux indignés.
Écoutez-vous du sang le dangereux murmure
Pour des enfants ingrats qui bravent la nature?

Venez : notre repos doit sur eux l'emporter.
CLYTEMNESTRE.
Du repos dans le crime! ah! qui peut s'en flatter?

ACTE SECOND.

SCÈNE I. — ORESTE, PYLADE.

ORESTE.
Pylade, où sommes-nous? en quels lieux t'a conduit
Le malheur obstiné du destin qui me suit?
L'infortune d'Oreste environne ta vie.
Tout ce qu'a préparé ton amitié hardie,
Trésors, armes, soldats, a péri dans les mers.
Sans secours avec toi jeté dans ces déserts,
Tu n'as plus qu'un ami dont le destin t'opprime.
Le ciel nous ravit tout, hors l'espoir qui m'anime.
A peine as-tu caché sous ces rocs escarpés
Quelques tristes débris au naufrage échappés.
Connais-tu ce rivage où mon malheur m'arrête?
PYLADE.
J'ignore en quels climats nous jette la tempête;
Mais de notre destin pourquoi désespérer?
Tu vis, il me suffit; tout doit me rassurer.
Un dieu dans Épidaure a conservé ta vie,
Que le barbare Égisthe a toujours poursuivie;
Dans ton premier combat il a conduit tes mains.
Plistène sous tes coups a fini ses destins.
Marchons sous la faveur de ce dieu tutélaire,
Qui t'a livré le fils, qui t'a promis le père.
ORESTE.
Je n'ai contre un tyran sur le trône affermi,
Dans ces lieux inconnus, qu'Oreste et mon ami.
PYLADE.
C'est assez; et du ciel je reconnais l'ouvrage.
Il nous a tout ravi par ce cruel naufrage,
Il veut seul accomplir ses augustes desseins;
Pour ce grand sacrifice il ne veut que nos mains
Tantôt de trente rois il arme la vengeance;
Tantôt trompant la terre, et frappant en silence,
Il veut, en signalant son pouvoir oublié,
N'armer que la nature et la seule amitié.
ORESTE.
Avec un tel secours bannissons nos alarmes;
Je n'aurai pas besoin de plus puissantes armes.

ACTE II, SCÈNE I.

As-tu dans ces rochers qui défendent ces bords,
Où nous avons pris terre après de longs efforts,
As-tu caché du moins ces cendres de Plistène,
Ces dépôts, ces témoins de vengeance et de haine,
Cette urne qui d'Égisthe a dû tromper les yeux?
PYLADE.
Échappée au naufrage, elle est près de ces lieux.
Mes mains avec cette urne ont caché cette épée,
Qui dans le sang troyen fut autrefois trempée;
Ce fer d'Agamemnon qui doit venger sa mort,
Ce fer qu'on enleva, quand, par un coup du sort,
Des mains des assassins ton enfance sauvée
Fut, loin des yeux d'Égisthe, en Phocide élevée.
L'anneau qui lui servait est encore en tes mains.
ORESTE.
Comment des dieux vengeurs accomplir les desseins ?
Comment porter encore aux mânes de mon père
(En montrant l'épée qu'il porte.)
Ce glaive qui frappa mon indigne adversaire?
Mes pas étaient comptés par les ordres du ciel :
Lui-même a tout détruit; un naufrage cruel
Sur ces bords ignorés nous jette à l'aventure.
Quel chemin peut conduire à cette cour impure,
A ce séjour de crime où j'ai reçu le jour?
PYLADE.
Regarde ce palais, ce temple, cette tour,
Ce tombeau, ces cyprès, ce bois sombre et sauvage;
De deuil et de grandeur tout offre ici l'image.
Mais un mortel s'avance en ces lieux retirés,
Triste, levant au ciel des yeux désespérés;
Il paraît dans cet âge où l'humaine prudence
Sans doute a des malheurs la longue expérience :
Sur ton malheureux sort il pourra s'attendrir?
ORESTE.
Il gémit : tout mortel est donc né pour souffrir?

SCÈNE II. — ORESTE, PYLADE, PAMMÈNE.

PYLADE.
O qui que vous soyez, tournez vers nous la vue!
La terre où je vous parle est pour nous inconnue,
Vous voyez deux amis et deux infortunés,
A la fureur des flots longtemps abandonnés.
Ce lieu nous doit-il être ou funeste ou propice?
PAMMÈNE.
Je sers ici les dieux, j'implore leur justice;
J'exerce en leur présence en ma simplicité,

Les respectables droits de l'hospitalité.
Daignez, sous l'humble toit qu'habite ma vieillesse,
Mépriser des grands rois la superbe richesse :
Venez ; les malheureux me sont toujours sacrés.

ORESTE.

Sage et juste habitant de ces bords ignorés,
Que des dieux par nos mains la puissance immortelle
De votre piété récompense le zèle !
Quel asile est le vôtre, et quelles sont vos lois ?
Quel souverain commande aux lieux où je vous vois ?

PAMMÈNE.

Égisthe règne ici ; je suis sous sa puissance.

ORESTE.

Égisthe ? ciel ! ô crime ! ô terreur ! ô vengeance !

PYLADE.

Dans ce péril nouveau gardez de vous trahir.

ORESTE.

Égisthe ? justes dieux ! celui qui fit périr....

PAMMÈNE.

Lui-même.

ORESTE.

   Et Clytemnestre après ce coup funeste...

PAMMÈNE.

Elle règne avec lui : l'univers sait le reste.

ORESTE.

Ce palais, ce tombeau....

PAMMÈNE

     Ce palais redouté
Est par Égisthe même en ce jour habité.
Mes yeux ont vu jadis élever cet ouvrage
Par une main plus digne, et pour un autre usage.
Ce tombeau (pardonnez si je pleure à ce nom)
Est celui de mon roi, du grand Agamemnon.

ORESTE.

Ah ! c'en est trop : le ciel épuise mon courage.

PYLADE, *à Oreste.*

Dérobe-lui les pleurs qui baignent ton visage.

PAMMÈNE, *à Oreste qui se détourne*

Étranger généreux, vous vous attendrissez ;
Vous voulez retenir les pleurs que vous versez.
Hélas ! qu'en liberté votre cœur se déploie·
Plaignez le fils des dieux, et le vainqueur de Troie :
Que des yeux étrangers pleurent au moins son sort,
Tandis que dans ces lieux on insulte à sa mort.

ORESTE.

Si je fus élevé loin de cette contrée
Je n'en chéris pas moins les descendants d'Atrée.

Un Grec doit s'attendrir sur le sort des héros.
Je dois surtout.... Électre est-elle dans Argos
                    PAMMÈNE.
Seigneur, elle est ici.
                    ORESTE.
            Je veux, je cours....
                    PYLADE.
                            Arrête.
Tu vas braver les dieux, tu hasardes ta tête.
Que je te plains!
        (A Pammène.)
            Daignez, respectable mortel,
Dans le temple voisin nous conduire à l'autel ;
C'est le premier devoir : il est temps que j'adore
Le dieu qui nous sauva sur la mer d'Épidaure.
                    ORESTE.
Menez-nous à ce temple, à ce tombeau sacré
Où repose un héros lâchement massacré :
Je dois à sa grande ombre un secret sacrifice.
                    PAMMÈNE.
Vous, seigneur? ô destin! ô céleste justice!
Eh quoi! deux étrangers ont un dessein si beau !
Ils viennent de mon maître honorer le tombeau !
Hélas! le citoyen, timidement fidèle,
N'oserait en ces lieux imiter ce saint zèle.
Dès qu'Égisthe paraît, la piété, seigneur,
Tremble de se montrer, et rentre au fond du cœur.
Égisthe apporte ici le frein de l'esclavage.
Trop de danger vous suit.
                    ORESTE.
            C'est ce qui m'encourage.
                    PAMMÈNE.
De tout ce que j'entends que mes sens sont saisis!
Je me tais.... Mais, seigneur, mon maître avait un fils
Qui dans les bras d'Électre.... Égisthe ici s'avance :
Clytemnestre le suit.... évitez leur présence.
                    ORESTE.
Quoi! c'est Égisthe?
                    PYLADE.
            Il faut vous cacher à ses yeux.

SCÈNE III. — ÉGISTHE, CLYTEMNESTRE, *plus loin;*
    PAMMÈNE, SUITE.

        ÉGISTHE, *à Pammène.*
A qui dans ce moment parliez-vous dans ces lieux?
L'un de ces deux mortels porte sur son visage
L'empreinte des grandeurs et les traits du courage ;

Sa démarche, son air, son maintien, m'ont frappé
Dans une douleur sombre il semble enveloppé;
Quel est-il? est-il né sous mon obéissance?

PAMMÈNE.

Je connais son malheur, et non pas sa naissance.
Je devais des secours à ces deux étrangers,
Poussés par la tempête à travers ces rochers;
S'ils ne me trompent point, la Grèce est leur patrie.

ÉGISTHE.

Répondez d'eux, Pammène : il y va de la vie.

CLYTEMNESTRE.

Eh quoi ! deux malheureux en ces lieux abordés
D'un œil si soupçonneux seraient-ils regardés?

ÉGISTHE.

On murmure, on m'alarme, et tout me fait ombrage.

CLYTEMNESTRE.

Hélas ! depuis quinze ans c'est là notre partage :
Nous craignons les mortels autant que l'on nous craint;
Et c'est un des poisons dont mon cœur est atteint.

ÉGISTHE, *à Pammène.*

Allez, dis-je, et sachez quel lieu les a vus naître;
Pourquoi près du palais ils ont osé paraître;
De quel port ils partaient, et surtout quel dessein
Les guida sur ces mers dont je suis souverain.

SCÈNE IV. — ÉGISTHE, CLYTEMNESTRE.

ÉGISTHE.

Clytemnestre, vos dieux ont gardé le silence
En moi seul désormais mettez votre espérance;
Fiez-vous à mes soins; vivez, régnez en paix,
Et d'un indigne fils ne me parlez jamais.
Quant au destin d'Électre, il est temps que j'y pense.
De nos nouveaux desseins j'ai pesé l'importance :
Sans doute, elle est à craindre; et je sais que son nom
Peut lui donner des droits au rang d'Agamemnon;
Qu'un jour avec mon fils Électre en concurrence
Peut dans les mains du peuple emporter la balance.
Vous voulez qu'aujourd'hui je brise ses liens,
Que j'unisse par vous ses intérêts aux miens?
Vous voulez terminer cette haine fatale,
Ces malheurs attachés aux enfants de Tantale?
Parlez-lui; mais craignons tous deux de partager
La honte d'un refus qu'il nous faudrait venger.
Je me flatte avec vous qu'un si triste esclavage
Doit plier de son cœur la fermeté sauvage;
Que ce passage heureux, et si peu préparé,

Du rang le plus abject à ce premier degré,
Le poids de la raison qu'une mère autorise,
L'ambition surtout la rendra plus soumise.
Gardez qu'elle résiste à sa félicité :
Il reste un châtiment pour sa témérité.
Ici votre indulgence et le nom de son père
Nourrissent son orgueil au sein de la misère ;
Qu'elle craigne, madame, un sort plus rigoureux,
Un exil sans retour, et des fers plus honteux.

SCÈNE V. — CLYTEMNESTRE, ÉLECTRE.

CLYTEMNESTRE.

Ma fille, approchez-vous ; et d'un œil moins austère
Envisagez ces lieux, et surtout une mère.
Je gémis en secret, comme vous soupirez,
De l'avilissement où vos jours sont livrés ;
Quoiqu'il fût dû peut-être à votre injuste haine,
Je m'en afflige en mère, et m'en indigne en reine.
J'obtiens grâce pour vous ; vos droits vous sont rendus.

ÉLECTRE.

Ah, madame ! à vos pieds....

CLYTEMNESTRE.

Je veux faire encor plus.

ÉLECTRE.

Eh ! quoi ?

CLYTEMNESTRE.

De votre sang soutenir l'origine,
Du grand nom de Pélops réparer la ruine,
Réunir ses enfants trop longtemps divisés.

ÉLECTRE.

Ah ! parlez-vous d'Oreste ? achevez, disposez.

CLYTEMNESTRE.

Je parle de vous-même, et votre âme obstinée
A son propre intérêt doit être ramenée.
De tant d'abaissement c'est peu de vous tirer :
Électre, au trône un jour il vous faut aspirer.
Vous pouvez, si ce cœur connaît le vrai courage,
De Mycène et d'Argos espérer l'héritage :
C'est à vous de passer, des fers que vous portez,
A ce suprême rang des rois dont vous sortez.
D'Égisthe contre vous j'ai su fléchir la haine ;
Il veut vous voir en fille, il vous donne Plistène.
Plistène est d'Épidaure attendu chaque jour.
Votre hymen est fixé pour son heureux retour.
D'un brillant avenir goûtez déjà la gloire ;
Le passé n'est plus rien, perdez-en la mémoire.

ÉLECTRE.

A quel oubli, grands dieux! ose-t-on m'inviter?
Quel horrible avenir m'ose-t-on présenter?
O sort! ô derniers coups tombés sur ma famille!
Songez-vous au héros dont Électre est la fille,
Madame? osez-vous bien, par un crime nouveau,
Abandonner Électre au fils de son bourreau?
Le sang d'Agamemnon! qui? moi, la sœur d'Oreste
Électre au fils d'Égisthe, au neveu de Thyeste!
Ah! rendez-moi mes fers; rendez-moi tout l'affront
Dont la main des tyrans a fait rougir mon front,
Rendez-moi les horreurs de cette servitude,
Dont j'ai fait une épreuve et si longue et si rude.
L'opprobre est mon partage; il convient à mon sort
J'ai supporté la honte, et vu de près la mort.
Votre Égisthe cent fois m'en avait menacée;
Mais enfin c'est par vous qu'elle m'est annoncée.
Cette mort à mes sens inspire moins d'effroi
Que les horribles vœux qu'on exige de moi.
Allez, de cet affront je vois trop bien la cause,
Je vois quels nouveaux fers un lâche me propose.
Vous n'avez plus de fils; son assassin cruel
Craint les droits de ses sœurs au trône paternel :
Il veut forcer mes mains à seconder sa rage,
Assurer à Plisthène un sanglant héritage,
Joindre un droit légitime aux droits des assassins,
Et m'unir aux forfaits par les nœuds les plus saints.
Ah! si j'ai quelques droits, s'il est vrai qu'il les craigne,
Dans ce sang malheureux que sa main les éteigne;
Qu'il achève, à vos yeux, de déchirer mon sein :
Et, si ce n'est assez, prêtez-lui votre main.
Frappez; joignez Électre à son malheureux frère;
Frappez, dis-je : à vos coups je connaîtrai ma mère.

CLYTEMNESTRE.

Ingrate, c'en est trop; et toute ma pitié
Cède enfin, dans mon cœur, à ton inimitié.
Que n'ai-je point tenté? que pouvais-je plus faire,
Pour fléchir, pour briser ton cruel caractère?
Tendresse, châtiments, retour de mes bontés,
Tes reproches sanglants souvent même écoutés,
Raison, menace, amour, tout, jusqu'à la couronne,
Où tu n'as d'autres droits que ceux que je te donne;
J'ai prié, j'ai puni, j'ai pardonné sans fruit.
Va, j'abandonne Électre au malheur qui la suit;
Va, je suis Clytemnestre, et surtout je suis reine.
Le sang d'Agamemnon n'a de droit qu'à ma haine.
C'est trop flatter la tienne, et, de ma faible main,

Caresser le serpent qui déchire mon sein.
Pleure, tonne, gémis, j'y suis indifférente :
Je ne verrai dans toi qu'une esclave imprudente,
Flottant entre la plainte et la témérité,
Sous la puissante main de son maître irrité.
Je t'aimais malgré toi : l'aveu m'en est bien triste,
Je ne suis plus pour toi que la femme d'Égisthe ;
Je ne suis plus ta mère ; et toi seule as rompu
Ces nœuds infortunés de ce cœur combattu,
Ces nœuds qu'en frémissant réclamait la nature,
Que ma fille déteste, et qu'il faut que j'abjure.

SCÈNE VI. — ÉLECTRE.

Et c'est ma mère ! O ciel ! fut-il jamais pour moi,
Depuis la mort d'un père, un jour plus plein d'effroi ?
Hélas ! j'en ai trop dit : ce cœur, plein d'amertume,
Répandait, malgré lui, le fiel qui le consume.
Je m'emporte, il est vrai ; mais ne m'a-t-elle pas
D'Oreste, en ses discours, annoncé le trépas ?
On offre sa dépouille à sa sœur désolée !
De ces lieux tout sanglants la nature exilée,
Et qui ne laisse ici qu'un nom qui fait horreur,
Se renfermait pour lui tout entière en mon cœur.
S'il n'est plus, si ma mère à ce point m'a trahie,
A quoi bon ménager ma plus grande ennemie ?
Pourquoi ? pour obtenir, de ses tristes faveurs,
De ramper dans la cour de mes persécuteurs ?
Pour lever, en tremblant, aux dieux qui me trahissent,
Ces languissantes mains que mes chaînes flétrissent ?
Pour voir avec des yeux de larmes obscurcis,
Dans le lit de mon père, et sur son trône assis,
Ce monstre, ce tyran, ce ravisseur funeste,
Qui m'ôte encor ma mère, et me prive d'Oreste ?

SCÈNE VII. — ÉLECTRE, IPHISE.

IPHISE.
Chère Électre, apaisez ces cris de la douleur.

ÉLECTRE.
Moi !

IPHISE.
Partagez ma joie.

ÉLECTRE.
Au comble du malheur,
Quelle funeste joie à nos cœurs étrangère !

IPHISE.
Espérons.

ÉLECTRE.

  Non, pleurez ; si j'en crois une **mère**,
Oreste est mort, Iphise.

IPHISE.

      Ah ! si j'en crois mes **yeux**,
Oreste vit encore. Oreste est en ces lieux.

ÉLECTRE.

Grands dieux ! Oreste ! lui ? serait-il bien possible ?
Ah ! gardez d'abuser une âme trop sensible.
Oreste, dites-vous ?

IPHISE.

   Oui.

ÉLECTRE.

     D'un songe flatteur
Ne me présentez pas la dangereuse erreur.
Oreste ! poursuivez ; je succombe à l'atteinte
Des mouvements confus d'espérance et de crainte.

IPHISE.

Ma sœur, deux inconnus, qu'à travers mille morts
La main d'un dieu, sans doute, a jetés sur ces bords,
Recueillis par les soins du fidèle Pammène....
L'un des deux....

ÉLECTRE.

   Je me meurs, et me soutiens à peine.
L'un des deux ?...

IPHISE.

    Je l'ai vu ; quel feu brille en ses yeux !
Il avait l'air, le port, le front des demi-dieux,
Tel qu'on peint le héros qui triompha de Troie ;
La même majesté sur son front se déploie.
A mes avides yeux soigneux de s'arracher,
Chez Pammène, en secret, il semble se cacher.
Interdite, et le cœur tout plein de son image,
J'ai couru vous chercher sur ce triste rivage,
Sous ces sombres cyprès, dans ce temple éloigné,
Enfin vers ce tombeau de nos larmes baigné.
Je l'ai vu, ce tombeau, couronné de guirlandes,
De l'eau sainte arrosé, couvert encor d'offrandes ;
Des cheveux, si mes yeux ne se sont pas trompés,
Tels que ceux du héros dont mes sens sont frappés ;
Une épée, et c'est là ma plus ferme espérance ;
C'est le signe éclatant du jour de la vengeance :
Et quel autre qu'un fils, qu'un frère, qu'un héros,
Suscité par les dieux pour le salut d'Argos,
Aurait osé braver ce tyran redoutable ?
C'est Oreste, sans doute ; il en est seul capable ;
C'est lui, le ciel l'envoie ; il m'en daigne avertir.

C'est l'éclair qui paraît, la foudre va partir.
ÉLECTRE.
Je vous crois; j'attends tout; mais n'est-ce point un piége
Que tend de mon tyran la fourbe sacrilége?
Allons : de mon bonheur il me faut assurer.
Ces étrangers.... Courons; mon cœur va m'éclairer.
IPHISE.
Pammène m'avertit, Pammène nous conjure
De ne point approcher de sa retraite obscure.
Il y va de ses jours.
ÉLECTRE.
Ah ! que m'avez-vous dit ?
Non; vous êtes trompée, et le ciel nous trahit.
Mon frère, après seize ans, rendu dans sa patrie,
Eût volé dans les bras qui sauvèrent sa vie;
Il eût porté la joie à ce cœur désolé;
Loin de vous fuir, Iphise, il vous aurait parlé.
Ce fer vous rassurait, et j'en suis alarmée.
Une mère cruelle est trop bien informée.
J'ai cru voir, et j'ai vu dans ses yeux interdits
Le barbare plaisir d'avoir perdu son fils.
N'importe, je conserve un reste d'espérance :
Ne m'abandonnez pas, ô dieux de la vengeance!
Pammène à mes transports pourra-t-il résister?
Il faut qu'il parle : allons, rien ne peut m'arrêter.
IPHISE.
Vous vous perdez; songez qu'un maître impitoyable
Nous obsède, nous suit d'un œil inévitable.
Si mon frère est venu, nous l'allons découvrir;
Ma sœur, en lui parlant, nous le faisons périr :
Et si ce n'est pas lui, notre recherche vaine
Irrite nos tyrans, met en danger Pammène.
Je revole au tombeau que je puis honorer :
Clytemnestre du moins m'a permis d'y pleurer.
Cet étranger, ma sœur, y peut paraître encore;
C'est un asile sûr; et ce ciel que j'implore,
Ce ciel, dont votre audace accuse les rigueurs,
Pourra le rendre encore à vos cris, à mes pleurs.
Venez.
ÉLECTRE.
De quel espoir ma douleur est suivie !
Ah ! si vous me trompez, vous m'arrachez la vie.

ACTE TROISIÈME.

SCÈNE I. — ORESTE, PYLADE.

(Un esclave porte une urne, et un autre une épée.)

PYLADE.
Quoi! verrai-je toujours ta grande âme égarée
Souffrir tous les tourments des descendants d'Atrée?
De l'attendrissement passer à la fureur?

ORESTE.
C'est le destin d'Oreste; il est né pour l'horreur.
J'étais dans ce tombeau, lorsque ton œil fidèle
Veillait sur ces dépôts confiés à ton zèle;
J'appelais en secret ces mânes indignés;
Je leur offrais mes dons, de mes larmes baignés.
Une femme, vers moi courant, désespérée,
Avec des cris affreux dans la tombe est entrée,
Comme si, dans ces lieux qu'habite la terreur,
Elle eût fui sous les coups de quelque dieu vengeur.
Elle a jeté sur moi sa vue épouvantée :
Elle a voulu parler; sa voix s'est arrêtée.
J'ai vu soudain, j'ai vu les filles de l'enfer
Sortir, entre elle et moi, de l'abîme entr'ouvert.
Leurs serpents, leurs flambeaux, leur voix sombre et terrible,
M'inspiraient un transport inconcevable, horrible,
Une fureur atroce; et je sentais ma main
Se lever, malgré moi, prête à percer son sein :
Ma raison s'enfuyait de mon âme éperdue.
Cette femme, en tremblant, s'est soustraite à ma vue,
Sans s'adresser aux dieux, et sans les honorer
Elle semblait les craindre, et non les adorer.
Plus loin, versant des pleurs, une fille timide,
Sur la tombe et sur moi fixant un œil avide,
D'Oreste, en gémissant, a prononcé le nom.

SCÈNE II. — ORESTE, PYLADE, PAMMÈNE.

ORESTE, à Pammène.
O vous, qui secourez le sang d'Agamemnon,
Vous, vers qui nos malheurs et nos dieux sont mes guides,
Parlez; révélez-moi les destins des Atrides.
Qui sont ces deux objets dont l'un m'a fait horreur,
Et l'autre a dans mes sens fait passer la douleur?
Ces deux femmes....

PAMMÈNE.
Seigneur, l'une était votre mère....
ORESTE.
Clytemnestre! elle insulte aux mânes de mon père?
PAMMÈNE.
Elle venait aux dieux, vengeurs des attentats,
Demander un pardon qu'elle n'obtiendra pas.
L'autre était votre sœur, la tendre et simple Iphise,
A qui de ce tombeau l'entrée était permise.
ORESTE.
Hélas! que fait Électre?
PAMMÈNE.
Elle croit votre mort;
Elle pleure.
ORESTE.
Ah! grands dieux qui conduisez mon sort,
Quoi! vous ne voulez pas que ma bouche affligée
Console de mes sœurs la tendresse outragée!
Quoi! toute ma famille, en ces lieux abhorrés
Est un sujet de trouble à mes sens déchirés!
PAMMÈNE.
Obéissons aux dieux.
ORESTE.
Que cet ordre est sévère!
PAMMÈNE.
Ne vous en plaignez point; cet ordre est salutaire:
La vengeance est pour eux. Ils ne prétendent pas
Qu'on touche à leur ouvrage, et qu'on aide leur bras.
Électre vous nuirait, loin de vous être utile;
Son caractère ardent, son courage indocile,
Incapable de feindre et de rien ménager,
Servirait à vous perdre, au lieu de vous venger.
ORESTE.
Mais quoi! les abuser par cette feinte horrible?
PAMMÈNE.
N'oubliez point ces dieux, dont le secours sensible
Vous a rendu la vie au milieu du trépas.
Contre leurs volontés si vous faites un pas,
Ce moment vous dévoue à leur haine fatale.
Tremblez, malheureux fils d'Atrée et de Tantale,
Tremblez de voir sur vous, en ces lieux détestés,
Tomber tous les fléaux du sang dont vous sortez.
ORESTE.
Pourquoi nous imposer, par des lois inhumaines,
Et des devoirs nouveaux, et de nouvelles peines?
Les mortels malheureux n'en ont-ils pas assez?
Sous des fardeaux sans nombre ils vivent terrassés

A quel prix, dieux puissants, avons-nous reçu l'être?
N'importe, est-ce à l'esclave à condamner son maître?
Obéissons, Pammène.

PAMMÈNE.
Il le faut, et je cours
Éblouir le barbare armé contre vos jours.
Je dirai qu'aujourd'hui le meurtrier d'Oreste
Doit remettre en ses mains cette cendre funeste.

ORESTE.
Allez donc. Je rougis même de le tromper.

PAMMÈNE.
Aveuglons la victime, avant de la frapper.

SCÈNE III. — ORESTE, PYLADE.

PYLADE.
Apaise de tes sens le trouble involontaire,
Renferme dans ton cœur un secret nécessaire;
Cher Oreste, crois-moi, des femmes et des pleurs
Du sang d'Agamemnon sont de faibles vengeurs.

ORESTE.
Trompons surtout Égisthe et ma coupable mère.
Qu'ils goûtent de ma mort la douceur passagère:
Si pourtant une mère a pu porter jamais
Sur la cendre d'un fils des regards satisfaits

PYLADE.
Attendons-les ici tous deux à leur passage.

SCÈNE IV. — ÉLECTRE, IPHISE, *d'un côté*; ORESTE, PYLADE, *de l'autre*, *avec les esclaves qui portent l'urne et l'épée.*

ÉLECTRE.
L'espérance trompée accable et décourage.
Un seul mot de Pammène a fait évanouir
Ces songes imposteurs dont vous osiez jouir.
Ce jour faible et tremblant, qui consolait ma vue,
Laisse une horrible nuit sur mes yeux répandue.
Ah! la vie est pour nous un cercle de douleur!

ORESTE, *à Pylade.*
Tu vois ces deux objets; ils m'arrachent le cœur.

PYLADE.
Sous les lois des tyrans, tout gémit, tout s'attriste.

ORESTE.
La plainte doit régner dans l'empire d'Égisthe.

IPHISE, *à Électre.*
Voilà ces étrangers.

ÉLECTRE.
Présages douloureux!

ACTE III, SCÈNE IV.   181

Le nom d'Égisthe, ô ciel! est prononcé par eux.
          IPHISE.
L'un d'eux est ce héros dont les traits m'ont frappée.
          ÉLECTRE.
Hélas! ainsi que vous j'aurais été trompée.
    (A Oreste.)
Eh! qui donc êtes-vous, étrangers malheureux?
Que venez-vous chercher sur ce rivage affreux?
          ORESTE.
Nous attendons ici les ordres, la présence,
Du roi qui tient Argos sous son obéissance.
          ÉLECTRE.
Qui? du roi! quoi! des Grecs osent donner ce nom
Au tyran qui versa le sang d'Agamemnon?
          PYLADE.
Il règne; c'est assez, et le ciel nous ordonne
Que, sans peser ses droits, nous respections son trône.
          ÉLECTRE.
Maxime horrible et lâche! Eh! que demandez-vous
Au monstre ensanglanté qui règne ici sur nous?
          PYLADE.
Nous venons lui porter des nouvelles heureuses.
          ÉLECTRE.
Elles sont donc pour nous inhumaines, affreuses?
          IPHISE, *en voyant l'urne.*
Quelle est cette urne? hélas! ô surprise! ô douleurs
          PYLADE.
Oreste...
          ÉLECTRE.
          Oreste ah! dieux! il est mort, je me meurs.
          ORESTE, *à Pylade.*
Qu'avons-nous fait, ami? peut-on les méconnaître
A l'excès des douleurs que nous voyons paraître?
Tout mon sang se soulève. Ah, princesse! ah! vivez.
          ÉLECTRE.
Moi, vivre! Oreste est mort. Barbares, achevez.
          IPHISE.
Hélas! d'Agamemnon vous voyez ce qui reste,
Ses deux filles, les sœurs du malheureux Oreste.
          ORESTE.
Électre! Iphise! où suis-je? impitoyables dieux!
    (A celui qui porte l'urne.)
Otez ces monuments; éloignez de leurs yeux
Cette urne dont l'aspect....
      ÉLECTRE, *revenant à elle, et courant vers l'urne.*
              Cruel, qu'osez-vous dire?
Ah! ne m'en privez pas; et devant que j'expire,

Laissez, laissez toucher à mes tremblantes mains
Ces restes échappés à des dieux inhumains.
Donnez.
(Elle prend l'urne et l'embrasse.)

ORESTE.

Que faites-vous? cessez.
PYLADE.
Le seul Égisthe
Dut recevoir de nous ce monument si triste.
ÉLECTRE.
Qu'entends-je? ô nouveau crime! ô désastres plus grands!
Les cendres de mon frère aux mains de mes tyrans!
Des meurtriers d'Oreste, ô ciel! suis-je entourée?
ORESTE.
De ce reproche affreux mon âme déchirée
Ne peut plus....
ÉLECTRE.
Et c'est vous qui partagez mes pleurs?
Au nom du fils des rois, au nom des dieux vengeurs,
S'il n'est pas mort par vous, si vos mains généreuses
Ont daigné recueillir ses cendres malheureuses....
ORESTE.
Ah dieux!...
ÉLECTRE.
Si vous plaignez son trépas et ma mort,
Répondez-moi; comment avez-vous su son sort?
Étiez-vous son ami? dites-moi qui vous êtes,
Vous surtout, dont les traits.... Vos bouches sont muettes;
Quand vous m'assassinez, vous êtes attendris!
ORESTE.
C'en est trop, et les dieux sont trop bien obéis.
ÉLECTRE.
Que dites-vous?
ORESTE.
Laissez ces dépouilles horribles.
ÉLECTRE.
Tous les cœurs aujourd'hui seront-ils inflexibles?
Non, fatal étranger, je ne rendrai jamais
Ces présents douloureux que ta pitié m'a faits;
C'est Oreste, c'est lui..... Vois sa sœur expirante
L'embrasser en mourant de sa main défaillante.
ORESTE.
Je n'y résiste plus. Dieux inhumains, tonnez.
Électre....
ÉLECTRE.
Eh bien?
ORESTE.
Je dois....

PYLADE.
Ciel!
ÉLECTRE.
Poursuis.
ORESTE.
Apprenez...

SCÈNE V. — ÉGISTHE, CLYTEMNESTRE, ORESTE, PYLADE,
ÉLECTRE, IPHISE, PAMMÈNE, GARDES.

ÉGISTHE.
Quel spectacle! ô fortune à mes lois asservie!
Pammène, est-il donc vrai? mon rival est sans vie?
Vous ne me trompiez point, sa douleur m'en instruit.
ÉLECTRE.
O rage! ô dernier jour!
ORESTE.
Où me vois-je réduit?
ÉGISTHE.
Qu'on ôte de ses mains ces dépouilles d'Oreste.
(On prend l'urne des mains d'Électre.)
ÉLECTRE.
Barbare, arrache-moi le seul bien qui me reste :
Tigre, avec cette cendre arrache-moi le cœur,
Joins le père aux enfants, joins le frère à la sœur.
Monstre heureux, à tes pieds vois toutes tes victimes;
Jouis de ton bonheur, jouis de tous tes crimes.
Contemplez avec lui des spectacles si doux,
Mère trop inhumaine; ils sont dignes de vous.
(Iphise l'emmène.)

SCÈNE VI. — ÉGISTHE, CLYTEMNESTRE, ORESTE, PYLADE,
GARDES.

CLYTEMNESTRE.
Que me faut-il entendre!
ÉGISTHE.
Elle en sera punie.
Qu'elle se plaigne au ciel, ce ciel me justifie;
Sans me charger du meurtre, il l'a du moins permis!
Nos jours sont assurés, nos trônes affermis.
Voilà donc ces deux Grecs échappés du naufrage,
De qui je dois payer le zèle et le courage?
ORESTE.
C'est nous-mêmes; j'ai dû vous offrir ces présents,
D'un important trépas gages intéressants,
Ce glaive, cet anneau : vous devez les connaître;
Agamemnon les eut quand il fut votre maître;
Oreste les portait.

CLYTEMNESTRE.
Quoi ! c'est vous que mon fils....
ÉGISTHE.
Si vous l'avez vaincu, je vous en dois le prix.
De quel sang êtes-vous? qui vois-je en vous paraître?
ORESTE.
Mon nom n'est point connu.... Seigneur, il pourra l'être.
Mon père aux champs troyens a signalé son bras,
Aux yeux de tous ces rois vengeurs de Ménélas.
Il périt dans ces temps de malheurs et de gloire
Qui des Grecs triomphants ont suivi la victoire
Ma mère m'abandonne, et je suis sans secours;
Des ennemis cruels ont poursuivi mes jours.
Cet ami me tient lieu de fortune et de père.
J'ai recherché l'honneur et bravé la misère.
Seigneur, tel est mon sort.
ÉGISTHE
Dites-moi dans quels lieux
Votre bras m'a vengé de ce prince odieux.
ORESTE.
Dans les champs d'Hermione, au tombeau d'Achémon
Dans un bois qui conduit au temple d'Épidaure.
ÉGISTHE.
Mais le roi d'Épidaure avait proscrit ses jours;
D'où vient qu'à ses bienfaits vous n'avez point recours
ORESTE.
Je chéris la vengeance et je hais l'infamie.
Ma main d'un ennemi n'a point vendu la vie.
Des intérêts secrets, seigneur, m'avaient conduit :
Cet ami les connut; il en fut seul instruit.
Sans implorer des rois, je venge ma querelle.
Je suis loin de vanter ma victoire et mon zèle;
Pardonnez. Je frissonne à tout ce que je vois;
Seigneur.... d'Agamemnon la veuve est devant moi....
Peut-être je la sers, peut-être je l'offense :
Il ne m'appartient pas de braver sa présence.
Je sors....
ÉGISTHE
Non, demeurez.
CLYTEMNESTRE.
Qu'il s'écarte, seigneur,
Son aspect me remplit d'épouvante et d'horreur.
C'est lui que j'ai trouvé dans la demeure sombre
Où d'un roi malheureux repose la grande ombre.
Les déités du Styx marchaient à ses côtés.
ÉGISTHE.
Qui ! vous?... qu'osiez-vous faire en ces lieux écartés ?

ORESTE.
J'allais, comme la reine, implorer la clémence
De ces mânes sanglants qui demandent vengeance
Le sang qu'on a versé doit s'expier, seigneur.
CLYTEMNESTRE.
Chaque mot est un trait enfoncé dans mon cœur
Éloignez de mes yeux cet assassin d'Oreste.
ORESTE.
Cet Oreste, dit-on, dut vous être funeste :
On disait que proscrit, errant, et malheureux,
De haïr une mère il eut le droit affreux.
CLYTEMNESTRE.
Il naquit pour verser le sang qui le fit naître.
Tel fut le sort d'Oreste, et son dessein peut-être.
De sa mort cependant mes sens sont pénétrés.
Vous me faites frémir, vous qui m'en délivrez.
ORESTE.
Qui ? lui, madame ? un fils armé contre sa mère
Ah ! qui peut effacer ce sacré caractère ?
Il respectait son sang.... peut-être il eût voulu....
CLYTEMNESTRE.
Ah ciel !
ÉGISTHE.
Que dites-vous ? où l'aviez-vous connu ?
PYLADE.
Il se perd.... Aisément les malheureux s'unissent;
Trop promptement liés, promptement ils s'aigrissent;
Nous le vîmes dans Delphe.
ORESTE.
Oui.... j'y sus son dessein.
ÉGISTHE.
Eh bien ! quel était-il ?
ORESTE.
De vous percer le sein.
ÉGISTHE.
Je connaissais sa rage, et je l'ai méprisée;
Mais de ce nom d'Oreste Électre autorisée
Semblait tenir encor tout l'État partagé;
C'est d'Électre surtout que vous m'avez vengé.
Elle a mis aujourd'hui le comble à ses offenses :
Comptez-la désormais parmi vos récompenses.
Oui, ce superbe objet contre moi conjuré,
Ce cœur enflé d'orgueil, et de haine enivré,
Qui même de mon fils dédaigna l'alliance,
Digne sœur d'un barbare avide de vengeance,
Je la mets dans vos fers; elle va vous servir :
C'est m'acquitter vers vous bien moins que la punir.

Si de Priam jadis la race malheureuse
Traîna chez ses vainqueurs une chaîne honteuse,
Le sang d'Agamemnon peut servir à son tour.

CLYTEMNESTRE.

Qui ? moi, je souffrirais... !

ÉGISTHE.

Eh ! madame, en ce jour,
Défendez-vous encor ce sang qui vous déteste ?
N'épargnez point Électre, ayant proscrit Oreste.
(A Oreste.)
Vous.... laissez cette cendre à mon juste courroux.

ORESTE.

J'accepte vos présents ; cette cendre est à vous.

CLYTEMNESTRE.

Non, c'est pousser trop loin la haine et la vengeance ;
Qu'il parte, qu'il emporte une autre récompense.
Vous-même, croyez-moi, quittons ces tristes bords,
Qui n'offrent à mes yeux que les cendres des morts.
Osons-nous préparer ce festin sanguinaire
Entre l'urne du fils et la tombe du père ?
Osons-nous appeler à nos solennités
Les dieux de ma famille à qui vous insultez,
Et livrer, dans les jeux d'une pompe funeste,
Le sang de Clytemnestre au meurtrier d'Oreste ?
Non : trop d'horreur ici s'obstine à me troubler.
Quand je connais la crainte, Égisthe peut trembler.
Ce meurtrier m'accable ; et je sens que sa vue
A porté dans mon cœur un poison qui me tue.
Je cède, et je voudrais, dans ce mortel effroi,
Me cacher à la terre, et, s'il se peut, à moi.
(Elle sort.)

ÉGISTHE, à Oreste.

Demeurez. Attendez que le temps la désarme.
La nature un moment jette un cri qui l'alarme ;
Mais bientôt, dans un cœur à la raison rendu,
L'intérêt parle en maître, et seul est entendu.
En ces lieux avec nous célébrez la journée
De son couronnement et de mon hyménée.
(A sa suite.)
Et vous.... dans Épidaure allez chercher mon fils ;
Qu'il vienne confirmer tout ce qu'ils m'ont appris.

SCÈNE VII. — ORESTE, PYLADE

ORESTE.

Va, tu verras Oreste à tes pompes cruelles
Va, j'ensanglanterai la fête où tu m'appelles.

ACTE III, SCÈNE VII.

PYLADE.

Dans tous ces entretiens que je tremble pour vous !
Je crains votre tendresse, et plus votre courroux ;
Dans ses émotions je vois votre âme altière,
A l'aspect du tyran, s'élançant tout entière ;
Tout prêt de l'insulter, tout prêt de vous trahir,
Au nom d'Agamemnon vous m'avez fait frémir.

ORESTE.

Ah ! Clytemnestre encor trouble plus mon courage.
Dans mon cœur déchiré quel douloureux partage !
As-tu vu dans ses yeux, sur son front interdit,
Les combats qu'en son âme excitait mon récit ?
Je les éprouvais tous ; ma voix était tremblante.
Ma mère en me voyant s'effraye et m'épouvante.
Le meurtre de mon père, et mes sœurs à venger,
Un barbare à punir, la reine à ménager,
Electre, son tyran ; mon sang qui se soulève ;
Que de tourmens secrets ! ô dieu terrible, achève !
Précipite un moment trop lent pour ma fureur,
Ce moment de vengeance, et que prévient mon cœur !
Quand pourrai-je servir ma tendresse et ma haine,
Mêler le sang d'Égisthe aux cendres de Plistène,
Immoler ce tyran, le montrer à ma sœur
Expirant sous mes coups, pour la tirer d'erreur ?

SCÈNE VIII.—ORESTE, PYLADE, PAMMÈNE.

ORESTE.

Qu'as-tu fait, cher Pammène ? as-tu quelque espérance ?

PAMMÈNE.

Seigneur, depuis ce jour fatal à votre enfance,
Où j'ai vu dans ces lieux votre père égorgé,
Jamais plus de périls ne vous ont assiégé.

ORESTE.

Comment ?

PYLADE.

Quoi ! pour Oreste aurai-je à craindre encore ?

PAMMÈNE.

Il arrive à l'instant un courrier d'Épidaure ;
Il est avec Égisthe ; il glace mes esprits :
Egisthe est informé de la mort de son fils.

PYLADE.

Ciel !

ORESTE.

Sait-il que ce fils, élevé dans le crime,
Du fils d'Agamemnon est tombé la victime ?

PAMMÈNE.

On parle de sa mort, on ne dit rien de plus ;

Mais de nouveaux avis sont encore attendus.
On se tait à la cour, on cache à la contrée
Que d'un de ses tyrans la Grèce est délivrée.
Égisthe, avec la reine en secret renfermé,
Écoute ce récit, qui n'est pas confirmé;
Et c'est ce que j'apprends d'un serviteur fidèle,
Qui, pour le sang des rois comme moi plein de zèle,
Gémissant et caché, traîne encor ses vieux ans
Dans un service ingrat à la cour des tyrans.

ORESTE.
De la vengeance au moins j'ai goûté les prémisses;
Mes mains ont commencé mes justes sacrifices :
Les dieux permettront-ils que je n'achève pas?
Cher Pylade, est-ce en vain qu'ils ont armé mon bras?
Par des bienfaits trompeurs exerçant leur colère,
M'ont-ils donné le fils pour me livrer au père?
Marchons; notre péril doit nous déterminer :
Qui ne craint point la mort est sûr de la donner.
Avant qu'un jour plus grand puisse éclairer sa rage,
Je veux de ce moment saisir tout l'avantage.

PAMMÈNE.
Eh bien! il faut paraître, il faut vous découvrir
A ceux qui pour leur roi sauront du moins mourir
Il en est, j'en réponds, cachés dans ces asiles
Plus ils sont inconnus, plus ils seront utiles.

PYLADE.
Allons; et si les noms d'Oreste et de sa sœur,
Si l'indignation contre l'usurpateur,
Le tombeau de ton père, et l'aspect de sa cendre,
Les dieux qui t'ont conduit, ne peuvent te défendre,
S'il faut qu'Oreste meure en ces lieux abhorrés,
Je t'ai voué mes jours, ils te sont consacrés.
Nous périrons unis; c'est l'espoir qui me reste;
Pylade à tes côtés mourra digne d'Oreste.

ORESTE.
Ciel! ne frappe que moi; mais daigne, en ta pitié,
Protéger son courage, et servir l'amitié.

ACTE QUATRIÈME.

SCÈNE I. — ORESTE, PYLADE.

ORESTE.
De Pammène, il est vrai, la sage vigilance
D'Égisthe pour un temps trompe la défiance;

ACTE IV, SCÈNE I.

On lui dit que les dieux, de Tantale ennemis,
Frappaient en même temps les derniers de ses fils.
Peut-être que le ciel, qui pour nous se déclare,
Répand l'aveuglement sur les yeux du barbare.
Mais tu vois ce tombeau si cher à ma douleur;
Ma main l'avait chargé de mon glaive vengeur;
Ce fer est enlevé par des mains sacriléges,
L'asile de la mort n'a plus de priviléges,
Et je crains que ce glaive, à mon tyran porté,
Ne lui donne sur nous quelque affreuse clarté.
Précipitons l'instant où je veux le surprendre.

PYLADE.
Pammène veille à tout; sans doute il faut l'attendre
Dès que nous aurons vu, dans ces bois écartés,
Le peu de vos sujets à vous suivre excités,
Par trois divers chemins retrouvons-nous ensemble,
Non loin de cette tombe, au lieu qui nous rassemble.

ORESTE.
Allons.... Pylade, ah, ciel! ah, trop barbare loi!
Ma rigueur assassine un cœur qui vit pour moi!
Quoi! j'abandonne Electre à sa douleur mortelle!

PYLADE.
Tu l'as juré, poursuis, et ne redoute qu'elle.
Electre peut te perdre, et ne peut te servir;
Les yeux de tes tyrans sont tout prêts de s'ouvrir :
Renferme cette amour et si sainte et si pure.
Doit-on craindre en ces lieux de dompter la nature?
Ah! de quels sentiments te laisses-tu troubler?
Il faut venger Electre, et non la consoler.

ORESTE.
Pylade, elle s'avance, et me cherche peut-être.

PYLADE.
Ses pas sont épiés; garde-toi de paraître.
Va, j'observerai tout avec empressement :
Les yeux de l'amitié se trompent rarement.

SCÈNE II. — ÉLECTRE, IPHISE, PYLADE.

ÉLECTRE.
Le perfide.... il échappe à ma vue indignée.
En proie à ma fureur, et de larmes baignée,
Je reste sans vengeance, ainsi que sans espoir.
(A Pylade.)
Toi, qui sembles frémir, et qui n'oses me voir,
Toi, compagnon du crime, apprends-moi donc, barbare
Où va cet assassin de mon sang trop avare;
Ce maître à qui je suis, qu'un tyran m'a donné.

PYLADE.

Il remplit un devoir par le ciel ordonné;
Il obéit aux dieux : imitez-le, madame.
Les arrêts du destin trompent souvent notre âme;
Il conduit les mortels, il dirige leurs pas
Par des chemins secrets qu'ils ne connaissent pas;
Il plonge dans l'abîme, et bientôt en retire;
Il accable de fers, il élève à l'empire;
Il fait trouver la vie au milieu des tombeaux.
Gardez de succomber à vos tourments nouveaux :
Soumettez-vous; c'est tout ce que je puis vous dire.

SCÈNE III. — ÉLECTRE, IPHISE.

ÉLECTRE.

Ses discours ont accru la fureur qui m'inspire.
Que veut-il ? prétend-il que je doive souffrir
L'abominable affront dont on m'ose couvrir ?
La mort d'Agamemnon, l'assassinat d'un frère,
N'avaient donc pu combler ma profonde misère !
Après quinze ans de maux et d'opprobres soufferts,
De l'assassin d'Oreste il faut porter les fers,
Et, pressée en tout temps d'une main meurtrière,
Servir tous les bourreaux de ma famille entière !
Glaive affreux, fer sanglant, qu'un outrage nouveau
Exposait en triomphe à ce sacré tombeau,
Fer teint du sang d'Oreste, exécrable trophée,
Qui trompas un moment ma douleur étouffée !
Toi qui n'es qu'un outrage à la cendre des morts,
Sers un projet plus digne, et mes justes efforts.
Égisthe, m'a-t-on dit, s'enferme avec la reine;
De quelque nouveau crime il prépare la scène;
Pour fuir la main d'Électre, il prend de nouveaux soins :
A l'assassin d'Oreste on peut aller du moins.
Je ne puis me baigner dans le sang des deux traîtres :
Allons, je vais du moins punir un de mes maîtres.

IPHISE.

Est-il bien vrai qu'Oreste ait péri de sa main?
J'avais cru voir en lui le cœur le plus humain;
Il partageait ici notre douleur amère;
Je l'ai vu révérer la cendre de mon père.

ÉLECTRE.

Ma mère en fait autant : les coupables mortels
Se baignent dans le sang, et tremblent aux autels;
Ils passent, sans rougir, du crime au sacrifice.
Est-ce ainsi que des dieux on trompe la justice?
Il ne trompera pas mon courage irrité.

ACTE IV, SCÈNE III.

Quoi ! de ce meurtre affreux ne s'est-il pas vanté ?
Égisthe au meurtrier ne m'a-t-il pas donnée ?
Ne suis-je pas enfin la preuve infortunée,
La victime, le prix de ces noirs attentats,
Dont vous osez douter, quand je meurs dans vos bras,
Quand Oreste au tombeau m'appelle avec son père ?
Ma sœur, ah ! si jamais Électre vous fut chère,
Ayez du moins pitié de mon dernier moment :
Il faut qu'il soit terrible ; il faut qu'il soit sanglant.
Allez ; informez-vous de ce que fait Pammène,
Et si le meurtrier n'est point avec la reine.
La cruelle a, dit-on, flatté mes ennemis ;
Tranquille, elle a reçu l'assassin de son fils ;
On l'a vu partager (et ce crime est croyable)
De son indigne époux la joie impitoyable.
Une mère ! ah, grands dieux !... ah ! je veux de ma main,
A ses yeux, dans ses bras, immoler l'assassin ;
Je le veux.

IPHISE.
   Vos douleurs lui font trop d'injustice,
L'aspect du meurtrier est pour elle un supplice.
Ma sœur, au nom des dieux, ne précipitez rien.
Je vais avec Pammène avoir un entretien.
Électre, ou je m'abuse, ou l'on s'obstine à taire,
A cacher à nos yeux un important mystère.
Peut-être on craint en vous ces éclats douloureux,
Imprudence excusable au cœur des malheureux :
On se cache de vous ; Pammène vous évite ;
J'ignore comme vous quel projet il médite :
Laissez-moi lui parler, laissez-moi vous servir.
Ne vous préparez pas un nouveau repentir.

SCÈNE IV. — ÉLECTRE.

Un repentir ! qui ? moi ! mes mains désespérées
Dans ce grand abandon seront plus assurées.
Euménides, venez, soyez ici mes dieux ;
Vous connaissez trop bien ces détestables lieux,
Ce palais, plus rempli de malheurs et de crimes
Que vos gouffres profonds regorgeant de victimes :
Filles de la vengeance, armez-vous, armez-moi ;
Venez avec la mort, qui marche avec l'effroi ;
Que vos fers, vos flambeaux, vos glaives étincellent ;
Oreste, Agamemnon, Électre, vous appellent :
Les voici, je les vois, et les vois sans terreur ;
L'aspect de mes tyrans m'inspirait plus d'horreur.
Ah ! le barbare approche ; il vient ; ses pas impies

Sont à mes yeux vengeurs entourés des furies.
L'enfer me le désigne, et le livre à mon bras.

SCÈNE V. — ÉLECTRE, *dans le fond;* ORESTE, *d'un autre côté.*

ORESTE.

Où suis-je ? C'est ici qu'on adressa mes pas.
O ma patrie ! ô terre à tous les miens fatale !
Redoutable berceau des enfants de Tantale,
Famille des héros et des grands criminels,
Les malheurs de ton sang seront-ils éternels ?
L'horreur qui règne ici m'environne et m'accable.
De quoi suis-je puni ? de quoi suis-je coupable ?
Au sort de mes aïeux ne pourrai-je échapper ?

ÉLECTRE, *avançant un peu du fond du théâtre.*

Qui m'arrête ? et d'où vient que je crains de frapper ?
Avançons.

ORESTE.

Quelle voix ici s'est fait entendre ?
Père, époux malheureux, chère et terrible cendre,
Est-ce toi qui gémis, ombre d'Agamemnon ?

ÉLECTRE.

Juste ciel ! est-ce à lui de prononcer ce nom ?

ORESTE.

O malheureuse Électre !

ÉLECTRE.

Il me nomme, il soupire !
Les remords en ces lieux ont-ils donc quelque empire ?
Qu'importe des remords à mon juste courroux ?

(*Elle avance vers Oreste.*)

Frappons.... Meurs, malheureux !

ORESTE, *lui saisissant le bras.*

Justes dieux ! est-ce vous,
Chère Électre ?

ÉLECTRE.

Qu'entends-je ?

ORESTE.

Hélas ! qu'alliez-vous faire ?

ÉLECTRE.

J'allais verser ton sang ; j'allais venger mon frère.

ORESTE, *la regardant avec attendrissement.*

Le venger ! et sur qui ?

ÉLECTRE.

Son aspect, ses accents,
Ont fait trembler mon bras, ont fait frémir mes sens.
Quoi ! c'est vous dont je suis l'esclave malheureuse !

ACTE IV, SCÈNE V.

ORESTE.

C'est moi qui suis à vous.

ÉLECTRE.

O vengeance trompeuse!
D'où vient qu'en vous parlant tout mon cœur est changé?

ORESTE.

Sœur d'Oreste....

ÉLECTRE.

Achevez.

ORESTE.

Où me suis-je engagé?

ÉLECTRE.

Ah! ne me trompez plus, parlez; il faut m'apprendre
L'excès du crime affreux que j'allais entreprendre.
Par pitié, répondez, éclairez-moi, parlez.

ORESTE.

Je ne puis.... fuyez-moi.

ÉLECTRE.

Qui? moi vous fuir!

ORESTE.

Tremblez.

ÉLECTRE.

Pourquoi?

ORESTE.

Je suis.... Cessez. Gardez qu'on ne vous voie.

ÉLECTRE.

Ah! vous me remplissez de terreur et de joie!

ORESTE.

Si vous aimez un frère....

ÉLECTRE.

Oui, je l'aime; oui, je crois
Voir les traits de mon père, entendre encor sa voix;
La nature nous parle, et perce ce mystère;
Ne lui résistez pas: oui, vous êtes mon frère,
Vous l'êtes, je vous vois, je vous embrasse; hélas
Cher Oreste, et ta sœur a voulu ton trépas!

ORESTE, *en l'embrassant.*

Le ciel menace en vain, la nature l'emporte;
Un dieu me retenait; mais Électre est plus forte.

ÉLECTRE.

Il t'a rendu ta sœur, et tu crains son courroux

ORESTE.

Ses ordres menaçants me dérobaient à vous.
Est-il barbare assez pour punir ma faiblesse?

ÉLECTRE.

Ta faiblesse est vertu; partage mon ivresse.
A quoi m'exposais-tu, cruel? à t'immoler.

ORESTE.

J'ai trahi mon serment.

VOLTAIRE. — IV

ÉLECTRE.
Tu l'as dû violer.
ORESTE.
C'est le secret des dieux.
ÉLECTRE.
C'est moi qui te l'arrache,
Moi, qu'un serment plus saint à leur vengeance attache;
Que crains-tu?
ORESTE.
Les horreurs où je suis destiné,
Les oracles, ces lieux, ce sang dont je suis né.
ÉLECTRE.
Ce sang va s'épurer : viens punir le coupable;
Les oracles, les dieux, tout nous est favorable;
Ils ont paré mes coups, ils vont guider les tiens.

SCÈNE VI. — ÉLECTRE, ORESTE, PYLADE, PAMMÈNE

ÉLECTRE.
Ah! venez et joignez tous vos transports aux miens
Unissez-vous à moi, chers amis de mon frère.
PYLADE, à Oreste.
Quoi vous avez trahi ce dangereux mystère!
Pouvez-vous...?
ORESTE.
Si le ciel veut me faire obéir,
Qu'il me donne des lois que je puisse accomplir.
ÉLECTRE, à Pylade.
Quoi! vous lui reprochez de finir ma misère?
Cruel! par quelle loi, par quel ordre sévère,
De mes persécuteurs prenant les sentiments,
Dérobiez-vous Oreste à mes embrassements?
A quoi m'exposiez-vous? Quelle rigueur étrange!...
PYLADE.
Je voulais le sauver : qu'il vive, et qu'il vous venge!
PAMMÈNE.
Princesse, on vous observe en ces lieux détestés;
On entend vos soupirs, et vos pas sont comptés.
Mes amis inconnus, et dont l'humble fortune
Trompe de nos tyrans la recherche importune,
Ont adoré leur maître : il était secondé;
Tout était prêt, madame, et tout est hasardé.
ÉLECTRE.
Mais Égisthe en effet ne m'a-t-il pas livrée
A la main qu'il croyait de mon sang altérée?
(A Oreste.)
Mon sort à vos destins n'est-il pas asservi?
Oui, vous êtes mon maître : Égisthe est obéi.

Du barbare une fois la volonté m'est chère.
Tout est ici pour nous.
     PAMMÈNE.
      Tout vous devient contraire.
Égisthe est alarmé, redoutez son transport :
Ses soupçons, croyez-moi, sont un arrêt de mort.
Séparons-nous.
    PYLADE, *à Pammène.*
    Va, cours, ami fidèle et sage;
Rassemble tes amis, achève ton ouvrage.
Les moments nous sont chers; il est temps d'éclater.

SCÈNE VII. — ÉGISTHE, CLYTEMNESTRE, ÉLECTRE,
   ORESTE, PYLADE, GARDES.

    ÉGISTHE.
Ministres de mes lois, hâtez-vous d'arrêter,
Dans l'horreur des cachots de plonger ces deux traîtres.
    ORESTE.
Autrefois dans Argos il régnait d'autres maîtres,
Qui connaissaient les droits de l'hospitalité.
    PYLADE.
Égisthe, contre toi qu'avons-nous attenté ?
De ce héros au moins respecte la jeunesse.
    ÉGISTHE.
Allez, et secondez ma fureur vengeresse.
Quoi donc ! à mon aspect vos semblez tous frémir ?
Allez, dis-je, et gardez de me désobéir :
Qu'on les traîne.
    ÉLECTRE.
    Arrêtez ! Osez-vous bien, barbare...?
Arrêtez! le ciel même est de leur sang avare;
Ils sont tous deux sacrés.... On les entraîne.... ah, dieux !
    ÉGISTHE.
Électre, frémissez pour vous comme pour eux;
Perfide, en m'éclairant redoutez ma colère.

SCÈNE VIII. — ÉLECTRE, CLYTEMNESTRE.

    ÉLECTRE.
Ah ! daignez m'écouter, et si vous êtes mère,
Si j'ose rappeler vos premiers sentiments,
Pardonnez pour jamais mes vains emportements,
D'une douleur sans borne effet inévitable;
Hélas ! dans les tourments la plainte est excusable.
Pour ces deux étrangers laissez-vous attendrir
Peut-être que dans eux le ciel vous daigne offrir
La seule occasion d'expier des offenses

Dont vous avez tant craint les terribles vengeances;
Peut-être, en les sauvant, tout peut se réparer.
CLYTEMNESTRE.
Quel intérêt pour eux vous peut donc inspirer ?
ÉLECTRE.
Vous voyez que les dieux ont respecté leur vie;
Ils les ont arrachés à la mer en furie;
Le ciel vous les confie, et vous répondez d'eux.
L'un d'eux.... si vous saviez.... tous deux sont malheureux.
Sommes-nous dans Argos, ou bien dans la Tauride,
Où de meurtres sacrés une prêtresse avide,
Du sang des étrangers fait fumer son autel?
Eh bien! pour les ravir tous deux au coup mortel,
Que faut-il? Ordonnez, j'épouserai Plistène;
Parlez, j'embrasserai cette effroyable chaîne :
Ma mort suivra l'hymen; mais je veux l'achever
J'obéis, j'y consens.
CLYTEMNESTRE.
Voulez-vous me braver?
Ou bien ignorez-vous qu'une main ennemie
Du malheureux Plistène a terminé la vie?
ÉLECTRE.
Quoi donc! le ciel est juste! Egisthe perd un fils?
CLYTEMNESTRE.
De joie à ce discours je vois vos sens saisis!
ÉLECTRE.
Ah! dans le désespoir où mon âme se noie,
Mon cœur ne peut goûter une funeste joie;
Non, je n'insulte point au sort d'un malheureux,
Et le sang innocent n'est pas ce que je veux.
Sauvez ces étrangers; mon âme intimidée
Ne voit point d'autre objet, et n'a point d'autre idée.
CLYTEMNESTRE.
Va, je t'entends trop bien; tu m'as trop confirmé
Les soupçons dont Egisthe était tant alarmé.
Ta bouche est de mon sort l'interprète funeste;
Tu n'en as que trop dit, l'un des deux est Oreste.
ÉLECTRE.
Eh bien! s'il était vrai, si le ciel l'eût permis....
Si dans vos mains, madame il mettait votre fils....
CLYTEMNESTRE.
O moment redouté! que faut-il que je fasse?
ÉLECTRE.
Quoi vous hésiteriez à demander sa grâce!
Lui! votre fils! ô ciel!.. quoi! ses périls passés....
Il est mort; c'en est fait, puisque vous balancez.

CLYTEMNESTRE.

Je ne balance point : va, ta fureur nouvelle
Ne peut même affaiblir ma bonté maternelle;
Je le prends sous ma garde : il pourra m'en punir....
Son nom seul me prépare un cruel avenir....
N'importe.... Je suis mère, il suffit; inhumaine,
J'aime encor mes enfants.... tu peux garder ta haine.

ÉLECTRE.

Non, madame, à jamais je suis à vos genoux.
Ciel, enfin tes faveurs égalent ton courroux :
Tu veux changer les cœurs, tu veux sauver mon frère,
Et, pour comble de biens, tu m'as rendu ma mère.

ACTE CINQUIÈME.

SCÈNE I. — ÉLECTRE.

On m'interdit l'accès de cette affreuse enceinte :
Je cours, je viens, j'attends, je me meurs dans la crainte,
En vain je tends aux dieux ces bras chargés de fers;
Iphise ne vient point; les chemins sont ouverts :
La voici; je frémis.

SCÈNE II. — ÉLECTRE, IPHISE.

ÉLECTRE.

Que faut-il que j'espère?
Qu'a-t-on fait? Clytemnestre ose-t-elle être mère?
Ah! si.... Mais un tyran l'asservit aux forfaits.
Peut-elle réparer les malheurs qu'elle a faits?
En a-t-elle la force? en a-t-elle l'idée?
Parlez. Désespérez mon âme intimidée;
Achevez mon trépas.

IPHISE.

J'espère, mais je crains.
Égisthe a des avis, mais ils sont incertains;
Il s'égare; il ne sait, dans son trouble funeste,
S'il tient entre ses mains le malheureux Oreste;
Il n'a que des soupçons, qu'il n'a point éclaircis;
Et Clytemnestre au moins n'a point nommé son fils.
Elle le voit, l'entend; ce moment la rappelle
Aux premiers sentiments d'une âme maternelle;
Ce sang prêt à couler parle à ses sens surpris,
Épouvantés d'horreur, et d'amour attendris.
J'observais sur son front tout l'effort d'une mère,

Qui tremble de parler, et qui craint de se taire.
Elle défend les jours de ces infortunés,
Destinés au trépas sitôt que soupçonnés ;
Aux fureurs d'un époux à peine elle résiste ;
Elle retient le bras de l'implacable Égisthe.
Croyez-moi, si son fils avait été nommé,
Le crime, le malheur, eût été consommé.
Oreste n'était plus.

ÉLECTRE.

O comble de misère !
Je les trahis peut-être en implorant ma mère.
Son trouble irritera ce monstre furieux.
La nature en tout temps est funeste en ces lieux.
Je crains également sa voix et son silence.
Mais le péril croissait ; j'étais sans espérance.
Que fait Pammène ?

IPHISE.

Il a, dans nos dangers pressants,
Ranimé la lenteur de ses débiles ans ;
L'infortune lui donne une force nouvelle ;
Il parle à nos amis, il excite leur zèle ;
Ceux même dont Égisthe est toujours entouré
A ce grand nom d'Oreste ont déjà murmuré.
J'ai vu de vieux soldats, qui servaient sous le père,
S'attendrir sur le fils, et frémir de colère :
Tant aux cœurs des humains la justice et les lois
Même aux plus endurcis font entendre leur voix !

ÉLECTRE.

Grands dieux ! si j'avais pu dans ces âmes tremblantes
Enflammer leurs vertus à peines renaissantes,
Jeter dans leurs esprits, trop faiblement touchés,
Tous ces emportements qu'on m'a tant reprochés
Si mon frère, abordé sur cette terre impie,
M'eût confié plus tôt le secret de sa vie !
Si du moins jusqu'au bout Pammène avait tenté....

SCÈNE III. — ÉGISTHE, CLYTEMNESTRE, ÉLECTRE,
IPHISE, GARDES.

ÉGISTHE.

Qu'on saisisse Pammène, et qu'il soit confronté
Avec ces étrangers destinés au supplice ;
Il est leur confident, leur ami, leur complice.
Dans quel piége effroyable ils allaient me jeter !
L'un des deux est Oreste, en pouvez-vous douter
(A Clytemnestre.)
Cessez de vous tromper, cessez de le défendre.

Je vois tout, et trop bien. Cette urne, cette cendre,
C'est celle de mon fils; un père gémissant
Tient de son assassin cet horrible présent.

CLYTEMNESTRE.

Croyez-vous...?

ÉGISTHE.

Oui, j'en crois cette haine jurée
Entre tous les enfants de Thyeste et d'Atrée;
J'en crois le temps, les lieux marqués par cette mort,
Et ma soif de venger son déplorable sort,
Et les fureurs d'Électre, et les larmes d'Iphise,
Et l'indigne pitié dont votre âme est surprise.
Oreste vit encore, et j'ai perdu mon fils !
Le détestable Oreste en mes mains est remis;
Et, quel qu'il soit des deux, juste dans ma colère,
Je l'immole à mon fils, je l'immole à sa mère.

CLYTEMNESTRE.

Eh bien ! ce sacrifice est horrible à mes yeux.

ÉGISTHE.

A vous ?

CLYTEMNESTRE.

Assez de sang a coulé dans ces lieux.
Je prétends mettre un terme au cours des homicides,
A la fatalité du sang des Pélopides.
Si mon fils, après tout, n'est pas entre vos mains
Pourquoi verser du sang sur des bruits incertains ?
Pourquoi vouloir sans fruit la mort de l'innocence ?
Seigneur, si c'est mon fils, j'embrasse sa défense.
Oui, j'obtiendrai sa grâce, en dussé-je périr.

ÉGISTHE.

Je dois la refuser, afin de vous servir.
Redoutez la pitié qu'en votre âme on excite.
Tout ce qui vous fléchit me révolte et m'irrite.
L'un des deux est Oreste, et tous deux vont périr.
Je ne puis balancer, je n'ai point à choisir.
A moi, soldats.

IPHISE.

Seigneur, quoi ! sa famille entière
Perdra-t-elle à vos pieds ses cris et sa prière ?
(Elle se jette à ses pieds.)
Avec moi, chère Électre, embrassez ses genoux
Votre audace vous perd.

ÉLECTRE.

Où me réduisez-vous ?
Quel affront pour Oreste, et quel excès de honte !
Elle me fait horreur.... Eh bien ! je la surmonte.
Eh bien ! j'ai donc connu la bassesse et l'effroi

Je fais ce que jamais je n'aurais fait pour moi.
(Sans se mettre à genoux.)
Cruel! si ton courroux peut épargner mon frère
(Je ne puis oublier le meurtre de mon père,
Mais je pourrais du moins, muette à ton aspect,
Me forcer au silence, et peut-être au respect),
Que je demeure esclave, et que mon frère vive.

ÉGISTHE.
Je vais frapper ton frère, et tu vivras captive :
Ma vengeance est entière; au bord de son cercueil,
Je te vois, sans effet, abaisser ton orgueil.

CLYTEMNESTRE.
Égisthe, c'en est trop; c'est trop braver peut-être
Et la veuve et le sang du roi qui fut ton maître.
Je défendrai mon fils; et, malgré tes fureurs,
Tu trouveras sa mère encor plus que ses sœurs.
Que veux-tu? ta grandeur, que rien ne peut détruire,
Oreste en ta puissance, et qui ne peut te nuire,
Electre enfin soumise, et prête à te servir,
Iphise à tes genoux, rien ne peut te fléchir!
Va, de tes cruautés je fus assez complice;
Je t'ai fait en ces lieux un trop grand sacrifice.
Faut-il, pour t'affermir dans ce funeste rang,
T'abandonner encor le plus pur de mon sang?
N'aurai-je donc jamais qu'un époux parricide?
L'un massacre ma fille aux campagnes d'Aulide,
L'autre m'arrache un fils, et l'égorge à mes yeux,
Sur la cendre du père, à l'aspect de ses dieux.
Tombe avec moi plutôt ce fatal diadème,
Odieux à la Grèce, et pesant à moi-même!
Je t'aimai, tu le sais, c'est un de mes forfaits;
Et le crime subsiste ainsi que mes bienfaits.
Mais enfin de mon sang mes mains seront avares
Je l'ai trop prodigué pour des époux barbares;
J'arrêterai ton bras levé pour le verser.
Tremble, tu me connais..... tremble de m'offenser.
Nos nœuds me sont sacrés, et ta grandeur m'est chère,
Mais Oreste est mon fils; arrête, et crains sa mère.

ÉLECTRE.
Vous passez mon espoir. Non, madame, jamais
Le fond de votre cœur n'a conçu les forfaits.
Continuez, vengez vos enfants et mon père.

ÉGISTHE.
Vous comblez la mesure, esclave téméraire.
Quoi donc! d'Agamemnon la veuve et les enfants
Arrêteraient mes coups par des cris menaçants!
Quel démon vous aveugle, ô reine malheureuse?

ACTE V, SCÈNE III.

Et de qui prenez-vous la défense odieuse ?
Contre qui ? juste ciel !... Obéissez, courez :
Que tous deux dans l'instant à la mort soient livrés.

SCÈNE IV. — ÉGISTHE, CLYTEMNESTRE, ÉLECTRE, IPHISE, DIMAS.

DIMAS.
Seigneur !

ÉGISTHE.
Parlez. Quel est ce désordre funeste ?
Vous vous troublez !

DIMAS.
On vient de découvrir Oreste.

IPHISE.
Qui, lui ?

CLYTEMNESTRE.
Mon fils ?

ÉLECTRE.
Mon frère ?

ÉGISTHE.
Eh bien, est-il puni ?

DIMAS.
Il ne l'est pas encor.

ÉGISTHE.
Je suis désobéi

DIMAS.
Oreste s'est nommé dès qu'il a vu Pammène.
Pylade, cet ami qui partage sa chaîne,
Montre aux soldats émus le fils d'Agamemnon ;
Et je crains la pitié pour cet auguste nom.

ÉGISTHE.
Allons, je vais paraître, et presser leur supplice.
Qui n'ose me venger sentira ma justice.
Vous, retenez ses sœurs ; et vous, suivez mes pas.
Le sang d'Agamemnon ne m'épouvante pas.
Quels mortels et quels dieux pourraient sauver Oreste
Du père de Plistène et du fils de Thyeste ?

SCÈNE V. — CLYTEMNESTRE, ÉLECTRE, IPHISE

IPHISE.
Suivez-le, montrez-vous ne craignez rien, parlez,
Portez les derniers coups dans les cœurs ébranlés.

ÉLECTRE.
Au nom de la nature, achevez votre ouvrage ;
De Clytemnestre enfin déployez le courage.
Volez, conduisez-nous.

CLYTEMNESTRE.
Mes filles, ces soldats
Me respectent à peine, et retiennent vos pas.
Demeurez; c'est à moi, dans ce moment si triste,
De répondre des jours et d'Oreste et d'Égisthe :
Je suis épouse et mère; et je veux à la fois,
Si j'en puis être digne, en remplir tous les droits.
(Elle sort.)

SCÈNE VI. — ÉLECTRE, IPHISE.

IPHISE.
Ah! le dieu qui nous perd en sa rigueur persiste
En défendant Oreste, elle ménage Égisthe.
Les cris de la pitié, du sang, et des remords,
Seront contre un tyran d'inutiles efforts.
Égisthe furieux, et brûlant de vengeance,
Consomme ses forfaits pour sa propre défense;
Il condamne, il est maître; il frappe, il faut périr.

ÉLECTRE.
Et j'ai pu le prier avant que de mourir!
Je descends dans la tombe avec cette infamie,
Avec le désespoir de m'être démentie!
J'ai supplié ce monstre, et j'ai hâté ses coups.
Tout ce qui dut servir s'est tourné contre nous.
Que font tous ces amis dont se vantait Pammène;
Ces peuples dont Égisthe a soulevé la haine;
Ces dieux qui de mon frère armaient le bras vengeur,
Et qui lui défendaient de consoler sa sœur;
Ces filles de la nuit, dont les mains infernales
Secouaient leurs flambeaux sous ces voûtes fatales?
Quoi! la nature entière, en ce jour de terreur,
Paraissait à ma voix s'armer en ma faveur;
Et tout est pour Égisthe, et mon frère est sans vie,
Et les dieux, les mortels, et l'enfer, m'ont trahie!

SCÈNE VII. — ÉLECTRE, PYLADE, IPHISE, SOLDATS.

ÉLECTRE.
En est-ce fait, Pylade?

PYLADE.
Oui, tout est accompli,
Tout change, Électre est libre, et le ciel obéi.

ÉLECTRE.
Comment?

PYLADE.
Oreste règne, et c'est lui qui m'envoie

IPHISE.
Justes dieux!

ÉLECTRE.
    Je succombe à l'excès de ma joie
Oreste! est-il possible?
PYLADE.
    Oreste, tout-puissant,
Va venger sa famille et le sang innocent.
ÉLECTRE.
Quel miracle a produit un destin si prospère?
PYLADE.
Son courage, son nom, le nom de votre père,
Le vôtre, vos vertus, l'excès de vos malheurs,
La pitié, la justice, un dieu qui parle aux cœurs
Par les ordres d'Égisthe on amenait à peine,
Pour mourir avec nous, le fidèle Pammène;
Tout un peuple suivait, morne, glacé d'horreur:
J'entrevoyais sa rage à travers sa terreur;
La garde retenait leurs fureurs interdites.
Oreste se tournant vers ses fiers satellites :
« Immolez, a-t-il dit, le dernier de vos rois;
L'osez-vous? » A ces mots, au son de cette voix,
A ce front où brillait la majesté suprême,
Nous avons tous cru voir Agamemnon lui-même,
Qui, perçant du tombeau les gouffres éternels,
Revenait en ces lieux commander aux mortels.
Je parle : tout s'émeut; l'amitié persuade :
On respecte les nœuds d'Oreste et de Pylade :
Des soldats avançaient pour nous envelopper;
Ils ont levé le bras, et n'ont osé frapper :
Nous sommes entourés d'une foule attendrie;
Le zèle s'enhardit, l'amour devient furie.
Dans les bras de ce peuple Oreste était porté.
Égisthe avec les siens, d'un pas précipité,
Vole, croit le punir, arrive, et voit son maître.
J'ai vu tout son orgueil à l'instant disparaître,
Ses esclaves le fuir, ses amis le quitter,
Dans sa confusion ses soldats l'insulter.
O jour d'un grand exemple! ô justice suprême!
Des fers que nous portions il est chargé lui-même.
La seule Clytemnestre accompagne ses pas,
Le protége, l'arrache aux fureurs des soldats,
Se jette au milieu d'eux, et d'un front intrépide
A la fureur commune enlève le perfide,
Le tient entre ses bras, s'expose à tous les coups,
Et conjure son fils d'épargner son époux.
Oreste parle au peuple; il respecte sa mère;
Il remplit les devoirs et de fils et de frère.
A peine délivré du fer de l'ennemi,

C'est un roi triomphant sur son trône affermi.
IPHISE.
Courons, venez orner ce triomphe d'un frère ;
Voyons Oreste heureux, et consolons ma mère.
ÉLECTRE.
Quel bonheur inouï, par les dieux envoyé !
Protecteur de mon sang, héros de l'amitié,
Venez.
PYLADE, *à sa suite.*
Brisez, amis, ces chaînes si cruelles ;
Fers, tombez de ses mains ; le sceptre est fait pour elles.
(On lui ôte ses chaînes.)

SCÈNE VIII. — ÉLECTRE, IPHISE, PAMMÈNE.

ÉLECTRE.
Ah ! Pammène, où trouver mon frère, mon vengeur ?
Pourquoi ne vient-il pas ?
PAMMÈNE.
Ce moment de terreur
Est destiné, madame, à ce grand sacrifice
Que la cendre d'un père attend de sa justice :
Tel est l'ordre qu'il suit. Cette tombe est l'autel
Où sa main doit verser le sang du criminel.
Daignez l'attendre ici, tandis qu'il venge un père.
Ce devoir redoutable est juste et nécessaire ;
Mais ce spectacle horrible aurait souillé vos yeux.
Vous connaissez les lois qu'Argos tient de ses dieux :
Elles ne souffrent point que vos mains innocentes
Avant le temps prescrit pressent ses mains sanglantes.
IPHISE.
Mais que fait Clytemnestre en ces moments d'horreur ?
Voyons-la.
PAMMÈNE.
Clytemnestre, en proie à sa fureur,
De son indigne époux défend encor la vie ;
Elle oppose à son fils une main trop hardie.
ÉLECTRE.
Elle défend Égisthe.... elle de qui le bras
A sur Agamemnon.... Dieux, ne le souffrez pas !
PAMMÈNE.
On dit que dans ce trouble on voit les Euménides
Sourdes à la prière, et de meurtres avides,
Ministres des arrêts prononcés par le sort,
Marcher autour d'Oreste, en appelant la mort[1].

[1]. Quoique cette catastrophe, imitée de Sophocle, soit, sans aucune comparaison, beaucoup plus théâtrale et plus tragique que l'autre ma-

ACTE V, SCÈNE VIII.

IPHISE.
Jour terrible et sanglant soyez un jour de grâce;
Terminez les malheurs attachés à ma race.
Ah, ma sœur! ah, Pylade! entendez-vous ces cris?
ÉLECTRE.
C'est ma mère!
PAMMÈNE.
Elle-même.
CLYTEMNESTRE, *derrière la scène.*
Arrête!
IPHISE.
Ciel!
CLYTEMNESTRE, *derrière la scène.*
Mon fils
ÉLECTRE.
Il frappe Égisthe. Achève et sois inexorable;
Venge-nous, venge-la; tranche un nœud si coupable
Immole entre ses bras cet infâme assassin;
Frappe, dis-je.
CLYTEMNESTRE.
Mon fils!... j'expire de ta main.
PYLADE.
O destinée!
IPHISE.
O crime!

nière dont on a joué la fin de la pièce, cependant j'ai été obligé de préférer sur le théâtre cette seconde leçon, toute faible qu'elle est, à la première. Rien n'est plus aisé et plus commun parmi nous que de jeter du ridicule sur une action théâtrale à laquelle on n'est pas accoutumé. Les cris de Clytemnestre, qui faisaient frémir les Athéniens, auraient pu, sur un théâtre mal construit, et confusément rempli de jeunes gens, faire rire des Français; et c'est ce que prétendait une cabale un peu violente. Cette action théâtrale a fait beaucoup d'effet à Versailles, parce que la scène, quoique trop étroite, était libre, et que le fond, plus rapproché, laissait entendre Clytemnestre avec plus de terreur, et rendait sa mort plus présente; mais je doute que l'exécution eût pu réussir à Paris.

Voici donc la manière dont on a gâté la fin de la pièce de Sophocle:

On dit que dans ce trouble on voit les Euménides,
Sourdes à la prière, et de vengeances avides,
Ministres des arrêts prononcés par le sort,
Marcher autour d'Oreste en appelant la mort.
IPHISE.
Il vient: il est vengé; je le vois.
ÉLECTRE.
Cher Oreste,
Je peux vous embrasser. Dieux! quel accueil funeste,
Quels regards effrayants!
ORESTE.
O terre, entr'ouvre-toi:
Clytemnestre, Tantale, Atrée, attendez-moi;
Je vous suis aux enfers, éternelles victimes, etc.

ÉLECTRE.

Ah! trop malheureux frère!
Quel forfait a puni les forfaits de ma mère!
Jour à jamais affreux!

SCÈNE IX. — LES PRÉCÉDENTS, ORESTE.

ORESTE.

O terre, entr'ouvre-toi!
Clytemnestre, Tantale, Atrée, attendez-moi!
Je vous suis aux enfers, éternelles victimes;
Je dispute avec vous de tourments et de crimes.

ÉLECTRE.

Qu'avez-vous fait, cruel?

ORESTE.

Elle a voulu sauver....
Et les frappant tous deux.... Je ne puis achever.

ÉLECTRE.

Quoi! de la main d'un fils? quoi! par ce coup funeste,
Vous...?

ORESTE.

Non, ce n'est pas moi; non, ce n'est point Oreste:
Un pouvoir effroyable a seul conduit mes coups.
Exécrable instrument d'un éternel courroux,
Banni de mon pays par le meurtre d'un père,
Banni du monde entier par celui de ma mère,
Patrie, États, parents, que je remplis d'effroi,
Innocence, amitié, tout est perdu pour moi!
Soleil, qu'épouvanta cette affreuse contrée,
Soleil, qui reculas pour le festin d'Atrée,
Tu luis encor pour moi! tu luis pour ces climats!
Dans l'éternelle nuit tu ne nous plonges pas!
Dieux, tyrans éternels, puissance impitoyable,
Dieux qui me punissez, qui m'avez fait coupable!
Eh bien! quel est l'exil que vous me destinez?
Quel est le nouveau crime où vous me condamnez?
Parlez... Vous prononcez le nom de la Tauride:
J'y cours, j'y vais trouver la prêtresse homicide,
Qui n'offre que du sang à des dieux en courroux,
A des dieux moins cruels, moins barbares que vous.

ÉLECTRE.

Demeurez : conjurez leur justice et leur haine.

PYLADE.

Je te suivrai partout où leur fureur t'entraîne.
Que l'amitié triomphe, en ce jour odieux,
Des malheurs des mortels, et du courroux des dieux.

VARIANTES.

SCÈNE PREMIÈRE,

DE L'ÉDITION DE 1750, QUI RÉPOND AUX TROIS PREMIÈRES SCÈNES DE CETTE ÉDITION.

ORESTE, PYLADE, PAMMÈNE.

Un esclave, dans l'enfoncement, porte une urne et une épée.)

PAMMÈNE.

Que béni soit le jour si longtemps attendu,
Où le fils de mon maître, à nos larmes rendu,
Vient, digne de sa race et de sa destinée,
Venger d'Agamemnon la cendre profanée !
Je crains que le tyran, par son trouble averti,
Ne détourne un destin déjà trop pressenti.
Il n'a fait qu'entrevoir et son juge et son maître,
Et sa rage a déjà semblé le reconnaître.
Il s'informe, il s'agite, il veut surtout vous voir :
Vous-même vous mêlez la crainte à mon espoir.
De vos ordres secrets exécuteur fidèle,
Je sonde les esprits, j'encourage leur zèle ;
Des sujets gémissants consolant la douleur,
Je leur montre de loin leur maître et leur vainqueur.
La race des vrais rois tôt ou tard est chérie ;
Le cœur s'ouvre aux grands noms d'Oreste et de patrie.
Tout semble autour de moi sortir d'un long sommeil,
La vengeance assoupie est au jour du réveil,
Et le peu d'habitants de ces tristes retraites
Lève les mains au ciel, et demande où vous êtes
Mais je frémis de voir Oreste en ce désert,
Sans armes, sans soldats, prêt d'être découvert.
D'un barbare ennemi l'active vigilance
Peut prévenir d'un coup votre juste vengeance ;
Et contre ce tyran, sur le trône affermi,
Vous n'amenez, hélas ! qu'Oreste et son ami.

PYLADE.

C'est assez, et du ciel je reconnais l'ouvrage :
Il nous a tout ravi par ce cruel naufrage ;
Il veut seul accomplir ses augustes desseins ;
Pour ce grand sacrifice il ne veut que nos mains.
Tantôt de trente rois il arme la vengeance ;
Tantôt trompant la terre, et frappant en silence,
Il veut, en signalant son pouvoir oublié,
N'armer que la nature et la seule amitié.

ORESTE.

Avec un tel secours, Oreste est sans alarmes.
Je n'aurai pas besoin de plus puissantes armes.

PYLADE.

Prends garde, cher Oreste, à ne pas t'égarer

Au sentier qu'un dieu même a daigné te montrer.
Prends garde à tes serments, à cet ordre suprême
De cacher ton retour à cette sœur qui t'aime;
Ton repos, ton bonheur, ton règne est à ce prix.
Commande à tes transports, dissimule, obéis;
Il la faut abuser encor plus que sa mère.

PAMMÈNE.

Remerciez les dieux de cet ordre sévère.
A peine j'ai trompé ses transports indiscrets :
Déjà portant partout ses pleurs et ses regrets,
Appelant à grands cris son vengeur et son frère,
Et courant sur vos pas dans ce lieu solitaire,
Elle m'interrogeait et me faisait trembler.
La nature en secret semblait lui révéler,
Par un pressentiment trop tendre et trop funeste,
Que le ciel en ses bras remet son cher Oreste.
Son cœur trop plein de vous ne peut se contenir.

ORESTE.

Quelle contrainte, ô dieux! puis-je la soutenir?

PYLADE.

Vous balancez! songez aux menaces terribles
Que vous faisaient ces dieux dont les secours sensibles
Vous ont rendu la vie au milieu du trépas.
Contre leurs volontés si vous faites un pas
Ce moment vous dévoue à leur haine fatale.
Tremblez, malheureux fils d'Atrée et de Tantale;
Tremblez de voir sur vous, dans ces lieux détestés,
Tomber tous ces fléaux du sang dont vous sortez.

ORESTE.

Quel est donc, cher ami, le destin qui nous guide?
Quel pouvoir invincible à tous nos pas préside?
Moi, sacrilége! moi, si j'écoute un instant
La voix du sang qui parle à ce cœur gémissant!
O justice éternelle, abîme impénétrable!
Ne distinguez-vous point le faible et le coupable,
Le mortel qui s'égare ou qui brave vos lois,
Qui trahit la nature, ou qui cède à sa voix?
N'importe : est-ce à l'esclave à condamner son maître?
Le ciel ne nous doit rien quand il nous donne l'être.
J'obéis, je me tais. Nous avons apporté
Cette urne, cet anneau, ce fer ensanglanté :
Il suffit; offrons-les loin d'Electre affligée.
Allons, je la verrai quand je l'aurai vengée.

(A Pammène.)

Va préparer les cœurs au grand événement
Que je dois consommer, et que la Grèce attend.
Trompe surtout Égisthe et ma coupable mère :
Qu'ils goûtent de ma mort la douceur passagère;
Si pourtant une mère a pu porter jamais
Sur la cendre d'un fils des regards satisfaits.
Va, nous les attendrons tous deux à leur passage.

VARIANTES.

SCÈNE II. — ÉLECTRE, IPHISE, *d'un côté*; ORESTE, PYLADE, *de l'autre, avec l'esclave qui porte l'urne et l'épée.*

ÉLECTRE, *à Iphise.*

L'espérance trompée accable et décourage.
Un seul mot de Pammène a fait évanouir
Ces songes imposteurs dont vous osiez jouir.
Ce jour faible et tremblant qui consolait ma vue
Laisse une horrible nuit sur mes yeux répandue.
Ah! la vie est pour nous un cercle de douleurs.

ORESTE, *à Pylade.*

Quelle est cette princesse et cette esclave en pleurs?

IPHISE, *à Électre.*

D'une erreur trop flatteuse, ô suite trop cruelle!

ÉLECTRE.

Oreste, cher Oreste! en vain je vous rappelle,
En vain pour vous revoir j'ai prolongé mes jours.

ORESTE.

Quels accents! Elle appelle Oreste à son secours.

IPHISE, *à Électre.*

Voilà ces étrangers.

ÉLECTRE, *à Iphise.*

Que ses traits m'ont frappée!
Hélas! ainsi que vous j'aurais été trompée.
(*A Oreste.*)
Eh! qui donc êtes-vous, étrangers malheureux?
Et qu'osez-vous chercher sur ce rivage affreux?

PYLADE.

Nous attendons ici les ordres, la présence
Du roi qui tient Argos sous son obéissance.

ÉLECTRE.

Qui? du roi? quoi! des Grecs osent donner ce nom
Au tyran qui versa le sang d'Agamemnon!

ORESTE.

Cher Pylade, à ces mots, aux douleurs qui la pressent,
Aux pleurs qu'elle répand, tous mes troubles renaissent.
Ah! c'est Électre.

ÉLECTRE.

Hélas! vous voyez qui je suis :
On reconnaît Électre à ses affreux ennuis.

IPHISE.

Du vainqueur d'Ilion voilà le triste reste,
Ses deux filles, les sœurs du malheureux Oreste.

ORESTE.

Ciel! soutiens mon courage.

ÉLECTRE.

Eh! que demandez-vous
Au tyran dont le bras s'est déployé sur nous?

PYLADE.

Je lui viens annoncer un destin trop propice.

ORESTE.

Que ne puis-je du vôtre adoucir l'injustice!
Je vous plains toutes deux : je déteste un devoir

ORESTE.
Qui me force à combler votre long désespoir.
IPHISE.
Serait-il donc pour nous encor quelque infortune?
ÉLECTRE.
Parlez, délivrez-nous d'une vie importune.
PYLADE.
Oreste....
ÉLECTRE.
Eh bien! Oreste...?
ORESTE.
Où suis-je?
IPHISE, *en voyant l'urne.*
Dieux vengeurs!...
ÉLECTRE.
Cette cendre.... on se tait..., mon frère.... Je me meurs.
IPHISE.
Il n'est donc plus! faut-il voir encor la lumière!
ORESTE, *à Pylade.*
Elle semble toucher à son heure dernière.
Ah! pourquoi l'ai-je vue, impitoyables dieux!
(*A celui qui porte l'urne.*)
Otez ce monument, gardé pour d'autres yeux.

ACTE SECOND.

SCÈNE I.

PYLADE.
Qui t'a livré le fils, qui t'a promis le père,
Qui veille sur le juste, et venge les forfaits.
ORESTE.
Ce dieu, dans sa colère, a repris ses bienfaits;
Sa faveur est trompeuse, et dans toi je contemple
Des changements du sort un déplorable exemple.
As-tu, dans ces rochers qui défendent ces bords,
Où nous avons pris terre après de longs efforts,
As-tu caché cette urne et ces marques funèbres,
Qu'en des lieux détestés, par le crime célèbres,
Dans ce champ de Mycène où régnaient mes aïeux,
Nous devions apporter par les ordres des dieux,
Cette urne qui contient les cendres de Plisthène,
Ces dépôts, ces témoins de vengeance et de haine,
Qui devaient d'un tyran tromper les yeux cruels?
PYLADE.
Oui, j'ai rempli ces soins.
ORESTE.
O décrets éternels!
Quel fruit tirerons-nous de cette obéissance?
Ami, qu'est devenu le jour de la vengeance?
Reverrai-je jamais ce palais, ce séjour,
Ce lieu cher et terrible où j'ai reçu le jour?
Où marcher? où trouver cette sœur généreuse

VARIANTES.

Dont la Grèce a vanté la vertu courageuse,
Que l'on admire, hélas! qu'on n'ose secourir,
Qui conserva ma vie, et m'apprit à souffrir;
Qui, digne en tous les temps d'un père magnanime,
N'a jamais succombé sous la main qui l'opprime?
Quoi donc! tant de héros, tant de rois, tant d'États,
Ont combattu dix ans pour venger Ménélas?
Agamemnon périt, et la Grèce est tranquille?
Dans l'univers entier son fils n'a point d'asile;
Et j'eusse été sans toi, sans ta tendre amitié,
Aux plus vils des mortels un objet de pitié :
Mais le ciel me soutient quand il me persécute;
Il m'a donné Pylade, et ne veut point ma chute
Il m'a fait vaincre au moins un indigne ennemi,
Et la mort de mon père est vengée à demi.
Mais que nous servira cette cendre funeste
Que nous devions offrir pour la cendre d'Oreste?
Quel chemin peut conduire à cette affreuse cour

PYLADE.

Regarde ce palais, etc.

FIN D'ORESTE.

DISSERTATION
SUR
LES PRINCIPALES TRAGÉDIES ANCIENNES ET MODERNES,
QUI ONT PARU SUR LE SUJET D'ÉLECTRE, ET EN PARTICULIER SUR CELLE DE SOPHOCLE[1].

PAR M. DUMOLARD, MEMBRE DE PLUSIEURS ACADÉMIES.

> « Un bon critique suit toujours les règles de l'équité, et reprend en tout temps et en tout lieu ceux qui commettent des fautes. »
> (Traduction de deux vers d'Euripide.)

Le sujet d'*Électre*, un des plus beaux de l'antiquité, a été traité par les plus grands maîtres et chez toutes les nations qui ont eu du goût pour les spectacles. Eschyle, Sophocle, Euripide, l'ont embelli à l'envi chez les Grecs. Les Latins ont eu plusieurs tragédies sur ce sujet. Virgile (*Æn.* IV, 471) le témoigne par ce vers :

Aut Agamemnonius scenis agitatus Orestes.

Ce qui donne à entendre que cette pièce était souvent représentée à Rome. Cicéron, dans le livre *de Finibus*, cite un fragment d'une tragédie d'*Oreste*, fort applaudie de son temps. Suétone dit que Néron chanta le rôle d'Oreste parricide; et Juvénal (satire I, vers 5) parle d'un *Oreste* qui était d'une longueur rebutante, et auquel l'auteur n'avait pas encore mis la dernière main :

*.... Summi plena jam margine libri
Scriptus, et in tergo, necdum finitus Orestes.*

Baïf est le premier qui ait traité ce sujet en notre langue. Son ouvrage n'est qu'une traduction de l'*Électre* de Sophocle : il a eu le sort de toutes les pièces de théâtre de son siècle. L'*Électre* de M. de Longepierre, faite en 1760, ne fut jouée, je crois, qu'en 1718. Pendant cet intervalle, M. de Crébillon donna sa tragédie d'*Électre*. Je ne connais que le titre de l'*Électre* du baron de Walef, qui a paru dans les Pays-Bas. Enfin M. de Voltaire vient de nous donner une tragédie d'*Oreste*. Erasmo di Valvasone a traduit en italien l'*Électre* de Sophocle, et Rucellai a fait une tragédie d'*Oreste*, qui se trouve dans le premier volume du Théâtre italien, donné par M. le marquis de Maffei, à Vérone, en 1723.

Je diviserai cette dissertation en trois parties. Je rechercherai dans la première quels sont les fondements de la préférence que tous les siècles ont donnée à la tragédie d'*Électre* de Sophocle sur celle d'Euripide et sur les *Choéphores* d'Eschyle.

Dans la seconde, j'examinerai sans prévention ce qu'on doit penser de l'entreprise de l'auteur de la tragédie d'*Oreste*, de

---

1. Cette dissertation, qui parut en 1750, a été probablement revue par Voltaire, et a toujours été comprise dans ses *Œuvres*. (ÉD.)

traiter ce sujet sans ce que nous appelons épisodes, et avec la simplicité des anciens, et de la manière dont il a exécuté cette entreprise.

Dans la troisième et dernière partie, je ferai voir combien il est difficile de s'écarter de la route que les anciens nous ont frayée en traitant ce sujet, sans détruire le bon goût, et sans tomber dans des défauts qui passent même des pensées aux expressions.

Je soumets tout ce que je dirai dans cet écrit au jugement de ceux qui aiment sincèrement les belles-lettres, qui ont fait de bonnes études, qui connaissent en même temps le génie de la langue grecque et celui de la nôtre, qui, sans être les adorateurs serviles et aveugles des anciens, connaissent leurs beautés, les sentent, et leur rendent justice, et qui joignent l'érudition à la saine critique. Je récuse tous les autres juges comme incompétents.

Je ne cherche qu'à être utile : je ne veux faire ni d'éloge ni de satire. Le théâtre, que je regarde comme l'école de la jeunesse, mérite qu'on en parle d'une manière plus sérieuse et plus approfondie qu'on ne fait d'ordinaire dans tout ce qui s'écrit pour et contre les pièces nouvelles [1]. Le public est las de tous ces écrits, qui sont plutôt des libelles que des instructions, et de tous ces jugements dictés par un esprit de cabale et d'ignorance. Quiconque ose porter un jugement doit le motiver, sans quoi il se déclare lui-même indigne d'avoir un avis : je n'ai formé le mien qu'après avoir consulté les gens de lettres les plus éclairés. C'est ce qui m'enhardit à me nommer, afin de n'être pas confondu avec les auteurs de tant d'écrit ténébreux, dont le moins qu'on puisse dire est qu'ils sont inutiles.

PREMIÈRE PARTIE. — *De l'Électre de Sophocle.*

On a toujours regardé l'*Électre* de Sophocle comme un chef-d'œuvre, soit par rapport au temps auquel elle a été composée, soit par rapport au peuple pour lequel elle a été faite. Ce temps touchait à celui de l'invention de la tragédie. Trois illustres rivaux, les chefs et les modèles de tous ceux qui ont excellé depuis dans le genre dramatique, se disputèrent la victoire. Les pièces des deux antagonistes de Sophocle furent louées, furent même récompensées; la sienne fut couronnée et préférée. Toute la nation grecque et toute la postérité n'ont jamais varié sur ce jugement. Elle tira des gémissements et des larmes; elle excita même des cris qu'arrachaient la terreur et la pitié portées à leur comble : on ne peut la lire dans l'original sans répandre des pleurs. Tel est l'effet que produisit et que produit encore de nos jours la scène de l'urne, que toute l'antiquité a regardée comme un chef-d'œuvre de l'art dramatique. Aulu-Gelle rapporte que de son temps, sous l'empire d'Adrien, un acteur, nommé Paulus, qui

---

[1] Le P. Rapin, dans ses *Réflexions sur la Poétique*, dit, après Aristote, que la tragédie est une leçon publique, plus instructive, sans comparaison, que la philosophie, parce qu'elle instruit l'esprit par les sens, et qu'elle rectifie les passions par les passions mêmes, en calmant, par leur émotion, le trouble qu'elles excitent dans le cœur.

faisait le rôle d'Électre, fit tirer du tombeau l'urne qui contenait les cendres de son fils bien-aimé; et, comme si c'eût été l'urne d'Oreste, il remplit toute l'assemblée, non pas d'une simple émotion de douleur bien imitée, mais de cris et de pleurs véritables. Effectivement, cette scène est un modèle achevé du pathétique : en la lisant, on se représente un grand peuple pénétré, qui ne peut retenir ses larmes; on croit entendre les soupirs et les sanglots, interrompus de temps en temps par les cris les plus douloureux : mais bientôt un silence morne, signe de la consternation générale, succède à ce bruit; tout le peuple semble tomber avec Électre dans le désespoir, à la vue de ce grand objet de terreur et de compassion.

Si tous les Grecs et les Romains, si les deux nations les plus célèbres du monde, et qui ont le plus cultivé et chéri la littérature et la poésie, si deux peuples entiers aussi spirituels et aussi délicats, si tous ceux qui depuis eux, dans d'autres pays et avec des mœurs différentes, ont aimé les lettres grecques et ont été en état de sentir les beautés de cette pièce, se sont tous unanimement accordés à penser de même de l'*Électre* de Sophocle, il faut absolument que ces beautés soient de tous les temps et de tous les lieux.

En effet, tout ce qui peut concourir à rendre une pièce excellente se trouve dans celle-ci : fable bien constituée; exposition claire, noble, entière; observation parfaite des règles de l'art; unité de lieu, d'action et de temps (l'action ne dure précisément que le temps de la représentation); conduite sage; mœurs ou caractères vrais, et toujours également soutenus. Électre y respire continuellement la douleur et la vengeance, sans aucun mélange de passions étrangères. Oreste n'a d'autre idée que d'exécuter une entreprise aussi grande, aussi hardie, aussi difficile, qu'intéressante; son cœur est fermé à tout autre sentiment, à tout autre objet. La douleur de Chrysothémis, plus sage, plus modérée que celle de sa sœur, fait un contraste adroit et continuel avec les emportements d'Électre. Les sentiments y sont partout convenables. La scène d'Électre et de Chrysothémis fait sortir le caractère de la première par la douceur de celui de sa sœur. Ismène, dans la tragédie d'*Antigone*, de Sophocle, montre la même douceur par le même art, et pour faire contraster le caractère des deux sœurs. Ismène et Chrysothémis ont la même compassion et la même tendresse pour Antigone et pour Électre, pour Oreste et pour Polynice : la différence est qu'Antigone ayant un peu moins de dureté qu'Électre, Ismène, de son côté, a un peu plus de fermeté que Chrysothémis.

L'exposition produisait d'abord un spectacle frappant et un très-grand intérêt. L'immensité du théâtre, la magnificence artificieuse des décorations, qui suppose nécessairement une grande connaissance de la perspective, donnent lieu au gouverneur d'Oreste de lui faire observer deux villes, une forêt, des temples, des places publiques, et des palais. Un Français, peu versé dans l'histoire et dans la littérature grecque, peut traiter les villes d'Argos et de Mycène, le bois de la fille d'Inachus, célèbre par les fables d'Io et d'Argus, le palais d'Agamemnon, les temples les plus renommés; il peut, dis-je, les traiter d'objets peu intéressants; mais que ces objets étaient frappants pour toute la Grèce!

que notre théâtre est éloigné d'en offrir de pareils! Le reste du discours du gouverneur met le spectateur au fait, en très-peu de mots, de l'histoire d'Oreste et de son projet, que la réponse du héros achève d'expliquer. L'oracle lui défend d'avoir des troupes, et d'employer d'autres armes que la ruse et le secret.

Δόλοισι κλέψαι χειρὸς ἐνδίκους σφαγάς.

En conséquence, il envoie son gouverneur annoncer à Égisthe et à Clytemnestre qu'Oreste a été tué aux jeux pythiens. « Qu'importe, dit-il, qu'on dise que je suis mort, pourvu que je vive et que je me couvre de gloire? Quand un faux bruit nous procure un grand avantage, je ne puis le regarder comme un mal; » ce qui fait allusion à l'idée que les anciens avaient que ces bruits de mort étaient d'un mauvais augure.

Τί γάρ με λυπεῖ τοῦθ' ὅταν λόγῳ θανών
Ἔργοισι σωθῶ, κἀξενέγκωμαι κλέος;
Δοκῶ μὲν οὐδὲν ῥῆμα σὺν κέρδει κακόν.

Il sort ensuite pour aller faire des libations sur le tombeau de son père, ainsi qu'Apollon l'a ordonné. Sa conduite ne se dément point. Les caractères ne se démentent pas davantage. Même inflexibilité, même fureur dans Électre, même douceur dans Chrysothémis, même sagesse dans Oreste et dans le gouverneur, même fierté dans Clytemnestre. Traiter cette fierté de défaut, c'est insulter à toute l'antiquité, c'est ignorer ce que c'est que les mœurs dans un pareil sujet, c'est méconnaître la belle nature.

Je ne disconviendrai pas qu'avec toutes ces perfections on ne puisse faire quelques objections contre Sophocle. On dira que l'intrigue est très-simple; je l'avoue, et je crois même que c'est la plus grande beauté de la pièce. Cette simplicité irait au détriment de l'intrigue, si cette intrigue elle-même était autre chose qu'un tableau continu. Sophocle, ajoutera-t-on, manque de certains traits délicats et fins, que la tragédie a pu acquérir avec le temps. Les pensées n'y sont peut-être pas assez approfondies ni assez variées. Mais les Grecs, et Sophocle en particulier, connaissaient peu ces faibles ornements. Son pinceau hardi peignait tout à grands traits; il ne s'embarrassait que d'arriver au but.

On apporte les cendres d'Oreste, qu'on dit avoir été tué aux jeux pythiens, dont on fait une très-longue description, qui appartient plus à l'épopée qu'à la tragédie. Ce récit ne forme pas d'ailleurs de nœuds assez intrigués, il ne met point le héros auquel on s'intéresse en danger réel; il ne produit ni pitié ni terreur, du moins chez un peuple débarrassé du préjugé aveugle où vivaient les anciens, que ces bruits de mort étaient du plus sinistre présage. Mais ce même préjugé faisait que les Grecs n'en craignaient que plus pour Oreste; et cette crainte était si forte, qu'elle suspendait tous les mouvements précédents de terreur et de compassion. Quoique ce bruit de mort mette ce héros dans le plus grand danger de perdre la vie, Oreste foule aux pieds cette crainte, parce que le but de la tragédie est d'empêcher de craindre, avec trop de faiblesse, des disgrâces communes. Sophocle ménage la crainte des spectateurs, en faisant mépriser par Oreste ce mauvais présage : la crainte du héros se porte tout entière sur l'obéissance aveugle qu'on doit aux oracles.

D'ailleurs on a toujours excusé cette description épisodique par le goût décidé, par la passion furieuse que toute la nation grecque avait pour ces jeux : en effet, c'était un des endroits de la pièce les plus applaudis. On passait à Sophocle l'anachronisme formel en faveur de la beauté de ce morceau, et de l'intérêt qu'on prenait à cette magnifique description.

On dira peut-être encore que le gouverneur d'Oreste était bien hardi de débiter à une grande reine une fable dont elle pouvait d'un moment à l'autre reconnaître la fausseté. Toute la Grèce accourait aux jeux pythiens. N'y avait-il aucun habitant de Mycène ou d'Argos qui y eût assisté? Cela n'est pas probable. Personne n'en était-il encore revenu, quand le gouverneur faisait ce récit, ou quelqu'un ne pouvait-il pas en arriver dans le moment même? La reine pouvait en un instant découvrir l'imposture.

Cette objection tombe d'elle-même, pour peu que l'on fasse réflexion que l'action, qui ne dure que quatre heures, ou le temps de la représentation, est si pressée, que Clytemnestre et Égisthe sont tués avant qu'ils aient le temps d'être détrompés ; et encore un coup, le plaisir que ce morceau faisait à toute la nation, la beauté, la sublimité du style dans lequel il est écrit, l'emportèrent sur toutes les critiques.

Je ne saurais disconvenir que Sophocle, ainsi qu'Euripide, ne devaient pas faire de Pylade un personnage muet. Ils se sont privés par là de grandes beautés.

N'est-ce pas encore un défaut qu'Égisthe ne paraisse qu'à la dernière scène, et pour y recevoir la mort? Quel personnage que celui d'un roi qui ne vient que pour mourir ! Cependant il ne semble pas absolument nécessaire qu'Égisthe paraisse plus tôt. Le poëte inspire tant de terreur dans le cours de la pièce, qu'il n'a pas besoin d'introduire plus tôt un personnage qui ne produirait que de l'horreur, qui nuirait à son plan, ou qui du moins serait inutile.

Quant à l'atrocité de la catastrophe, elle paraît horrible dans nos mœurs ; elle n'était que terrible dans celles des Grecs. C'était un fait avoué de tout le monde qu'Oreste avait tué sa mère d'un propos délibéré, pour venger le meurtre de son père. Il n'était pas permis de déguiser ni de changer une fable universellement reçue[1] ; c'était même ce qui faisait tout le grand tragique, tout le terrible de cette action[2] : aussi voit-on qu'Eschyle et Euripide ont exactement suivi, comme Sophocle, l'histoire consacrée. Il me semble même que la mort de Clytemnestre, tuée par son fils, est en un sens moins atroce, et sans contredit beaucoup plus

---

[1]. Il faut que Clytemnestre soit tuée par Oreste. Aristot., *de Poët.*, cap. xv.

[2]. Un des principaux objets du poëme dramatique est d'apprendre aux hommes à ménager leur compassion pour des sujets qui le méritent ; car il y a de l'injustice d'être trop touché des malheurs de ceux qui méritent d'être misérables. On doit voir sans pitié, dit le P. Rapin, Clytemnestre tuée par son fils Oreste, dans Eschyle, parce qu'elle avait tué son époux ; et l'on ne peut voir sans compassion mourir Hippolyte, parce qu'il ne meurt que pour avoir été sage et vertueux. (Voy. *Réflexions sur la Poétique*.)

théâtrale et plus tragique, que le meurtre de Camille commis par Horace.

Elle me paraît moins atroce, en ce que Camille est innocente, et Clytemnestre est coupable du plus grand des crimes; crime dont elle se glorifie quelquefois, et dont elle n'a qu'un léger repentir : en cela, elle mérite infiniment plus d'être punie que Camille qui regrette son amant, et dont tout le crime ne consiste qu'en des paroles trop dures que lui arrache l'excès de sa douleur.

Elle est plus théâtrale en ce qu'elle fait le vrai sujet de la pièce, car cette mort est préparée et attendue; et celle de Camille, dans *les Horaces*, n'est qu'un événement imprévu, qui pouvait ne pas arriver, qui ne fait qu'une double action vicieuse et un cinquième acte inutile qui devient lui-même une triple action dans la pièce. Il n'y a qu'une seule action au contraire dans Sophocle, la punition des deux époux étant le seul sujet de la pièce. C'est cette unité qui contribuait tant au pathétique de la catastrophe. Quoi de plus pathétique en effet que ces cris de Clytemnestre : « O mon fils ! mon fils ! ayez pitié de celle qui vous a mis au monde ! »

. . . . . . Ὦ τέκνον, τέκνον,
Οἴκτειρε τὴν τεκοῦσαν.

On frémissait à cette terrible quoique juste réponse d'Electre : « Mais, vous-même, avez-vous eu pitié de son père et de lui ? »

Ἀλλ' οὐκ ἐκ σέθεν
Ὠκτείρεθ' οὗτος, οὔθ' ὁ γεννήσας πατήρ.

On tremblait à cette effrayante exclamation d'Electre à son frère : « Frappe, redouble, si tu le peux. »

. . . . . Παῖσον, εἰ σθένεις, διπλῆν.

Après quoi Clytemnestre expirante s'écrie : « Encore une fois, hélas ! »

Ὤ μοι μάλ' αὖθις.

« Qu'Egisthe, poursuit Electre, ne reçoit-il le même traitement ! »

. . . . . . Εἰ γὰρ Αἰγίσθῳ θ' ὁμοῦ !

Egisthe, qui arrive dans ces terribles circonstances, croyant voir le corps d'Oreste massacré, et découvrant ... de sa femme; la mort ignominieuse de cet assassin, qui n'a pas même la consolation de mourir volontairement et en homme libre, et à qui l'on annonce qu'il sera privé de la sépulture; tout cela forme le coup de théâtre le plus frappant et le plus terrible, je ne dis pas pour notre nation, mais pour toute celle des Grecs, qui n'était point amollie par des idées d'une tendresse lâche et efféminée; pour un peuple qui, d'ailleurs humain, éclairé, poli, autant qu'aucun peuple de la terre, ne cherchait point au théâtre ces sentiments fades et doucereux auxquels nous donnons le nom de galants, et qui par conséquent était plus disposé à recevoir les impressions d'un tragique atroce.

Combien ce peuple ne s'intéressait-il pas à la gloire d'Agamemnon, à son malheur, et à sa vengeance ? il entrait dans ces sentiments autant qu'Oreste lui-même. Les Grecs n'ignoraient pas que ce prince était coupable de tuer sa mère ; mais il fallait absolument représenter ce crime. La mort de Clytemnestre était juste, et son fils n'était coupable que par l'ordre formel des dieux, qui le conduisaient pas à pas dans ce crime, par celui des destinées, dont les arrêts étaient irrévocables, qui faisaient des malheureux mortels ce qu'il leur plaisait : *Qui nos homines quasi pilas habent*. Ainsi, en condamnant Oreste autant qu'ils le devaient, les Grecs ne condamnaient point Sophocle, et ils le comblaient, au contraire, de louanges. D'ailleurs tous les poëtes tragiques tiennent le langage de la philosophie stoïcienne.

Il me semble avoir montré les sources de l'admiration que tous les anciens ont eue pour l'*Électre* de Sophocle. Le parallèle de cette pièce avec celles d'Euripide et d'Eschyle sur ce sujet, qui sont à la vérité pleines de beautés, ne servira pas peu à démontrer entièrement combien elle leur est supérieure. On verra combien la conduite et l'intrigue de la pièce de Sophocle sont plus belles et plus raisonnables que celles des deux autres.

Plusieurs critiques ont douté que la tragédie d'*Électre*, que nous avons sous le nom d'Euripide, fût de ce grand maître ; on y trouve moins de chaleur et moins de liaison, et l'on pourrait soupçonner qu'elle est l'ouvrage d'un poëte fort postérieur. On sait que les savants de la célèbre école d'Alexandrie ont non-seulement rectifié et corrigé, mais aussi altéré et supposé plusieurs poëmes anciens. *Électre* était peut-être mutilée ou perdue de leur temps ; ils en auront lié tous les fragments pour en faire une pièce suivie. Quoi qu'il en soit, on y retrouve les fameux vers cités par Plutarque (dans la *Vie de Lysandre*), qui préservèrent Athènes d'une destruction totale, lorsque Lysandre s'en rendit le maître. En effet, comme les vainqueurs délibéraient le soir dans un festin s'ils raseraient seulement les murailles de la ville, ou s'ils la renverseraient de fond en comble, un Phocéen chanta ce beau chœur ; et tous les convives en furent si émus, qu'ils ne purent se résoudre à détruire une ville qui avait produit d'aussi beaux esprits, et d'aussi grands personnages.

Dans Euripide, Électre a été mariée par Égisthe à un homme sans bien et sans dignité, qui demeure hors de la ville, dans une maison conforme à sa fortune. La scène est devant cette maison ; ce qui ne produit pas une décoration bien magnifique. Cet époux d'Électre, qui, à la vérité, par respect, n'a eu aucun commerce avec elle, ouvre la scène, en fait l'exposition dans un long monologue. Ce défaut, qui se trouve dans presque toutes les premières scènes d'Euripide, rend ses expositions la plupart froides et peu liées avec la pièce.

Oreste est reconnu par un vieillard, en présence de sa sœur, par une cicatrice qu'il s'est faite au-dessus du sourcil, en courant, lorsqu'il était enfant, après un chevreuil.

Des critiques ont trouvé cette reconnaissance trop brusque, et celle de Sophocle trop traînante. Il semble qu'ils n'aient fait aucune attention aux mœurs de la nation grecque, et qu'ils n'aient connu ni le génie ni les grâces des deux tragiques.

Oreste va ensuite avec son ami Pylade assassiner Égisthe par derrière, pendant qu'il est penché pour considérer les entrailles d'une victime : ils le tuent au milieu d'un sacrifice et d'une cérémonie religieuse, parce que tous les droits divins et humains avaient été violés dans l'assassinat d'Agamemnon, commis dans son propre palais, par une ruse abominable, et lorsqu'il allait se mettre à table et faire des libations aux dieux. Ainsi ce récit de la mort d'Égisthe contient la description d'un sacrifice. Les Grecs étaient fort curieux de ces descriptions de sacrifices, de fêtes, de jeux, etc., ainsi que des marques, cicatrices, anneaux, bijoux, cassettes, et autres choses qui amènent les reconnaissances.

Le récit qu'Électre et son frère font de la manière dont ils ont assassiné leur mère, qui ne vient sur la scène que pour y être tuée, me paraît beaucoup plus atroce que la scène de Sophocle, que j'ai rapportée ci-dessus. Oreste est livré aux Furies, pour avoir exécuté l'ordre des dieux, pendant qu'Électre, qui se vante d'avoir vu cet horrible spectacle, d'avoir encouragé son frère, d'avoir conduit sa main, parce qu'Oreste s'était couvert le visage de son manteau; Électre, dis-je, est épargnée. Sophocle certainement l'emporte ici sur Euripide; mais les Dioscures, Castor et Pollux, frères de Clytemnestre, surviennent, et, loin de prendre la défense de leur sœur, ils rejettent le crime de ses enfants sur Apollon, envoient Oreste à Athènes pour y être expié, lui prédisent qu'il courra risque d'être condamné à mort, mais qu'Apollon le sauvera, en se chargeant lui-même de ce parricide. Ils lui annoncent ensuite un sort heureux, après qu'Électre aura épousé Pylade, époux digne en effet d'une aussi grande princesse, puisqu'il était fils d'une sœur d'Agamemnon, et qu'il descendait d'Éaque, fils de Jupiter et d'Égine. C'est ce qui justifie le reproche d'un critique à M. Racine, d'avoir fait de Pylade un confident trop subalterne dans *Andromaque*, et d'avoir déshonoré par là une amitié respectueuse entre deux princes dont la naissance était égale.

Quant à la pièce d'Eschyle, des filles étrangères, esclaves de Clytemnestre, mais attachées à Électre, portent des présents sur le tombeau d'Agamemnon : c'est ce qui a fait donner à la pièce le nom de *Choéphores*, ou porteuses de libations ou de présents, du mot grec χοή, qui signifie des libations qu'on faisait sur les tombeaux.

Oreste est reconnu par sa sœur dès le commencement de la pièce, par trois marques assez équivoques, les cheveux, la trace des pas, et la robe, ὕφασμα, qu'elle a tissue elle-même, il y avait sans doute longtemps.

Les anciens eux-mêmes se sont moqués de cette reconnaissance ; et M. Dacier la blâme, parce qu'elle est trop éloignée de la péripétie, ou changement d'état. Celle de Sophocle est plus simple. Oreste dit à sa sœur : « Regardez cet anneau, c'est celui de mon père. »

. . . . . Τήνδε προσβλέψασ' ἐμοῦ
Σφραγίδα πατρός.

Il déclare ensuite que l'oracle d'Apollon lui a ordonné de tuer les meurtriers de son père, sous peine d'éprouver les plus cruels tourments, d'être livré aux Furies, etc.

Le P. Brunoy remarque judicieusement à ce sujet qu'Oreste est criminel en obéissant et en n'obéissant pas. Cependant il ne peut se déterminer à tuer sa mère. Électre lève ses scrupules et l'aigrit contre elle. Le chœur lui raconte le songe de la reine, qui a cru voir sortir de son sein un serpent qui lui a tiré du sang au lieu de lait. Oreste jure qu'il accomplira ce songe. Le chœur suivant est un récit des amours funestes qui ont été ensanglantées.

Oreste s'introduit dans le palais d'Égisthe sous le nom d'un marchand de la Phocide, qui vient annoncer la mort du fils d'Agamemnon. Égisthe entre dans son palais pour s'assurer de ce bruit. Oreste l'y tue, et reparaît pour assassiner sa mère sur le théâtre.

En vain elle lui demande grâce par les mamelles qui l'ont allaité. Pylade dit à son ami, qui craint encore de commettre ce parricide, qu'il doit obéir aux dieux et accomplir ses serments : « Préférez-vous, ajoute-t-il, vos ennemis aux dieux mêmes ? » Oreste déterminé dit à sa mère : « C'est à vous-même, et non pas à moi, que vous devez attribuer votre mort. »

Σύ τοι σεαυτήν, οὐκ ἐγώ, κατακτενεῖς.

Quoi de plus réfléchi, de plus dur, de plus cruel ? Il n'y a point d'oracle, de destinée, qui pût diminuer sur notre théâtre l'atrocité de cette action et de ce spectacle : aussi Oreste a beau se disculper, faire son apologie, et rejeter le crime sur l'oracle et sur la menace d'Apollon, *les chiens irrités de sa mère* l'environnent et le déchirent.

Électre n'est point amoureuse chez les trois tragiques grecs : en voici les raisons. Les caractères étaient constatés et comme consacrés dans les tragédies d'Eschyle, de Sophocle, et d'Euripide, parce que les caractères étaient constatés chez les anciens. Ils ne s'écartaient jamais de l'opinion reçue :

Sit Medea ferox invictaque.
(Horace, *Art poét.*, 123).

Électre ne pouvait pas plus être amoureuse que Polyxène et Iphigénie ne pouvaient être coquettes ; Médée, douce et compatissante ; Antigone, faible et timide. Les sentiments étaient toujours conformes aux personnages et aux situations. Un mot de tendresse dans la bouche d'Électre aurait fait tomber la plus belle pièce du monde, parce que ce mot aurait été contre le caractère distinctif et la situation terrible de la fille d'Agamemnon, qui ne doit respirer que la vengeance.

Que dirait-on parmi nous d'un poète qui ferait agir et parler Louis XII comme un tyran, Henri IV comme un lâche, Charlemagne comme un imbécile, saint Louis comme un impie ? Quelque belle que la pièce fût d'ailleurs, je doute que le parterre eût la patience d'écouter jusqu'au bout. Pourquoi Électre, amoureuse, aurait-elle eu un meilleur succès à Athènes ?

Les sentiments doucereux, les intrigues amoureuses, les transports de jalousie, les serments indiscrets de s'aimer toute la vie malgré les dieux et les hommes, tout ce verbiage langoureux, qui déshonore souvent notre théâtre, était inconnu des Grecs. La correction des mœurs était le but principal de leur théâtre. Pour y réussir, ils voulurent monter à la source de toutes les passions et de tous les sentiments. Loin de rencontrer l'amour sur leur route, ils y trouvèrent la terreur et la compassion. Ces deux sentiments leur parurent les plus vifs de tous ceux dont le cœur humain est susceptible. Mais la terreur et l'attendrissement portés à l'excès précipitent indubitablement les hommes dans les plus grands crimes et dans les plus grands malheurs. Les Grecs entreprirent de corriger l'un et l'autre, et de les corriger l'un par l'autre.

La crainte non corrigée, non épurée, pour me servir du terme d'Aristote, nous fait regarder comme des maux insupportables les événements fâcheux de la vie, les disgrâces imprévues, la douleur, l'exil, la perte des biens, des amis, des parents, des couronnes, de la liberté, et de la vie. La crainte bien épurée nous fait supporter toutes ces choses; elle nous fait même courir au-devant avec joie, lorsqu'il s'agit des intérêts de la patrie, de l'honneur, de la vertu, et de l'observation des lois éternelles établies par les dieux. Les Grecs enseignaient sur leur théâtre à ne rien craindre alors, à ne jamais balancer entre la vie et le devoir, et à supporter, sans se troubler, toutes les disgrâces, en les voyant si fréquentes et si extrêmes dans les personnages les plus considérables et les plus vertueux; à ménager la crainte et à la tempérer, par les exemples les plus illustres. Les peuples apprenaient au théâtre qu'il y a de la pusillanimité et du crime à craindre ce qui n'est plus un mal, par le motif qui le fait surmonter, et par la cause qui le produit; puisque ce mal, si c'en est un, n'est rien en comparaison de maux inévitables et bien plus à craindre, tels que l'infamie, le crime, la colère, et la vengeance éternelle des dieux : la terreur de ces maux bien plus redoutables fait disparaître entièrement celle des premiers. L'Oreste de Sophocle s'embarrasse peu qu'on fasse courir le bruit de sa mort, pourvu qu'il obéisse ponctuellement aux oracles. Electre méprise l'esclavage et les rigueurs de sa mère et d'Égisthe, pourvu que la mort d'Agamemnon soit vengée : il faut n'avoir jamais lu ni le texte ni la traduction de Sophocle, pour oser dire qu'elle songe plus à venger ses propres injures que la mort de son père. Antigone rend les honneurs funèbres à son frère, et ne craint point d'être enterrée vive, parce que l'ordre sacrilége de Créon est formellement contraire à celui des dieux et qu'on ne peut ni ne doit jamais balancer entre les dieux et les hommes, entre la mort et la colère des immortels. Oreste, dans Sophocle, n'a rien à craindre des Euménides, parce qu'il suit fidèlement les ordres d'Apollon.

La pitié non épurée nous fait plaindre tous les malheureux qui gémissent dans l'exil, dans la misère, et dans les supplices. La pitié épurée apprenait aux Grecs à ne plaindre que ceux qui n'ont point mérité ces maux, et qui souffrent injustement, à ménager leur compassion, à ne point gémir sur les malheurs qui accablent ceux qui désobéissent aux dieux et aux lois, qui trahissent la patrie, qui se sont souillés par des crimes.

Clytemnestre n'est point à plaindre de périr par la main d'Oreste, parce qu'elle a elle-même assassiné son époux, parce qu'elle a goûté le barbare plaisir de rechercher dans son flanc les restes de sa vie, parce qu'elle lui avait manqué de foi par un inceste, parce qu'elle a voulu faire périr son propre fils, de peur qu'il ne vengeât la mort de son père. C'est une injustice de plaindre ceux qui méritent d'être misérables, de s'attendrir sur les malheurs qui arrivent aux tyrans, aux traîtres, aux parricides, aux sacriléges, à ceux, en un mot, qui ont transgressé toutes les règles de la justice : on ne doit les plaindre que d'avoir commis les crimes qui leur ont attiré la punition et les tourments qu'ils subissent. Mais cette pitié même ne fait que guérir l'âme de cette vile compassion qui peut l'amollir, et de ces vaines terreurs qui la troublent.

C'est ainsi que le théâtre grec tendait à la correction des mœurs par la terreur et par la compassion, sans le secours de la galanterie. C'était de ces deux sentiments que naissaient les pensées sublimes et les expressions énergiques que nous admirons dans leurs tragédies, et auxquelles nous ne substituons que trop souvent des fadeurs, de jolis riens, et des épigrammes.

Je demande à tout homme raisonnable, dans un sujet aussi terrible que celui de la vengeance de la mort d'Agamemnon, que peut produire l'amour d'Électre et d'Oreste qui ne soit infiniment au-dessous de l'art de Sophocle? Il est bien question ici de déclarations d'amour, d'intrigues de ruelle, de combats entre l'amour et la vengeance : loin d'élever l'âme, ces faibles ressources ne feraient que l'avilir. Il en est de même de presque tous les grands sujets traités par les Grecs. L'auteur d'*OEdipe* convient lui-même, et cet aveu lui fait infiniment d'honneur, que l'amour de Jocaste et de Philoctète, qu'il n'a introduit que malgré lui, déroge à la grandeur de son sujet. La nouvelle tragédie de *Philoctète*[1] n'eût valu que mieux si l'auteur avait évité l'amour de Pyrrhus pour la fille de Philoctète. Le goût du siècle l'a entraîné. Ses talents auraient surmonté la prétendue difficulté de traiter ces sujets sans amour, comme Sophocle.

Mettez de l'amour dans *Athalie* et dans *Mérope*, ces deux pièces ne seront plus des chefs-d'œuvre, parce que l'amour le mieux traité n'a jamais le sérieux, la gravité, le sublime, le terrible, qu'exigent ces sujets. Électre, amoureuse, n'inspire plus cette terreur et cette pitié active des anciens. Inutilement veut-on y suppléer par des épisodes romanesques, par des descriptions déplacées, par des reconnaissances accumulées les unes sur les autres, par des conversations galantes, par des lieux communs de toute espèce, et par des idées gigantesques : on ne fait que défigurer l'art de Sophocle et la beauté du sujet. C'est faire un mauvais roman d'une excellente tragédie; et comme le style est d'ordinaire analogue aux idées, il devient lâche, boursouflé, barbare. Qu'on dise après cela que, si on avait quelque chose à imiter de Sophocle[2], ce ne serait certainement pas son *Électre*; qu'on appelle ce prince de la tragédie Grec babillard : il résulte de ces invectives que l'art de Sophocle est inconnu à celui qui tient ce discours, ou qu'il n'a pas daigné travailler assez son sujet pour y parvenir, ou enfin que tous ses efforts ont été inutiles, et qu'il n'a pu y atteindre. Il semble que le désespoir lui ait suggéré de condamner d'un mot Sophocle et toute la Grèce. Mais Électre, amoureuse du fils d'Égisthe, assassin de son père, séducteur de sa mère, persécuteur d'Oreste, auteur de tous ses malheurs; Oreste, amoureux de la fille de ce même Égisthe, bourreau de toute sa famille, ravisseur de sa couronne, et qui ne cherche qu'à lui ôter la vie, auraient l'un et l'autre échoué sur le théâtre d'Athènes : ce double amour aurait eu nécessairement le plus mauvais succès. Vainement on aurait dit en faveur du poëte que, plus Élec-

---

1. Par Châteaubrun, jouée en 1755. (Éd.)
2. Expressions de Crébillon, préface d'*Électre*. (Éd.)

tre est malheureuse, plus elle est aisée à attendrir; le peuple d'Athènes aurait répondu que plus Oreste et Electre sont malheureux, moins ils sont susceptibles d'un amour puéril et insensé; qu'ils sont trop occupés de leurs infortunes et de leur vengeance pour s'amuser à lier une partie carrée avec les deux enfants du bourreau d'Agamemnon, et de leur plus implacable ennemi. Ces amants transis auraient fait horreur à toute la Grèce, et le peuple aurait prononcé sur-le-champ contre une fable aussi absurde et aussi déshonorante pour le destructeur de Troie et pour toute la nation.

Cette courte analyse des deux pièces rivales de l'*Électre* de Sophocle suffit pour faire connaître combien celle-ci est préférable aux deux autres, par rapport à la fable (μῦθος), et par rapport aux mœurs (ἤθη).

Mais le principal mérite de Sophocle, celui qui lui a acquis l'estime et les éloges de ses comtemporains et des siècles suivants jusqu'au nôtre, celui qui les lui procurera tant que les lettres grecques subsisteront, c'est la noblesse et l'harmonie de sa diction (λέξις). Quoique Euripide l'emporte quelquefois sur lui par la beauté des pensées (διάνοιαι), Sophocle est au-dessus de lui par la grandeur, par la majesté, par la pureté du style, et par l'harmonie. C'est ce que le savant et judicieux abbé Dubos appelle la poésie de style. C'est elle qui a fait donner à Sophocle le surnom d'abeille, c'est elle qui lui a fait remporter vingt-trois victoires sur tous les poëtes de son temps. Le dernier de ses triomphes lui coûta la vie par la surprise et par la joie imprévue qu'il en eut; de sorte qu'on peut dire de lui qu'il est mort dans le sein de la victoire.

Les termes pittoresques, et cette imagination dans l'expression, sans laquelle le vers tombe en langueur, soutiendront Homère et Sophocle dans tous les temps, et charmeront toujours les amateurs de la langue dans laquelle ces grands hommes ont écrit[1]. Ce mérite si rare de la beauté de l'élocution est, selon Quintilien, comme une musique harmonieuse qui charme les oreilles délicates. Un poëme aurait beau être parfait d'ailleurs, et conduit selon toutes les règles de l'art, il ne sera lu de personne s'il manque de ce mérite, et s'il pèche par l'élocution : cela est si vrai qu'il n'y a jamais eu, dans aucune langue et chez aucun peuple, de poëme mal écrit qui jouisse de la moindre estime permanente et durable. C'est ce qui a fait entièrement oublier l'*Électre* de Longepierre, et celles dont j'ai parlé ci-dessus : c'est ce qui a fait universellement rejeter parmi nous *la Pucelle* de Chapelain, et le poëme de *Clovis* de Desmarets.

« Ce sont deux poëmes épiques, ajoute M. l'abbé Dubos, dont la constitution et les mœurs valent mieux sans comparaison que celles des deux tragédies (du *Cid* et de *Pompée*). D'ailleurs leurs incidents, qui font la plus belle partie de notre histoire, doivent plus attacher la nation française que des événements arrivés depuis longtemps dans l'Espagne et dans l'Égypte. Chacun sait le succès de ces poëmes, qu'on ne saurait imputer qu'au défaut de

---

[1] *Graiis ingenium, Graiis dedit ore rotundo*
Musa loqui.
Hor., De Art. poet., v. 323

la poésie de style. On n'y trouve presque point de sentiments naturels capables d'intéresser : ce défaut leur est commun. Quant aux images, Desmarets ne crayonne que des chimères, et Chapelain, dans son style tudesque, ne dessine rien que d'imparfait et d'estropié; toutes ses peintures sont des tableaux gothiques. De là vient le seul défaut de *la Pucelle*, mais dont il faut, selon M. Despréaux, que ses défenseurs conviennent, le défaut qu'on ne saurait lire. »

Sans la langue, en un mot, l'auteur le plus divin
Est toujours, quoi qu'il fasse, un méchant écrivain.
BOILEAU, *Art poét.*, 161-62.

SECONDE PARTIE. — *De la tragédie d'Oreste.*

Il n'est pas indifférent de remarquer d'abord que, dans tous les sujets que les anciens ont traités, on n'a jamais réussi qu'en imitant leurs beautés. La différence des temps et des lieux ne fait que de très-légers changements; car le vrai et le beau sont de tous les temps et de toutes les nations. La vérité est une, et les anciens l'ont saisie, parce qu'ils ne recherchaient que la nature, dont la tragédie est une imitation. *Phèdre* et *Iphigénie* en sont des preuves convaincantes. On sait le mauvais succès de ceux qui, en traitant les mêmes sujets, ont voulu s'écarter de ces grands modèles. Ils se sont écartés en effet de la nature, et il n'y a de beau que ce qui est naturel. Le décri dans lequel l'*OEdipe* de Corneille est tombé est une bonne preuve de cette vérité. Corneille voulut s'écarter de Sophocle, et il fit un mauvais ouvrage.

Il se présente une autre réflexion non moins utile, c'est que, parmi nous, les vrais imitateurs des anciens se sont toujours remplis de leur esprit, au point de se rendre propres leur harmonie et leur élégance continue. La raison en est, à mon gré, qu'ayant sans cesse devant les yeux ces modèles du bon goût et du style soutenu, ils se formaient peu à peu l'habitude d'écrire comme eux, tandis que les autres, sans modèles, sans règles, s'abandonnaient aux écarts d'une imagination déréglée, ou restaient dans leur stérilité.

Ces deux principes posés, je crois ne rien dire que de raisonnable, en avançant que l'auteur de la tragédie d'*Oreste* a imité Sophocle autant que nos mœurs le lui permettaient; et, quelque estime que j'aie pour la pièce grecque, je ne crois pas qu'on dût porter l'imitation plus loin.

Il a représenté Electre et son frère toujours occupés de leur douleur et de la vengeance de leur père, et n'étant susceptibles d'aucun autre sentiment. C'est précisément le caractère que Sophocle, Eschyle, et Euripide, leur donnent; il n'en a retranché que des expressions trop dures selon nos mœurs. Même résolution dans les deux *Électre* de poignarder le tyran; même douleur en apprenant la fausse nouvelle de la mort d'Oreste; mêmes menaces, mêmes emportements dans l'une et dans l'autre; mêmes désirs de vengeance.

Mais il n'a pas voulu représenter Électre étendant sa vengeance sur sa propre mère, se chargeant d'abord du soin de se défaire de Clytemnestre, ensuite excitant son frère à cette action détestable, et conduisant sa main dans le sein maternel. Il les a rendus plus respectueux pour celle qui leur a donné la naissance, et il a même semé dans le rôle d'Électre, tantôt des sentiments de tendresse et de respect, et tantôt des emportements, selon qu'elle a plus ou moins d'espérance.

Les rôles de Pylade et de Pammène me paraissent avoir été faits pour suppléer aux chœurs de Sophocle. [On sait les effets prodigieux que faisaient ces chœurs, accompagnés de musique et de danse : à en juger par ces effets, la musique devait merveilleusement seconder et augmenter le terrible et le pathétique des vers. La danse des anciens était peut-être supérieure à leur musique; elle exprimait, elle peignait les pensées les plus sublimes et les passions les plus violentes; elle parlait aux cœurs comme aux yeux. Le chœur des Euménides d'Eschyle coûta la vie à plusieurs des spectateurs. Quant aux paroles des chœurs, elles n'étaient qu'un tissu de pensées sublimes, de principes d'équité, de vertus, et de la morale la plus épurée. Le nouvel auteur a tâché de suppléer par les rôles de Pylade et de Pammène à ces beautés qui manquent à notre théâtre.] Quelle sagesse dans l'un et dans l'autre personnage ! et quels sentiments l'auteur donne au premier ! Je n'en veux rapporter que deux exemples. Le premier est tiré de la scène où Pylade dit à Oreste (II, I) :

C'est assez; et du ciel je reconnais l'ouvrage.
Il nous a tout ravi par ce cruel naufrage;
Il veut seul accomplir ses augustes desseins;
Pour ce grand sacrifice il ne veut que nos mains.
Tantôt de trente rois il arme la vengeance;
Tantôt trompant la terre, et frappant en silence,
Il veut, en signalant son pouvoir oublié,
N'armer que la nature et la seule amitié.

L'autre est tiré de la scène où Pylade dit à Électre qu'Oreste obéit aux dieux (IV, II) :

Les arrêts du destin trompent souvent notre âme :
Il conduit les mortels; il dirige leurs pas
Par des chemins secrets qu'ils ne connaissent pas;
Il plonge dans l'abîme, et bientôt en retire;
Il accable de fers; il élève à l'empire;
Il fait trouver la vie au milieu des tombeaux....

Le fond du rôle de Clytemnestre est tiré aussi de Sophocle, quoique tempéré par la Clytemnestre d'Euripide. On voit évidemment, dans les deux poëtes grecs, que Clytemnestre est souvent prête à s'attendrir. Elle se justifie devant Électre, elle entend ses reproches; et il est certain que, si Électre lui répondait avec plus de circonspection et de douceur, il serait impossible qu'alors Clytemnestre ne fût pas émue, et ne sentit pas des remords. Ainsi, puisque l'auteur d'*Oreste*, pour se conformer plus à nos mœurs, et pour nous toucher davantage, rend Électre moins féroce avec sa mère, il fallait bien qu'il rendît Clytemnestre moins farouche avec sa fille. L'un est la suite de l'autre. Électre est touchée quand sa mère lui dit (I, III) :

> Mes filles devant moi ne sont point étrangères ;
> Même en dépit d'Égisthe elles m'ont été chères :
> Je n'ai point étouffé mes premiers sentiments ;
> Et, malgré la fureur de ses emportements,
> Électre, dont l'enfance a consolé sa mère
> Du sort d'Iphigénie et des rigueurs d'un père,
> Électre qui m'outrage, et qui brave mes lois,
> Dans le fond de mon cœur n'a point perdu ses droits.

Clytemnestre à son tour est émue quand sa fille lui demande pardon de ses emportements. Pouvait-elle résister à ces paroles tendres :

> Eh bien ! vous désarmez une fille éperdue.
> La nature en mon cœur est toujours entendue.
> Ma mère, s'il le faut, je condamne à vos pieds
> Ces reproches sanglants trop longtemps essuyés.
> Aux fers de mon tyran par vous-même livrée,
> D'Égisthe dans mon cœur je vous ai séparée.
> Ce sang que je vous dois ne saurait me trahir :
> J'ai pleuré sur ma mère, et n'ai pu vous haïr.

Mais ensuite, quand cette même Électre, croyant sa mère complice de la mort d'Oreste, lui fait des reproches sanglants, et qu'elle lui dit (II, V) :

> Vous n'avez plus de fils ; son assassin cruel
> Craint les droits de ses sœurs au trône paternel....
> Ah ! si j'ai quelques droits, s'il est vrai qu'il les craigne,
> Dans ce sang malheureux que sa main les éteigne ;
> Qu'il achève, à vos yeux, de déchirer mon sein ;
> Et, si ce n'est assez, prêtez-lui votre main ;
> Frappez, joignez Électre à son malheureux frère ;
> Frappez, dis-je ; à vos coups je connaîtrai ma mère.

y a-t-il rien de plus naturel que de voir Clytemnestre irritée reprendre alors toute sa dureté, et dire à sa fille :

> Va, j'abandonne Électre au malheur qui la suit ;
> Va, je suis Clytemnestre, et surtout je suis reine.
> Le sang d'Agamemnon n'a de droit qu'à ma haine.
> C'est trop flatter la tienne, et, de ma faible main,
> Caresser le serpent qui déchire mon sein.
> Pleure, tonne, gémis, j'y suis indifférente :
> Je ne verrai dans toi qu'une esclave imprudente,
> Flottant entre la plainte et la témérité,
> Sous la puissante main de son maître irrité.
> Je t'aimais malgré toi : l'aveu m'en est bien triste ;
> Je ne suis plus pour toi que la femme d'Égisthe ;
> Je ne suis plus ta mère ; et toi seule as rompu
> Ces nœuds infortunés de ce cœur combattu,
> Ces nœuds qu'en frémissant réclamait la nature.
> Que ma fille déteste, et qu'il faut que j'abjure !

Ces passages de la pitié à la colère, ce jeu des passions, ne sont ils pas véritablement tragiques? et le plaisir qu'ils ont constamment fait à toutes les représentations n'est-il pas un témoignage certain que l'auteur, en puisant également dans l'antiquité et dans la nature, a saisi tout ce que l'une et l'autre pouvaient fournir?

Mais quand Électre parle au tyran, son caractère inflexible est tellement soutenu, qu'elle ne se dément pas même en demandant la grâce de son frère (V, III):

> Cruel, si vous pouvez pardonner à mon frère,
> (Je ne peux oublier le meurtre de mon père;
> Mais je pourrais du moins, muette à votre aspect,
> Me forcer au silence, et peut-être au respect,) etc.

Je demande si dans l'intrigue d'*Oreste*, la plus simple sans contredit qu'il y ait sur notre théâtre, il n'y a pas un heureux artifice à faire aborder Oreste dans sa propre patrie par une tempête, le jour même que le tyran insulte aux mânes de son père; si la rencontre du vieillard Pammène, et la scène qu'Oreste et Pylade ont avec lui, n'est pas dans le goût le plus pur de l'antiquité, sans en être une copie, et si on peut la voir sans en être attendri. La dernière scène du second acte entre Iphise et Électre, qui est une très-belle imitation de Sophocle, produit tout l'effet qu'on en peut attendre.

L'exposition de la pièce d'*Oreste* me paraît aussi pleine qu'on puisse la souhaiter. Le récit de la mort d'Agamemnon, dès la seconde scène, et que l'auteur a imité d'Eschyle, mettrait seul au fait, avec ce qui le précède, le spectateur le moins instruit. Électre peut-elle, après ce récit, exprimer son état d'une manière plus précise et plus entière qu'elle ne le fait dans ces trois vers (I, II):

> Je pleure Agamemnon, je tremble pour un frère;
> Mes mains portent des fers, et mes yeux, pleins de pleurs,
> N'ont vu que des forfaits et des persécuteurs?

Le dessein de tromper Électre pour la venger, et d'apporter les cendres prétendues d'Oreste, est entièrement de Sophocle. L'oracle avait expressément ordonné qu'on vengeât la mort d'Agamemnon par la ruse, δόλοισι, parce que ce meurtre avait été commis de même, et que la vengeance n'aurait pas été complète, si les assassins avaient été punis par un autre que le fils d'Agamemnon, et d'une autre manière que celle qu'ils avaient employée en commettant le crime. Dans Euripide, Egisthe est assassiné par derrière, tandis qu'il est penché sur une victime, parce qu'il avait frappé Agamemnon lorsqu'il changeait de robe pour se mettre à table: cette robe était cousue ou fermée par le haut, de sorte que le roi ne put se dégager ni se défendre: c'est ce que le nouvel auteur a désigné par ces mots de *vêtements de mort*, et de *piège* (I, II).

L'auteur français n'a fait qu'ajouter à cet ordre des dieux une menace terrible, en cas qu'Oreste désobéît, et qu'il se découvrît à sa sœur. Cette sage défense était d'ailleurs nécessaire pour la réussite de son projet. La joie d'Électre aurait assurément éclaté, et aurait découvert son frère. D'ailleurs, que pouvait en sa faveur une princesse malheureuse et chargée de fers? Pylade a raison de dire à son ami que sa sœur peut le perdre, et ne saurait le servir; et dans un autre endroit (IV, 1):

Renferme cette amour et si tendre et si pure.
Doit-on craindre en ces lieux de dompter la nature?
Ah! de quels sentiments te laisses-tu troubler?
Il faut venger Électre, et non la consoler.

C'est cette menace des dieux qui produit le nœud et le dénoûment; c'est elle qui retient d'abord Oreste, quand Électre s'abandonne au désespoir, à la vue de l'urne qu'elle croit contenir les cendres de son frère; c'est elle qui est la cause de la résolution furieuse que prend Électre de tuer son propre frère, qu'elle croit l'assassin d'Oreste; c'est cette menace des dieux qui est accomplie quand ce frère trop tendre a désobéi; c'est elle enfin qui donne au malheureux Oreste l'aveuglement et le transport dans lesquels il tue sa mère; de sorte qu'il est puni lui-même en la punissant.

C'était une maxime reçue chez tous les anciens, que les dieux punissaient la moindre désobéissance à leurs ordres comme les plus grands crimes; et c'est ce qui rend encore plus beaux ces vers que l'auteur met dans la bouche d'Oreste, au troisième acte:

Éternelle justice, abîme impénétrable,
Ne distinguez-vous point le faible et le coupable,
Le mortel qui s'égare, ou qui brave vos lois,
Qui trahit la nature, ou qui cède à sa voix?

Ce ne sont pas de ces vaines sentences détachées: ces vers sont en sentiment aussi bien qu'en maxime; ils appartiennent à cette philosophie naturelle qui est dans le cœur, et qui fait un des caractères distinctifs des ouvrages de l'auteur.

Quel art n'y a-t-il pas encore à faire paraître les Euménides avant le crime d'Oreste, comme les divinités vengeresses du meurtre d'Agamemnon, et comme les avant-courrières du crime que son fils va commettre? Cela me paraît très-conforme aux idées de l'antiquité, quoique très-neuf; c'est inventer comme les anciens l'auraient fait, s'ils avaient été obligés d'adoucir le crime d'Oreste; au lieu que, dans Euripide et dans Eschyle, Oreste est livré aux Furies, parce qu'il a tué sa mère; ici Oreste ne tue sa mère que parce qu'il est livré aux Furies; et il leur est livré parce qu'il a désobéi aux dieux en se découvrant à sa sœur.

Dans quels vers ces Euménides sont évoquées (IV, IV)!

Euménides, venez, soyez ici mes dieux;
Accourez de l'enfer en ces horribles lieux,
Dans ces lieux plus cruels et plus remplis de crimes
Que vos gouffres profonds regorgeant de victimes.
Filles de la vengeance, armez-vous, armez-moi....
Les voici; je les vois, et les vois sans terreur:
L'aspect de mes tyrans m'inspirait plus d'horreur, etc.

L'auteur de la tragédie d'*Oreste* a sans doute eu tort de tron-

quer la scène de l'urne. Il est vrai qu'un excès de délicatesse
empêche quelquefois de goûter et de sentir des morceaux d'une
aussi grande force, et des traits aussi mâles et aussi sublimes.
Près de cinquante vers de lamentations auraient peut-être paru
des longueurs à une nation impatiente, et qui n'est pas accoutumée aux longues tirades des scènes grecques. Cependant l'auteur
a perdu le plus beau et l'endroit le plus pathétique de la pièce.
A la vérité, il a tâché d'y suppléer par une beauté neuve. L'urne
contient, selon lui, les cendres de Plistène, fils d'Égisthe; ce
n'est point une urne vide et postiche. La mort d'Agamemnon est
déjà à moitié vengée. Le tyran va tenir cet horrible présent de
la main de son plus cruel ennemi; présent qui inspire et la terreur
dans le cœur du spectateur qui est au fait, et la douleur dans
celui d'Électre qui n'y est pas. Il faut avouer aussi que la coutume des anciens de recueillir les cendres des morts, et princi-
palement de ceux qu'ils aimaient le plus tendrement, rendait
cette scène infiniment plus touchante pour eux que pour nous.
Il a fallu suppléer au pathétique qu'ils y trouvaient par la terreur
que doit inspirer la vue des cendres de Plistène, première victime de la vengeance d'Oreste. D'ailleurs la situation de l'urne
dans les mains d'Électre produit un coup de théâtre à l'arrivée
d'Égisthe et de Clytemnestre. La douleur même et les fureurs
d'Électre persuadent le tyran de la vérité de ce que Pammène
vient de lui annoncer.

Le nouvel auteur s'est bien gardé de faire un long récit de la
mort d'Oreste en présence d'Égisthe; ce récit aurait eu, dans
notre langue, et suivant nos mœurs, tous les défauts que les
détracteurs de l'antiquité osent reprocher à celui de Sophocle.
Le nouvel auteur suppose qu'Oreste et l'étranger se sont vus à
Delphes. « Aisément, dit Pylade (III, vi), les malheureux s'unissent; trop promptement liés, promptement ils s'aigrissent. »
Oreste a dit plus haut à Égisthe qu'il s'est vengé sans implorer
le secours des rois. Cette supposition est simple et tout à fait
vraisemblable; et je crois qu'Égisthe, intéressé autant qu'il
l'était à cette mort, pouvait s'en contenter, sans entrer dans un
examen plus approfondi : on croit très-aisément ce que l'on
souhaite avec une passion violente. D'ailleurs Clytemnestre in-
terrompt cette conversation qui l'accable; et l'action est ensuite
si précipitée, ainsi que dans Sophocle, qu'il n'est pas possible à
Égisthe d'en demander ni d'en apprendre davantage. Cependant,
comme le caractère d'un tyran est toujours rempli de défiance,
il ordonne qu'on aille chercher son fils pour confirmer le récit
des deux étrangers.

La reconnaissance d'Électre et d'Oreste, fondée sur la force
de la nature et sur le cri du sang, en même temps que sur les
soupçons d'Iphise, sur quelques paroles équivoques d'Oreste, et
sur son attendrissement, me paraît d'autant plus pathétique,
qu'Oreste, en se découvrant, éprouve des combats qui ajoutent
beaucoup à l'attendrissement qui naît de la situation. Les reconnaissances sont toujours touchantes, à moins qu'elles ne soient
très-maladroitement traitées; mais les plus belles sont peut-être
celles qui produisent un effet qu'on n'attendait pas, qui servent
à faire un nouveau nœud, à le resserrer, et qui replongent le
héros dans un nouveau péril. On s'intéresse toujours à deux

personnes malheureuses qui se reconnaissent après une longue absence et de grandes infortunes; mais si ce bonheur passager les rend encore plus misérables, c'est alors que le cœur est déchiré, ce qui est le vrai but de la tragédie.

A l'égard de cette partie de la catastrophe que l'auteur d'*Oreste* a imitée de Sophocle, et qu'il n'a pas, dit-il, osé faire représenter, je suis d'un avis contraire au sien; je crois que, si ce morceau était joué avec terreur, il en produirait beaucoup.

Qu'on se figure Électre, Iphise, et Pylade, saisis d'effroi, et marquant chacun leur surprise aux cris de Clytemnestre; ce tableau devrait faire, ce me semble, un aussi grand effet à Paris qu'il en fit à Athènes, et cela avec d'autant plus de raison, que Clytemnestre inspire beaucoup plus de pitié dans la pièce française que dans la pièce grecque. Peut-être qu'à la première représentation, des gens malintentionnés purent profiter de la difficulté de représenter cette action sur un théâtre étroit et embarrassé par la foule des spectateurs, pour y jeter quelque ridicule. Mais, comme il est très-certain que la chose est bonne en soi, il faudrait nécessairement qu'elle parût bonne à la longue, malgré tous les discours et toutes les critiques. Il ne serait pas même impossible de disposer le théâtre et les décorations d'une manière qui favorisât ce grand tableau. Enfin il me paraît que celui[1] qui a heureusement osé faire paraître une ombre d'après Eschyle et d'après Euripide, pourrait fort bien faire entendre les cris de Clytemnestre d'après Sophocle. Je maintiens que ces coups bien ménagés sont la véritable tragédie, qui ne consiste pas dans les sentiments galants, ni dans les raisonnements, mais dans une action pathétique, terrible, théâtrale, telle que celle-ci.

Électre ne participe point, dans *Oreste*, au meurtre de sa mère, comme dans l'*Électre* de Sophocle, et encore plus dans celle d'Euripide et d'Eschyle. Ce qu'elle crie à son frère dans le moment de la catastrophe la justifie (V, VIII):

. . . . Achève, et sois inexorable;
Venge-nous, venge-la; tranche un nœud si coupable:
Frappe, immole à ses pieds cet infâme assassin.

Je ne comprends pas comment la même nation qui voit tous les jours sans horreur le dénoûment de *Rodogune*, et qui a souffert celui de *Thyeste* et d'*Atrée*, pourrait désapprouver le tableau que formerait cette catastrophe : rien de moins conséquent. L'atrocité du spectacle d'un père qui voit sur le théâtre même le sang de son propre fils innocent et massacré par un frère barbare, doit causer infiniment plus d'horreur que le meurtre involontaire et forcé d'une femme coupable, meurtre ordonné d'ailleurs expressément par les dieux.

Oreste est certainement plus à plaindre dans l'auteur français que dans l'athénien, et la divinité y est plus ménagée; elle y punit un crime par un crime; mais elle punit avec raison Oreste qui a désobéi. C'est cette désobéissance qui forme précisément ce qu'il y a de plus touchant dans la pièce. Il n'est parricide que

---

[1]. C'est Voltaire, dans *Sémiramis*. (ÉD.)

pour avoir trop écouté avec sa sœur la voix de la nature ; il n'est malheureux que pour avoir été tendre : il inspire ainsi la compassion et la terreur ; mais il les inspire épurées et dignes de toute la majesté du poëme dramatique : ce n'est point ici une crainte ridicule qui diminue la fermeté de l'âme ; ce n'est point une compassion mal entendue, fondée sur l'amour le plus étrange et le plus déplacé, qui serait aussi absurde qu'injuste.

Quant au dernier récit que fait Pylade, je ne sais ce qu'on y pourrait trouver à redire. Les applaudissements redoublés qu'il a reçus le mettent pleinement au-dessus de la critique. Les Grecs ont été charmés de celui d'Euripide, où le meurtre d'Égisthe est raconté fort au long. Comment notre nation pourrait-elle improuver celui-ci, qui contient d'ailleurs une révolution imprévue, mais fondée, dont tous les spectateurs sont d'autant plus satisfaits, qu'elle n'est en aucune façon annoncée, qu'elle est à la fois étonnante et vraisemblable, et qu'elle conduit naturellement à la catastrophe ?

Ce n'est pas un de ces dénoûments vulgaires dont parle M. de La Bruyère, et dans lequel les mutins n'entendent point raison. On voit assez quel art il y a d'avoir amené de loin cette révolution, en faisant dire à Pammène, dès le troisième acte (sc. i) :

La race des vrais rois tôt ou tard est chérie.

Je demande après cela si la république des lettres n'a pas obligation à un auteur qui ressuscite l'antiquité dans toute sa noblesse, dans toute sa grandeur, et dans toute sa force, et qui y joint les plus grands efforts de la nature, sans aucun mélange des petites faiblesses et des misérables intrigues amoureuses qui déshonorent le théâtre parmi nous ?

L'impression de la pièce met en liberté de juger du mérite de la diction, des pensées, et des sentiments dont elle est remplie. On verra si l'auteur a imité les grands modèles, et de quelle manière il l'a fait. On y trouvera un grand nombre de pensées tirées de Sophocle : cela était inévitable, et d'ailleurs on ne pouvait mieux faire. J'en ai reconnu plusieurs tirées ou imitées d'Euripide, qui ne me paraissent pas moins belles dans l'auteur français que dans le grec même ; telles sont ces pensées de Clytemnestre (I, III) :

Vous pleurez dans les fers, et moi dans les grandeurs....
Vous frappez une mère, et je l'ai mérité.

. . . . . . Οὐχ οὕτως ἄγαν .
Χαίρω τι, τέκνον, τοῖς δεδραμένοις ἐμοί...

Et celle-ci d'Électre, qui a été si applaudie (I, II) :

Qui pourrait de ces dieux encenser les autels,
S'ils voyaient sans pitié les malheurs des mortels,
Si le crime, insolent dans son heureuse ivresse,
Écrasait à loisir l'innocente faiblesse ?

Πέποιθα δ'· ἢ χρὴ μηκέθ' ἡγεῖσθαι θεούς,
Εἰ τἄδικ' ἔσται τῆς δίκης ὑπέρτερα.

Les anciens avaient pour maxime de ne faire des acteurs subalternes, même de ceux qui contribuaient à la catastrophe, ou des personnages muets; ce qui valait infiniment mieux que le dialogues insipides qu'on met de nos jours dans la bouche de deux ou trois confidents dans la même pièce. On ne trouve point dans la tragédie d'*Oreste* de ces personnages oisifs qui ne font qu'écouter des confidences; et plût au ciel que le goût en passât! Sophocle et Euripide ont mieux aimé ne point faire parler Pylade que de lui faire dire des choses inutiles. Dans la nouvelle pièce, tous les rôles sont intéressants et nécessaires.

TROISIÈME PARTIE. — *Des défauts où tombent ceux qui s'écartent des anciens dans les sujets qu'ils ont traités.*

Plus mon zèle pour l'antiquité et mon estime sincère pour ceux qui en ont fait revivre les beautés viennent d'éclater, plus la bienséance me prescrit de modération et de retenue en parlant de ceux qui s'en sont écartés. Bien éloigné de vouloir faire de cet écrit une satire ni même une critique, je n'aurais jamais parlé de l'*Électre* de M. de Crébillon, si je ne m'y trouvais entraîné par mon sujet: mais les termes injurieux qu'il a mis dans la préface de cette pièce contre les anciens en général, et en particulier contre Sophocle, ne permettent pas à un homme de lettres de garder le silence. En effet, puisque M. de Crébillon traite de préjugé l'estime qu'on a pour Sophocle depuis près de trois mille ans; puisqu'il dit en termes formels qu'il *croit avoir mieux réussi* que les trois tragiques grecs à rendre Électre tout à fait à plaindre; puisqu'il ose avancer que l'Électre de Sophocle *a plus de férocité que de véritable grandeur*, et qu'elle a *autant de défauts que la sienne*, n'est-il pas même du devoir d'un homme de lettres de prévenir contre cette invective ceux qui pourraient s'y laisser surprendre, et de déposer en quelque façon à la postérité, qu'à la gloire de notre siècle il n'y a aucun homme de bon goût, aucun véritable savant, qui n'ait été révolté de ces expressions? Mon dessein n'est que de faire voir, par l'exemple même de cet auteur moderne, aux détracteurs de l'antiquité, qu'on ne peut, comme je l'ai déjà dit, s'écarter des anciens dans les sujets qu'ils ont traités, sans s'éloigner en même temps de la nature, soit dans la fable, soit dans les caractères, soit dans l'élocution. Le cœur ne pense point par art; et ces anciens, l'objet de leur mépris, ne consultaient que la nature; ils puisaient dans cette source de la vérité la noblesse, l'enthousiasme, l'abondance, et la pureté. Leurs adversaires, en suivant une route opposée, et en s'abandonnant aux écarts de leur imagination déréglée, ne rencontrent que bassesse, que froideur, que stérilité, et que barbarie.

Je me bornerai ici à quelques questions auxquelles tout homme de bons sens peut aisément faire la réponse.

Comment Électre peut-elle être, chez M. de Crébillon, plus à plaindre et plus touchante que dans Sophocle, quand elle est occupée d'un amour froid auquel personne ne s'intéresse, qui ne sert en rien à la catastrophe, qui dément son caractère, qui, de l'aveu même de l'auteur, ne produit rien, qui jette enfin une espèce de ridicule sur le personnage le plus terrible et le plus inflexible de l'antiquité, le moins susceptible d'amour, et qui n'a jamais eu d'autres passions que la douleur et la vengeance? N'est-ce pas comme si on mettait sur le théâtre Cornélie amoureuse d'un jeune homme après la mort de Pompée? Qu'aurait pensé toute l'antiquité, si Sophocle avait rendu Chrysothémis amoureuse d'Oreste, pour l'avoir vu une fois combattre sur des murailles, et si Oreste avait dit à cette Chrysothémis :

Ah! si, pour se flatter de plaire *à vos beaux yeux*,
Il suffisait d'un bras toujours victorieux,
Peut-être à ce bonheur aurais-je pu prétendre :
Avec quelque valeur et le cœur le plus tendre,
Quels efforts, quels travaux, quels illustres projets,
N'eût point tentés ce cœur *charmé de vos attraits!*
(*Électre* de Crébillon, II, II.)

Qu'aurait-on dit dans Athènes, si, au lieu de cette belle exposition admirée de tous les siècles, Sophocle avait introduit Électre faisant confidence de son amour à la Nuit?

Qu'aurait-on dit, si, la première fois qu'Électre parle à Oreste, cet Oreste lui eût fait confidence de son amour pour une fille d'Égisthe, et si Électre l'avait payé par une autre confidence de son amour pour le fils de ce tyran?

Qu'aurait-on dit, si on avait entendu une fille d'Égisthe s'écrier (I, x) :

Faisons tout pour l'amour, s'il ne fait rien pour moi?

Qu'aurait-on dit d'une Électre surannée, qui, voyant venir le fils d'Égisthe, se serait adoucie jusqu'à dire (V, I) :

...Hélas! c'est lui. Que mon âme éperdue
S'attendrit et s'émeut à cette chère vue?

Qu'aurait-on dit, si on avait vu le παιδαγωγός, ou gouverneur d'Oreste, devenir le principal personnage de la pièce, attirer sur soi toute l'attention, effacer entièrement et avilir celui qui doit faire le principal rôle ; de sorte que la pièce devrait être intitulée *Palamède* plutôt qu'*Électre?*

Qu'aurait-on dit, si on avait vu Oreste (sans son ami Pylade) devenir général des armées d'Égisthe, gagner des batailles, chasser deux rois, sans que ce gouverneur en fût instruit?

Ficta voluptatis causa sint proxima veris.
Hor., *Art poét.*, 338.

Qu'aurait-on dit du roman étranger à la pièce, que deux actes entiers ne suffisent pas pour débrouiller?

Qu'aurait-on dit enfin, si Sophocle avait chargé sa pièce de deux reconnaissances brusquées l'une et l'autre, et très-mal ménagées? Électre, qui sait ce que Tydée a fait pour Égisthe, qui n'ignore pas qu'il est amoureux de la fille de ce tyran, peut-elle soupçonner un moment, sans aucun indice, que ce même Tydée est son frère? De plus, comment est-il possible qu'Oreste ait été si peu instruit de son sort et de son nom?

Horace et tous les Romains, après les Grecs, à la vue de **tant** d'absurdités, se seraient écriés tous d'une voix :

Quodcumque ostendis mihi sic, incredulus odi:
Hor., *Art poét.*, 188.

et j'ose assurer qu'ils auraient trouvé l'*Électre* de Sophocle, si elle avait été composée et écrite comme la française, tout à fait déraisonnable dans le caractère, sans justesse dans la conduite, sans véritable noblesse dans les sentiments, et sans pureté dans l'expression.

Ne voit-on pas évidemment que le mépris des anciens modèles, la négligence à les étudier, et l'indocilité à s'y conformer, mènent nécessairement à l'erreur et au mauvais goût? et n'est-il pas aussi nécessaire de faire remarquer aux jeunes gens qui veulent faire de bonnes études les fautes où sont tombés les détracteurs de l'antiquité, que de leur faire observer les beautés anciennes qu'ils doivent tâcher d'imiter? Je ne sais par quelle fatalité il arrive que les poètes qui ont écrit contre les anciens, sans entendre leur langue, ont presque toujours très-mal parlé la leur, et que ceux qui n'ont pu être touchés de l'harmonie d'Homère et de Sophocle, ont toujours péché contre l'harmonie, qui est une partie essentielle de la poésie.

On n'aurait pas hasardé impunément devant les juges et sur le théâtre d'Athènes un vers dur, ni des termes impropres. Par quelle étrange corruption se pourrait-il faire qu'on souffrît parmi nous ce nombre prodigieux de vers dans lesquels la syntaxe, la propriété des mots, la justesse des figures, le rhythme, sont éternellement violés?

Il faut avouer qu'il y a peu de pages dans l'*Électre* de M. de Crébillon où les fautes dont je parle ne se présentent en foule. La même négligence qui empêche les auteurs modernes de lire les bons auteurs de l'antiquité, les empêche de travailler avec soin leurs propres ouvrages. Ils redoutent la critique d'un ami sage, sévère, éclairé, comme ils redoutent la lecture d'Homère, de Sophocle, de Virgile, et de Cicéron. Par exemple, lorsque l'auteur d'*Électre* fait parler ainsi Itys à Électre (I, III) :

Enfin, pour vous forcer à vous donner à moi
Vous savez si jamais j'exigeai rien du roi;
Il prétend qu'avec vous un nœud sacré m'unisse;
Ne m'en imputez point la cruelle injustice.
Au prix de tout mon sang je voudrais être à vous,
Si c'était votre aveu qui me fît votre époux.
Ah! par pitié pour vous, princesse infortunée,
Payez l'amour d'Itys par un tendre hyménée.
Puisqu'il faut l'achever, ou descendre au tombeau,
Laissez-en à mes feux allumer le flambeau.
Régnez donc avec moi; c'est trop vous en défendre....

Je suppose que l'auteur eût consulté feu M. Despréaux sur ces vers, je ne dis pas sur le fond (car ce grand critique n'aurait pas pu supporter une déclaration d'amour à Électre), je dis uniquement sur la langue et sur la versification; alors M. Despréaux lui aurait dit sans doute : « Il n'y a pas un seul de tous ces vers qui ne soit à réformer. »

Enfin, pour vous forcer à vous donner à moi,
Vous savez si jamais j'exigeai *rien* du roi.

« Ce *rien* n'est pas français, et sert à rendre la phrase plus barbare; il fallait dire : « Vous savez si jamais j'exigeai du roi « qu'il vous forçât à m'épouser. »

Il prétend qu'avec vous un *nœud sacré* m'unisse·
Ne *m'en* imputez point la cruelle injustice.

« Cet *en* n'est pas français, et la *cruelle injustice* n'est pas raisonnable dans la bouche d'Itys : il ne doit point regarder comme cruel et injuste un mariage qu'il ne veut faire que pour rendre Électre heureuse. »

Au prix de tout mon sang je voudrais être à vous,
Si c'était votre aveu qui me fît votre époux.

« *Au prix de tout mon sang*, veut dire au prix de ma vie; et il n'y a pas d'apparence qu'on se marie quand on est mort. *Si c'était votre aveu qui me fît*, est prosaïque, plat, et dur, même dans la prose la plus simple. »

Ah! par pitié pour vous, princesse infortunée,
Payez l'amour d'Itys par un tendre hyménée.

« Ces termes lâches et oiseux de *princesse infortunée* et de *tendre hyménée*, affaibliraient la meilleure tirade; il faut éviter soigneusement ces expressions fades. *Par pitié pour vous*, n'est pas placé; il fallait dire : « Tout est à craindre, si vous n'obéissez « pas au roi; faites par pitié pour vous ce que vous ne faites pas « par amour, par bienveillance, par condescendance pour moi. »

Puisqu'il faut l'achever, ou descendre au tombeau;
Laissez-*en* à mes feux allumer le flambeau.
Régnez *donc* avec moi; c'est trop vous en défendre

« Vous devez sentir vous-même, aurait continué M. Despréaux, combien ces mots, *puisqu'il faut.... laissez-en à mes feux; régnez donc avec moi*, ont à la fois de dureté et de faiblesse, combien tout cela manque de pureté, de noblesse et de chaleur : reprenez cent fois le rabot et la lime. »

Si M. Despréaux continuait à lire, souffrirait-il les vers suivants (I, III, VI, VII) :

Qu'il *fasse que ces fers*, dont il *s'est tant promis*,
Soient moins honteux pour moi que l'hymen de son fils....
Ta vertu ne te sert qu'à redoubler ma haine.
Égisthe ne prétend *te* faire mon époux....
Bravez-le, mais du moins du sort qui vous accable
N'accusez *donc* que vous, *princesse inexorable*...
Je voulais, par l'hymen d'Itys et de ma fille,
Voir rentrer quelque jour le sceptre en sa famille;
Mais *l'ingrate ne* veut que nous immoler tous....
Madame, quel malheur, troublant votre sommeil,
Vous a fait *de si loin* devancer le soleil?

Ce même Despréaux aurait-il pu s'empêcher de rire lorsque Électre dit à Égisthe (I, VIII) :

Pour cet heureux hymen ma main est toute prête ;
Je n'en veux disposer qu'en faveur de ton sang,
Et je la donne à qui te percera le flanc.

Cette équivoque et cette pointe lui aurait paru précisément de la même espèce que celle de Théophile, qu'il relève si bien dans une de ses judicieuses préfaces :

Ah! voilà ce poignard qui du sang de son maître
S'est souillé lâchement; il en rougit, le traître.

Les vers de l'auteur d'*Électre* ne sont pas moins ridicules : *en faveur de ton sang* signifie *en faveur de ton fils*, et non pas *en faveur de ton sang versé*. Cette pointe *de ton sang*, et de celui qui répandra ton sang, vaut bien la pointe de Théophile.

Il est certain qu'un auteur éclairé par de telles critiques aurait retravaillé entièrement son ouvrage, et qu'il aurait surtout mis du naturel à la place du boursouflé. Il n'aurait point fait de ces fautes énormes contre le bon sens et contre la langue; son censeur lui aurait cité :

Mon esprit n'admet point un pompeux barbarisme,
Ni d'un vers ampoulé l'orgueilleux solécisme.

On n'aurait point vu « un héros voguer au gré de ses désirs plus qu'au gré des vents; la foudre ouvrir le ciel et l'onde à sillons redoublés, et bouillonner en source de feu; de pâles éclairs s'armer de toutes parts; un héros méditer son retour à grands pas; la suprême sagesse des dieux qui brave la crédule faiblesse des mortels; un grand cœur qui ne manque à son devoir que pour s'en instruire mieux; » un interlocuteur qui dit : « Ne pénétrez-vous pas un si triste silence? des remords d'un cœur né vertueux, qui pour punir ce cœur vont plus loin que les dieux; » une Électre qui dit : « Percez le cœur d'Itys, mais respectez le mien. »

Il n'est que trop vrai, et il faut l'avouer à la honte de notre littérature, que dans la plupart de nos auteurs tragiques on trouve rarement six vers de suite qui n'aient de pareils défauts; et cela, parce qu'ils ont la présomption de ne consulter personne [1], ou l'indocilité de ne profiter d'aucun avis. Le peu de connaissance qu'ils ont eux-mêmes des langues vivantes, de la noble simplicité des anciens, de l'harmonie de la tragédie grecque, les leur fait mépriser. La précipitation et la paresse sont encore des défauts qui les perdent sans ressource [2]. Xénophon leur crie en vain que le travail est la nourriture du sage, οἱ πόνοι ὄψον τοῖς ἀγαθοῖς.

---

1. .... *In Metii descendat judicis aures.*
   Horat., *de Arte poet.*, 387.

2. .... *Carmen reprehendite, quod non
Multa dies et multa litura coercuit, atque
Præsectum decies non castigavit ad unguem.*
   Horat., *de Arte poet.*, 292.

Enivrés d'un succès passager, ils se croient au-dessus des plus grands maîtres, et des anciens, qu'ils ne connaissent presque que de nom. Une bonne tragédie, ainsi qu'un bon poëme, est l'ouvrage d'un esprit sublime, *Magnæ mentis opus*, dit Juvénal. Ce n'est pas un faible effort et un travail médiocre qui font y réussir.

L'illustre Racine joignit à un travail infini une grande connaissance de la tragédie grecque, une étude continuelle de ses beautés et de celles de leur langue et de la nôtre : il consultait de plus les juges les plus sévères, les plus éclairés, et qui lui étaient sincèrement attachés; il les écoutait avec docilité : enfin, il se faisait gloire, ainsi que Despréaux, d'être revêtu des dépouilles des anciens; il avait formé son style sur le leur; c'est par là qu'il s'est fait un nom immortel. Ceux qui suivent une autre route n'y parviendront jamais. On peut réussir peut-être mieux que lui dans les catastrophes; on peut produire plus de terreur, approfondir davantage les sentiments, mettre de plus grands mouvements dans les intrigues; mais quiconque ne se formera pas comme lui sur les anciens, quiconque surtout n'imitera pas la pureté de leur style et du sien, n'aura jamais de réputation dans la postérité.

On joue pendant quelques années des romans barbares, qu'on nomme tragédies; mais enfin les yeux s'ouvrent : on a eu beau louer, protéger ces pièces, elles finissent par être, aux yeux de tous les hommes instruits, des monuments de mauvais goût.

 .... *Vos exemplaria Græca*
 Nocturna versate manu, versate diurna.
     HORAT., *de Arte poet.*, 268.

FIN DE LA DISSERTATION.

ROME SAUVÉE

ou

CATILINA.

TRAGÉDIE EN CINQ ACTES,

(24 février 1752.)

Vincet amor patriæ laudumque immensa cupido
Virg., Æn., VI, 823.

AVERTISSEMENT [1].

Cette pièce, ainsi que *la Mort de César*, est d'un genre particulier, le plus difficile de tous peut-être, mais aussi le plus utile. Dans ces pièces, ce n'est ni à un seul personnage, ni à une famille qu'on s'intéresse, c'est à un grand événement historique. Elles ne produisent point ces émotions vives que le spectacle des passions tendres peut seul exciter. L'intérêt de curiosité, qu'on éprouve à suivre une intrigue, est une ressource qui leur manque. L'effet des situations extraordinaires, ou des coups de théâtre, y peut difficilement être employé. Ce qui attache dans ces pièces, c'est le développement de grands caractères placés dans des situations fortes, le plaisir d'entendre de grandes idées exprimées dans de beaux vers, et avec un style auquel l'état des personnages à qui on les prête permet de donner de la pompe et de l'énergie sans s'écarter de la vraisemblance; c'est le plaisir d'être témoin, pour ainsi dire, d'une révolution qui fait époque dans l'histoire, d'en voir sous ses yeux mouvoir tous les ressorts. Elles ont surtout l'avantage précieux de donner à l'âme de l'élévation et de la force : en sortant de ces pièces, on se trouve plus disposé à une action de courage, plus éloigné de ramper devant un homme accrédité, ou de plier devant le pouvoir injuste et absolu. Elles sont plus difficiles à faire : il ne suffit pas d'avoir un grand talent pour la poésie dramatique, il faut y joindre une connaissance approfondie de l'histoire, une tête faite pour combiner des idées de politique, de morale et de philosophie. Elles sont aussi plus difficiles à jouer : dans les autres pièces, pourvu que les principaux personnages soient bien remplis, on peut être indulgent pour le reste; mais on ne voit pas sans dégoût un Caton, un Clodius même, dire d'une manière gauche des vers qu'il a l'air de ne pas entendre. D'ailleurs, un acteur qui a éprouvé des passions, qui a l'âme sensible, sentira toutes les nuances de la passion dans un rôle d'amant, de père, ou d'ami; mais comment un acteur qui n'a point reçu une éducation soignée, qui ne s'est point occupé des grands objets qui ont animé les personnages

---

1. Cet *Avertissement* est de Condorcet, l'un des éditeurs de Kehl. (Éd.)

qu'il va représenter, trouvera-t-il le ton, l'action, les accents, qui conviennent à Cicéron et à César?

Rome sauvée fut représentée à Paris sur un théâtre particulier. M. de Voltaire y joua le rôle de Cicéron. Jamais, dans aucun rôle, aucun acteur n'a porté si loin l'illusion : on croyait voir le consul. Ce n'étaient pas des vers récités de mémoire qu'on entendait, mais un discours sortant de l'âme de l'orateur. Ceux qui ont assisté à ce spectacle, il y a plus de trente ans, se souviennent encore du moment où l'auteur de *Rome sauvée* s'écriait :

Romains, j'aime la gloire, et ne veux point m'en taire,

avec une vérité si frappante, qu'on ne savait si ce noble aveu venait d'échapper à l'âme de Cicéron ou à celle de Voltaire.

Avant lui, *la Mort de Pompée* était le seul modèle des pièces de ce genre qu'il y eût dans notre langue, on peut dire même dans aucune langue. Ce n'est pas que le *Jules César* de Shakspeare, ses pièces tirées de l'histoire d'Angleterre, ainsi que quelques tragédies espagnoles, ne soient des drames historiques ; mais de telles pièces, où il n'y a ni unité ni raison, où tous les tons sont mêlés, où l'histoire est conservée jusqu'à la minutie, et les mœurs altérées jusqu'au ridicule, de telles pièces ne peuvent plus être comptées parmi les productions des arts que comme des monuments du génie brut de leurs auteurs, et de la barbarie des siècles qui les ont produites.

PRÉFACE.

Deux motifs ont fait choisir ce sujet de tragédie, qui paraît impraticable, et peu fait pour les mœurs, pour les usages, la manière de penser et le théâtre de Paris.

On a voulu essayer encore une fois, par une tragédie sans déclaration d'amour, de détruire les reproches que toute l'Europe savante fait à la France, de ne souffrir guère au théâtre que les intrigues galantes ; et on a eu surtout pour objet de faire connaître Cicéron aux jeunes personnes qui fréquentent les spectacles.

Les grandeurs passées des Romains tiennent encore toute la terre attentive, et l'Italie moderne met une partie de sa gloire à découvrir quelques ruines de l'ancienne. On montre avec respect la maison que Cicéron occupa. Son nom est dans toutes les bouches, ses écrits dans toutes les mains. Ceux qui ignorent dans leur patrie quel chef était à la tête de ses tribunaux, il y a cinquante ans, savent en quel temps Cicéron était à la tête de Rome. Plus le dernier siècle de la république romaine a été bien connu de nous, plus ce grand homme a été admiré. Nos nations modernes, trop tard civilisées, ont eu longtemps de lui des idées vagues ou fausses. Ses ouvrages servaient à notre éducation ; mais on ne savait pas jusqu'à quel point sa personne était respectable. L'auteur était superficiellement connu ; le consul était presque ignoré. Les lumières que nous avons acquises nous ont appris à ne lui comparer aucun des hommes qui se sont mêlés du gouvernement, et qui ont prétendu à l'éloquence.

Il semble que Cicéron aurait été tout ce qu'il aurait voulu être. Il gagna une bataille dans les gorges d'Issus, où Alexandre avait vaincu les Perses. Il est bien vraisemblable que, s'il s'était donné tout entier à la guerre, à cette profession qui demande un sens droit et une extrême vigilance, il eût été au rang des plus illustres capitaines de son siècle; mais, comme César n'eût été que le second des orateurs, Cicéron n'eût été que le second des généraux. Il préféra à toute autre gloire celle d'être le père de la maîtresse du monde : et quel prodigieux mérite ne fallait-il pas à un simple chevalier d'Arpinum pour percer la foule de tant de grands hommes, pour parvenir sans intrigue à la première place de l'univers, malgré l'envie de tant de patriciens qui régnaient à Rome!

Ce qui étonne surtout, c'est que, dans les tumultes et les orages de sa vie, cet homme, toujours chargé des affaires de l'État et de celles des particuliers, trouvât encore du temps pour être instruit à fond de toutes les sectes des Grecs, et qu'il fût le plus grand philosophe des Romains, aussi bien que le plus éloquent. Y a-t-il dans l'Europe beaucoup de ministres, de magistrats, d'avocats même un peu employés, qui puissent, je ne dis pas expliquer les admirables découvertes de Newton et les idées de Leibnitz, comme Cicéron rendait compte des principes de Zénon, de Platon, et d'Épicure, mais qui puissent répondre à une question profonde de philosophie?

Ce que peu de personnes savent, c'est que Cicéron était encore un des premiers poëtes d'un siècle où la belle poésie commençait à naître. Il balançait la réputation de Lucrèce. Y a-t-il rien de plus beau que ces vers qui nous sont restés de son poëme sur Marius, et qui font tant regretter la perte de cet ouvrage?

Sic Jovis altisoni subito pinnata satelles,
Arboris e trunco, serpentis saucia morsu,
Ipsa feris subigit transfigens unguibus anguem
Semianimum, et varia graviter cervice micantem
Quem se intorquentem lanians rostroque cruentans,
Jam satiata animum, jam duros ulta dolores
Abjicit efflantem, et laceratum affligit in undas,
Seque obitu a solis nitidos convertit ad ortus.

Je suis de plus en plus persuadé que notre langue est impuissante à rendre l'harmonieuse énergie des vers latins comme des vers grecs; mais j'oserai donner une légère esquisse de ce petit tableau, peint par le grand homme que j'ai osé faire parler dans *Rome sauvée*, et dont j'ai imité en quelques endroits les *Catilinaires.*

Tel on voit cet oiseau qui porte le tonnerre,
Blessé par un serpent élancé de la terre;
Il s'envole; il entraîne au séjour azuré
L'ennemi tortueux dont il est entouré.
Le sang tombe des airs. Il déchire, il dévore
Le reptile acharné qui le combat encore;
Il le perce, il le tient sous ses ongles vainqueurs
Par cent coups redoublés il venge ses douleurs
Le monstre en expirant se débat, se replie;

Il exhale en poisons les restes de sa vie ;
Et l'aigle tout sanglant, fier, et victorieux,
Le rejette en fureur, et plane au haut des cieux.

Pour peu qu'on ait la moindre étincelle de goût, on apercevra dans la faiblesse de cette copie la force du pinceau de l'original. Pourquoi donc Cicéron passe-t-il pour un mauvais poëte? parce qu'il a plu à Juvénal de le dire, parce qu'on lui a imputé un vers ridicule :

O fortunatam natam, me consule, Romam!

C'est un vers si mauvais, que le traducteur qui a voulu en exprimer les défauts en français, n'a pu même y réussir.

O Rome fortunée,
Sous mon consulat née!

ne rend pas à beaucoup près le ridicule du vers latin.

Je demande s'il est possible que l'auteur du beau morceau de poésie que je viens de citer ait fait un vers si impertinent. Il y a des sottises qu'un homme de génie et de sens ne peut jamais dire. Je m'imagine que le préjugé, qui n'accorde presque jamais deux genres à un seul homme, fit croire Cicéron incapable de la poésie quand il y eut renoncé. Quelque mauvais plaisant, quelque ennemi de la gloire de ce grand homme, imagina ce vers ridicule, et l'attribua à l'orateur, au philosophe, au père de Rome. Juvénal, dans le siècle suivant, adopta ce bruit populaire, et le fit passer à la postérité dans ses déclamations satiriques; et j'ose croire que beaucoup de réputations bonnes ou mauvaises se sont ainsi établies.

On impute, par exemple, au P. Malebranche ces deux vers :

Il fait en ce beau jour le plus beau temps du monde,
Pour aller à cheval sur la terre et sur l'onde.

On prétend qu'il les fit pour montrer qu'un philosophe peut, quand il veut, être poëte. Quel homme de bon sens croira que le P. Malebranche ait fait quelque chose de si absurde? Cependant, qu'un écrivain d'anecdotes, un compilateur littéraire, transmette à la postérité cette sottise, elle s'accréditera avec le temps; et, si le P. Malebranche était un grand homme, on dirait un jour : « Ce grand homme devenait un sot quand il était hors de sa sphère. »

On a reproché à Cicéron trop de sensibilité, trop d'affliction dans ses malheurs. Il confie ses justes plaintes à sa femme et à son ami, et on impute à lâcheté sa franchise. Le blâme qui voudra d'avoir répandu dans le sein de l'amitié les douleurs qu'il cachait à ses persécuteurs, je l'en aime davantage. Il n'y a guère que les âmes vertueuses de sensibles. Cicéron, qui aimait tant la gloire, n'a point ambitionné celle de vouloir paraître ce qu'il n'était pas. Nous avons vu des hommes mourir de douleur pour avoir perdu de très-petites places, après avoir affecté de dire qu'ils ne les regrettaient pas : quel mal y a-t-il donc à avouer à sa femme et à son ami qu'on est fâché d'être loin de Rome qu'on a servie, et d'être persécuté par des ingrats et par des perfides? Il faut fermer son cœur à ses tyrans, et l'ouvrir à ceux qu'on aime.

Cicéron était vrai dans toutes ses démarches; il parlait de son affliction sans honte, et de son goût pour la vraie gloire sans détour. Ce caractère est à la fois naturel, haut, et humain. Préférerait-on la politique de César, qui, dans ses *Commentaires*, dit qu'il a offert la paix à Pompée, et qui, dans ses lettres, avoue qu'il ne veut pas la lui donner? César était un grand homme, mais Cicéron était un homme vertueux.

Que ce consul ait été un bon poëte, un philosophe qui savait douter, un gouverneur de province parfait, un général habile, que son âme ait été sensible et vraie, ce n'est pas là le mérite dont il s'agit ici. Il sauva Rome malgré le sénat, dont la moitié était animée contre lui par l'envie la plus violente. Il se fit des ennemis de ceux même dont il fut l'oracle, le libérateur et le vengeur. Il prépara sa ruine par le service le plus signalé que jamais homme ait rendu à sa patrie. Il vit cette ruine, et il n'en fut point effrayé. C'est ce qu'on a voulu représenter dans cette tragédie : c'est moins encore l'âme farouche de Catilina que l'âme généreuse et noble de Cicéron, qu'on a voulu peindre.

Nous avons toujours cru, et on s'était confirmé plus que jamais dans l'idée que Cicéron est un des caractères qu'il ne faut jamais mettre sur le théâtre. Les Anglais, qui hasardent tout, sans même savoir qu'ils hasardent, ont fait une tragédie de la conspiration de Catilina. Ben Johnson n'a pas manqué, dans cette tragédie historique, de traduire sept ou huit pages des *Catilinaires*, et même il les a traduites en prose, ne croyant pas que l'on pût faire parler Cicéron en vers. La prose du consul et les vers des autres personnages font, à la vérité, un contraste digne de la barbarie du siècle de Ben Johnson; mais pour traiter un sujet si sévère, dénué de ces passions qui ont tant d'empire sur le cœur, il faut avouer qu'il fallait avoir affaire à un peuple sérieux et instruit, digne en quelque sorte qu'on mît sous ses yeux l'ancienne Rome.

Je conviens que ce sujet n'est guère théâtral pour nous, qui, ayant beaucoup plus de goût, de décence, de connaissance du théâtre que les Anglais, n'avons généralement pas des mœurs si fortes. On ne voit avec plaisir au théâtre que le combat des passions qu'on éprouve soi-même. Ceux qui sont remplis de l'étude de Cicéron et de la république romaine ne sont pas ceux qui fréquentent les spectacles. Ils n'imitent point Cicéron, qui y était assidu. Il est étrange qu'ils prétendent être plus graves que lui; ils sont seulement moins sensibles aux beaux-arts, ou retenus par un préjugé ridicule. Quelques progrès que ces arts aient faits en France, les hommes choisis qui les ont cultivés n'ont point encore communiqué le vrai goût à toute la nation. C'est que nous sommes nés moins heureusement que les Grecs et les Romains. On va aux spectacles plus par oisiveté que par un véritable amour de la littérature.

Cette tragédie paraît plutôt faite pour être lue par les amateurs de l'antiquité, que pour être vue par le parterre. Elle y fut à la vérité applaudie, et beaucoup plus que *Zaïre*; mais elle n'est pas d'un genre à se soutenir comme *Zaïre* sur le théâtre. Elle est beaucoup plus fortement écrite, et une seule scène entre César et Catilina était plus difficile à faire que la plupart des pièces où l'amour domine. Mais le cœur ramène à ces pièces, et l'admiration pour les anciens Romains s'épuise bientôt. Personne ne conspire aujourd'hui, et tout le monde aime.

D'ailleurs les représentations de *Catilina* exigent un trop grand nombre d'acteurs, un trop grand appareil.

Les savants ne trouveront pas ici une histoire fidèle de la conjuration de Catilina; ils sont assez persuadés qu'une tragédie n'est pas une histoire; mais ils y verront une peinture vraie des mœurs de ce temps-là. Tout ce que Cicéron, Catilina, Caton, César, ont fait dans cette pièce, n'est pas vrai; mais leur génie et leur caractère y sont peints fidèlement.

Si on n'a pu y développer l'éloquence de Cicéron, on a du moins étalé toute sa vertu et tout le courage qu'il fit paraître dans le péril. On a montré dans Catilina ces contrastes de férocité et de séduction qui formaient son caractère; on a fait voir César naissant, factieux et magnanime, César fait pour être à la fois la gloire et le fléau de Rome.

On n'a point fait paraître les députés des Allobroges, qui n'étaient point des ambassadeurs de nos Gaules, mais des agents d'une petite province d'Italie soumise aux Romains, qui ne firent que le personnage de délateurs, et qui par là sont indignes de figurer sur la scène avec Cicéron, César, Caton.

Si cet ouvrage paraît au moins passablement écrit, et s'il fait connaître un peu l'ancienne Rome, c'est tout ce qu'on a prétendu, et tout le prix qu'on attend.

AU LECTEUR.

Cette pièce est fort différente de celle qui parut il y a plus d'un an en 1752, à Paris, sous le même titre. Des copistes l'avaient transcrite aux représentations, et l'avaient toute défigurée. Leurs omissions étaient remplies par des mains étrangères; il y avait une centaine de vers qui n'étaient pas de l'auteur. On fit de cette copie infidèle une édition furtive : cette édition était défectueuse d'un bout à l'autre; et on ne manqua pas de l'imiter en Hollande avec beaucoup plus de fautes encore. L'auteur a soigneusement corrigé la présente édition, faite à Leipsick par son ordre et sous ses yeux; il y a même changé des scènes entières. On ne cessera de répéter que c'est un grand abus que les auteurs soient imprimés malgré eux. Un libraire se hâte de faire une mauvaise édition d'un livre qui lui tombe entre les mains ; et ce libraire se plaint ensuite quand l'auteur auquel il a fait tort donne son véritable ouvrage. Voilà où la littérature en est réduite aujourd'hui.

PERSONNAGES.

CICÉRON.
CÉSAR.
CATILINA.
AURÉLIE.
CATON.
LUCULLUS.
CRASSUS.
CLODIUS.
CÉTHÉGUS.
LENTULUS SURA.
Conjurés.
Licteurs.

Le théâtre représente, d'un côté, le palais d'Aurélie, de l'autre, le temple de Tellus, où s'assemble le sénat. On voit dans l'enfoncement une galerie qui communique à des souterrains qui conduisent du palais d'Aurélie au vestibule du temple.

ACTE PREMIER.

SCÈNE I. — CATILINA.

(Soldats dans l'enfoncement.)

Orateur insolent, qu'un vil peuple seconde,
Assis au premier rang des souverains du monde,
Tu vas tomber du faîte où Rome t'a placé.
Inflexible Caton, vertueux insensé!
Ennemi de ton siècle, esprit dur et farouche,
Ton terme est arrivé, ton imprudence y touche.
Fier sénat de tyrans qui tiens le monde aux fers,
Tes fers sont préparés, tes tombeaux sont ouverts.
Que ne puis-je en ton sang, impérieux Pompée.
Éteindre de ton nom la splendeur usurpée!
Que ne puis-je opposer à ton pouvoir fatal
Ce César si terrible, et déjà ton égal!
Quoi! César, comme moi factieux dès l'enfance,
Avec Catilina n'est pas d'intelligence?
Mais le piége est tendu; je prétends qu'aujourd'hui
Le trône qui m'attend soit préparé par lui.
Il faut employer tout, jusqu'à Cicéron même,
Ce César que je crains, mon épouse que j'aime :
Sa docile tendresse, en cet affreux moment,
De mes sanglants projets est l'aveugle instrument.
Tout ce qui m'appartient doit être mon complice.
Je veux que l'amour même à mon ordre obéisse.
Titres chers et sacrés, et de père, et d'époux,
Faiblesses des humains, évanouissez-vous.

SCÈNE II. — CATILINA, CÉTHÉGUS; AFFRANCHIS ET SOLDATS,
dans le lointain.

CATILINA.
Eh bien! cher Céthégus, tandis que la nuit sombre
Cache encor nos desseins et Rome dans son ombre,
Avez-vous réuni les chefs des conjurés?
CÉTHÉGUS.
Ils viendront dans ces lieux du consul ignorés,
Sous ce portique même, et près du temple impie
Où domine un sénat, tyran de l'Italie.
Ils ont renouvelé leurs serments et leur foi.
Mais tout est-il prévu? César est-il à toi?
Seconde-t-il enfin Catilina qu'il aime?
CATILINA.
Cet esprit dangereux n'agit que pour lui-même.
CÉTHÉGUS.
Conspirer sans César!
CATILINA.
Ah! je l'y veux forcer.
Dans ce piége sanglant je veux l'embarrasser.
Mes soldats, en son nom, vont surprendre Préneste;
Je sais qu'on le soupçonne, et je réponds du reste.
Ce consul violent va bientôt l'accuser;
Pour se venger de lui, César peut tout oser.
Rien n'est si dangereux que César qu'on irrite;
C'est un lion qui dort, et que ma voix excite.
Je veux que Cicéron réveille son courroux,
Et force ce grand homme à combattre pour nous.
CÉTHÉGUS.
Mais Nonnius enfin dans Préneste est le maître;
Il aime la patrie, et tu dois le connaître :
Tes soins pour le tenter ont été superflus
Que faut-il décider du sort de Nonnius?
CATILINA.
Je t'entends; tu sais trop que sa fille m'est chère.
Ami, j'aime Aurélie en détestant son père.
Quand il sut que sa fille avait conçu pour moi
Ce tendre sentiment qui la tient sous ma loi;
Quand sa haine impuissante, et sa colère vaine,
Eurent tenté sans fruit de briser notre chaîne;
A cet hymen secret quand il a consenti,
Sa faiblesse a tremblé d'offenser son parti.
Il a craint Cicéron; mais mon heureuse adresse
Avance mes desseins par sa propre faiblesse.
J'ai moi-même exigé, par un serment sacré,
Que ce nœud clandestin fût encore ignoré.

Céthégus et Sura sont seuls dépositaires
De ce secret utile à nos sanglants mystères.
Le palais d'Aurélie au temple nous conduit;
C'est là qu'en sûreté j'ai moi-même introduit
Les armes, les flambeaux, l'appareil du carnage.
De nos vastes succès mon hymen est le gage.
Vous m'avez bien servi; l'amour m'a servi mieux.
C'est chez Nonnius même, à l'aspect de ses dieux,
Sous les murs du sénat, sous sa voûte sacrée,
Que de tous nos tyrans la mort est préparée.
   (Aux conjurés qui sont dans le fond.)
Vous, courez dans Préneste, où nos amis secrets
Ont du nom de César voilé nos intérêts;
Que Nonnius surpris ne puisse se défendre.
Vous, près du Capitole, allez soudain vous rendre.
Songez qui vous servez, et gardez vos serments.
   (A Céthégus.)
Toi, conduis d'un coup d'œil tous ces grands mouvements

SCÈNE III. — AURÉLIE, CATILINA.

AURÉLIE.

Ah! calmez les horreurs dont je suis poursuivie,
Cher époux, essuyez les larmes d'Aurélie.
Quel trouble, quel spectacle, et quel réveil affreux!
Je vous suis en tremblant sous ces murs ténébreux.
Ces soldats que je vois redoublent mes alarmes.
On porte en mon palais des flambeaux et des armes!
Qui peut nous menacer? Les jours de Marius,
De Carbon, de Sylla, sont-ils donc revenus?
De ce front si terrible éclaircissez les ombres.
Vous détournez de moi des yeux tristes et sombres.
Au nom de tant d'amour, et par ces nœuds secrets
Qui joignent nos destins, nos cœurs, nos intérêts,
Au nom de notre fils, dont l'enfance est si chère
(Je ne vous parle point des dangers de sa mère,
Et je ne vois, hélas! que ceux que vous courez),
Ayez pitié du trouble où mes sens sont livrés :
Expliquez-vous.

CATILINA.

            Sachez que mon nom, ma fortune,
Ma sûreté, la vôtre, et la cause commune,
Exigent ces apprêts qui causent votre effroi.
Si vous daignez m'aimer, si vous êtes à moi,
Sur ce qu'ont vu vos yeux observez le silence.
Des meilleurs citoyens j'embrasse la défense.
Vous voyez le sénat, le peuple divisés,
Une foule de rois l'un à l'autre opposés:

On se menace, on s'arme ; et, dans ces conjonctures,
Je prends un parti sage, et de justes mesures.

AURÉLIE.

Je le souhaite au moins. Mais me tromperiez-vous ?
Peut-on cacher son cœur aux cœurs qui sont à nous ?
En vous justifiant, vous redoublez ma crainte.
Dans vos yeux égarés trop d'horreur est empreinte
Ciel ! que fera mon père, alors que dans ces lieux
Ces funestes apprêts viendront frapper ses yeux ?
Souvent les noms de fille, et de père, et de gendre,
Lorsque Rome a parlé, n'ont pu se faire entendre.
Notre hymen lui déplut, vous le savez assez :
Mon bonheur est un crime à ses yeux offensés.
On dit que Nonnius est mandé de Préneste.
Quels effets il verra de cet hymen funeste !
Cher époux, quel usage affreux, infortuné,
Du pouvoir que sur moi l'amour vous a donné !
Vous avez un parti ; mais Cicéron, mon père,
Caton, Rome, les dieux, sont du parti contraire.
Peut-être Nonnius vient vous perdre aujourd'hui.

CATILINA.

Non, il ne viendra point ; ne craignez rien de lui.

AURÉLIE.

Comment ?

CATILINA.

Aux murs de Rome il ne pourra se rendre
Que pour y respecter et sa fille et son gendre.
Je ne puis m'expliquer, mais souvenez-vous bien
Qu'en tout son intérêt s'accorde avec le mien.
Croyez, quand il verra qu'avec lui je partage
De mes justes projets le premier avantage,
Qu'il sera trop heureux d'abjurer devant moi
Les superbes tyrans dont il reçut la loi.
Je vous ouvre à tous deux, et vous devez m'en croire,
Une source éternelle et d'honneur et de gloire.

AURÉLIE.

La gloire est bien douteuse, et le péril certain.
Que voulez-vous ? pourquoi forcer votre destin ?
Ne vous suffit-il pas, dans la paix, dans la guerre,
D'être un des souverains sous qui tremble la terre ?
Pour tomber de plus haut, où voulez-vous monter ?
Les noirs pressentiments viennent m'épouvanter.
J'ai trop chéri le joug où je me suis soumise.
Voilà donc cette paix que je m'étais promise,
Ce repos de l'amour que mon cœur a cherché !
Les dieux m'en ont punie, et me l'ont arraché.
Dès qu'un léger sommeil vient fermer mes paupières,

Je vois Rome embrasée, et des mains meurtrières,
Des supplices, des morts, des fleuves teints de sang;
De mon père au sénat je vois percer le flanc;
Vous-même, environné d'une troupe en furie,
Sur des monceaux de morts exhalant votre vie;
Des torrents de mon sang répandus par vos coups,
Et votre épouse enfin mourante auprès de vous.
Je me lève, je fuis ces images funèbres;
Je cours, je vous demande au milieu des ténèbres;
Je vous retrouve, hélas! et vous me replongez
Dans l'abîme des maux qui me sont présagés.

CATILINA.

Allez, Catilina ne craint point les augures;
Et je veux du courage, et non pas des murmures,
Quand je sers et l'État, et vous, et mes amis.

AURÉLIE.

Ah! cruel! est-ce ainsi que l'on sert son pays?
J'ignore à quels desseins ta fureur s'est portée;
S'ils étaient généreux, tu m'aurais consultée :
Nos communs intérêts semblaient te l'ordonner :
Si tu feins avec moi, je dois tout soupçonner.
Tu te perdras : déjà ta conduite est suspecte
A ce consul sévère, et que Rome respecte.

CATILINA.

Cicéron respecté! lui, mon lâche rival!

SCÈNE IV. — CATILINA, AURÉLIE; MARTIAN, *l'un des conjurés*.

MARTIAN.

Seigneur, Cicéron vient près de ce lieu fatal.
Par son ordre bientôt le sénat se rassemble :
Il vous mande en secret.

AURÉLIE.

Catilina, je tremble
A cet ordre subit, à ce funeste nom.

CATILINA.

Mon épouse trembler au nom de Cicéron!
Que Nonnius séduit le craigne et le révère;
Qu'il déshonore ainsi son rang, son caractère;
Qu'il serve, il en est digne, et je plains son erreur :
Mais de vos sentiments j'attends plus de grandeur.
Allez, souvenez-vous que vos nobles ancêtres
Choisissaient autrement leurs consuls et leurs maîtres.
Quoi! vous, femme et Romaine, et du sang d'un Néron
Vous seriez sans orgueil et sans ambition?
Il en faut aux grands cœurs.

ACTE I, SCÈNE IV.

AURÉLIE.
                    Tu crois le mien timide;
La seule cruauté te paraît intrépide.
Tu m'oses reprocher d'avoir tremblé pour toi.
Le consul va paraître; adieu, mais connais-moi:
Apprends que cette épouse à tes lois trop soumise,
Que tu devais aimer, que ta fierté méprise,
Qui ne peut te changer, qui ne peut t'attendrir,
Plus Romaine que toi, peut t'apprendre à mourir.
            CATILINA.
Que de chagrins divers il faut que je dévore!
Cicéron que je vois est moins à craindre encore.

SCÈNE V. — CICÉRON, *dans l'enfoncement;* LE CHEF DES LICTEURS, CATILINA.

            CICÉRON, *au chef des licteurs.*
Suivez mon ordre, allez; de ce perfide cœur
Je prétends, sans témoin, sonder la profondeur.
La crainte quelquefois peut ramener un traître.
            CATILINA.
Quoi! c'est ce plébéien dont Rome a fait son maître!
            CICÉRON.
Avant que le sénat se rassemble à ma voix,
Je viens, Catilina, pour la dernière fois,
Apporter le flambeau sur le bord de l'abîme
Où votre aveuglement vous conduit par le crime.
            CATILINA.
Qui? vous?
            CICÉRON.
        Moi.
            CATILINA.
            C'est ainsi que votre inimitié....
            CICÉRON.
C'est ainsi que s'explique un reste de pitié.
Vos cris audacieux, votre plainte frivole,
Ont assez fatigué les murs du Capitole.
Vous feignez de penser que Rome et le sénat
Ont avili dans moi l'honneur du consulat.
Concurrent malheureux à cette place insigne,
Votre orgueil l'attendait; mais en étiez-vous digne?
La valeur d'un soldat, le nom de vos aïeux,
Ces prodigalités d'un jeune ambitieux,
Ces jeux et ces festins qu'un vain luxe prépare,
Étaient-ils un mérite assez grand, assez rare,
Pour vous faire espérer de dispenser des lois
Au peuple souverain qui règne sur les rois?

A vos prétentions j'aurais cédé peut-être,
Si j'avais vu dans vous ce que vous deviez être.
Vous pouviez de l'État être un jour le soutien ·
Mais pour être consul, devenez citoyen.
Pensez-vous affaiblir ma gloire et ma puissance,
En décriant mes soins, mon état, ma naissance?
Dans ces temps malheureux, dans nos jours corrompus,
Faut-il des noms à Rome? il lui faut des vertus.
Ma gloire (et je la dois à ces vertus sévères)
Est de ne rien tenir des grandeurs de mes pères.
Mon nom commence en moi : de votre honneur jaloux,
Tremblez que votre nom ne finisse dans vous.

CATILINA.

Vous abusez beaucoup, magistrat d'une année,
De votre autorité passagère et bornée.

CICÉRON.

Si j'en avais usé, vous seriez dans les fers,
Vous, l'éternel appui des citoyens pervers;
Vous qui, de nos autels souillant les priviléges,
Portez jusqu'aux lieux saints vos fureurs sacriléges;
Qui comptez tous vos jours, et marquez tous vos pas
Par des plaisirs affreux ou des assassinats;
Qui savez tout braver, tout oser, et tout feindre :
Vous enfin, qui sans moi seriez peut-être à craindre.
Vous avez corrompu tous les dons précieux
Que, pour un autre usage, ont mis en vous les dieux;
Courage, adresse, esprit, grâce, fierté sublime,
Tout, dans votre âme aveugle, est l'instrument du crime.
Je détournais de vous des regards paternels,
Qui veillaient au destin du reste des mortels.
Ma voix, que craint l'audace, et que le faible implore,
Dans le rang des Verrès ne vous mit point encore;
Mais, devenu plus fier par tant d'impunité,
Jusqu'à trahir l'État vous avez attenté.
Le désordre est dans Rome, il est dans l'Étrurie;
On parle de Préneste, on soulève l'Ombrie;
Les soldats de Sylla, de carnage altérés,
Sortent de leur retraite aux meurtres préparés;
Mallius en Toscane arme leurs mains féroces;
Les coupables soutiens de ces complots atroces
Sont tous vos partisans déclarés ou secrets;
Partout le nœud du crime unit vos intérêts.
Ah! sans qu'un jour plus grand éclaire ma justice,
Sachez que je vous crois leur chef ou leur complice;
Que j'ai partout des yeux, que j'ai partout des mains;
Que malgré vous encore il est de vrais Romains;
Que ce cortége affreux d'amis vendus au crime

Sentira comme vous l'équité qui m'anime.
Vous n'avez vu dans moi qu'un rival de grandeur;
Voyez-y votre juge, et votre accusateur,
Qui va dans un moment vous forcer de répondre
Au tribunal des lois qui doivent vous confondre;
Des lois qui se taisaient sur vos crimes passés,
De ces lois que je venge, et que vous renversez.

CATILINA.

Je vous ai déjà dit, seigneur, que votre place
Avec Catilina permet peu cette audace;
Mais je veux pardonner des soupçons si honteux,
En faveur de l'État que nous servons tous deux :
Je fais plus, je respecte un zèle infatigable,
Aveugle, je l'avoue, et pourtant estimable.
Ne me reprochez plus tous mes égarements,
D'une ardente jeunesse impétueux enfants;
Le sénat m'en donna l'exemple trop funeste.
Cet emportement passe, et le courage reste.
Ce luxe, ces excès, ces fruits de la grandeur,
Sont les vices du temps, et non ceux de mon cœur.
Songez que cette main servit la république;
Que soldat en Asie, et juge dans l'Afrique,
J'ai, malgré nos excès et nos divisions,
Rendu Rome terrible aux yeux des nations.
Moi je la trahirais! moi qui l'ai su défendre!

CICÉRON.

Marius et Sylla, qui la mirent en cendre,
Ont mieux servi l'État, et l'ont mieux défendu.
Les tyrans ont toujours quelque ombre de vertu;
Ils soutiennent les lois avant de les abattre.

CATILINA.

Ah! si vous soupçonnez ceux qui savent combattre,
Accusez donc César, et Pompée, et Crassus.
Pourquoi fixer sur moi vos yeux toujours déçus?
Parmi tant de guerriers, dont on craint la puissance,
Pourquoi suis-je l'objet de votre défiance?
Pourquoi me choisir, moi? par quel zèle emporté...?

CICÉRON.

Vous-même jugez-vous; l'avez-vous mérité?

CATILINA.

Non, mais j'ai trop daigné m'abaisser à l'excuse;
Et plus je me défends, plus Cicéron m'accuse.
Si vous avez voulu me parler en ami,
Vous vous êtes trompé, je suis votre ennemi :
Si c'est en citoyen, comme vous je crois l'être,
Et si c'est en consul, ce consul n'est pas maître;
Il préside au sénat, et je peux l'y braver.

CICÉRON.
J'y punis les forfaits; tremble de m'y trouver.
Malgré toute ta haine, à mes yeux méprisable,
Je t'y protégerai, si tu n'es point coupable ;
Fuis Rome, si tu l'es.

CATILINA.
　　　　　　C'en est trop; arrêtez.
C'est trop souffrir le zèle où vous vous emportez.
De vos vagues soupçons j'ai dédaigné l'injure;
Mais après tant d'affronts que mon orgueil endure,
Je veux que vous sachiez que le plus grand de tous
N'est pas d'être accusé, mais protégé par vous.

SCÈNE VI. — CICÉRON, seul.

Le traître pense-t-il, à force d'insolence,
Par sa fausse grandeur prouver son innocence?
Tu ne peux m'imposer, perfide; ne crois pas
Éviter l'œil vengeur attaché sur tes pas.

SCÈNE VII. — CICÉRON, CATON.

CICÉRON.
Eh bien ! ferme Caton, Rome est-elle en défense?

CATON.
Vos ordres sont suivis. Ma prompte vigilance
A disposé déjà ces braves chevaliers
Qui sous vos étendards marcheront les premiers.
Mais je crains tout du peuple, et du sénat lui-même.

CICÉRON.
Du sénat?

CATON.
　　　Enivré de sa grandeur suprême,
Dans ses divisions il se forge des fers.

CICÉRON.
Les vices des Romains ont vengé l'univers,
La vertu disparaît, la liberté chancelle;
Mais Rome a des Catons, j'espère encor pour elle.

CATON.
Ah ! qui sert son pays sert souvent un ingrat.
Votre mérite même irrite le sénat;
Il voit d'un œil jaloux cet éclat qui l'offense.

CICÉRON.
Les regards de Caton seront ma récompense.
Au torrent de mon siècle, à son iniquité,
J'oppose ton suffrage et la postérité.
Faisons notre devoir : les dieux feront le reste.

ACTE I, SCÈNE VII.

CATON.
Eh! comment résister à ce torrent funeste,
Quand je vois dans ce temple, aux vertus élevé,
L'infâme trahison marcher le front levé ?
Croit-on que Mallius, cet indigne rebelle,
Ce tribun des soldats, subalterne infidèle,
De la guerre civile arborât l'étendard,
Qu'il osât s'avancer vers ce sacré rempart,
Qu'il eût pu fomenter ces ligues menaçantes,
S'il n'était soutenu par des mains plus puissantes
Si quelque rejeton de nos derniers tyrans
N'allumait en secret des feux plus dévorants ?
Les premiers du sénat nous trahissent peut-être,
Des cendres de Sylla les tyrans vont renaître.
César fut le premier que mon cœur soupçonna.
Oui, j'accuse César.

CICÉRON.
 Et moi, Catilina.
De brigues, de complots, de nouveautés avide,
Vaste dans ses projets, impétueux, perfide,
Plus que César encor je le crois dangereux,
Beaucoup plus téméraire, et bien moins généreux.
Je viens de lui parler; j'ai vu sur son visage,
J'ai vu dans ses discours son audace et sa rage,
Et la sombre hauteur d'un esprit affermi,
Qui se lasse de feindre, et parle en ennemi.
De ses obscurs complots je cherche les complices.
Tous ses crimes passés sont mes premiers indices.
J'en préviendrai la suite.

CATON.
 Il a beaucoup d'amis;
Je crains pour les Romains des tyrans réunis.
L'armée est en Asie, et le crime est dans Rome;
Mais pour sauver l'État il suffit d'un grand homme.

CICÉRON.
Si nous sommes unis, il suffit de nous deux.
La discorde est bientôt parmi les factieux.
César peut conjurer, mais je connais son âme;
Je sais quel noble orgueil le domine et l'enflamme.
Son cœur ambitieux ne peut être abattu
Jusqu'à servir en lâche un tyran sans vertu.
Il aime Rome encore, et ne veut point de maître;
Mais je prévois trop bien qu'un jour il voudra l'être.
Tous deux jaloux de plaire, et plus de commander,
Ils sont montés trop haut pour jamais s'accorder.
Par leur désunion Rome sera sauvée.
Allons, n'attendons pas que, de sang abreuvée,

Elle tende vers nous ses languissantes mains,
Et qu'on donne des fers aux maîtres des humains.

ACTE SECOND.

SCÈNE I. — CATILINA, CÉTHÉGUS.

CÉTHÉGUS.

Tandis que tout s'apprête, et que ta main hardie
Va de Rome et du monde allumer l'incendie.
Tandis que ton armée approche de ces lieux,
Sais-tu ce qui se passe en ces murs odieux ?

CATILINA.

Je sais que d'un consul la sombre défiance
Se livre à des terreurs qu'il appelle prudence ;
Sur le vaisseau public ce pilote égaré
Présente à tous les vents un flanc mal assuré ;
Il s'agite au hasard, à l'orage il s'apprête,
Sans savoir seulement d'où viendra la tempête.
Ne crains rien du sénat : ce corps faible et jaloux
Avec joie en secret l'abandonne à nos coups.
Ce sénat divisé, ce monstre à tant de têtes,
Si fier de sa noblesse, et plus de ses conquêtes,
Voit avec les transports de l'indignation
Les souverains des rois respecter Cicéron.
César n'est point à lui, Crassus le sacrifie.
J'attends tout de ma main, j'attends tout de l'envie.
C'est un homme expirant qu'on voit d'un faible effort
Se débattre et tomber dans les bras de la mort.

CÉTHÉGUS.

Il a des envieux, mais il parle, il entraîne ;
Il réveille la gloire, il subjugue la haine ;
Il domine au sénat.

CATILINA.

               Je le brave en tous lieux;
J'entends avec mépris ses cris injurieux :
Qu'il déclame à son gré jusqu'à sa dernière heure ;
Qu'il triomphe en parlant, qu'on l'admire, et qu'il meurt
De plus cruels soucis, des chagrins plus pressants,
Occupent mon courage, et règnent sur mes sens.

CÉTHÉGUS.

Que dis-tu ? qui t'arrête en ta noble carrière ?
Quand l'adresse et la force ont ouvert la barrière,
Que crains-tu ?

CATILINA.

          Ce n'est pas mes nombreux ennemis;

Mon parti seul m'alarme, et je crains mes amis,
De Lentulus Sura l'ambition jalouse,
Le grand cœur de César, et surtout mon épouse.
                    CÉTHÉGUS.
Ton épouse ? tu crains une femme et des pleurs?
Laisse-lui ses remords, laisse-lui ses terreurs;
Tu l'aimes, mais en maître, et son amour docile
Est de tes grands desseins un instrument utile.
                    CATILINA.
Je vois qu'il peut enfin devenir dangereux.
Rome, un époux, un fils, partagent trop ses vœux.
O Rome ! ô nom fatal ! ô liberté chérie !
Quoi ! dans ma maison même on parle de patrie !
Je veux qu'avant le temps fixé pour le combat,
Tandis que nous allons éblouir le sénat,
Ma femme, avec mon fils, de ces lieux enlevée,
Abandonne une ville aux flammes réservée,
Qu'elle parte, en un mot. Nos femmes, nos enfants,
Ne doivent point troubler ces terribles moments.
Mais César !
                    CÉTHÉGUS.
            Que veux-tu ? Si par ton artifice
Tu ne peux réussir à t'en faire un complice,
Dans le rang des proscrits faut-il placer son nom ?
Faut-il confondre enfin César et Cicéron ?
                    CATILINA.
C'est là ce qui m'occupe, et, s'il faut qu'il périsse,
Je me sens étonné de ce grand sacrifice.
Il semble qu'en secret, respectant son destin,
Je révère dans lui l'honneur du nom romain.
Mais Sura viendra-t-il ?
                    CÉTHÉGUS.
                Compte sur son audace;
Tu sais comme, ébloui des grandeurs de sa race,
A partager ton règne il se croit destiné.
                    CATILINA.
Qu'à cet espoir trompeur il reste abandonné.
Tu vois avec quel art il faut que je ménage
L'orgueil présomptueux de cet esprit sauvage,
Ses chagrins inquiets, ses soupçons, son courroux.
Sais-tu que de César il ose être jaloux ?
Enfin j'ai des amis moins aisés à conduire
Que Rome et Cicéron ne coûtent à détruire.
O d'un chef de parti dur et pénible emploi !
                    CÉTHÉGUS.
Le soupçonneux Sura s'avance ici vers toi.

SCÈNE II. — CÉTHÉGUS, LENTULUS SURA

SURA.

Ainsi, malgré mes soins et malgré ma prière,
Vous prenez dans César une assurance entière;
Vous lui donnez Préneste; il devient notre appui.
Pensez-vous me forcer à dépendre de lui?

CATILINA.

Le sang des Scipions n'est point fait pour dépendre.
Ce n'est qu'au premier rang que vous devez prétendre.
Je traite avec César, mais sans m'y confier;
Son crédit peut nous nuire, il peut nous appuyer :
Croyez qu'en mon parti s'il faut que je l'engage,
Je me sers de son nom, mais pour votre avantage.

SURA.

Ce nom est-il plus grand que le vôtre et le mien?
Pourquoi vous abaisser à briguer ce soutien?
On le fait trop valoir, et Rome est trop frappée
D'un mérite naissant qu'on oppose à Pompée.
Pourquoi le rechercher alors que je vous sers?
Ne peut-on sans César subjuguer l'univers?

CATILINA.

Nous le pouvons, sans doute, et sur votre vaillance
J'ai fondé dès longtemps ma plus forte espérance;
Mais César est aimé du peuple et du sénat :
Politique, guerrier, pontife, magistrat,
Terrible dans la guerre, et grand dans la tribune
Par cent chemins divers il court à la fortune.
Il nous est nécessaire.

SURA.

   Il nous sera fatal :
Notre égal aujourd'hui, demain notre rival,
Bientôt notre tyran, tel est son caractère;
Je le crois du parti le plus grand adversaire.
Peut-être qu'à vous seul il daignera céder,
Mais croyez qu'à tout autre il voudra commander.
Je ne souffrirai point, puisqu'il faut vous le dire,
De son fier ascendant le dangereux empire.
Je vous ai prodigué mon service et ma foi,
Et je renonce à vous s'il l'emporte sur moi.

CATILINA.

J'y consens; faites plus, arrachez-moi la vie,
Je la déclare indigne, et je la sacrifie,
Si je permets jamais, de nos grandeurs jaloux,
Qu'un autre ose penser à s'élever sur nous :
Mais souffrez qu'à César votre intérêt me lie;
Je le flatte aujourd'hui demain je l'humilie :

Je ferai plus, peut-être ; en un mot, vous pensez
Que sur nos intérêts mes yeux s'ouvrent assez.
(A Céthégus.)
Va, prépare en secret le départ d'Aurélie ;
Que des seuls conjurés sa maison soit remplie.
De ces lieux cependant qu'on écarte ses pas,
Craignons de son amour les funestes éclats.
Par un autre chemin tu reviendras m'attendre
Vers ces lieux retirés où César va m'entendre.

SURA.

Enfin donc sans César vous n'entreprenez rien ?
Nous attendrons le fruit de ce grand entretien.

CATILINA.

Allez ; j'espère en vous plus que dans César même

CÉTHÉGUS.

Je cours exécuter ta volonté suprême,
Et sous tes étendards à jamais réunir
Ceux qui mettent leur gloire à savoir t'obéir.

SCÈNE III. — CATILINA, CÉSAR.

CATILINA.

Eh bien ! César, eh bien ! toi de qui la fortune
Dès le temps de Sylla me fut toujours commune,
Toi dont j'ai présagé les éclatants destins,
Toi né pour être un jour le premier des Romains,
N'es-tu donc aujourd'hui que le premier esclave
Du fameux plébéien qui t'irrite et te brave ?
Tu le hais, je le sais, et ton œil pénétrant
Voit pour s'en affranchir ce que Rome entreprend ;
Et tu balancerais, et ton ardent courage
Craindrait de nous aider à sortir d'esclavage !
Des destins de la terre il s'agit aujourd'hui,
Et César souffrirait qu'on les changeât sans lui !
Quoi ! n'es-tu plus jaloux du nom du grand Pompée ?
Ta haine pour Caton s'est-elle dissipée ?
N'es-tu pas indigné de servir les autels,
Quand Cicéron préside au destin des mortels,
Quand l'obscur habitant des rives du Fibrène
Siége au-dessus de toi sur la pourpre romaine ?
Souffriras-tu longtemps tous ces rois fastueux,
Cet heureux Lucullus, brigand voluptueux,
Fatigué de sa gloire, énervé de mollesse ;
Un Crassus étonné de sa propre richesse,
Dont l'opulence avide, osant nous insulter,
Asservirait l'État, s'il daignait l'acheter ?
Ah ! de quelque côté que tu jettes la vue,

Vois Rome turbulente, ou Rome corrompue ;
Vois ces lâches vainqueurs en proie aux factions,
Disputer, dévorer le sang des nations.
Le monde entier t'appelle, et tu restes paisible !
Veux-tu laisser languir ce courage invincible ?
De Rome qui te parle as-tu quelque pitié ?
César est-il fidèle à ma tendre amitié ?

CÉSAR.

Oui, si dans le sénat on te fait injustice,
César te défendra, compte sur mon service.
Je ne peux te trahir ; n'exige rien de plus.

CATILINA.

Et tu bornerais là tes vœux irrésolus ?
C'est à parler pour moi que tu peux te réduire ?

CÉSAR.

J'ai pesé tes projets, je ne veux pas leur nuire ;
Je peux leur applaudir, je n'y veux point entrer.

CATILINA.

J'entends : pour les heureux tu veux te déclarer.
Des premiers mouvements spectateur immobile,
Tu veux ravir les fruits de la guerre civile,
Sur nos communs débris établir ta grandeur.

CÉSAR.

Non, je veux des dangers plus dignes de mon cœur.
Ma haine pour Caton, ma fière jalousie
Des lauriers dont Pompée est couvert en Asie,
Le crédit, les honneurs, l'éclat de Cicéron,
Ne m'ont déterminé qu'à surpasser leur nom.
Sur les rives du Rhin, de la Seine, et du Tage,
La victoire m'appelle ; et voilà mon partage.

CATILINA.

Commence donc par Rome, et songe que demain
J'y pourrais avec toi marcher en souverain.

CÉSAR.

Ton projet est bien grand, peut-être téméraire ;
Il est digne de toi ; mais, pour ne te rien taire,
Plus il doit t'agrandir, moins il est fait pour moi.

CATILINA.

Comment ?

CÉSAR.

Je ne veux pas servir ici sous toi.

CATILINA.

Ah ! crois qu'avec César on partage sans peine.

CÉSAR.

On ne partage point la grandeur souveraine.
Va, ne te flatte pas que jamais à son char
L'heureux Catilina puisse enchaîner César.

ACTE II, SCÈNE III.

Tu m'as vu ton ami, je le suis, je veux l'être;
Mais jamais mon ami ne deviendra mon maître.
Pompée en serait digne, et, s'il l'ose tenter,
Ce bras levé sur lui l'attend pour l'arrêter.
Sylla, dont tu reçus la valeur en partage,
Dont j'estime l'audace, et dont je hais la rage,
Sylla nous a réduits à la captivité :
Mais s'il ravit l'empire, il l'avait mérité;
Il soumit l'Hellespont, il fit trembler l'Euphrate,
Il subjugua l'Asie, il vainquit Mithridate.
Qu'as-tu fait? quels Etats, quels fleuves, quelles mers,
Quels rois par toi vaincus ont adoré nos fers?
Tu peux, avec le temps, être un jour un grand homme :
Mais tu n'as pas acquis le droit d'asservir Rome :
Et mon nom, ma grandeur, et mon autorité,
N'ont point encor l'éclat et la maturité,
Le poids qu'exigerait une telle entreprise.
Je vois que tôt ou tard Rome sera soumise.
J'ignore mon destin; mais si j'étais un jour
Forcé par les Romains de régner à mon tour,
Avant que d'obtenir une telle victoire,
J'étendrai, si je puis, leur empire et leur gloire;
Je serai digne d'eux, et je veux que leurs fers,
D'eux-mêmes respectés, de lauriers soient couverts.

CATILINA.

Le moyen que je t'offre est plus aisé peut-être.
Qu'était donc ce Sylla qui s'est fait notre maître?
Il avait une armée, et j'en forme aujourd'hui;
Il m'a fallu créer ce qui s'offrait à lui;
Il profita des temps, et moi je les fais naître.
Je ne dis plus qu'un mot : il fut roi; veux-tu l'être?
Veux-tu de Cicéron subir ici la loi,
Vivre son courtisan, ou régner avec moi?

CÉSAR.

Je ne veux l'un ni l'autre : il n'est pas temps de feindre.
J'estime Cicéron, sans l'aimer ni le craindre.
Je t'aime, je l'avoue, et je ne te crains pas.
Divise le sénat, abaisse des ingrats,
Tu le peux, j'y consens; mais si ton âme aspire
Jusqu'à m'oser soumettre à ton nouvel empire,
Ce cœur sera fidèle à tes secrets desseins,
Et ce bras combattra l'ennemi des Romains.

(Il sort.)

SCÈNE IV. — CATILINA.

Ah! qu'il serve, s'il l'ose, au dessein qui m'anime;
Et s'il n'en est l'appui, qu'il en soit la victime.

Sylla voulait le perdre, il le connaissait bien
Son génie en secret est l'ennemi du mien.
Je ferai ce qu'enfin Sylla craignit de faire.

SCÈNE V. — CATILINA, CÉTHÉGUS, LENTULUS SURA

SURA.

César s'est-il montré favorable ou contraire?

CATILINA.

Sa stérile amitié nous offre un faible appui.
Il faut et nous servir, et nous venger de lui.
Nous avons des soutiens plus sûrs et plus fidèles.
Les voici, ces héros vengeurs de nos querelles.

SCÈNE VI. — CATILINA, LES CONJURÉS.

CATILINA.

Venez, noble Pison, vaillant Autronius,
Intrépide Vargonte, ardent Statilius;
Vous tous, braves guerriers de tout rang, de tout âge,
Des plus grands des humains redoutable assemblage;
Venez, vainqueurs des rois, vengeurs des citoyens,
Vous tous, mes vrais amis, mes égaux, mes soutiens.
Encor quelques moments, un dieu qui vous seconde
Va mettre entre vos mains la maîtresse du monde.
De trente nations malheureux conquérants,
La peine était pour vous, le fruit pour vos tyrans.
Vos mains n'ont subjugué Tigrane et Mithridate,
Votre sang n'a rougi les ondes de l'Euphrate,
Que pour enorgueillir d'indignes sénateurs,
De leurs propres appuis lâches persécuteurs,
Grands par vos travaux seuls, et qui, pour récompense,
Vous permettaient de loin d'adorer leur puissance.
Le jour de la vengeance est arrivé pour vous.
Je ne propose point à votre fier courroux
Des travaux sans périls et des meurtres sans gloire :
Vous pourriez dédaigner une telle victoire;
A vos cœurs généreux je promets des combats :
Je vois vos ennemis expirants sous vos bras :
Entrez dans leurs palais; frappez, mettez en cendre
Tout ce qui prétendra l'honneur de se défendre;
Mais surtout qu'un concert unanime et parfait
De nos vastes desseins assure en tout l'effet.
A l'heure où je vous parle on doit saisir Préneste;
Des soldats de Sylla le redoutable reste,
Par des chemins divers et des sentiers obscurs,
Du fond de la Toscane avance vers ces murs.
Ils arrivent; je sors, et je marche à leur tête.

Au dehors, au dedans, Rome est votre conquête.
Je combats Pétréius, et je m'ouvre en ces lieux,
Au pied du Capitole, un chemin glorieux.
C'est là que, par les droits que vous donne la guerre,
Nous montons en triomphe au trône de la terre,
A ce trône souillé par d'indignes Romains,
Mais lavé dans leur sang, et vengé par vos mains.
Curius et les siens doivent m'ouvrir les portes.
  (Il s'arrête un moment, puis il s'adresse à un conjuré.)
Vous, des gladiateurs aurons-nous les cohortes?
Leur joignez-vous surtout ces braves vétérans,
Qu'un odieux repos fatigua trop longtemps?

LENTULUS.

Je dois les amener, sitôt que la nuit sombre
Cachera sous son voile et leur marche et leur nombre;
Je les armerai tous dans ce lieu retiré.

CATILINA.

Vous, du mont Célius êtes-vous assuré?

STATILIUS.

Les gardes sont séduits; on peut tout entreprendre.

CATILINA.

Vous, au mont Aventin que tout soit mis en cendre.
Dès que de Mallius vous verrez les drapeaux,
De ce signal terrible allumez les flambeaux.
Aux maisons des proscrits que la mort soit portée.
La première victime à mes yeux présentée,
Vous l'avez tous juré, doit être Cicéron :
Immolez César même, oui, César et Caton.
Eux morts, le sénat tombe, et nous sert en silence.
Déjà notre fortune aveugle sa prudence;
Dans ces murs, sous son temple, à ses yeux, sous ses pas,
Nous disposons en paix l'appareil du trépas.
Surtout avant le temps ne prenez point les armes
Que la mort des tyrans précède les alarmes;
Que Rome et Cicéron tombent du même fer;
Que la foudre en grondant les frappe avec l'éclair.
Vous avez dans vos mains le destin de la terre;
Ce n'est point conspirer, c'est déclarer la guerre,
C'est reprendre vos droits, et c'est vous ressaisir
De l'univers dompté qu'on osait vous ravir.
  (A Céthégus et à Lentulus Sura.)
Vous, de ces grands desseins les auteurs magnanimes,
Venez dans le sénat, venez voir vos victimes.
De ce consul encor nous entendrons la voix;
Croyez qu'il va parler pour la dernière fois.
Et vous, dignes Romains, jurez par cette épée,
Qui du sang des tyrans sera bientôt trempée,

Jurez tous de périr ou de vaincre avec moi.
MARTIAN.
Oui, nous le jurons tous par ce fer et par toi.
UN AUTRE CONJURÉ.
Périsse le sénat!
MARTIAN.
Périsse l'infidèle
Qui pourra différer de venger ta querelle!
Si quelqu'un se repent, qu'il tombe sous nos coups!
CATILINA.
Allez, et cette nuit Rome entière est à vous.

ACTE TROISIÈME.

SCÈNE I. — CATILINA, CÉTHÉGUS, AFFRANCHIS, MARTIAN
SEPTIME.
CATILINA.
Tout est-il prêt? enfin l'armée avance-t-elle?
MARTIAN.
Oui, seigneur; Mallius, à ses serments fidèle,
Vient entourer ces murs aux flammes destinés.
Au dehors, au dedans les ordres sont donnés.
Les conjurés en foule au carnage s'excitent,
Et des moindres délais leurs courages s'irritent.
Prescrivez le moment où Rome doit périr.
CATILINA.
Sitôt que du sénat vous me verrez sortir,
Commencez à l'instant nos sanglants sacrifices;
Que du sang des proscrits les fatales prémices
Consacrent sous vos mains ce redoutable jour.
Observez, Martian, vers cet obscur détour,
Si d'un consul trompé les ardents émissaires
Oseraient épier nos terribles mystères.
CÉTHÉGUS.
Peut-être avant le temps faudrait-il l'attaquer
Au milieu du sénat qu'il vient de convoquer;
Je vois qu'il prévient tout, et que Rome alarmée..
CATILINA.
Prévient-il Mallius? prévient-il mon armée?
Connaît-il mes projets? sait-il, dans son effroi,
Que Mallius n'agit, n'est armé que pour moi?
Suis-je fait pour fonder ma fortune et ma gloire
Sur un vain brigandage, et non sur la victoire?
Va mes desseins sont grands, autant que mesurés;

Les soldats de Sylla sont mes vrais conjurés.
Quand des mortels obscurs, et de vils téméraires,
D'un complot mal tissu forment les nœuds vulgaires,
Un seul ressort qui manque à leurs piéges tendus
Détruit l'ouvrage entier, et l'on n'y revient plus.
Mais des mortels choisis, et tels que nous le sommes,
Ces desseins si profonds, ces crimes de grands hommes,
Cette élite indomptable, et ce superbe choix
Des descendants de Mars et des vainqueurs des rois ;
Tous ces ressorts secrets, dont la force assurée
Trompe de Cicéron la prudence égarée,
Un feu dont l'étendue embrase au même instant
Les Alpes, l'Apennin, l'aurore et le couchant,
Que Rome doit nourrir, que rien ne peut éteindre :
Voilà notre destin, dis-moi s'il est à craindre.

CÉTHÉGUS.
Sous le nom de César, Préneste est-elle à nous ?

CATILINA.
C'est là mon premier pas ; c'est un des plus grands coups
Qu'au sénat incertain je porte en assurance.
Tandis que Nonnius tombe sous ma puissance,
Tandis qu'il est perdu, je fais semer le bruit
Que tout ce grand complot par lui-même est conduit.
La moitié du sénat croit Nonnius complice.
Avant qu'on délibère, avant qu'on s'éclaircisse,
Avant que ce sénat, si lent dans ses débats,
Ait démêlé le piége où j'ai conduit ses pas,
Mon armée est dans Rome, et la terre asservie.
Allez ; que de ces lieux on enlève Aurélie,
Et que rien ne partage un si grand intérêt.

SCÈNE II. — AURÉLIE, CATILINA, CÉTHÉGUS, ETC.

AURÉLIE, *une lettre à la main.*
Lis ton sort et le mien, ton crime et ton arrêt :
Voilà ce qu'on m'écrit.

CATILINA.
Quelle main téméraire ?
Eh bien ! je reconnais le seing de votre père.

AURÉLIE.
Lis....

CATILINA, *lit la lettre.*
La mort trop longtemps a respecté mes jours,
Une fille que j'aime en termine le cours.
Je suis trop bien puni, dans ma triste vieillesse,
De cet hymen affreux qu'a permis ma faiblesse.
Je sais de votre époux les complots odieux

César qui nous trahit veut enlever Préneste.
Vous avez partagé leur trahison funeste ;
Repentez-vous, ingrate, ou périssez comme eux...
Mais comment Nonnius aurait-il pu connaître
Des secrets qu'un consul ignore encor peut-être ?

CÉTHÉGUS.

Ce billet peut vous perdre.

CATILINA.

Il pourra nous servir.
(A Aurélie.)
Il faut tout vous apprendre, il faut tout éclaircir.
Je vais armer le monde, et c'est pour ma défense.
Vous, dans ce jour de sang marqué pour ma puissance,
Voulez-vous préférer un père à votre époux ?
Pour la dernière fois, dois-je compter sur vous ?

AURÉLIE.

Tu m'avais ordonné le silence et la fuite ;
Tu voulais à mes pleurs dérober ta conduite ;
Eh bien ! que prétends-tu ?

CATILINA.

Partez au même instant ;
Envoyez au consul ce billet important.
J'ai mes raisons, je veux qu'il apprenne à connaître
Que César est à craindre, et plus que moi peut-être.
Je n'y suis point nommé ; César est accusé ;
C'est ce que j'attendais, tout le reste est aisé.
Que mon fils au berceau, mon fils né pour la guerre,
Soit porté dans vos bras aux vainqueurs de la terre.
Ne rentrez avec lui dans ces murs abhorrés
Que quand j'en serai maître, et quand vous régnerez.
Notre hymen est secret : je veux qu'on le publie
Au milieu de l'armée, aux yeux de l'Italie ;
Je veux que votre père, humble dans son courroux,
Soit le premier sujet qui tombe à vos genoux.
Partez, daignez me croire, et laissez-vous conduire ;
Laissez-moi mes dangers, ils doivent me suffire,
Et ce n'est pas à vous de partager mes soins :
Vainqueur et couronné, cette nuit je vous joins.

AURÉLIE.

Tu vas ce jour dans Rome ordonner le carnage ?

CATILINA.

Oui, de nos ennemis j'y vais punir la rage.
Tout est prêt ; on m'attend.

AURÉLIE.

Commence donc par moi,
Commence par ce meurtre, il est digne de toi :
Barbare, j'aime mieux, avant que tout périsse,

ACTE III, SCÈNE II.

Expirer par tes mains, que vivre ta complice.

CATILINA.

Qu'au nom de nos liens votre esprit raffermi...

CÉTHÉGUS.

Ne désespérez point un époux, un ami.
Tout vous est confié; la carrière est ouverte.
Et reculer d'un pas, c'est courir à sa perte.

AURÉLIE.

Ma perte fut certaine au moment où mon cœur
Reçut de vos conseils le poison séducteur;
Quand j'acceptai sa main, quand je fus abusée,
Attachée à son sort, victime méprisée.
Vous pensez que mes yeux timides, consternés,
Respecteront toujours vos complots forcenés.
Malgré moi sur vos pas vous m'avez su conduire.
J'aimais; il fut aisé, cruels, de me séduire!
Et c'est un crime affreux dont on doit vous punir.
Qu'à tant d'atrocité l'amour ait pu servir.
Dans mon aveuglement, que ma raison déplore,
Ce reste de raison m'éclaire au moins encore.
Il fait rougir mon front de l'abus détesté
Que vous avez tous fait de ma crédulité.
L'amour me fit coupable, et je ne veux plus l'être;
Je ne veux point servir les attentats d'un maître;
Je renonce à mes vœux, à ton crime, à ta foi;
Mes mains, mes propres mains s'armeront contre toi.
Frappe, et traîne dans Rome embrasée et fumante,
Pour ton premier exploit, ton épouse expirante;
Fais périr avec moi l'enfant infortuné
Que les dieux en courroux à mes vœux ont donné;
Et couvert de son sang, libre dans ta furie,
Barbare, assouvis-toi du sang de ta patrie.

CATILINA.

C'est donc là ce grand cœur, et qui me fut soumis?
Ainsi vous vous rangez parmi mes ennemis?
Ainsi dans la plus juste et la plus noble guerre
Qui jamais décida du destin de la terre,
Quand je brave un consul, et Pompée, et Caton,
Mes plus grands ennemis seront dans ma maison?
Les préjugés romains de votre faible père
Arment contre moi-même une épouse si chère?
Et vous mêlez enfin la menace à l'effroi?

AURÉLIE.

Je menace le crime.... et je tremble pour toi.
Dans mes emportements vois encor ma tendresse,
Frémis d'en abuser, c'est ma seule faiblesse.
Crains ..

CATILINA.

    Cet indigne mot n'est pas fait pour mon cœur.
Ne me parlez jamais de paix ni de terreur :
C'est assez m'offenser. Écoutez : je vous aime;
Mais ne présumez pas que, m'oubliant moi-même,
J'immole à mon amour ces amis généreux,
Mon parti, mes desseins, et l'empire avec eux.
Vous n'avez pas osé regarder la couronne;
Jugez de mon amour, puisque je vous pardonne :
Mais sachez....

AURÉLIE.

    La couronne où tendent tes desseins,
Cet objet du mépris du reste des Romains,
Va, je l'arracherais sur mon front affermie,
Comme un signe insultant d'horreur et d'infamie.
Quoi! tu m'aimes assez pour ne te pas venger,
Pour ne me punir pas de t'oser outrager,
Pour ne pas ajouter ta femme à tes victimes?
Et moi je t'aime assez pour arrêter tes crimes.
Et je cours....

SCÈNE III. — CATILINA, CÉTHÉGUS, LENTULUS SURA, AURÉLIE, ETC.

SURA.

    C'en est fait, et nous sommes perdus :
Nos amis sont trahis, nos projets confondus.
Préneste entre nos mains n'a point été remise;
Nonnius vient dans Rome; il sait notre entreprise.
Un de nos confidents, dans Préneste arrêté,
A subi les tourments, et n'a point résisté.
Nous avons trop tardé; rien ne peut nous défendre,
Nonnius au sénat vient accuser son gendre.
Il va chez Cicéron, qui n'est que trop instruit.

AURÉLIE.

Eh bien! de tes forfaits tu vois quel est le fruit!
Voilà ces grands desseins où j'aurais dû souscrire,
Ces destins de Sylla, ce trône, cet empire!
Es-tu désabusé? tes yeux sont-ils ouverts?

CATILINA, *après un moment de silence.*

Je ne m'attendais pas à ce nouveau revers.
Mais.... me trahirez-vous?

AURÉLIE.

    Je le devrais peut-être.
Je devrais servir Rome, en la vengeant d'un traître :
Nos dieux m'en avoueraient. Je ferai plus; je veux
Te rendre à ton pays, et vous sauver tous deux.

Ce cœur n'a pas toujours la faiblesse en partage.
Je n'ai point tes fureurs, mais j'aurai ton courage;
L'amour en donne au moins. J'ai prévu le danger;
Ce danger est venu, je veux le partager.
Je vais trouver mon père; il faudra que j'obtienne
Qu'il m'arrache la vie, ou qu'il sauve la tienne.
Il m'aime, il est facile, il craindra devant moi
D'armer le désespoir d'un gendre tel que toi.
J'irai parler de paix à Cicéron lui-même.
Ce consul qui te craint, ce sénat où l'on t'aime,
Où César te soutient, où ton nom est puissant,
Se tiendront trop heureux de te croire innocent.
On pardonne aisément à ceux qui sont à craindre.
Repens-toi seulement, mais repens-toi sans feindre;
Il n'est que ce parti quand on est découvert :
Il blesse ta fierté, mais tout autre te perd,
Et je te donne au moins, quoi qu'on puisse entreprendre.
Le temps de quitter Rome, ou d'oser t'y défendre.
Plus de reproche ici sur tes complots pervers;
Coupable, je t'aimais; malheureux, je te sers :
Je mourrai pour sauver et tes jours et ta gloire.
Adieu; Catilina doit apprendre à me croire :
Je l'avais mérité.

CATILINA, *l'arrêtant.*

Que faire, et quel danger?
Écoutez.... le sort change, il me force à changer...
Je me rends.... je vous cède.... il faut vous satisfaire....
Mais.... songez qu'un époux est pour vous plus qu'un père,
Et que, dans le péril dont nous sommes pressés,
Si je prends un parti, c'est vous qui m'y forcez.

AURÉLIE.

Je me charge de tout, fût-ce encor de ta haine.
Je te sers, c'est assez. Fille, épouse, et Romaine,
Voilà tous mes devoirs, je les suis; et le tien
Est d'égaler un cœur aussi pur que le mien.

SCÈNE IV. — CATILINA, CÉTHÉGUS, AFFRANCHIS, LENTULUS SURA.

SURA.

Est-ce Catilina que nous venons d'entendre?
N'es-tu de Nonnius que le timide gendre?
Esclave d'une femme, et d'un seul mot troublé,
Ce grand cœur s'est rendu sitôt qu'elle a parlé.

CÉTHÉGUS.

Non, tu ne peux changer; ton génie invincible,
Animé par l'obstacle, en sera plus terrible.

Sans ressource à Préneste, accusés au sénat,
Nous pourrions être encor les maîtres de l'État :
Nous le ferions trembler, même dans les supplices
Nous avons trop d'amis, trop d'illustres complices,
Un parti trop puissant, pour ne pas éclater.

SURA.

Mais avant le signal on peut nous arrêter.
C'est lorsque dans la nuit le sénat se sépare
Que le parti s'assemble, et que tout se déclare.
Que faire ?

CÉTHÉGUS, à *Catilina*
Tu te tais, et tu frémis d'effroi ?

CATILINA.

Oui, je frémis du coup que mon sort veut de moi.

SURA.

J'attends peu d'Aurélie ; et, dans ce jour funeste,
Vendre cher notre vie est tout ce qui nous reste.

CATILINA.

Je compte les moments, et j'observe les lieux.
Aurélie, en flattant ce vieillard odieux,
En le baignant de pleurs, en lui demandant grâce,
Suspendra pour un temps sa course et sa menace.
Cicéron, que j'alarme, est ailleurs arrêté.
C'en est assez, amis, tout est en sûreté.
Qu'on transporte soudain les armes nécessaires ;
Armez tout, affranchis, esclaves, et sicaires ;
Débarrassez l'amas de ces lieux souterrains,
Et qu'il en reste encore assez pour mes desseins.
Vous, fidèle affranchi, brave et prudent Septime,
Et vous, cher Martian, qu'un même zèle anime,
Observez Aurélie, observez Nonnius :
Allez ; et dans l'instant qu'ils ne se verront plus,
Abordez-le en secret de la part de sa fille ;
Peignez-lui son danger, celui de sa famille ;
Attirez-le en parlant vers ce détour obscur
Qui conduit au chemin de Tibur et d'Anxur :
Là, saisissant tous deux le moment favorable,
Vous.... Ciel ! que vois-je ?

SCÈNE V. — CICÉRON, ET LES PRÉCÉDENTS.

CICÉRON.
                    Arrête, audacieux coupable
Où portes-tu tes pas ? Vous, Céthégus, parlez....
Sénateurs, affranchis, qui vous a rassemblés ?

CATILINA.

Bientôt dans le sénat nous pourrons te l'apprendre.

CÉTHÉGUS.
De ta poursuite vaine on saura s'y défendre.
SURA.
Nous verrons si, toujours prompt à nous outrager,
Le fils de Tullius nous ose interroger.
CICÉRON.
J'ose au moins demander qui sont ces téméraires.
Sont-ils, ainsi que vous, des Romains consulaires
Que la loi de l'État me force à respecter,
Et que le sénat seul ait le droit d'arrêter?
Qu'on les charge de fers; allez, qu'on les entraîne.
CATILINA.
C'est donc toi qui détruis la liberté romaine?
Arrêter des Romains sur tes lâches soupçons!
CICÉRON.
Ils sont de ton conseil, et voilà mes raisons.
Vous-mêmes, frémissez. Licteurs, qu'on m'obéisse.
(On emmène Septime et Martian.)
CATILINA.
Implacable ennemi, poursuis ton injustice;
Abuse de ta place, et profite du temps.
Il faudra rendre compte, et c'est où je t'attends.
CICÉRON.
Qu'on fasse à l'instant même interroger ces traîtres.
Va, je pourrai bientôt traiter ainsi leurs maîtres.
J'ai mandé Nonnius : il sait tous tes desseins.
J'ai mis Rome en défense, et Préneste en mes mains.
Nous verrons qui des deux emporte la balance,
Ou de ton artifice, ou de ma vigilance.
Je ne te parle plus ici de repentir;
Je parle de supplice, et veux t'en avertir.
Avec les assassins sur qui tu te reposes,
Viens t'asseoir au sénat, et suis-moi, si tu l'oses.

SCÈNE VI. — CATILINA, CÉTHÉGUS, LENTULUS SURA.

CÉTHÉGUS.
Faut-il donc succomber sous les puissants efforts
D'un bras habile et prompt qui rompt tous nos ressorts?
Faut-il qu'à Cicéron le sort nous sacrifie?
CATILINA.
Jusqu'au dernier moment ma fureur le défie.
C'est un homme alarmé, que son trouble conduit,
Qui cherche à tout apprendre, et qui n'est pas instruit :
Nos amis arrêtés vont accroître ses peines;
Ils sauront l'éblouir de clartés incertaines.
Dans ce billet fatal César est accusé.

Le sénat en tumulte est déjà divisé.
Mallius et l'armée aux portes vont paraître.
Vous m'avez cru perdu; marchez, et je suis maître.
                    SURA.
Nonnius du consul éclaircit les soupçons.
                    CATILINA.
Il ne le verra pas, c'est moi qui t'en réponds.
Marchez, dis-je; au sénat parlez en assurance,
Et laissez-moi le soin de remplir ma vengeance.
Allons..... Où vais-je?
                CÉTHÉGUS.
                    Eh bien?
                    CATILINA.
                        Aurélie! ah, grands dieux!
Qu'allez-vous ordonner de ce cœur furieux?
Écartez-la, surtout. Si je la vois paraître,
Tout prêt à vous servir, je tremblerai peut-être.

ACTE QUATRIÈME.

(Le théâtre doit représenter le lieu préparé pour le sénat. Cette salle laisse voir une partie de la galerie qui conduit du palais d'Aurélie au temple de Tellus. Un double rang de sièges forme un cercle dans cette salle; le siége de Cicéron, plus élevé, est au milieu.)

SCÈNE I. — CÉTHÉGUS, LENTULUS SURA, *retirés vers le devant*.

                    SURA.
Tous ces pères de Rome, au sénat appelés,
Incertains de leur sort, et de soupçons troublés,
Ces monarques tremblants tardent bien à paraître.
                CÉTHÉGUS.
L'oracle des Romains, ou qui du moins croit l'être,
Dans d'impuissants travaux sans relâche occupé,
Interroge Septime; et, par ses soins trompé,
Il a retardé tout par ses fausses alarmes.
                    SURA.
Plût au ciel que déjà nous eussions pris les armes!
Je crains, je l'avouerai, cet esprit du sénat,
Ces préjugés sacrés de l'amour de l'État,
Cet antique respect, et cette idolâtrie,
Que réveille en tout temps le nom de la patrie.
                CÉTHÉGUS.
La patrie est un nom sans force et sans effet;
On le prononce encor, mais il n'a plus d'objet.

ACTE IV, SCÈNE I.

Le fanatisme usé des siècles héroïques
Se conserve, il est vrai, dans les âmes stoïques;
Le reste est sans vigueur, ou fait des vœux pour nous.
Cicéron, respecté, n'a fait que des jaloux;
Caton est sans crédit; César nous favorise :
Défendons-nous ici, Rome sera soumise.

SURA.

Mais si Catilina, par sa femme séduit,
De tant de nobles soins nous ravissait le fruit!
Tout homme a sa faiblesse, et cette âme hardie
Reconnaît en secret l'ascendant d'Aurélie.
Il l'aime, il la respecte, il pourra lui céder.

CÉTHÉGUS.

Sois sûr qu'à son amour il saura commander.

SURA.

Mais tu l'as vu frémir; tu sais ce qu'il en coûte,
Quand de tels intérêts....

CÉTHÉGUS, *en le tirant à part.*
Caton approche, écoute.
(Lentulus et Céthégus s'asseyent à un bout de la salle.)

SCÈNE II. — CATON *entre au sénat avec* LUCULLUS, CRASSUS, FAVONIUS, CLODIUS, MURÉNA, CÉSAR, CATULLUS, MARCELLUS, *etc.*

CATON, *en regardant les deux conjurés*
Lucullus, je me trompe, ou ces deux confidents
S'occupent en secret de soins trop importants.
Le crime est sur leur front, qu'irrite ma présence.
Déjà la trahison marche avec arrogance.
Le sénat qui la voit cherche à dissimuler.
Le démon de Sylla semble nous aveugler.
L'âme de ce tyran dans le sénat respire.

CÉTHÉGUS.

Je vous entends assez, Caton; qu'osez-vous dire?

CATON, *en s'asseyant, tandis que les autres prennent place.*
Que les dieux du sénat, les dieux de Scipion,
Qui contre toi, peut-être, ont inspiré Caton,
Permettent quelquefois les attentats des traîtres;
Qu'ils ont à des tyrans asservi nos ancêtres;
Mais qu'ils ne mettront pas en de pareilles mains
La maîtresse du monde et le sort des humains.
J'ose encore ajouter que son puissant génie,
Qui n'a pu qu'une fois souffrir la tyrannie,
Pourra dans Céthégus et dans Catilina
Punir tous les forfaits qu'il permit à Sylla.

CÉSAR.

Caton, que faites-vous? et quel affreux langage !
Toujours votre vertu s'explique avec outrage.
Vous révoltez les cœurs, au lieu de les gagner.

(César s'assied.)

CATON, à *César*.

Sur les cœurs corrompus vous cherchez à régner.
Pour les séditieux César toujours facile
Conserve en nos périls un courage tranquille.

CÉSAR.

Caton, il faut agir dans les jours des combats;
Je suis tranquille ici, ne vous en plaignez pas.

CATON.

Je plains Rome, César, et je la vois trahie.
O ciel! pourquoi faut-il qu'aux climats de l'Asie,
Pompée, en ces périls, soit encore arrêté?

CÉSAR.

Quand César est pour vous, Pompée est regretté?

CATON.

L'amour de la patrie anime ce grand homme.

CÉSAR.

Je lui dispute tout, jusqu'à l'amour de Rome.

SCÈNE III. — Les mêmes, CICÉRON.

(Cicéron arrivant avec précipitation, tous les sénateurs se lèvent.)

CICÉRON.

Ah! dans quels vains débats perdez-vous ces instants ?
Quand Rome à son secours appelle ses enfants,
Qu'elle vous tend les bras, et que ses sept collines
Se couvrent à vos yeux de meurtres, de ruines,
Qu'on a déjà donné le signal des fureurs,
Qu'on a déjà versé le sang des sénateurs?

LUCULLUS

O ciel!

CATON.

Que dites-vous?

CICÉRON, *debout*.

J'avais d'un pas rapide
Guidé des chevaliers la cohorte intrépide,
Assuré des secours aux postes menacés,
Armé les citoyens avec ordre placés.
J'interrogeais chez moi ceux qu'en ce trouble extrême,
Aux yeux de Céthégus, j'avais surpris moi-même.
Nonnius, mon ami, ce vieillard généreux,
Cet homme incorruptible, en ces temps malheureux,
Pour sauver Rome et vous, arrive de Préneste.
Il venait m'éclairer dans ce trouble funeste,

M'apprendre jusqu'aux noms de tous les conjurés,
Lorsque de notre sang deux monstres altérés,
A coups précipités frappent ce cœur fidèle,
Et font périr en lui tout le fruit de mon zèle.
Il tombe mort; on court, on vole, on les poursuit;
Le tumulte, l'horreur, les ombres de la nuit,
Le peuple, qui se presse, et qui se précipite,
Leurs complices enfin favorisent leur fuite.
J'ai saisi l'un des deux qui, le fer à la main,
Égaré, furieux, se frayait un chemin :
Je l'ai mis dans les fers, et j'ai su que ce traître
Avait Catilina pour complice et pour maître.
(Cicéron s'assied avec le sénat.)

SCÈNE IV. — LES MÊMES, CATILINA.

(Catilina, debout entre Caton et César. Céthégus est auprès de César, le sénat assis.)

CATILINA.

Oui, sénat, j'ai tout fait, et vous voyez la main
Qui de votre ennemi vient de percer le sein.
Oui, c'est Catilina qui venge la patrie,
C'est moi qui d'un perfide ai terminé la vie.

CICÉRON.

Toi, fourbe? toi, barbare?

CATON.

Oses-tu te vanter...?

CÉSAR.

Nous pourrons le punir, mais il faut l'écouter.

CÉTHÉGUS.

Parle, Catilina, parle, et force au silence
De tous tes ennemis l'audace et l'éloquence.

CICÉRON.

Romains, où sommes-nous?

CATILINA.

Dans les temps du malheur,
Dans la guerre civile, au milieu de l'horreur
Parmi l'embrasement qui menace le monde,
Parmi des ennemis qu'il faut que je confonde.
Les neveux de Sylla, séduits par ce grand nom,
Ont osé de Sylla montrer l'ambition.
J'ai vu la liberté dans les cœurs expirante,
Le sénat divisé, Rome dans l'épouvante,
Le désordre en tous lieux, et surtout Cicéron
Semant ici la crainte, ainsi que le soupçon.
Peut-être il plaint les maux dont Rome est affligée.
Il vous parle pour elle; et moi je l'ai vengée
Par un coup effrayant je lui prouve aujourd'hui

Que Rome et le sénat me sont plus chers qu'à lui.
Sachez que Nonnius était l'âme invisible,
L'esprit qui gouvernait ce grand corps si terrible,
Ce corps de conjurés qui, des monts Apennins,
S'étend jusqu'où finit le pouvoir des Romains.
Les moments étaient chers, et les périls extrêmes.
Je l'ai su, j'ai sauvé l'État, Rome, et vous-mêmes.
Ainsi par un soldat fut puni Spurius;
Ainsi les Scipions ont immolé Gracchus.
Qui m'osera punir d'un si juste homicide?
Qui de vous peut encor m'accuser?

CICÉRON.

Moi, perfide!
Moi, qu'un Catilina se vante de sauver;
Moi, qui connais ton crime, et qui vais le prouver.
Que ces deux affranchis viennent se faire entendre.
Sénat, voici la main qui mettait Rome en cendre;
Sur un père de Rome il a porté ses coups;
Et vous souffrez qu'il parle, et qu'il s'en vante à vous?
Vous souffrez qu'il vous trompe, alors qu'il vous opprime !
Qu'il fasse insolemment des vertus de son crime?

CATILINA.

Et vous souffrez, Romains, que mon accusateur
Des meilleurs citoyens soit le persécuteur?
Apprenez des secrets que le consul ignore;
Et profitez-en tous, s'il en est temps encore.
Sachez qu'en son palais, et presque sous ces lieux,
Nonnius enfermait l'amas prodigieux
De machines, de traits, de lances et d'épées,
Que dans des flots de sang Rome doit voir trempées.
Si Rome existe encore, amis, si vous vivez,
C'est moi, c'est mon audace à qui vous le devez.
Pour prix de mon service, approuvez mes alarmes;
Sénateurs, ordonnez qu'on saisisse ces armes.

CICÉRON, *aux licteurs.*

Courez chez Nonnius, allez, et qu'à nos yeux
On amène sa fille en ces augustes lieux.
Tu trembles à ce nom!

CATILINA.

Moi, trembler? je méprise
Cette ressource indigne où ta haine s'épuise.
Sénat, le péril croît, quand vous délibérez.
Eh bien! sur ma conduite êtes-vous éclairés?

CICÉRON.

Oui, je le suis, Romains, je le suis sur son crime.
Qui de vous peut penser qu'un vieillard magnanime
Ait formé de si loin ce redoutable amas,

ACTE IV, SCÈNE IV.

Ce dépôt des forfaits et des assassinats?
Dans ta propre maison ta rage industrieuse
Craignait de mes regards la lumière odieuse.
De Nonnius trompé tu choisis le palais,
Et ton noir artifice y cacha tes forfaits.
Peut-être as-tu séduit sa malheureuse fille.
Ah! cruel, ce n'est pas la première famille
Où tu portas le trouble, et le crime, et la mort.
Tu traites Rome ainsi : c'est donc là notre sort!
Et tout couvert d'un sang qui demande vengeance,
Tu veux qu'on t'applaudisse et qu'on te récompense!
Artisan de la guerre, affreux conspirateur,
Meurtrier d'un vieillard, et calomniateur,
Voilà tout ton service, et tes droits, et tes titres.
O vous des nations jadis heureux arbitres,
Attendez-vous ici, sans force et sans secours,
Qu'un tyran forcené dispose de vos jours?
Fermerez-vous les yeux au bord des précipices?
Si vous ne vous vengez, vous êtes ses complices.
Rome ou Catilina doit périr aujourd'hui.
Vous n'avez qu'un moment : jugez entre elle et lui.

CÉSAR.

Un jugement trop prompt est souvent sans justice.
C'est la cause de Rome, il faut qu'on l'éclaircisse.
Aux droits de nos égaux est-ce à nous d'attenter?
Toujours dans ses pareils il faut se respecter.
Trop de sévérité tient de la tyrannie.

CATON.

Trop d'indulgence ici tient de la perfidie.
Quoi! Rome est d'un côté, de l'autre un assassin,
C'est Cicéron qui parle, et l'on est incertain?

CÉSAR.

Il nous faut une preuve; on n'a que des alarmes.
Si l'on trouve en effet ces parricides armes,
Et si de Nonnius le crime est avéré,
Catilina nous sert, et doit être honoré.
   (A Catilina.)
Tu me connais : en tout je te tiendrai parole.

CICÉRON.

O Rome! ô ma patrie! ô dieux du Capitole!
Ainsi d'un scélérat un héros est l'appui!
Agissez-vous pour vous, en nous parlant pour lui?
César, vous m'entendez; et Rome trop à plaindre
N'aura donc désormais que ses enfants à craindre?

CLODIUS.

Rome est en sûreté; César est citoyen.
Qui peut avoir ici d'autre avis que le sien?

CICÉRON.

Clodius, achevez : que votre main seconde
La main qui prépara la ruine du monde.
C'en est trop, je ne vois dans ces murs menacés
Que conjurés ardents et citoyens glacés.
Catilina l'emporte, et sa tranquille rage,
Sans crainte et sans danger, médite le carnage.
Au rang des sénateurs il est encore admis;
Il proscrit le sénat, et s'y fait des amis;
Il dévore des yeux le fruit de tous ses crimes :
Il vous voit, vous menace, et marque ses victimes :
Et lorsque je m'oppose à tant d'énormités,
César parle de droits et de formalités;
Clodius à mes yeux de son parti se range;
Aucun ne peut souffrir que Cicéron le venge.
Nonnius par ce traître est mort assassiné,
N'avons-nous pas sur lui le droit qu'il s'est donné?
Le devoir le plus saint, la loi la plus chérie,
Est d'oublier la loi pour sauver la patrie.
Mais vous n'en avez plus.

SCÈNE V. — LE SÉNAT, AURÉLIE.

AURÉLIE.

O vous ! sacrés vengeurs,
Demi-dieux sur la terre, et mes seuls protecteurs,
Consul, auguste appui qu'implore l'innocence,
Mon père par ma voix vous demande vengeance :
J'ai retiré ce fer enfoncé dans son flanc.
  (En voulant se jeter aux pieds de Cicéron qui la relève.)
Mes pleurs mouillent vos pieds arrosés de son sang.
Secourez-moi, vengez ce sang qui fume encore,
Sur l'infâme assassin que ma douleur ignore.

CICÉRON, *en montrant Catilina.*

Le voici.

AURÉLIE.

Dieux !

CICÉRON.

C'est lui, lui qui l'assassina,
Qui s'en ose vanter.

AURÉLIE.

O ciel ! Catilina !
L'ai-je bien entendu? Quoi ! monstre sanguinaire !
Quoi ! c'est toi, c'est ta main qui massacra mon père ?
  (Des licteurs la soutiennent.)

CATILINA, *se tournant vers Céthégus, et se jetant éperdu entre ses bras.*

Quel spectacle, grands dieux ! je suis trop bien puni.

CÉTHÉGUS.
À ce fatal objet quel trouble t'a saisi ?
Aurélie à nos pieds vient demander vengeance :
Mais si tu servis Rome, attends ta récompense.
CATILINA, *se tournant vers Aurélie.*
Aurélie, il est vrai.... qu'un horrible devoir....
M'a forcé.... Respectez mon cœur, mon désespoir...
Songez qu'un nœud plus saint et plus inviolable....

SCÈNE VI. — LE SÉNAT, AURÉLIE, LE CHEF DES LICTEURS.

LE CHEF DES LICTEURS.
Seigneur, on a saisi ce dépôt formidable.
CICÉRON.
Chez Nonnius ?
LE CHEF.
Chez lui. Ceux qui sont arrêtés
N'accusent que lui seul de tant d'iniquités.
AURÉLIE.
O comble de la rage et de la calomnie !
On lui donne la mort : on veut flétrir sa vie !
Le cruel dont la main porta sur lui les coups...
CICÉRON.
Achevez.
AURÉLIE.
Justes dieux ! où me réduisez-vous ?
CICÉRON.
Parlez ; la vérité dans son jour doit paraître.
Vous gardez le silence à l'aspect de ce traître !
Vous baissez devant lui vos yeux intimidés !
Il frémit devant vous ! Achevez, répondez.
AURÉLIE.
Ah ! je vous ai trahis ; c'est moi qui suis coupable.
CATILINA..
Non, vous ne l'êtes point....
AURÉLIE.
Va, monstre impitoyable ;
Va, ta pitié m'outrage, elle me fait horreur.
Dieux ! j'ai trop tard connu ma détestable erreur.
Sénat, j'ai vu le crime, et j'ai tu les complices ;
Je demandais vengeance, il me faut des supplices.
Ce jour menace Rome, et vous, et l'univers.
Ma faiblesse a tout fait, et c'est moi qui vous perds.
Traître, qui m'as conduite à travers tant d'abîmes,
Tu forças ma tendresse à servir tous tes crimes.
Périsse, ainsi que moi, le jour, l'horrible jour,
Où ta rage a trompé mon innocent amour !
Ce jour où, malgré moi, secondant ta furie,

Fidèle à mes serments, perfide à ma patrie,
Conduisant Nonnius à cet affreux trépas,
Et, pour mieux l'égorger, le pressant dans mes bras,
J'ai présenté sa tête à ta main sanguinaire!
(Tandis qu'Aurélie parle au bout du théâtre, Cicéron est assis plongé dans la douleur.)
Murs sacrés, dieux vengeurs, sénat, mânes d'un père,
Romains, voilà l'époux dont j'ai suivi la loi,
Voilà votre ennemi...! Perfide, imite-moi.
(Elle se frappe.)

CATILINA.
Où suis-je? malheureux!

CATON.
O jour épouvantable!

CICÉRON, *se levant*.
Jour trop digne en effet d'un siècle si coupable!

AURÉLIE.
Je devais.... un billet remis entre vos mains....
Consul.... de tous côtés je vois vos assassins....
Je me meurs....
(On emmène Aurélie.)

CICÉRON.
S'il se peut, qu'on la secoure, Aufide;
Qu'on cherche cet écrit. En est-ce assez, perfide?
Sénateurs, vous tremblez, vous ne vous joignez pas
Pour venger tant de sang, et tant d'assassinats?
Il vous impose encor? Vous laissez impunie
La mort de Nonnius, et celle d'Aurélie?

CATILINA.
Va, toi-même as tout fait, c'est ton inimitié
Qui me rend dans ma rage un objet de pitié :
Toi dont l'ambition, de la mienne rivale,
Dont la fortune heureuse, à mes destins fatale,
M'entraîna dans l'abîme où tu me vois plongé.
Tu causas mes fureurs, mes fureurs t'ont vengé.
J'ai haï ton génie, et Rome qui l'adore;
J'ai voulu ta ruine, et je la veux encore.
Je vengerai sur toi tout ce que j'ai perdu :
Ton sang paiera ce sang à tes yeux répandu :
Meurs en craignant la mort, meurs de la mort d'un traître,
D'un esclave échappé que fait punir son maître.
Que tes membres sanglants, dans ta tribune épars,
Des inconstants Romains repaissent les regards.
Voilà ce qu'en partant ma douleur et ma rage
Dans ces lieux abhorrés te laissent pour présage :
C'est le sort qui t'attend, et qui va s'accomplir;
C'est l'espoir qui me reste, et je cours le remplir.

CICÉRON.
Qu'on saisisse ce traître.
CÉTHÉGUS.
En as-tu la puissance?
SURA.
Oses-tu prononcer quand le sénat balance?
CATILINA.
La guerre est déclarée; amis, suivez mes pas.
C'en est fait; le signal vous appelle aux combats.
Vous, sénat incertain, qui venez de m'entendre,
Choisissez à loisir le parti qu'il faut prendre.
(Il sort avec quelques sénateurs de son parti.)
CICÉRON.
Eh bien! choisissez donc, vainqueurs de l'univers,
De commander au monde, ou de porter des fers.
O grandeur des Romains! ô majesté flétrie!
Sur le bord du tombeau, réveille-toi, patrie
Lucullus, Muréna, César même, écoutez :
Rome demande un chef en ces calamités;
Gardons l'égalité pour des temps plus tranquilles :
Les Gaulois sont dans Rome, il vous faut des Camilles!
Il faut un dictateur, un vengeur, un appui :
Qu'on nomme le plus digne, et je marche sous lui.

SCÈNE VII. — LE SÉNAT, LE CHEF DES LICTEURS.

LE CHEF DES LICTEURS.
Seigneur, en secourant la mourante Aurélie,
Que nos soins vainement rappelaient à la vie,
J'ai trouvé ce billet par son père adressé.
CICÉRON, *en lisant.*
Quoi! d'un danger plus grand l'État est menacé!
César qui nous trahit veut enlever Préneste.
Vous, César, vous trempiez dans ce complot funeste!
Lisez, mettez le comble à des malheurs si grands.
César, étiez-vous fait pour servir des tyrans?
CÉSAR.
J'ai lu, je suis Romain, notre perte s'annonce.
Le danger croît, j'y vole, et voilà ma réponse.
(Il sort.)
CATON.
Sa réponse est douteuse, il est trop leur appui.
CICÉRON.
Marchons, servons l'État contre eux et contre lui.
(A une partie des sénateurs.)
Vous, si les derniers cris d'Aurélie expirante,
Ceux du monde ébranlé, ceux de Rome sanglante,
Ont réveillé dans vous l'esprit de vos aïeux,

Courez au Capitole, et défendez vos dieux :
Du fier Catilina soutenez les approches.
Je ne vous ferai point d'inutiles reproches,
D'avoir pu balancer entre ce monstre et moi.
    (A d'autres sénateurs.)
Vous, sénateurs blanchis dans l'amour de la loi,
Nommez un chef enfin, pour n'avoir point de maîtres,
Amis de la vertu, séparez-vous des traîtres.
    (Les sénateurs se séparent de Céthégus et de Lentulus Sura.)
Point d'esprit de parti, de sentiments jaloux :
C'est par là que jadis Sylla régna sur nous.
Je vole en tous les lieux où vos dangers m'appellent,
Où de l'embrasement les flammes étincellent.
Dieux! animez ma voix, mon courage, et mon bras,
Et sauvez les Romains, dussent-ils être ingrats!

ACTE CINQUIÈME.

SCÈNE I. — CATON, ET UNE PARTIE DES SÉNATEURS, *debout,
en habit de guerre.*

CLODIUS, *à Caton.*

Quoi! lorsque défendant cette enceinte sacrée,
A peine aux factieux nous en fermons l'entrée,
Quand partout le sénat, s'exposant au danger,
Aux ordres d'un Samnite a daigné se ranger;
Cet altier plébéien nous outrage et nous brave!
Il sert un peuple libre, et le traite en esclave!
Un pouvoir passager est à peine en ses mains,
Il ose en abuser, et contre des Romains!
Contre ceux dont le sang a coulé dans la guerre!
Les cachots sont remplis des vainqueurs de la terre;
Et cet homme inconnu, ce fils heureux du sort,
Condamne insolemment ses maîtres à la mort!
Catilina pour nous serait moins tyrannique;
On ne le verrait point flétrir la république.
Je partage avec vous les malheurs de l'État;
Mais je ne peux souffrir la honte du sénat.

CATON.

La honte, Clodius, n'est que dans vos murmures.
Allez de vos amis déplorer les injures;
Mais sachez que le sang de nos patriciens,
Ce sang des Céthégus et des Cornéliens,
Ce sang si précieux, quand il devient coupable,
Devient le plus abject et le plus condamnable.

Regrettez, respectez ceux qui nous ont trahis,
On les mène à la mort, et c'est par mon avis.
Celui qui vous sauva les condamne au supplice.
De quoi vous plaignez-vous? est-ce de sa justice?
Est-ce elle qui produit cet indigne courroux?
En craignez-vous la suite, et la méritez-vous?
Quand vous devez la vie aux soins de ce grand homme,
Vous osez l'accuser d'avoir trop fait pour Rome!
Murmurez, mais tremblez; la mort est sur vos pas.
Il n'est pas encor temps de devenir ingrats.
On a dans les périls de la reconnaissance;
Et c'est le temps du moins d'avoir de la prudence.
Catilina paraît jusqu'aux pieds du rempart;
On ne sait point encor quel parti prend César,
S'il veut ou conserver, ou perdre la patrie.
Cicéron agit seul, et seul se sacrifie;
Et vous considérez, entourés d'ennemis,
Si celui qui vous sert vous a trop bien servis!

CLODIUS.

Caton, plus implacable encor que magnanime,
Aime les châtiments plus qu'il ne hait le crime.
Respectez le sénat; ne lui reprochez rien.
Vous parlez en censeur; il nous faut un soutien.
Quand la guerre s'allume, et quand Rome est en cendre,
Les édits d'un consul pourront-ils nous défendre?
N'a-t-il contre une armée, et des conspirateurs,
Que l'orgueil des faisceaux, et les mains des licteurs?
Vous parlez de dangers! Pensez-vous nous instruire
Que ce peuple insensé s'obstine à se détruire?
Vous redoutez César! Eh, qui n'est informé
Combien Catilina de César fut aimé?
Dans le péril pressant qui croît et nous obsède,
Vous montrez tous nos maux : montrez-vous le remède?

CATON.

Oui, j'ose conseiller, esprit fier et jaloux,
Que l'on veille à la fois sur César et sur vous.
Je conseillerais plus; mais voici votre père.

SCÈNE II. — CICÉRON, CATON, UNE PARTIE DES SÉNATEURS.

CATON, à Cicéron.

Viens, tu vois des ingrats. Mais Rome te défère
Les noms, les sacrés noms de père et de vengeur;
Et l'envie à tes pieds t'admire avec terreur.

CICÉRON.

Romains, j'aime la gloire, et ne veux point m'en taire;

Des travaux des humains c'est le digne salaire.
Sénat, en vous servant il la faut acheter :
Qui n'ose la vouloir, n'ose la mériter.
Si j'applique à vos maux une main salutaire,
Ce que j'ai fait est peu ; voyons ce qu'il faut faire.
Le sang coulait dans Rome : ennemis, citoyens,
Gladiateurs, soldats, chevaliers, plébéiens,
Étalaient à mes yeux la déplorable image,
Et d'une ville en cendre, et d'un champ de carnage :
La flamme, en s'élançant de cent toits dévorés,
Dans l'horreur du combat guidait les conjurés :
Céthégus et Sura s'avançaient à leur tête,
Ma main les a saisis ; leur juste mort est prête.
Mais quand j'étouffe l'hydre, il renaît en cent lieux :
Il faut fendre partout les flots des factieux.
Tantôt Catilina, tantôt Rome l'emporte.
Il marche au Quirinal, il s'avance à la porte ;
Et là, sur des amas de mourants et de morts,
Ayant fait à mes yeux d'incroyables efforts,
Il se fraye un passage, il vole à son armée.
J'ai peine à rassurer Rome entière alarmée.
Antoine, qui s'oppose au fier Catilina,
A tous ces vétérans aguerris sous Sylla,
Antoine, que poursuit notre mauvais génie,
Par un coup imprévu voit sa force affaiblie ;
Et son corps accablé, désormais sans vigueur,
Sert mal en ces moments les soins de son grand cœur ;
Pétréius étonné vainement le seconde.
Ainsi de tous côtés la maîtresse du monde,
Assiégée au dehors, embrasée au dedans,
Est cent fois en un jour à ses derniers moments.

CRASSUS.

Que fait César ?

CICÉRON.

Il a, dans ce jour mémorable,
Déployé, je l'avoue, un courage indomptable ;
Mais Rome exigeait plus d'un cœur tel que le sien.
Il n'est pas criminel, il n'est pas citoyen.
Je l'ai vu dissiper les plus hardis rebelles ;
Mais bientôt, ménageant des Romains infidèles,
Il s'efforçait de plaire aux esprits égarés,
Aux peuples, aux soldats, et même aux conjurés ;
Dans le péril horrible où Rome était en proie,
Son front laissait briller une secrète joie :
Sa voix, d'un peuple entier sollicitant l'amour,
Semblait inviter Rome à le servir un jour.
D'un trop coupable sang sa main était avare.

CATON.
Je vois avec horreur tout ce qu'il nous prépare.
Je le redis encore, et veux le publier,
De César en tout temps il faut se défier.

SCÈNE III. — LE SÉNAT, CÉSAR.

CÉSAR.
Eh bien! dans ce sénat, trop prêt à se détruire,
La vertu de Caton cherche encore à me nuire?
De quoi m'accuse-t-il?

CATON.
D'aimer Catilina,
De l'avoir protégé lorsqu'on le soupçonna,
De ménager encor ceux qu'on pouvait abattre,
De leur avoir parlé quand il fallait combattre.

CÉSAR.
Un tel sang n'est pas fait pour teindre mes lauriers.
Je parle aux citoyens, je combats les guerriers.

CATON.
Mais tous ces conjurés, ce peuple de coupables,
Que sont-ils à vos yeux?

CÉSAR.
Des mortels misérables.
À ma voix, à mes coups ils n'ont pu résister.
Qui se soumet à moi n'a rien à redouter.
C'est maintenant qu'on donne un combat véritable.
Des soldats de Sylla l'élite redoutable
Est sous un chef habile, et qui sait se venger.
Voici le vrai moment où Rome est en danger.
Pétréius est blessé, Catilina s'avance.
Le soldat sous les murs est à peine en défense.
Les guerriers de Sylla font trembler les Romains.
Qu'ordonnez-vous, consul, et quels sont vos desseins?

CICÉRON.
Les voici : que le ciel m'entende et les couronne.
Vous avez mérité que Rome vous soupçonne.
Je veux laver l'affront dont vous êtes chargé,
Je veux qu'avec l'État votre honneur soit vengé.
Au salut des Romains je vous crois nécessaire;
Je vous connais : je sais ce que vous pouvez faire,
Je sais quels intérêts vous peuvent éblouir :
César veut commander, mais il ne peut trahir.
Vous êtes dangereux, vous êtes magnanime.
En me plaignant de vous, je vous dois mon estime.
Partez; justifiez l'honneur que je vous fais.
Le monde entier sur vous a les yeux désormais.

Secondez Pétréius, et délivrez l'empire.
Méritez que Caton vous aime et vous admire.
Dans l'art des Scipions vous n'avez qu'un rival.
Nous avons des guerriers, il faut un général :
Vous l'êtes, c'est sur vous que mon espoir se fonde :
César, entre vos mains je mets le sort du monde.

CÉSAR, *en l'embrassant.*
Cicéron à César a dû se confier;
Je vais mourir, seigneur, ou vous justifier.

(Il sort.)

CATON.
De son ambition vous allumez les flammes.

CICÉRON.
Va, c'est ainsi qu'on traite avec les grandes âmes
Je l'enchaîne à l'État en me fiant à lui;
Ma générosité le rendra notre appui.
Apprends à distinguer l'ambitieux du traître.
S'il n'est pas vertueux, ma voix le force à l'être.
Un courage indompté, dans le cœur des mortels,
Fait ou les grands héros ou les grands criminels.
Qui du crime à la terre a donné les exemples,
S'il eût aimé la gloire, eût mérité des temples.
Catilina lui-même, à tant d'horreurs instruit,
Eût été Scipion, si je l'avais conduit.
Je réponds de César, il est l'appui de Rome.
J'y vois plus d'un Sylla, mais j'y vois un grand homme.

(Se tournant vers le chef des licteurs, qui entre en armes.)
Eh bien ! les conjurés ?

LE CHEF DES LICTEURS.
Seigneur, ils sont punis;
Mais leur sang a produit de nouveaux ennemis.
C'est le feu de l'Etna qui couvait sous la cendre;
Un tremblement de plus va partout le répandre;
Et si de Pétréius le succès est douteux,
Ces murs sont embrasés, vous tombez avec eux.
Un nouvel Annibal nous assiége et nous presse;
D'autant plus redoutable en sa cruelle adresse,
Que, jusqu'au sein de Rome, et parmi ses enfants,
En creusant vos tombeaux, il a des partisans.
On parle en sa faveur dans Rome qu'il ruine;
Il l'attaque au dehors, au dedans il domine;
Tout son génie y règne, et cent coupables voix
S'élèvent contre vous, et condamnent vos lois.
Les plaintes des ingrats et les clameurs des traîtres
Réclament contre vous les droits de nos ancêtres,
Redemandent le sang répandu par vos mains :
On parle de punir le vengeur des Romains.

CLODIUS.

Vos égaux après tout, que vous deviez entendre,
Par vous seul condamnés, n'ayant pu se défendre,
Semblent autoriser....

CICÉRON.

Clodius, arrêtez;
Renfermez votre envie et vos témérités;
Ma puissance absolue est de peu de durée;
Mais tant qu'elle subsiste, elle sera sacrée.
Vous aurez tout le temps de me persécuter;
Mais quand le péril dure il faut me respecter.
Je connais l'inconstance aux humains ordinaire;
J'attends sans m'ébranler les retours du vulgaire.
Scipion, accusé sur des prétextes vains,
Remercia les dieux, et quitta les Romains.
Je puis en quelque chose imiter ce grand homme;
Je rendrai grâce au ciel, et resterai dans Rome.
A l'État malgré vous j'ai consacré mes jours;
Et, toujours envié, je servirai toujours.

CATON.

Permettez que dans Rome encor je me présente,
Que j'aille intimider une foule insolente,
Que je vole au rempart, que du moins mon aspect
Contienne encor César, qui m'est toujours suspect.
Et si dans ce grand jour la fortune contraire....

CICÉRON.

Caton, votre présence est ici nécessaire.
Mes ordres sont donnés, César est au combat;
Caton de la vertu doit l'exemple au sénat.
Il en doit soutenir la grandeur expirante.
Restez.... Je vois César, et Rome est triomphante.
  (Il court au-devant de César.)
Ah! c'est donc par vos mains que l'État soutenu....

CÉSAR.

Je l'ai servi peut-être, et vous m'aviez connu.
Pétréius est couvert d'une immortelle gloire;
Le courage et l'adresse ont fixé la victoire.
Nous n'avons combattu sous ce sacré rempart
Que pour ne rien laisser au pouvoir du hasard,
Que pour mieux enflammer des âmes héroïques,
A l'aspect imposant de leurs dieux domestiques.
Métellus, Muréna, les braves Scipions,
Ont soutenu le poids de leurs augustes noms.
Ils ont aux yeux de Rome étalé le courage
Qui subjugua l'Asie, et détruisit Carthage.
Tous sont de la patrie et l'honneur et l'appui.
Permettez que César ne parle point de lui.

Des soldats de Sylla, renversés sur la terre,
Semblent braver la mort, et défier la guerre.
De tant de nations ces tristes conquérants
Menacent Rome encor de leurs yeux expirants.
Si de pareils guerriers la valeur nous seconde,
Nous mettrons sous nos lois ce qui reste du monde.
Mais il est, grâce au ciel, encor de plus grands cœurs,
Des héros plus choisis, et ce sont leurs vainqueurs.
Catilina, terrible au milieu du carnage,
Entouré d'ennemis immolés à sa rage,
Sanglant, couvert de traits, et combattant toujours,
Dans nos rangs éclaircis a terminé ses jours.
Sur des morts entassés l'effroi de Rome expire.
Romain je le condamne, et soldat je l'admire.
J'aimai Catilina; mais vous voyez mon cœur;
Jugez si l'amitié l'emporte sur l'honneur.

CICÉRON.

Tu n'as point démenti mes vœux et mon estime.
Va, conserve à jamais cet esprit magnanime.
Que Rome admire en toi son éternel soutien.
Grands dieux! que ce héros soit toujours citoyen.
Dieux! ne corrompez pas cette âme généreuse;
Et que tant de vertu ne soit pas dangereuse.

VARIANTES.

Monologue supprimé dans le premier acte :

CATILINA, *seul*.

Ne crois pas m'échapper, consul que je dédaigne
Tyran par la parole, il faut finir ton règne.
Ton sénat factieux voit d'un œil courroucé
Un citoyen samnite à sa tête placé;
Ce sénat, qui lui même à mes traits est en butte,
Me prêtera les mains pour avancer ta chute.
Va, de tous mes desseins tu n'es pas éclairci,
Et ce n'est pas Verrès que tu combats ici.

Scène entre Caton et Cicéron, dernière du Ier acte; après ces mots de Caton :

Oui, j'accuse César.

Cicéron répondait :

Et moi, Catilina.
De brigues, de complots, de nouveautés avide,
Vaste dans ses projets, dans le crime intrépide,
Plus que César encor je le crois dangereux,
Beaucoup plus téméraire, et bien moins généreu.

Avec art quelquefois, souvent à force ouverte,
Vain rival de ma gloire, il conspira ma perte.
Aujourd'hui qu'il médite un plus grand attentat,
Je ne crains rien pour moi, je crains tout pour l'État.
Je vois sa trahison, j'en cherche les complices;
Tous ses crimes passés sont mes premiers indices.
Il faut tout prévenir. Des chevaliers romains
Déjà du champ de Mars occupent les chemins.
J'ai placé Pétréius à la porte Colline;
Je mets en sûreté Préneste et Terracine.
J'observe le perfide en tous temps, en tous lieux.
Je sais que ce matin ses amis odieux
L'accompagnaient en foule au lieu même où nous sommes..
Martian l'affranchi, ministre des forfaits,
S'est échappé soudain, chargé d'ordres secrets.
Ai-je enfin sur ce monstre un soupçon légitime?

CATON.

Votre œil inévitable a démêlé le crime;
Mais surtout redoutez César et Clodius....
Clodius, implacable en sa sombre furie,
Jaloux de vos honneurs, hait en vous la patrie.
Du fier Catilina tous deux sont les amis.
Je crains pour les Romains trois tyrans réunis.
L'armée est en Asie, et le crime est dans Rome;
Mais pour sauver l'État il suffit d'un grand homme.

CICÉRON.

Sylla poursuit encor cet État déchiré;
Je le vois tout sanglant, mais non désespéré.
J'attends Catilina; son âme inquiétée
Semble, depuis deux jours, incertaine, agitée;
Peut-être qu'en secret il redoute aujourd'hui
La grandeur d'un dessein trop au-dessus de lui.
Reconnu, découvert, il tremblera peut-être.
La crainte quelquefois peut ramener un traître.
Toi, ferme et noble appui de notre liberté,
Va de nos vrais Romains ranimer la fierté :
Rallume leur courage au feu de ton génie,
Et fais, en paraissant, trembler la tyrannie.

Cette scène entre Caton et Cicéron précédait, dans les premières éditions, la scène entre Cicéron et Catilina, et commençait le second acte.

Dans l'édition de Berlin, le second acte commençait ainsi :

SCÈNE I. — CATILINA, CÉTHÉGUS.

CATILINA.

Céthégus, l'heure approche, où cette main hardie
Doit de Rome et du monde allumer l'incendie.

CÉTHÉGUS.

Hâtons l'instant fatal, il peut nous échapper;
J'écoutais Cicéron, et j'allais le frapper,
Si j'avais remarqué qu'il eût eu des indices
Du danger qu'il soupçonne et du nom des complices.

CATILINA.

Non, Céthégus, crois-moi, ce coup prématuré
Soulèverait un peuple inconstant, égaré,
Armerait le sénat, qui flotte et qui s'arrête ;
La tempête à la fois doit fondre sur leur tête ;
Que Rome et Cicéron tombent du même fer,
Que la foudre en grondant les frappe avec l'éclair.
Lentulus viendra-t-il ?

CÉTHÉGUS.

Compte sur son audace :
Tu sais comme ébloui des grandeurs de sa race
A partager ton règne il se croit destiné.

CATILINA.

Qu'à cet espoir frivole il reste abandonné ;
Conjuré sans génie, et soldat intrépide,
Il peut servir beaucoup, mais il faut qu'on le guide.
Et le fier Clodius ?

CÉTHÉGUS.

Il voudrait de ses mains
Écraser, s'il pouvait, l'idole des Romains ;
Mais il balance encor.

CATILINA.

Je pense le connaître,
Il se déclarera dès qu'il me verra maître,
Mais César, Aurélie, occupent mon esprit,
L'une d'un trouble affreux, et l'autre de dépit.

CÉTHÉGUS.

Je conçois que César t'inquiète et te gêne ;
Je n'ai jamais compté sur cette âme hautaine.
Mais peux-tu redouter une femme et des pleurs ?
Laisse-lui les remords, laisse-lui les terreurs ;
Tu l'aimes, mais en maître, et son amour docile
Est de tes grands desseins un instrument utile.

CATILINA.

Ce n'est pas le remords qui s'empare de moi,
La pitié pour l'État, bien moins encor l'effroi ;
Mais ces liens secrets, une épouse adorée,
La naissance d'un fils, une mère éplorée,
Un cœur qui m'idolâtre, et qui dans ce grand jour
Peut payer de son sang ce malheureux amour ;
Te dirai-je encor plus ? l'involontaire hommage
Que sa vertu trompée arrache à mon courage,
Et ce respect secret qu'il me faut déguiser
Jusqu'à forcer mon âme à la tyranniser,
Voilà ce qui me trouble, et ce cruel orage
Ne pourra s'apaiser qu'au milieu du carnage.

CÉTHÉGUS.

Peut-elle nous trahir ?

CATILINA.

Non, je connais son cœur.
Mais de tous nos desseins perçant la profondeur,
Son œil s'en effarouche, et son âme effrayée
Gémit dans les horreurs dont elle est dévorée.
Ciel ! se peut-il qu'un cœur que mes mains ont formé,

Des préjugés romains soit encor animé?
O Rome! ô nom puissant! liberté trop chérie!
Quoi! dans ma maison même on parle de patrie?
CÉTHÉGUS.
Ne songeons qu'à César; nos femmes, nos enfants,
N'ont pas droit d'occuper ces précieux instants.
A ta longue amitié si César infidèle
Refuse la grandeur qui par ta voix l'appelle?
Dans le rang des proscrits faut-il placer son nom?
Faut-il confondre enfin César et Cicéron?
CATILINA.
Sans doute, il le faudra, si par mon artifice
Je ne puis réussir à m'en faire un complice;
En un mot, si mes soins ne peuvent le fléchir,
Si César est à craindre, il faut s'en affranchir.
Mais déjà Lentulus vers nous se précipite,
Et je lis dans ses yeux la fureur qui l'agite.

SCÈNE II. — CATILINA, LENTULUS, CÉTHÉGUS.

LENTULUS.
Tandis que ton armée approche de ces lieux,
Sais-tu ce qui se passe en ces murs odieux?
CATILINA.
Je sais que d'un consul la sombre défiance
Se livre à des terreurs qu'il appelle prudence.
Sur le vaisseau public, ce pilote égaré
Présente à tous les vents un flanc mal assuré :
Il s'agite au hasard, à l'orage il s'apprête,
Sans savoir seulement d'où viendra la tempête.
LENTULUS.
Il la prévoit du moins : des chevaliers romains
Déjà du champ de Mars occupent les chemins;
Pétréius est mandé vers la porte Colline,
Il envoie à Préneste, on marche à Terracine;
Il sera dans une heure instruit de ton dessein.
CATILINA.
En recevant le coup il connaîtra la main;
Une heure me suffit pour mettre Rome en cendre;
Cicéron contre moi ne peut rien entreprendre.
Ne crains rien du sénat : ce corps faible et jaloux
Avec joie en secret l'abandonne à nos coups.
Ce sénat divisé, ce monstre à tant de têtes,
Si fier de sa noblesse, et plus de ses conquêtes,
Voit avec les transports de l'indignation
Les souverains des rois respecter Cicéron :
Lucullus, Clodius, les Nérons, César même,
Frémissent comme nous de sa grandeur suprême.
Ce Samnite arrogant croit leur donner la loi.
Il a dans le sénat plus d'ennemis que moi.
César n'est point à lui, Crassus le sacrifie.
J'attends tout de ma main, j'attends tout de l'envie;
C'est un homme expirant, qu'on voit d'un faible effort
Se débattre et tomber dans les bras de la mort

LENTULUS.

Oui, nous le haïssons ; mais il parle, il entraîne,
Il fait pâlir l'envie, il subjugue la haine ;
Je le crains au sénat.

CATILINA.

Je le brave en tous lieux,
J'entends avec mépris ses cris injurieux.
Qu'il déclame à son gré jusqu'à sa dernière heure,
Qu'il triomphe au sénat, qu'on l'admire, et qu'il me...
Vers ces lieux souterrains nous allons rassembler
Ces vengeurs, ces héros, prêts à se signaler.
Rassurez cependant mon épouse éperdue,
A nos grands intérêts accoutumez sa vue ;
Que de ces lieux surtout on écarte ses pas :
Je crains de son amour les funestes éclats ;
Ce terrible moment n'est point fait pour les larmes,
Et surtout sa vertu fait naître mes alarmes.
Allez, je vous attends ; César vient, laissez-moi
De ce génie altier tenter encor la foi.

SCÈNE III.

CATILINA.

Il n'est plus temps de feindre, il faut tout éclaircir ;
Je vais armer le monde, et c'est pour ma défense.
On poursuit mon trépas ; je poursuis ma vengeance.
J'ai lieu de me flatter que tous mes ennemis
Vont périr à mes pieds, ou vont ramper soumis ;
Et mon seul déplaisir est de voir votre père
Jeté par son destin dans le parti contraire.
Mais un père à vos yeux est-il plus qu'un époux ?
Osez-vous me chérir ? puis-je compter sur vous ?

AURÉLIE.

Eh bien ! qu'exiges-tu ?

CATILINA.

Qu'à mon sort engagée,
Votre âme soit plus ferme, et soit moins partagée.
Souvenez-vous surtout que vous m'avez promis
De ne trahir jamais ni moi ni mes amis.

AURÉLIE.

Je te le jure encor : va, crois-en ma tendresse ;
Elle n'a pas besoin de nouvelle promesse.
Quand tu reçus ma foi, tu sais qu'en ces moments,
Le serment que je fis valut tous les serments.
Ah ! quelques attentats que ta fureur prépare,
Je ne puis te trahir.... ni t'approuver, barbare.

CATILINA.

Vous approuverez tout, lorsque nos ennemis
Viendront à vos genoux, désarmés et soumis,
Implorer en tremblant la clémence d'un homme
Dont dépendra leur vie et le destin de Rome.
Laissez-moi préparer ma gloire et vos grandeurs ;
Espérez tout ; allez.

VARIANTES.

AURÉLIE.
Laisse-moi mes terreurs.
Tu n'es qu'ambitieux, je ne suis que sensible,
Et je vois mieux que toi dans quel état horrible
Tu vas plonger des jours que j'avais crus heureux.
Poursuis, trame sans moi tes complots ténébreux;
Méprise mes conseils, accable un cœur trop tendre,
Creuse à ton gré l'abîme où tu nous fais descendre.
J'en vois toute l'horreur, et j'en pâlis d'effroi;
Mais en te condamnant, je m'y jette après toi.

CATILINA.
Faites plus, Aurélie, écartez vos alarmes,
Jouissez avec nous du succès de nos armes;
Prenez des sentiments tels qu'en avaient conçus
L'épouse de Sylla, celle de Marius;
Tels que mon nom, ma gloire et mon cœur le demandent.
Regardez d'un œil sec les périls qui m'attendent:
Soyez digne de moi. Le sceptre des humains
N'est point fait pour passer en de tremblantes mains.
Apprenez que mon camp, qui s'approche en silence,
Dans une heure, au plus tard attend votre présence.
Que l'auguste moitié du premier des humains
S'accoutume à jouir des honneurs souverains;
Que mon fils au berceau, mon fils né pour la guerre,
Soit porté dans vos bras aux vainqueurs de la terre;
Que votre père enfin reconnaisse aujourd'hui
Les intérêts sacrés qui m'unissent à lui;
Qu'il respecte son gendre, et qu'il n'ose me nuire.
Mais avant qu'en mon camp je vous fasse conduire,
Je veux qu'à ce consul, à mon lâche rival,
Vous fassiez parvenir ce billet si fatal.
J'ai mes raisons, je veux qu'il apprenne à connaître
Et tout ce qu'est César, et tout ce qu'il peut être.
Laissez, sans vous troubler, tout le reste à mes soins:
Vainqueur et couronné, cette nuit je vous joins.

Même scène, après ces mots de Catilina:

Oui, de nos ennemis je vais punir la rage...
AURÉLIE.
Commence donc par moi, qu'il faudra désarmer;
Malheureux, punis-moi du crime de t'aimer.
Tu m'oses reprocher d'être faible et timide!
Eh bien! cruel époux, dans le crime intrépide,
Frappe ce lâche cœur qui t'a gardé sa foi,
Qui déteste ta rage, et qui meurt tout à toi!
Frappe, ingrat; j'aime mieux, avant que tout périsse,
Voir en toi mon bourreau que d'être ta complice.
CATILINA.
Aurélie! à ce point pouvez-vous m'outrager?
AURÉLIE.
Je t'outrage et te sers, et tu peux t'en venger.
Oui, je vais arrêter ta fureur meurtrière,
Et c'est moi que tes mains combattront la première.

Es-tu désabusé? tu nous as perdus tous.

CATILINA.

Dans ces affreux moments puis-je compter sur vous?
Vous serai-je encor cher?

AURÉLIE.

Oui, mais il faut me croire.
Je défendrai tes jours, je défendrai ta gloire.
J'ai haï tes complots, j'en ai craint le danger;
Ce danger est venu, je vais le partager.
Je n'ai point tes fureurs, mais j'aurai ton courage;
L'amour en donne au moins; et malgré ton outrage,
Malgré tes cruautés, constant dans ses bienfaits,
Cet amour est encor plus grand que tes forfaits.

CATILINA.

Eh bien! que voulez-vous? que prétendez-vous faire?

AURÉLIE.

Mourir, ou te sauver. Tu sais quel est mon père :
En moi de ses vieux ans il voit l'unique appui.
Il est sensible, il m'aime, et le sang parle en lui.
Je vais lui déclarer le saint nœud qui nous lie,
Il saura que mes jours dépendent de ta vie.
Je peindrai tes remords : il craindra devant moi
D'armer le désespoir d'un gendre tel que toi;
Et je te donne au moins, quoi qu'il puisse entreprendre,
Le temps de quitter Rome, ou d'oser t'y défendre.
J'arrêterai mon père au péril de mes jours.

CATILINA, *après un moment de recueillement.*

Je reçois vos conseils ainsi que vos secours,
Je me rends.... le sort change.... il faut vous satisfaire.

ACTE QUATRIÈME.

SCÈNE IV.

CATILINA.

Les neveux de Sylla, séduits par ce grand nom,
Ont osé de Sylla montrer l'ambition.
Mallius, un soldat qui n'a que du courage,
Un aveugle instrument de leur secrète rage,
Descend comme un torrent du haut des Apennins;
Jusqu'aux remparts de Rome il s'ouvre les chemins.
Le péril est partout; l'erreur, la défiance,
M'accusaient avec eux de trop d'intelligence.
Je voyais à regret vos injustes soupçons,
Dans vos cœurs prévenus tenir lieu de raisons.
Mais si vous m'avez fait cette injure cruelle,
Le danger vous excuse, et surtout votre zèle.
Vous le savez, César; vous le savez, sénat,
Plus on est soupçonné, plus on doit à l'État.
Cicéron plaint les maux dont Rome est affligée :
Il vous parlait pour elle, et moi je l'ai vengée.
Par un coup effrayant je lui prouve aujourd'hui

Que Rome et le sénat me sont plus chers qu'à lui.
Sachez que Nonnius était l'âme invisible,
L'esprit qui gouvernait ce grand corps si terrible,
Ce corps de conjurés, qui des monts Apennins
S'étend jusqu'où finit le pouvoir des Romains.
Il venait consommer ce qu'on ose entreprendre,
Allumer les flambeaux qui mettaient Rome en cendre,
Égorger les consuls à vos yeux éperdus :
Caton était proscrit, et Rome n'était plus.
Les moments étaient chers, et les périls extrêmes.
Je l'ai su, j'ai sauvé l'État, Rome, et vous-mêmes
Ainsi par Scipion fut immolé Gracchus ;
Ainsi par un soldat fut puni Spurius ;
Ainsi ce fier Caton qui m'écoute et me brave,
Caton, né sous Sylla, Caton né son esclave,
Demandait une épée, et de ses faibles mains
Voulait sur un tyran venger tous les Romains.

SCÈNE V.

AURÉLIE.

Mon père par ma voix vous demande vengeance :
Son sang est répandu, j'ignore par quels coups ;
Il est mort, il expire, et peut-être pour vous.
C'est dans votre palais, c'est dans ce sanctuaire,
Sous votre tribunal, et sous votre œil sévère,
Que cent coups de poignard ont épuisé son flanc.
(*En voulant se jeter aux pieds de Cicéron qui la relève.*)
Mes pleurs mouillent vos pieds arrosés de son sang.
Secourez-moi, vengez ce sang qui fume encore
Sur l'infâme assassin que ma douleur ignore.

CICÉRON, *en montrant Catilina.*

Le voici....

AURÉLIE.

Dieux...!

CICÉRON.

C'est lui, lui qui l'assassina....
Qui s'en ose vanter !

AURÉLIE.

O ciel ! Catilina !
L'ai-je bien entendu ? quoi ! monstre sanguinaire !
Quoi ! c'est toi.... mon époux a massacré mon père !

CICÉRON.

Lui ? votre époux ?

AURÉLIE.

Je meurs.

CATILINA

Oui, les plus sacrés nœuds,
De son père ignorés, nous unissent tous deux.
Oui, plus ces nœuds sont saints, plus grand est le service
J'ai fait en frémissant cet affreux sacrifice ;
Et si des dictateurs ont immolé leurs fils,
Je crois faire autant qu'eux pour sauver mon pays,
Quand, malgré mon hymen et l'amour qui me lie.

J'immole à nos dangers le père d'Aurélie.

AURÉLIE, *revenant à elle.*

Oses-tu...?

CICÉRON, *au sénat.*

Sans horreur avez-vous pu l'ouïr?
Sénateurs, à ce point il peut vous éblouir?

LE SÉNAT, AURÉLIE, LE CHEF DES LICTEURS.

LE CHEF DES LICTEURS.

Seigneur, on a saisi ce dépôt formidable....

CICÉRON.

Chez Nonnius, ô ciel!

CRASSUS.

Qui des deux est coupable?

CICÉRON.

En pouvez-vous douter? Ah! madame, au sénat
Nommez, nommez l'auteur de ce noir attentat.
J'ai toute la pitié que votre état demande;
Mais éclaircissez tout, Rome vous le commande.

AURÉLIE.

Ah! laissez-moi mourir! Que me demandez-vous?
Ce cruel,... je ne puis accuser mon époux....

CICÉRON.

C'est l'accuser assez.

LENTULUS.

C'est assez le défendre.

CICÉRON.

Poursuivez donc, cruels, et mettez Rome en cendre,
Achevez ; il vous reste à le déclarer roi.

AURÉLIE.

Sauvez Rome, consul, et ne perdez que moi.
Si vous ne m'arrachez cette odieuse vie,
De mes sanglantes mains vous me verrez punie.
Sauvez Rome, vous dis-je, et ne m'épargnez point.

CICÉRON.

Quoi! ce fier ennemi vous impose à ce point!
Vous gardez devant lui ce silence timide!
Vous ménagez encore un époux parricide!

CATILINA.

Consul, elle est d'un sang que l'on doit détester;
Mais elle est mon épouse, il la faut respecter.

CICÉRON.

Crois-moi, je ferai plus, je la vengerai, traître!
(*A Aurélie.*)
Eh bien! si devant lui vous craignez de paraître,
Daignez de votre père attendre le vengeur,
Et renfermez chez vous votre juste douleur.
Là je vous parlerai.

AURÉLIE.

Que pourrai-je vous dire?
Le sang d'un père parle, et devrait vous suffire.
Sénateurs, tremblez tous.... le jour est arrivé...

Je ne le verrai pas.... mon sort est achevé,
Je succombe.
CATILINA.
Ayez soin de cette infortunée.
CICÉRON.
Allez, qu'en son palais elle soit ramenée.
(*On l'emmène.*)
CATILINA.
Qu'ai-je vu, malheureux! je suis trop bien puni.
CÉTHÉGUS.
A ce fatal objet, quel trouble t'a saisi?
Aurélie à nos pieds a demandé vengeance;
Mais si tu servis Rome, attends ta récompense.
CICÉRON.
Qu'entends-je? Ah! sénateurs, en proie à votre sort,
Ouvrez enfin les yeux que va fermer la mort.
Sur les bords du tombeau, réveille-toi, patrie!
(*En montrant Catilina.*)
Vous avez déjà vu l'essai de sa furie,
Ce n'est qu'un des ressorts par ce traître employés;
Tous les autres en foule ici sont déployés.
On lève des soldats jusqu'au milieu de Rome;
On les engage à lui, c'est lui seul que l'on nomme.
Que font ces vétérans dans la campagne épars?
Qui va les rassembler aux pieds de nos remparts?
Que demande Lecca dans les murs de Préneste?
Traître, je sais trop bien tout l'appui qui te reste.
Mais je t'ai confondu dans l'un de tes desseins;
J'ai mis Rome en défense, et Préneste en mes mains.
Je te suis en tous lieux, à Rome, en Étrurie;
Tu me trouves partout épiant ta furie,
Combattant tes projets que tu crois nous cacher;
Chez tous tes confidents ma main va te chercher.
Du sénat et de Rome il est temps que tu sortes.
Ce n'est pas tout, Romains, une armée est aux portes,
Une armée est dans Rome, et le fer et les feux
Vont renverser sur vous vos temples et vos dieux.
C'est du mont Aventin que partiront les flammes
Qui doivent embraser vos enfants et vos femmes;
Et, sans les fruits heureux d'un travail assidu,
Ce terrible moment serait déjà venu.
Sans mon soin redoublé, que l'on nommait frivole,
Déjà les conjurés marchaient au Capitole.
Ce temple où nous voyons les rois à nos genoux,
Détruit et consumé, périssait avec vous.
Cependant à vos yeux Catilina paisible
Se prépare avec joie à ce carnage horrible:
Au rang des sénateurs il est encore assis;
Il proscrit le sénat, et s'y fait des amis;
Il dévore des yeux le fruit de tous ses crimes,
Il vous voit, vous menace, et marque ses victimes.
Et quand ma voix s'oppose à tant d'énormités,
Vous me parlez de droits et de formalités!
Vous respectez en lui le rang qu'il déshonore!

Vos bras intimidés sont enchaînés encore!
Ah! si vous hésitez, si, méprisant mes soins,
Vous n'osez le punir, défendez-vous du moins.
CATON.
Va, les dieux immortels ont parlé par ta bouche.
Consul, délivre-nous de ce monstre farouche!
Tout dégouttant du sang dont il souilla ses mains,
Il atteste les droits des citoyens romains;
Use des mêmes droits, pour venger la patrie
Nous n'avons pas besoin des aveux d'Aurélie.
Tu l'as trop convaincu, lui-même est interdit;
Et sur Catilina le seul soupçon suffit.
Céthégus nous disait, et bien mieux qu'il ne pense,
Qu'on doit immoler tout à Rome, à sa défense ;
Immole ce perfide, abandonne aux bourreaux
L'artisan des forfaits et l'auteur de nos maux :
Frappe malgré César, et sacrifie à Rome
Cet homme détesté, si ce monstre est un homme.
Je suis trop indigné qu'aux yeux de Cicéron
Il ait osé s'asseoir à côté de Caton.

(*Caton se lève, et passe du côté de Cicéron. Tous les sénateurs le suivent, hors Céthégus, Lentulus, Crassus, Clodius, qui restent avec Catilina.*)

CICÉRON, au sénat.
Courage, sénateurs, du monde augustes maîtres,
Amis de la vertu, séparez-vous des traîtres.
Le démon de Sylla semblait vous aveugler :
Allez au Capitole, allez vous rassembler;
C'est là qu'on doit porter les premières alarmes.
Mêlez l'appui des lois à la force des armes;
D'une escorte nombreuse entourez le sénat,
Et que tout citoyen soit aujourd'hui soldat.
Créez un dictateur en ces temps difficiles.
Les Gaulois sont dans Rome, il vous faut des Camilles.
On attaque sans peine un corps trop divisé :
Lui-même il se détruit; le vaincre est trop aisé
Réuni sous un chef, il devient indomptable.
Je suis loin d'aspirer à ce faix honorable :
Qu'on le donne au plus digne, et je révère en lui
Un pouvoir dangereux, nécessaire aujourd'hui.
Que Rome seule parle, et soit seule servie;
Point d'esprit de parti, de cabales, d'envie,
De faibles intérêts, de sentiments jaloux :
C'est par là que jadis Sylla régna sur vous;
Par là, sous Marius, j'ai vu tomber vos pères.
Des tyrans moins fameux, cent fois plus sanguinaires,
Tiennent le bras levé, les fers, et le trépas;
Je les montre à vos yeux : ne les voyez-vous pas?
Écoutez-vous sur moi l'envie et les caprices?
Oubliez qui je suis, songez à mes services;
Songez à Rome, à vous qui vous sacrifiez,
Non à de vains honneurs qu'on m'a trop enviés.
Allez, ferme Caton, présidez à ma place.
César, soyez fidèle; et que l'antique audace

VARIANTES.

Du brave Lucullus, de Crassus, de Céson,
S'allume au feu divin de l'âme de Caton.
Je cours en tous ces lieux où mon devoir m'oblige,
Où mon pays m'appelle, où le danger m'exige.
Je vais combler l'abîme entr'ouvert sous vos pas,
Et malgré vous, enfin, vous sauver du trépas.
(Il sort avec le sénat.)

CATILINA, *à Cicéron.*

J'atteste encor les lois que vous osez enfreindre :
Vous allumez un feu qu'il vous fallait éteindre,
Un feu par qui bientôt Rome s'embrasera ;
Mais c'est dans votre sang que ma main l'éteindra.

CÉTHÉGUS.

Viens, le sénat encore hésite et se partage :
Tandis qu'il délibère, achevons notre ouvrage.

ACTE CINQUIÈME.

SCÈNE I,
D'APRÈS L'ÉDITION DE BERLIN.

CICÉRON, LICTEURS ; LENTULUS ET CÉTHÉGUS *enchaînés*

CICÉRON, *aux soldats.*

Allez de tous côtés, poursuivez ces pervers,
Et qu'en ce moment même on les charge de fers !
Sénat, tu m'as remis les rênes de l'empire,
Je les tiens pour un jour : ce jour peut me suffire :
Je vengerai l'État, je vengerai la loi ;
Sénat, tu seras libre, et même malgré toi.
Rome, reçois ici tes premiers sacrifices.
Vous, de Catilina détestables complices,
Dont la rage en mon sein brûlait de s'assouvir,
D'autant plus criminels que vous vouliez servir,
Qu'étant nés dans le rang des maîtres de la terre,
Vos odieuses mains, dans cette infâme guerre,
Ne versaient notre sang que pour mieux cimenter
Le trône où votre égal était prêt de monter ;
Traîtres, il n'est plus temps de tromper ma justice ;
Licteurs, vengez les lois, qu'on les traîne au supplice.

LENTULUS.

Va, le trépas n'est rien ; le recevoir de toi,
Voilà le seul affront qui rejaillit sur moi ;
Mais tremble en le donnant, tremble de rendre compte
Du sang patricien que tu couvres de honte :
Tu pourras payer cher l'orgueil de le verser,
Et c'est ton propre arrêt que j'entends prononcer.

CÉTHÉGUS.

Tu crois notre entreprise à tes yeux découverte,
Tu ne la connais pas : elle assure ta perte.
Tant de braves Romains ouvertement armés
Pour deux hommes de moins ne sont point alarmés

Crois-moi, de tels desseins, des coups si redoutables,
Dont le moindre eût suffi pour perdre tes semblables,
Conservent quelque force et peuvent t'arrêter.
Souverain d'un moment, tu peux en profiter.
Hâte-toi,—Cicéron, Catilina nous venge;
Notre sort va finir, mais déjà le tien change.
                    CICÉRON.
Oui, traîtres, le destin peut être encor douteux;
Mais sans en être instruits, vous périrez tous deux!
(*On les emmène.*)

SCÈNE II. — CICÉRON, CATON, *une partie des sénateurs.*

            CATON, *aux sénateurs.*
Cessez de murmurer, remerciez un père.
(*A Cicéron.*)
Triomphe des ingrats; Rome ici te défère
Les noms, les noms sacrés de père et de vengeur

L'ORPHELIN DE LA CHINE.

TRAGÉDIE EN CINQ ACTES.

(20 AOÛT 1755.)

A MONSEIGNEUR

LE MARÉCHAL DUC DE RICHELIEU,

PAIR DE FRANCE, PREMIER GENTILHOMME DE LA CHAMBRE DU ROI, COMMANDANT EN LANGUEDOC, L'UN DES QUARANTE DE L'ACADÉMIE.

Je voudrais, monseigneur, vous présenter de beau marbre comme les Génois[1], et je n'ai que des figures chinoises à vous offrir. Ce petit ouvrage ne paraît pas fait pour vous; il n'y a aucun héros dans cette pièce qui ait réuni tous les suffrages par les agréments de son esprit, ni qui ait soutenu une république prête à succomber, ni qui ait imaginé de renverser une colonne anglaise avec quatre canons. Je sens mieux que personne le peu que je vous offre; mais tout se pardonne à un attachement de quarante années. On dira peut-être qu'au pied des Alpes, et vis-à-vis des neiges éternelles, où je me suis retiré, et où je devrais n'être que philosophe, j'ai succombé à la vanité d'imprimer que ce qu'il y a eu de plus brillant sur les bords de la Seine ne m'a jamais oublié. Cependant je n'ai consulté que mon cœur; il me conduit seul; il a toujours inspiré mes actions et mes paroles : il se trompe quelquefois, vous le savez; mais ce n'est pas après des épreuves si longues. Permettez donc que, si cette faible tragédie peut durer quelque temps après moi, on sache que l'auteur ne vous a pas été indifférent; permettez qu'on apprenne que, si votre oncle fonda les beaux-arts en France, vous les avez soutenus dans leur décadence.

L'idée de cette tragédie me vint, il y a quelque temps, à la lecture de *l'Orphelin de Tchao*, tragédie chinoise, traduite par le P. Prémare, qu'on trouve dans le recueil que le P. du Halde a donné au public. Cette pièce chinoise fut composée au XIVᵉ siècle, sous la dynastie même de Gengis-kan : c'est une nouvelle preuve que les vainqueurs tartares ne changèrent point les mœurs de la nation vaincue; ils protégèrent tous les arts établis à la Chine : ils adoptèrent toutes ses lois.

Voilà un grand exemple de la supériorité naturelle que donnent la raison et le génie sur la force aveugle et barbare; et les Tartares ont deux fois donné cet exemple : car, lorsqu'ils ont conquis encore ce grand empire, au commencement du siècle passé, ils se sont soumis une seconde fois à la sagesse des vaincus; et les deux peuples n'ont formé qu'une nation, gouvernée par les

---

1. Les Génois avaient érigé une statue à Richelieu pour sa défense de leur ville en 1747. (Ép.)

plus anciennes lois du monde : événement frappant, qui a été le premier but de mon ouvrage.

La tragédie chinoise qui porte le nom de *l'Orphelin* est tirée d'un recueil immense des pièces de théâtre de cette nation : elle cultivait depuis plus de trois mille ans cet art, inventé un peu plus tard par les Grecs, de faire des portraits vivants des actions des hommes, et d'établir de ces écoles de morale où l'on enseigne la vertu en action et en dialogues. Le poëme dramatique ne fut donc longtemps en honneur que dans ce vaste pays de la Chine, séparé et ignoré du reste du monde, et dans la seule ville d'Athènes. Rome ne le cultiva qu'au bout de quatre cents années. Si vous le cherchez chez les Perses, chez les Indiens, qui passent pour des peuples inventeurs, vous ne l'y trouvez pas; il n'y est jamais parvenu. L'Asie se contentait des fables de Pilpay et de Lokman, qui renferment toute la morale, et qui instruisent en allégories toutes les nations et tous les siècles.

Il semble qu'après avoir fait parler les animaux, il n'y eût qu'un pas à faire pour faire parler les hommes, pour les introduire sur la scène, pour former l'art dramatique : cependant ces peuples ingénieux ne s'en avisèrent jamais. On doit inférer de là que les Chinois, les Grecs, et les Romains, sont les seuls peuples anciens qui aient connu le véritable esprit de la société. Rien, en effet, ne rend les hommes plus sociables, n'adoucit plus leurs mœurs, ne perfectionne plus leur raison, que de les rassembler pour leur faire goûter ensemble les plaisirs purs de l'esprit : aussi nous voyons qu'à peine Pierre le Grand eut policé la Russie et bâti Pétersbourg, que les théâtres s'y sont établis. Plus l'Allemagne s'est perfectionnée, et plus nous l'avons vue adopter nos spectacles : le peu de pays où ils n'étaient pas reçus dans le siècle passé n'étaient pas mis au rang des pays civilisés.

L'Orphelin de Tchao est un monument précieux, qui sert plus à faire connaître l'esprit de la Chine que toutes les relations qu'on a faites et qu'on fera jamais de ce vaste empire. Il est vrai que cette pièce est toute barbare en comparaison des bons ouvrages de nos jours; mais aussi c'est un chef-d'œuvre, si on la compare à nos pièces du xiv° siècle. Certainement nos troubadours, notre basoche, la société des Enfants sans souci et de la Mère sotte, n'approchaient pas de l'auteur chinois. Il faut encore remarquer que cette pièce est écrite dans la langue des mandarins, qui n'a point changé, et qu'à peine entendons-nous la langue qu'on parlait du temps de Louis XII et de Charles VIII.

On ne peut comparer *l'Orphelin de Tchao* qu'aux tragédies anglaises et espagnoles du xvii° siècle, qui ne laissent pas encore de plaire au delà des Pyrénées et de la mer. L'action de la pièce chinoise dure vingt-cinq ans, comme dans les farces monstrueuses de Shakspeare et de Lope de Vega, qu'on a nommées tragédies; c'est un entassement d'événements incroyables. L'ennemi de la maison de Tchao veut d'abord en faire périr le chef en lâchant sur lui un gros dogue, qu'il fait croire être doué de l'instinct de découvrir les criminels, comme Jacques Aymar parmi nous, devinait les voleurs par sa baguette. Ensuite il suppose un ordre de l'empereur, et envoie à son ennemi Tchao une corde, du poison, et un poignard; Tchao chante selon l'usage, et se coupe la gorge, en vertu de l'obéissance que tout homme sur la terre doit de droit divin à un empereur de la Chine. Le persécuteur fait mourir trois cents personnes de la maison de Tchao. La princesse, veuve, accouche de l'orphelin. On dérobe cet enfant à la fureur de celui qui a exterminé toute la maison, et qui veut encore faire périr au berceau le seul qui reste. Cet exterminateur ordonne qu'on égorge dans les villages d'alentour tous les enfants, afin que l'orphelin soit enveloppé dans la destruction générale.

On croit lire les *Mille et une Nuits* en action et en scènes; mais, malgré l'incroyable, il y règne de l'intérêt; et, malgré la foule des événements, tout est de la clarté la plus lumineuse : ce sont là deux grands mérites en tout temps et chez toutes nations; et ce mérite manque à beaucoup de nos pièces modernes. Il est vrai que la pièce chinoise n'a pas d'autres beautés : unité de temps et d'action, développements de sentiments, peinture des mœurs, éloquence, raison, passion, tout lui manque; et cependant, comme je l'ai déjà dit, l'ouvrage est supérieur à tout ce que nous faisions alors.

Comment les Chinois, qui, au XIVe siècle, et si longtemps auparavant, savaient faire de meilleurs poëmes dramatiques que tous les Européans[1], sont-ils restés toujours dans l'enfance grossière de l'art, tandis qu'à force de soins et de temps notre nation est parvenue à produire environ une douzaine de pièces qui, si elles ne sont pas parfaites, sont pourtant fort au-dessus de tout ce que le reste de la terre a jamais produit en ce genre? Les Chinois, comme les autres Asiatiques, sont demeurés aux premiers éléments de la poésie, de l'éloquence, de la physique, de l'astronomie, de la peinture, connus par eux si longtemps avant nous. Il leur a été donné de commencer en tout plus tôt que les autres peuples, pour ne faire ensuite aucun progrès. Ils ont ressemblé aux Égyptiens, qui, ayant d'abord enseigné les Grecs, finirent par n'être pas capables d'être leurs disciples.

Ces Chinois, chez qui nous avons voyagé à travers tant de périls, ces peuples de qui nous avons obtenu avec tant de peine la permission de leur apporter l'argent de l'Europe et de venir les instruire, ne savent pas encore à quel point nous leur sommes supérieurs; ils ne sont pas assez avancés pour oser seulement vouloir nous imiter. Nous avons puisé dans leur histoire des sujets de tragédie, et ils ignorent si nous avons une histoire.

Le célèbre abbé Metastasio a pris pour sujet d'un de ses poëmes dramatiques le même sujet à peu près que moi, c'est-à-dire un orphelin échappé au carnage de sa maison; et il a puisé cette aventure dans une dynastie qui régnait neuf cents ans avant notre ère.

La tragédie chinoise de *l'Orphelin de Tchao* est tout un autre sujet. J'en ai choisi un tout différent encore des deux autres, et qui ne leur ressemble que par le nom. Je me suis arrêté à la grande époque de Gengis-kan, et j'ai voulu peindre les mœurs des Tartares et des Chinois. Les aventures les plus intéressantes ne sont rien quand elles ne peignent pas les mœurs; et cette

---

1. Le P. du Halde, tous les auteurs des *Lettres édifiantes*, tous les voyageurs, ont toujours écrit *Européans*; et ce n'est que depuis quelques années qu'on s'est avisé d'imprimer *Européens*.

peinture, qui est un des plus grands secrets de l'art, n'est encore qu'un amusement frivole quand elle n'inspire pas la vertu.

J'ose dire que depuis *la Henriade* jusqu'à *Zaïre*, et jusqu'à cette pièce chinoise, bonne ou mauvaise, tel a été toujours le principe qui m'a inspiré; et que, dans l'histoire du siècle de Louis XIV, j'ai célébré mon roi et ma patrie, sans flatter ni l'un ni l'autre. C'est dans un tel travail que j'ai consumé plus de quarante années. Mais voici ce que dit un auteur chinois traduit en espagnol par le célèbre Navarette :

« Si tu composes quelque ouvrage, ne le montre qu'à tes amis : crains le public et tes confrères; car on falsifiera, on empoisonnera ce que tu auras fait, et on t'imputera ce que tu n'auras pas fait. La calomnie, qui à cent trompettes, les fera sonner pour te perdre, tandis que la vérité, qui est muette, restera auprès de toi. Le célèbre Ming fut accusé d'avoir mal pensé du Tien et du Li, et de l'empereur Vang; on trouva le vieillard moribond qui achevait le panégyrique de Vang, et un hymne au Tien et au Li, etc. »

PERSONNAGES.

GENGIS-KAN, empereur tartare.
OCTAR, } guerriers tartares.
OSMAN, }
ZAMTI, mandarin lettré.
IDAMÉ, femme de Zamti.
ASSÉLI, attachée à Idamé.
ETAN, attaché à Zamti.

La scène est dans un palais des mandarins, qui tient au palais impérial, dans la ville de Cambalu, aujourd'hui Pékin.

ACTE PREMIER.

SCÈNE I. — IDAMÉ, ASSÉLI.

IDAMÉ.
Se peut-il qu'en ce temps de désolation,
En ce jour de carnage et de destruction,
Quand ce palais sanglant, ouvert à des Tartares,
Tombe avec l'univers sous ces peuples barbares,
Dans cet amas affreux de publiques horreurs,
Il soit encor pour moi de nouvelles douleurs ?

ASSÉLI.
Eh ! qui n'éprouve, hélas ! dans la perte commune,
Les tristes sentiments de sa propre infortune ?
Qui de nous vers le ciel n'élève pas ses cris
Pour les jours d'un époux, ou d'un père, ou d'un fils ?

Dans cette vaste enceinte, au Tartare inconnue,
Où le roi dérobait à la publique vue
Ce peuple désarmé de paisibles mortels,
Interprètes des lois, ministres des autels,
Vieillards, femmes, enfants, troupeau faible et timide,
Dont n'a point approché cette guerre homicide,
Nous ignorons encore à quelle atrocité
Le vainqueur insolent porte sa cruauté.
Nous entendons gronder la foudre et les tempêtes.
Le dernier coup approche, et vient frapper nos têtes.

IDAMÉ.

O fortune! ô pouvoir au-dessus de l'humain!
Chère et triste Asséli, sais-tu quelle est la main
Qui du Catai sanglant presse le vaste empire,
Et qui s'appesantit sur tout ce qui respire?

ASSÉLI.

On nomme ce tyran du nom de roi des rois.
C'est ce fier Gengis-kan, dont les affreux exploits
Font un vaste tombeau de la superbe Asie.
Octar, son lieutenant, déjà dans sa furie
Porte au palais, dit-on, le fer et les flambeaux.
Le Catai passe enfin sous des maîtres nouveaux
Cette ville, autrefois souveraine du monde,
Nage de tous côtés dans le sang qui l'inonde;
Voilà ce que cent voix, en sanglots superflus,
Ont appris dans ces lieux à mes sens éperdus.

IDAMÉ.

Sais-tu que ce tyran de la terre interdite,
Sous qui de cet État la fin se précipite,
Ce destructeur des rois, de leur sang abreuvé,
Est un Scythe, un soldat dans la poudre élevé,
Un guerrier vagabond de ces déserts sauvages,
Climat qu'un ciel épais ne couvre que d'orages?
C'est lui qu', sur les siens briguant l'autorité,
Tantôt fort et puissant, tantôt persécuté,
Vint jadis à tes yeux, dans cette auguste ville,
Aux portes du palais demander un asile.
Son nom est Témugin; c'est t'en apprendre assez.

ASSÉLI.

Quoi! c'est lui dont les vœux vous furent adressés!
Quoi! c'est ce fugitif, dont l'amour et l'hommage
A vos parents surpris parurent un outrage!
Lui qui traîne après soi tant de rois ses suivants,
Dont le nom seul impose au reste des vivants!

IDAMÉ.

C'est lui-même, Asséli : son superbe courage,
Sa future grandeur, brillaient sur son visage;

Tout semblait, je l'avoue, esclave auprès de lui;
Et lorsque de la cour il mendiait l'appui,
Inconnu, fugitif, il ne parlait qu'en maître.
Il m'aimait; et mon cœur s'en applaudit peut-être
Peut-être qu'en secret je tirais vanité
D'adoucir ce lion dans mes fers arrêté,
De plier à nos mœurs cette grandeur sauvage,
D'instruire à nos vertus son féroce courage,
Et de le rendre enfin, grâces à ces liens,
Digne un jour d'être admis parmi nos citoyens.
Il eût servi l'État, qu'il détruit par la guerre :
Un refus a produit les malheurs de la terre.
De nos peuples jaloux tu connais la fierté.
De nos arts, de nos lois l'auguste antiquité
Une religion de tout temps épurée,
De cent siècles de gloire une suite avérée;
Tout nous interdisait, dans nos préventions
Une indigne alliance avec les nations.
Enfin un autre hymen, un plus saint nœud m'engage;
Le vertueux Zamti mérita mon suffrage.
Qui l'eût cru, dans ces temps de paix et de bonheur,
Qu'un Scythe méprisé serait notre vainqueur?
Voilà ce qui m'alarme, et qui me désespère.
J'ai refusé sa main; je suis épouse et mère
Il ne pardonne pas : il se vit outrager :
Et l'univers sait trop s'il aime à se venger.
Étrange destinée, et revers incroyable!
Est-il possible, ô dieu! que ce peuple innombrable
Sous le glaive du Scythe expire sans combats,
Comme de vils troupeaux que l'on mène au trépas?

ASSÉLI.

Les Coréens, dit-on, rassemblaient une armée,
Mais nous ne savons rien que par la renommée,
Et tout nous abandonne aux mains des destructeurs.

IDAMÉ.

Que cette incertitude augmente mes douleurs!
J'ignore à quel excès parviennent nos misères,
Si l'empereur encore au palais de ses pères
A trouvé quelque asile, ou quelque défenseur,
Si la reine est tombée aux mains de l'oppresseur,
Si l'un et l'autre touche à son heure fatale.
Hélas! ce dernier fruit de leur foi conjugale,
Ce malheureux enfant, à nos soins confié,
Excite encor ma crainte, ainsi que ma pitié.
Mon époux au palais porte un pied téméraire;
Une ombre de respect pour son saint ministère
Peut-être adoucira ces vainqueurs forcenés

On dit que ces brigands aux meurtres acharnés,
Qui remplissent de sang la terre intimidée,
Ont d'un Dieu cependant conservé quelque idée;
Tant la nature même, en toute nation,
Grava l'Être suprême et la religion.
Mais je me flatte en vain qu'aucun respect les touche;
La crainte est dans mon cœur, et l'espoir dans ma bouche.
Je me meurs....

SCÈNE II. — IDAMÉ, ZAMTI, ASSÉLI.

IDAMÉ.

Est-ce vous, époux infortuné?
Notre sort sans retour est-il déterminé?
Hélas! qu'avez-vous vu?

ZAMTI.

Ce que je tremble à dire.
Le malheur est au comble; il n'est plus, cet empire
Sous le glaive étranger j'ai vu tout abattu.
De quoi nous a servi d'adorer la vertu?
Nous étions vainement, dans une paix profonde,
Et les législateurs et l'exemple du monde;
Vainement par nos lois l'univers fut instruit:
La sagesse n'est rien; la force a tout détruit.
J'ai vu de ces brigands la horde hyperborée,
Par des fleuves de sang se frayant une entrée
Sur les corps entassés de nos frères mourants,
Portant partout le glaive et les feux dévorants.
Ils pénètrent en foule à la demeure auguste
Ou de tous les humains le plus grand, le plus juste,
D'un front majestueux attendait le trépas.
La reine évanouie était entre ses bras.
De leurs nombreux enfants ceux en qui le courage
Commençait vainement à croître avec leur âge,
Et qui pouvaient mourir les armes à la main,
Étaient déjà tombés sous le fer inhumain.
Il restait près de lui ceux dont la tendre enfance
N'avait que la faiblesse et des pleurs pour défense;
On les voyait encore autour de lui pressés,
Tremblants à ses genoux qu'ils tenaient embrassés.
J'entre par des détours inconnus au vulgaire;
J'approche en frémissant de ce malheureux père;
Je vois ces vils humains, ces monstres des déserts,
A notre auguste maître osant donner des fers,
Traîner dans son palais, d'une main sanguinaire,
Le père, les enfants, et leur mourante mère.

IDAMÉ.

C'est donc là leur destin! Quel changement, ô cieux!

ZAMTI.

Ce prince infortuné tourne vers moi les yeux ;
Il m'appelle, il me dit, dans la langue sacrée,
Du conquérant tartare et du peuple ignorée :
« Conserve au moins le jour au dernier de mes fils ! »
Jugez si mes serments et mon cœur l'ont promis ;
Jugez de mon devoir quelle est la voix pressante.
J'ai senti ranimer ma force languissante ;
J'ai revolé vers vous. Les ravisseurs sanglants
Ont laissé le passage à mes pas chancelants ;
Soit que dans les fureurs de leur horrible joie,
Au pillage acharnés, occupés de leur proie,
Leur superbe mépris ait détourné les yeux ;
Soit que cet ornement d'un ministre des cieux,
Ce symbole sacré du grand Dieu que j'adore,
A la férocité puisse imposer encore ;
Soit qu'enfin ce grand Dieu, dans ses profonds desseins,
Pour sauver cet enfant qu'il a mis dans mes mains,
Sur leurs yeux vigilants répandant un nuage,
Ait égaré leur vue ou suspendu leur rage.

IDAMÉ.

Seigneur, il serait temps encor de le sauver :
Qu'il parte avec mon fils ; je les puis enlever :
Ne désespérons point, et préparons leur fuite ;
De notre prompt départ qu'Étan ait la conduite.
Allons vers la Corée, au rivage des mers,
Aux lieux où l'Océan ceint ce triste univers.
La terre a des déserts et des antres sauvages ;
Portons-y ces enfants, tandis que les ravages
N'inondent point encor ces asiles sacrés,
Éloignés du vainqueur, et peut-être ignorés.
Allons ; le temps est cher, et la plainte inutile.

ZAMTI.

Hélas ! le fils des rois n'a pas même un asile !
J'attends les Coréens ; ils viendront, mais trop tard.
Cependant la mort vole au pied de ce rempart.
Saisissons, s'il se peut, le moment favorable
De mettre en sûreté ce gage inviolable.

SCÈNE III. — ZAMTI, IDAMÉ, ASSÉLI, ÉTAN

ZAMTI.

Étan, où courez-vous, interdit, consterné ?

IDAMÉ.

Fuyons de ce séjour au Scythe abandonné.

ÉTAN.

Vous êtes observés ; la fuite est impossible ;
Autour de notre enceinte une garde terrible

ACTE I, SCÈNE III.

Aux peuples consternés offre de toutes parts
Un rempart hérissé de piques et de dards.
Les vainqueurs ont parlé; l'esclavage en silence
Obéit à leur voix dans cette ville immense;
Chacun reste immobile et de crainte et d'horreur,
Depuis que sous le glaive est tombé l'empereur.

ZAMTI.

Il n'est donc plus!

IDAMÉ.

O cieux!

ÉTAN.

De ce nouveau carnage
Qui pourra retracer l'épouvantable image?
Son épouse, ses fils sanglants et déchirés....
O famille de dieux sur la terre adorés!
Que vous dirai-je? hélas! leurs têtes exposées
Du vainqueur insolent excitent les risées,
Tandis que leurs sujets, tremblant de murmurer,
Baissent des yeux mourants qui craignent de pleurer.
De nos honteux soldats les alfanges errantes
A genoux ont jeté leurs armes impuissantes.
Les vainqueurs fatigués dans nos murs asservis,
Lassés de leur victoire et de sang assouvis,
Publiant à la fin le terme du carnage,
Ont, au lieu de la mort, annoncé l'esclavage.
Mais d'un plus grand désastre on nous menace encor;
On prétend que ce roi des fiers enfants du Nord,
Gengis-kan, que le ciel envoya pour détruire,
Dont les seuls lieutenants oppriment cet empire,
Dans nos murs autrefois inconnu, dédaigné,
Vient, toujours implacable, et toujours indigné,
Consommer sa colère et venger son injure.
Sa nation farouche est d'une autre nature
Que les tristes humains qu'enferment nos remparts :
Ils habitent des champs, des tentes et des chars;
Ils se croiraient gênés dans cette ville immense;
De nos arts, de nos lois, la beauté les offense.
Ces brigands vont changer en d'éternels déserts
Les murs que si longtemps admira l'univers.

IDAMÉ.

Le vainqueur vient sans doute armé de la vengeance.
Dans mon obscurité j'avais quelque espérance;
Je n'en ai plus. Les cieux, à nous nuire attachés,
Ont éclairé la nuit où nous étions cachés.
Trop heureux les mortels inconnus à leur maître!

ZAMTI.

Les nôtres sont tombés : le juste ciel peut-être

Voudra pour l'orphelin signaler son pouvoir :
Veillons sur lui ; voilà notre premier devoir.
Que nous veut ce Tartare ?

　　　　　　　　　　IDAMÉ.
　　　　　　O ciel, prends ma défense !

SCÈNE IV. — ZAMTI, IDAMÉ, ASSÉLI, OCTAR, GARDES

　　　　　　　　　　OCTAR.
Esclaves, écoutez ; que votre obéissance
Soit l'unique réponse aux ordres de ma voix.
Il reste encore un fils du dernier de vos rois ;
C'est vous qui l'élevez : votre soin téméraire
Nourrit un ennemi dont il faut se défaire.
Je vous ordonne, au nom du vainqueur des humains,
De remettre aujourd'hui cet enfant dans mes mains :
Je vais l'attendre : allez ; qu'on m'apporte ce gage.
Pour peu que vous tardiez, le sang et le carnage
Vont de mon maître encor signaler le courroux,
Et la destruction commencera par vous.
La nuit vient, le jour fuit ; vous, avant qu'il finisse,
Si vous aimez la vie, allez, qu'on obéisse.

SCÈNE V. — ZAMTI, IDAMÉ.

　　　　　　　　　　IDAMÉ.
Où sommes-nous réduits ? ô monstres ! ô terreur !
Chaque instant fait éclore une nouvelle horreur,
Et produit des forfaits dont l'âme intimidée
Jusqu'à ce jour de sang n'avait point eu d'idée.
Vous ne répondez rien ; vos soupirs élancés
Au ciel qui nous accable en vain sont adressés.
Enfant de tant de rois, faut-il qu'on sacrifie
Aux ordres d'un soldat ton innocente vie ?

　　　　　　　　　　ZAMTI.
J'ai promis, j'ai juré de conserver ses jours.

　　　　　　　　　　IDAMÉ.
De quoi lui serviront vos malheureux secours ?
Qu'importent vos serments, vos stériles tendresses ?
Êtes-vous en état de tenir vos promesses ?
N'espérons plus.

　　　　　　　　　　ZAMTI.
　　　　　　Ah ciel ! Eh quoi ! vous voudriez
Voir du fils de mes rois les jours sacrifiés ?

　　　　　　　　　　IDAMÉ.
Non, je n'y puis penser sans des torrents de larmes,
Et si je n'étais mère, et si, dans mes alarmes,
Le ciel me permettait d'abréger un destin

ACTE I, SCÈNE V.

Nécessaire à mon fils élevé dans mon sein,
Je vous dirais : « Mourons, et, lorsque tout succombe,
Sur les pas de nos rois descendons dans la tombe. »

ZAMTI.

Après l'atrocité de leur indigne sort,
Qui pourrait redouter et refuser la mort?
Le coupable la craint, le malheureux l'appelle,
Le brave la défie, et marche au-devant d'elle;
Le sage, qui l'attend, la reçoit sans regrets.

IDAMÉ.

Quels sont en me parlant vos sentiments secrets?
Vous baissez vos regards, vos cheveux se hérissent,
Vous pâlissez, vos yeux de larmes se remplissent :
Mon cœur répond au vôtre; il sent tous vos tourments.
Mais que résolvez-vous?

ZAMTI.

    De garder mes serments.
Auprès de cet enfant, allez, daignez m'attendre.

IDAMÉ.

Mes prières, mes cris, pourront-ils le défendre?

SCÈNE VI. — ZAMTI, ÉTAN.

ÉTAN.

Seigneur, votre pitié ne peut le conserver.
Ne songez qu'à l'État, que sa mort peut sauver :
Pour le salut du peuple il faut bien qu'il périsse.

ZAMTI.

Oui.... je vois qu'il faut faire un triste sacrifice.
Écoute : cet empire est-il cher à tes yeux?
Reconnais-tu ce Dieu de la terre et des cieux,
Ce Dieu que sans mélange annonçaient nos ancêtres,
Méconnu par le bonze, insulté par nos maîtres?

ÉTAN.

Dans nos communs malheurs il est mon seul appui.
Je pleure la patrie, et n'espère qu'en lui.

ZAMTI.

Jure ici par son nom, par sa toute-puissance,
Que tu conserveras dans l'éternel silence
Le secret qu'en ton sein je dois ensevelir.
Jure-moi que tes mains oseront accomplir
Ce que les intérêts et les lois de l'empire,
Mon devoir, et mon Dieu, vont par moi te prescrire.

ÉTAN.

Je le jure, et je veux, dans ces murs désolés,
Voir nos malheurs communs sur moi seul assemblés,
Si, trahissant vos vœux et démentant mon zèle,

Ou ma bouche ou ma main vous était infidèle.

ZAMTI.

Allons, il ne m'est plus permis de reculer.
De vos yeux attendris je vois des pleurs couler.
Hélas! de tant de maux les atteintes cruelles
Laissent donc place encore à des larmes nouvelles!

ZAMTI.

On a porté l'arrêt! rien ne peut le changer!

ÉTAN.

On presse; et cet enfant, qui vous est étranger....

ZAMTI.

Étranger! lui! mon roi!

ÉTAN.

Notre roi fut son père;
Je le sais, j'en frémis : parlez, que dois-je faire?

ZAMTI.

On compte ici mes pas; j'ai peu de liberté.
Sers-toi de la faveur de ton obscurité.
De ce dépôt sacré tu sais quel est l'asile :
Tu n'es point observé; l'accès t'en est facile.
Cachons pour quelque temps cet enfant précieux
Dans le sein des tombeaux bâtis par ses aïeux.
Nous remettrons bientôt au chef de la Corée
Ce tendre rejeton d'une tige adorée.
Il peut ravir du moins à nos cruels vainqueurs
Ce malheureux enfant, l'objet de leurs terreurs :
Il peut sauver mon roi. Je prends sur moi le reste.

ÉTAN.

Et que deviendrez-vous sans ce gage funeste?
Que pourrez-vous répondre au vainqueur irrité?

ZAMTI.

J'ai de quoi satisfaire à sa férocité.

ÉTAN.

Vous, seigneur?

ZAMTI.

O nature! ô devoir tyrannique!

ÉTAN.

Eh bien?

ZAMTI.

Dans son berceau saisis mon fils unique.

ÉTAN.

Votre fils!

ZAMTI.

Songe au roi que tu dois conserver.
Prends mon fils.... que son sang.... je ne puis achever.

ÉTAN.

Ah! que m'ordonnez-vous?

ZAMTI.
Respecte ma tendresse;
Respecte mon malheur, et surtout ma faiblesse;
N'oppose aucun obstacle à cet ordre sacré,
Et remplis ton devoir après l'avoir juré.

ÉTAN.
Vous m'avez arraché ce serment téméraire.
A quel devoir affreux me faut-il satisfaire?
J'admire avec horreur ce dessein généreux;
Mais si mon amitié....

ZAMTI.
C'en est trop, je le veux.
Je suis père; et ce cœur, qu'un tel arrêt déchire,
S'en est dit cent fois plus que tu ne peux m'en dire.
J'ai fait taire le sang, fais taire l'amitié.
Pars.

ÉTAN.
Il faut obéir.

ZAMTI.
Laisse-moi, par pitié.

SCÈNE VII. — ZAMTI.

J'ai fait taire le sang! Ah! trop malheureux père!
J'entends trop cette voix si fatale et si chère.
Ciel! impose silence aux cris de ma douleur :
Mon épouse, mon fils, me déchirent le cœur.
De ce cœur effrayé cache-moi la blessure.
L'homme est trop faible, hélas! pour dompter la nature :
Que peut-il par lui-même? achève, soutiens-moi :
Affermis la vertu prête à tomber sans toi.

ACTE SECOND.

SCÈNE I. — ZAMTI.

Étan auprès de moi tarde trop à se rendre :
Il faut que je lui parle; et je crains de l'entendre.
Je tremble malgré moi de son fatal retour.
O mon fils! mon cher fils! as-tu perdu le jour?
Aura-t-on consommé ce fatal sacrifice?
Je n'ai pu de ma main te conduire au supplice;
Je n'en eus pas la force; en ai-je assez au moins
Pour apprendre l'effet de mes funestes soins?
En ai-je encore assez pour cacher mes alarmes?

SCÈNE II. — ZAMTI, ÉTAN.

ZAMTI.

Viens, ami.... je t'entends.... je sais tout par tes larmes.

ÉTAN.

Votre malheureux fils....

ZAMTI.

Arrête, parle-moi
De l'espoir de l'empire, et du fils de mon roi ;
Est-il en sûreté ?

ÉTAN.

Les tombeaux de ses pères
Cachent à nos tyrans sa vie et ses misères.
Il vous devra des jours pour souffrir commencés,
Présent fatal, peut-être !

ZAMTI.

Il vit : c'en est assez.
O vous, à qui je rends ces services fidèles !
O mes rois ! pardonnez mes larmes paternelles.

ÉTAN.

Osez-vous en ces lieux gémir en liberté ?

ZAMTI.

Où porter ma douleur et ma calamité ?
Et comment désormais soutenir les approches,
Le désespoir, les cris, les éternels reproches,
Les imprécations d'une mère en fureur ?
Encor si nous pouvions prolonger son erreur !

ÉTAN.

On a ravi son fils dans sa fatale absence :
A nos cruels vainqueurs on conduit son enfance ;
Et soudain j'ai volé pour donner mes secours
Au royal orphelin dont on poursuit les jours.

ZAMTI.

Ah ! du moins, cher Étan, si tu pouvais lui dire
Que nous avons livré l'héritier de l'empire,
Que j'ai caché mon fils, qu'il est en sûreté !
Imposons quelque temps à sa crédulité.
Hélas ! la vérité si souvent est cruelle !
On l'aime ; et les humains sont malheureux par elle.
Allons.... Ciel ! elle-même approche de ces lieux ;
La douleur et la mort sont peintes dans ses yeux.

SCÈNE III. — ZAMTI, IDAMÉ.

IDAMÉ.

Qu'ai-je vu ? Qu'a-t-on fait ? barbare, est-il possible ?
L'avez-vous commandé, ce sacrifice horrible ?
Non, je ne puis le croire ; et le ciel irrité

N'a pas dans votre sein mis tant de cruauté.
Non, vous ne serez point plus dur et plus barbare
Que la loi du vainqueur, et le fer du Tartare.
Vous pleurez, malheureux !

ZAMTI.
Ah ! pleurez avec moi ;
Mais avec moi songez à sauver votre roi.

IDAMÉ.
Que j'immole mon fils !

ZAMTI.
Telle est notre misère :
Vous êtes citoyenne avant que d'être mère.

IDAMÉ.
Quoi ! sur toi la nature a si peu de pouvoir !

ZAMTI.
Elle n'en a que trop, mais moins que mon devoir ;
Et je dois plus au sang de mon malheureux maître.
Qu'à cet enfant obscur à qui j'ai donné l'être.

IDAMÉ.
Non, je ne connais point cette horrible vertu.
J'ai vu nos murs en cendre, et ce trône abattu ;
J'ai pleuré de nos rois les disgrâces affreuses ;
Mais par quelles fureurs, encor plus douloureuses,
Veux-tu, de ton épouse avançant le trépas,
Livrer le sang d'un fils qu'on ne demande pas ?
Ces rois ensevelis, disparus dans la poudre,
Sont-ils pour toi des dieux dont tu craignes la foudre ?
A ces dieux impuissants, dans la tombe endormis.
As-tu fait le serment d'assassiner ton fils ?
Hélas ! grands et petits, et sujets, et monarques,
Distingués un moment par de frivoles marques,
Égaux par la nature, égaux par le malheur,
Tout mortel est chargé de sa propre douleur :
Sa peine lui suffit ; et, dans ce grand naufrage,
Rassembler nos débris, voilà notre partage.
Où serais-je, grand Dieu, si ma crédulité
Eût tombé dans le piége à mes pas présenté ?
Auprès du fils des rois si j'étais demeurée,
La victime aux bourreaux allait être livrée,
Je cessais d'être mère, et le même couteau
Sur le corps de mon fils me plongeait au tombeau.
Grâces à mon amour, inquiète, troublée,
A ce fatal berceau l'instinct m'a rappelée.
J'ai vu porter mon fils à nos cruels vainqueurs ;
Mes mains l'ont arraché des mains des ravisseurs.
Barbare, ils n'ont point eu ta fermeté cruelle ;
J'en ai chargé soudain cette esclave fidèle,

Qui soutient de son lait ses misérables jours,
Ces jours qui périssaient sans moi, sans mon secours;
J'ai conservé le sang du fils et de la mère,
Et j'ose dire encor de son malheureux père.

ZAMTI.

Quoi ! mon fils est vivant !

IDAMÉ.

Oui, rends grâces au ciel,
Malgré toi favorable à ton cœur paternel.
Repens-toi.

ZAMTI.

Dieu des cieux, pardonnez cette joie,
Qui se mêle un moment aux pleurs où je me noie !
O ma chère Idamé ! ces moments seront courts :
Vainement de mon fils vous prolongiez les jours;
Vainement vous cachiez cette fatale offrande :
Si nous ne donnons pas le sang qu'on nous demande,
Nos tyrans soupçonneux seront bientôt vengés;
Nos citoyens tremblants, avec nous égorgés,
Vont payer de vos soins les efforts inutiles.
De soldats entourés, nous n'avons plus d'asiles;
Et mon fils, qu'au trépas vous croyez arracher,
A l'œil qui le poursuit ne peut plus se cacher.
Il faut subir son sort.

IDAMÉ.

Ah ! cher époux, demeure;
Écoute-moi du moins.

ZAMTI.

Hélas !... il faut qu'il meure.

IDAMÉ.

Qu'il meure ! arrête, tremble, et crains mon désespoir;
Crains sa mère.

ZAMTI.

Je crains de trahir mon devoir.
Abandonnez le vôtre; abandonnez ma vie
Aux détestables mains d'un conquérant impie.
C'est mon sang qu'à Gengis il vous faut demander.
Allez, il n'aura pas de peine à l'accorder.
Dans le sang d'un époux trempez vos mains perfides;
Allez : ce jour n'est fait que pour des parricides.
Rendez vains mes serments, sacrifiez nos lois,
Immolez votre époux, et le sang de vos rois.

IDAMÉ.

De mes rois ! Va, te dis-je; ils n'ont rien à prétendre;
Je ne dois point mon sang en tribut à leur cendre :
Va, le nom de sujet n'est pas plus saint pour nous
Que ces noms si sacrés et de père et d'époux.

La nature et l'hymen, voilà les lois premières,
Les devoirs, les liens des nations entières ;
Ces lois viennent des dieux ; le reste est des humains.
Ne me fais point haïr le sang des souverains :
Oui, sauvons l'orphelin d'un vainqueur homicide ;
Mais ne le sauvons pas au prix d'un parricide ;
Que les jours de mon fils n'achètent point ses jours :
Loin de l'abandonner, je vole à son secours ;
Je prends pitié de lui ; prends pitié de toi-même,
De ton fils innocent, de sa mère qui t'aime.
Je ne menace plus, je tombe à tes genoux.
O père infortuné ! cher et cruel époux !
Pour qui j'ai méprisé, tu t'en souviens peut-être,
Ce mortel qu'aujourd'hui le sort a fait ton maître ;
Accorde-moi mon fils, accorde-moi ce sang
Que le plus pur amour a formé dans mon flanc,
Et ne résiste point au cri terrible et tendre
Qu'à tes sens désolés l'amour a fait entendre.

ZAMTI.

Ah ! c'est trop abuser du charme et du pouvoir
Dont la nature et vous combattez mon devoir.
Trop faible épouse, hélas ! si vous pouviez connaître....

IDAMÉ.

Js suis faible, oui, pardonne ; une mère doit l'être.
Je n'aurai point de toi ce reproche à souffrir,
Quand il faudra te suivre, et qu'il faudra mourir.
Cher époux, si tu peux au vainqueur sanguinaire,
A la place du fils, sacrifier la mère,
Je suis prête : Idamé ne se plaindra de rien ;
Et mon cœur est encore aussi grand que le tien.

ZAMTI.

Oui, j'en crois ta vertu.

SCÈNE IV. — ZAMTI, IDAMÉ, OCTAR, GARDES.

OCTAR.

Quoi ! vous osez reprendre
Ce dépôt que ma voix vous ordonna de rendre ?
Soldats, suivez leurs pas, et me répondez d'eux ?
Saisissez cet enfant qu'ils cachent à mes yeux ;
Allez : votre empereur en ces lieux va paraître ;
Apportez la victime aux pieds de votre maître.
Soldats, veillez sur eux.

ZAMTI.

Je suis prêt d'obéir.
Vous aurez cet enfant.

IDAMÉ.

Je ne le puis souffrir !

Non, vous ne l'obtiendrez, cruels, qu'avec ma vie.
OCTAR.
Qu'on fasse retirer cette femme hardie.
Voici votre empereur ; ayez soin d'empêcher
Que tous ces vils captifs osent en approcher.

SCÈNE V. — GENGIS, OCTAR, OSMAN, TROUPE DE GUERRIERS.

GENGIS.
On a poussé trop loin le droit de ma conquête.
Que le glaive se cache, et que la mort s'arrête :
Je veux que les vaincus respirent désormais.
J'envoyai la terreur, et j'apporte la paix :
La mort du fils des rois suffit à ma vengeance.
Étouffons dans son sang la fatale semence
Des complots éternels et des rébellions,
Qu'un fantôme de prince inspire aux nations.
Sa famille est éteinte : il vit ; il doit la suivre.
Je n'en veux qu'à des rois ; mes sujets doivent vivre.
  Cessez de mutiler tous ces grands monuments,
Ces prodiges des arts consacrés par les temps ;
Respectez-les ; ils sont le prix de mon courage :
Qu'on cesse de livrer aux flammes, au pillage,
Ces archives de lois, ce vaste amas d'écrits,
Tous ces fruits du génie, objets de vos mépris :
Si l'erreur les dicta, cette erreur m'est utile ;
Elle occupe ce peuple, et le rend plus docile.
  Octar, je vous destine à porter mes drapeaux
Aux lieux où le soleil renaît du sein des eaux.
  (A un des suivants.)
Vous, dans l'Inde soumise, humble dans sa défaite,
Soyez de mes décrets le fidèle interprète,
Tandis qu'en Occident je fais voler mes fils
Des murs de Samarcande aux bords du Tanaïs.
Sortez : demeure, Octar.

SCÈNE VI. — GENGIS, OCTAR.

GENGIS.
                    Eh bien ! pouvais-tu croire
Que le sort m'élevât à ce comble de gloire ?
Je foule aux pieds ce trône, et je règne en des lieux
Où mon front avili n'osa lever les yeux.
Voici donc ce palais, cette superbe ville
Où, caché dans la foule, et cherchant un asile,
J'essuyai les mépris qu'à l'abri du danger
L'orgueilleux citoyen prodigue à l'étranger :
On dédaignait un Scythe, et la honte et l'outrage

De mes vœux mal conçus devinrent le partage ;
Une femme ici même a refusé la main
Sous qui, depuis cinq ans, tremble le genre humain.
OCTAR.
Quoi ! dans ce haut degré de gloire et de puissance,
Quand le monde à vos pieds se prosterne en silence,
D'un tel ressouvenir vous seriez occupé !
GENGIS.
Mon esprit, je l'avoue, en fut toujours frappé.
Des affronts attachés à mon humble fortune
C'est le seul dont je garde une idée importune.
Je n'eus que ce moment de faiblesse et d'erreur :
Je crus trouver ici le repos de mon cœur ;
Il n'est point dans l'éclat dont le sort m'environne :
La gloire le promet ; l'amour, dit-on, le donne.
J'en conserve un dépit trop indigne de moi ;
Mais au moins je voudrais qu'elle connût son roi ;
Que son œil entrevît, du sein de la bassesse,
De qui son imprudence outragea la tendresse ;
Qu'à l'aspect des grandeurs qu'elle eût pu partager,
Son désespoir secret servît à me venger.
OCTAR.
Mon oreille, seigneur, était accoutumée
Aux cris de la victoire et de la renommée,
Au bruit des murs fumants renversés sous vos pas,
Et non à ces discours, que je ne conçois pas.
GENGIS.
Non, depuis qu'en ces lieux mon âme fut vaincue,
Depuis que ma fierté fut ainsi confondue,
Mon cœur s'est désormais défendu sans retour
Tous ces vils sentiments qu'ici l'on nomme amour.
Idamé, je l'avoue, en cette âme égarée
Fit une impression que j'avais ignorée.
Dans nos antres du Nord, dans nos stériles champs,
Il n'est point de beauté qui subjugue nos sens ;
De nos travaux grossiers les compagnes sauvages
Partageaient l'âpreté de nos mâles courages.
Un poison tout nouveau me surprit en ces lieux ;
La tranquille Idamé le portait dans ses yeux :
Ses paroles, ses traits, respiraient l'art de plaire.
Je rends grâce au refus qui nourrit ma colère ;
Son mépris dissipa ce charme suborneur,
Ce charme inconcevable, et souverain du cœur.
Mon bonheur m'eût perdu ; mon âme tout entière
Se doit aux grands objets de ma vaste carrière.
J'ai subjugué le monde, et j'aurais soupiré !
Ce trait injurieux, dont je fus déchiré,

Ne rentrera jamais dans mon âme offensée ;
Je bannis sans regret cette lâche pensée :
Une femme sur moi n'aura point ce pouvoir ;
Je la veux oublier, je ne veux point la voir :
Qu'elle pleure à loisir sa fierté trop rebelle ;
Octar, je vous défends que l'on s'informe d'elle.
####### OCTAR.
Vous avez en ces lieux des soins plus importants.
####### GENGIS.
Oui, je me souviens trop de tant d'égarements.

SCÈNE VII. — GENGIS, OCTAR, OSMAN.
####### OSMAN.
La victime, seigneur, allait être égorgée ;
Une garde autour d'elle était déjà rangée ;
Mais un événement, que je n'attendais pas,
Demande un nouvel ordre, et suspend son trépas ;
Une femme éperdue, et de larmes baignée,
Arrive, tend les bras à la garde indignée,
Et nous surprenant tous par ses cris forcenés :
« Arrêtez, c'est mon fils que vous assassinez !
C'est mon fils ! on vous trompe au choix de la victime ! »
Le désespoir affreux qui parle et qui l'anime,
Ses yeux, son front, sa voix, ses sanglots, ses clameurs,
Sa fureur intrépide au milieu de ses pleurs,
Tout semblait annoncer, par ce grand caractère,
Le cri de la nature, et le cœur d'une mère.
Cependant son époux devant nous appelé,
Non moins éperdu qu'elle, et non moins accablé,
Mais sombre et recueilli dans sa douleur funeste :
« De nos rois, a-t-il dit, voilà ce qui nous reste ;
Frappez : voilà le sang que vous me demandez. »
De larmes, en parlant, ses yeux sont inondés.
Cette femme à ces mots d'un froid mortel saisie,
Longtemps sans mouvement, sans couleur, et sans vie,
Ouvrant enfin les yeux, d'horreur appesantis,
Dès qu'elle a pu parler a réclamé son fils :
Le mensonge n'a point des douleurs si sincères ;
On ne versa jamais de larmes plus amères.
On doute, on examine, et je reviens confus
Demander à vos pieds vos ordres absolus.
####### GENGIS.
Je saurai démêler un pareil artifice ;
Et qui m'a pu tromper est sûr de son supplice.
Ce peuple de vaincus prétend-il m'aveugler ?
Et veut-on que le sang recommence à couler ?

ACTE II, SCÈNE VII.

OCTAR.

Cette femme ne peut tromper votre prudence :
Du fils de l'empereur elle a conduit l'enfance :
Aux enfants de son maître on s'attache aisément ;
Le danger, le malheur ajoute au sentiment ;
Le fanatisme alors égale la nature,
Et sa douleur si vraie ajoute à l'imposture.
Bientôt, de son secret perçant l'obscurité,
Vos yeux sur cette nuit répandront la clarté.

GENGIS.

Quelle est donc cette femme ?

OCTAR.

On dit qu'elle est unie
A l'un de ces lettrés que respectait l'Asie,
Qui, trop enorgueillis du faste de leurs lois,
Sur leur vain tribunal osaient braver cent rois.
Leur foule est innombrable : ils sont tous dans les chaînes,
Ils connaîtront enfin des lois plus souveraines :
Zamti, c'est là le nom de cet esclave altier
Qui veillait sur l'enfant qu'on doit sacrifier.

GENGIS.

Allez interroger ce couple condamnable ;
Tirez la vérité de leur bouche coupable ;
Que nos guerriers surtout, à leurs postes fixés,
Veillent dans tous les lieux où je les ai placés ;
Qu'aucun d'eux ne s'écarte. On parle de surprise ;
Les Coréens, dit-on, tentent quelque entreprise ;
Vers les rives du fleuve on a vu des soldats.
Nous saurons quels mortels s'avancent au trépas,
Et si l'on veut forcer les enfants de la guerre
A porter le carnage aux bornes de la terre.

ACTE TROISIÈME.

SCÈNE I. — GENGIS, OSMAN, TROUPE DE GUERRIERS.

GENGIS.

A-t-on de ces captifs éclairci l'imposture ?
A-t-on connu leur crime et vengé mon injure ?
Ce rejeton des rois, à leur garde commis,
Entre les mains d'Octar est-il enfin remis ?

OSMAN.

Il cherche à pénétrer dans ce sombre mystère.
A l'aspect des tourments, ce mandarin sévère
Persiste en sa réponse avec tranquillité ;

Il semble sur son front porter la vérité :
Son épouse en tremblant nous répond par des larmes;
Sa plainte, sa douleur, augmente encor ses charmes.
De pitié malgré nous nos cœurs étaient surpris,
Et nous nous étonnions de nous voir attendris :
Jamais rien de si beau ne frappa notre vue.
Seigneur, le croiriez-vous? cette femme éperdue
A vos sacrés genoux demande à se jeter.
« Que le vainqueur des rois daigne enfin m'écouter
Il pourra d'un enfant protéger l'innocence;
Malgré ses cruautés j'espère en sa clémence :
Puisqu'il est tout-puissant, il sera généreux;
Pourrait-il rebuter les pleurs des malheureux ? »
C'est ainsi qu'elle parle; et j'ai dû lui promettre
Qu'à vos pieds en ces lieux vous daignerez l'admettre.

GENGIS.

De ce mystère enfin je dois être éclairci.
(À sa suite.)
Oui, qu'elle vienne : allez, et qu'on l'amène ici.
Qu'elle ne pense pas que, par de vaines plaintes,
Des soupirs affectés, et quelques larmes feintes,
Aux yeux d'un conquérant on puisse en imposer :
Les femmes de ces lieux ne peuvent m'abuser.
Je n'ai que trop connu leurs larmes infidèles,
Et mon cœur dès longtemps s'est affermi contre elles.
Elle cherche un honneur dont dépendra son sort :
Et vouloir me tromper, c'est demander la mort.

OSMAN.

Voilà cette captive à vos pieds amenée.

GENGIS.

Que vois-je? est-il possible? ô ciel! ô destinée!
Ne me trompé-je point? est-ce un songe? une erreur?
C'est Idamé! c'est elle! et mes sens....

SCÈNE II. — GENGIS, IDAMÉ, OCTAR, OSMAN, GARDES

IDAMÉ.

Ah! seigneur,
Tranchez les tristes jours d'une femme éperdue.
Vous devez vous venger, je m'y suis attendue;
Mais, seigneur, épargnez un enfant innocent.

GENGIS.

Rassurez-vous; sortez de cet effroi pressant....
Ma surprise, madame, est égale à la vôtre....
Le destin qui fait tout nous trompa l'un et l'autre.
Les temps sont bien changés : mais si l'ordre des cieux
D'un habitant du Nord, méprisable à vos yeux,

A fait un conquérant sous qui tremble l'Asie,
Ne craignez rien pour vous, votre empereur oublie
Les affronts qu'en ces lieux essuya Témugin.
J'immole à ma victoire, à mon trône, au destin,
Le dernier rejeton d'une race ennemie :
Le repos de l'État me demande sa vie;
Il faut qu'entre mes mains ce dépôt soit livré.
Votre cœur sur un fils doit être rassuré;
Je le prends sous ma garde.

IDAMÉ.

A peine je respire.

GENGIS.

Mais de la vérité, madame, il faut m'instruire :
Quel indigne artifice ose-t-on m'opposer?
De vous, de votre époux, qui prétend m'imposer?

IDAMÉ.

Ah! des infortunés épargnez la misère.

GENGIS

Vous savez si je dois haïr ce téméraire.

IDAMÉ.

Vous, seigneur!

GENGIS.

J'en dis trop, et plus que je ne veux.

IDAMÉ.

Ah! rendez-moi, seigneur, un enfant malheureux.
Vous me l'avez promis; sa grâce est prononcée.

GENGIS.

Sa grâce est dans vos mains : ma gloire est offensée,
Mes ordres méprisés, mon pouvoir avili;
En un mot, vous savez jusqu'où je suis trahi.
C'est peu de m'enlever le sang que je demande,
De me désobéir alors que je commande;
Vous êtes dès longtemps instruite à m'outrager :
Ce n'est pas d'aujourd'hui que je dois me venger.
Votre époux!... ce seul nom le rend assez coupable.
Quel est donc ce mortel, pour vous si respectable,
Qui sous ses lois, madame, a pu vous captiver?
Quel est cet insolent qui pense me braver?
Qu'il vienne.

IDAMÉ.

Mon époux, vertueux et fidèle,
Objet infortuné de ma douleur mortelle,
Servit son Dieu, son roi, rendit mes jours heureux.

GENGIS.

Qui!... lui? Mais depuis quand formâtes-vous ces nœuds?

IDAMÉ.

Depuis que loin de nous le sort, qui vous seconde,

Eut entraîné vos pas pour le malheur du monde

GENGIS.
J'entends; depuis le jour que je fus outragé,
Depuis que de vous deux je dus être vengé,
Depuis que vos climats ont mérité ma haine.

SCÈNE III. — GENGIS, OCTAR, OSMAN, *d'un côté;* IDAMÉ,
ZAMTI, *de l'autre;* GARDES

GENGIS.
Parle; as-tu satisfait à ma loi souveraine?
As-tu mis dans mes mains le fils de l'empereur.

ZAMTI.
J'ai rempli mon devoir, c'en est fait; oui, seigneur.

GENGIS.
Tu sais si je punis la fraude et l'insolence :
Tu sais que rien n'échappe aux coups de ma vengeance;
Que si le fils des rois par toi m'est enlevé,
Malgré ton imposture, il sera retrouvé;
Que son trépas certain va suivre ton supplice.
(A ses gardes.)
Mais je veux bien le croire. Allez, et qu'on saisisse
L'enfant que cet esclave a remis en vos mains.
Frappez.

ZAMTI.
Malheureux père!

IDAMÉ.
Arrêtez, inhumains!
Ah! seigneur, est-ce ainsi que la pitié vous presse?
Est-ce ainsi qu'un vainqueur sait tenir sa promesse?

GENGIS.
Est-ce ainsi qu'on m'abuse, et qu'on croit me jouer?
C'en est trop; écoutez, il faut tout m'avouer.
Sur cet enfant, madame, expliquez-vous sur l'heure,
Instruisez-moi de tout; répondez, ou qu'il meure.

IDAMÉ.
Eh bien! mon fils l'emporte : et si, dans mon malheur,
L'aveu que la nature arrache à ma douleur
Est encore à vos yeux une offense nouvelle;
S'il faut toujours du sang à votre âme cruelle,
Frappez ce triste cœur qui cède à son effroi,
Et sauvez un mortel plus généreux que moi.
Seigneur, il est trop vrai que notre auguste maître,
Qui, sans vos seuls exploits, n'eût point cessé de l'être,
A remis à mes mains, aux mains de mon époux,
Ce dépôt respectable à tout autre qu'à vous.
Seigneur, assez d'horreurs suivaient votre victoire,

Assez de cruautés ternissaient tant de gloire ;
Dans des fleuves de sang tant d'innocents plongés,
L'empereur et sa femme, et cinq fils égorgés,
Le fer de tous côtés dévastant cet empire.
Tous ces champs de carnage auraient dû vous suffire.
Un barbare en ces lieux est venu demander
Ce dépôt précieux que j'aurais dû garder,
Ce fils de tant de rois, notre unique espérance.
A cet ordre terrible, à cette violence,
Mon époux, inflexible en sa fidélité,
N'a vu que son devoir, et n'a point hésité :
Il a livré son fils. La nature outragée
Vainement déchirait son âme partagée ;
Il imposait silence à ses cris douloureux.
Vous deviez ignorer ce sacrifice affreux :
J'ai dû plus respecter sa fermeté sévère ;
Je devais l'imiter : mais enfin je suis mère,
Mon âme est au-dessous d'un si cruel effort ;
Je n'ai pu de mon fils consentir à la mort.
Hélas ! au désespoir que j'ai trop fait paraître
Une mère aisément pouvait se reconnaître
Voyez de cet enfant le père confondu,
Qui ne vous a trahi qu'à force de vertu :
L'un n'attend son salut que de son innocence ;
Et l'autre est respectable alors qu'il vous offense.
Ne punissez que moi, qui trahis à la fois
Et l'époux que j'admire, et le sang de mes rois.
Digne époux ! digne objet de toute ma tendresse !
La pitié maternelle est ma seule faiblesse :
Mon sort suivra le tien ; je meurs si tu péris ;
Pardonne-moi du moins d'avoir sauvé ton fils.

ZAMTI.

Je t'ai tout pardonné, je n'ai plus à me plaindre.
Pour le sang de mon roi je n'ai plus rien à craindre,
Ses jours sont assurés.

GENGIS.

    Traître, ils ne le sont pas :
Va réparer ton crime, ou subir le trépas.

ZAMTI.

Le crime est d'obéir à des ordres injustes.
La souveraine voix de mes maîtres augustes,
Du sein de leurs tombeaux, parle plus haut que toi.
Tu fus notre vainqueur, et tu n'es pas mon roi,
Si j'étais ton sujet, je te serais fidèle.
Arrache-moi la vie, et respecte mon zèle :
Je t'ai livré mon fils, j'ai pu te l'immoler ;
Penses-tu que pour moi je puisse encor trembler

GENGIS.

Qu'on l'ôte de mes yeux.

IDAMÉ.

Ah! daignez....

GENGIS.

Qu'on l'entraîne

IDAMÉ.

Non, n'accablez que moi des traits de votre haine.
Cruel! qui m'aurait dit que j'aurais par vos coups
Perdu mon empereur, mon fils, et mon époux?
Quoi! votre âme jamais ne peut être amollie?

GENGIS.

Allez, suivez l'époux à qui le sort vous lie.
Est-ce à vous de prétendre encore à me toucher?
Et quel droit avez-vous de me rien reprocher?

IDAMÉ.

Ah! je l'avais prévu, je n'ai plus d'espérance.

GENGIS.

Allez, dis-je, Idamé : si jamais la clémence
Dans mon cœur malgré moi pouvait encore entrer,
Vous sentez quels affronts il faudrait réparer.

SCÈNE IV. — GENGIS, OCTAR.

GENGIS.

D'où vient que je gémis? d'où vient que je balance?
Quel dieu parlait en elle, et prenait sa défense?
Est-il dans les vertus, est-il dans la beauté
Un pouvoir au-dessus de mon autorité?
Ah! demeurez, Octar; je me crains, je m'ignore :
Il me faut un ami, je n'en eus point encore;
Mon cœur en a besoin.

OCTAR.

Puisqu'il faut vous parler,
S'il est des ennemis qu'on vous doive immoler,
Si vous voulez couper d'une race odieuse,
Dans ses derniers rameaux, la tige dangereuse,
Précipitez sa perte; il faut que la rigueur,
Trop nécessaire appui du trône d'un vainqueur,
Frappe sans intervalle un coup sûr et rapide :
C'est un torrent qui passe en son cours homicide;
Le temps ramène l'ordre et la tranquillité;
Le peuple se façonne à la docilité;
De ses premiers malheurs l'image est affaiblie;
Bientôt il les pardonne, et même il les oublie.
Mais lorsque goutte à goutte on fait couler le sang,
Qu'on ferme avec lenteur, et qu'on rouvre le flanc,

ACTE III, SCÈNE IV.

Que les jours renaissants ramènent le carnage,
Le désespoir tient lieu de force et de courage,
Et fait d'un peuple faible un peuple d'ennemis,
D'autant plus dangereux qu'ils étaient plus soumis.

GENGIS.

Quoi! c'est cette Idamé! quoi! c'est là cette esclave!
Quoi! l'hymen l'a soumise au mortel qui me brave!

OCTAR.

Je conçois que pour elle il n'est point de pitié;
Vous ne lui devez plus que votre inimitié.
Cet amour, dites-vous, qui vous toucha pour elle,
Fut d'un feu passager la légère étincelle :
Ses imprudents refus, la colère, et le temps,
En ont éteint dans vous les restes languissants;
Elle n'est à vos yeux qu'une femme coupable,
D'un criminel obscur épouse méprisable.

GENGIS.

Il en sera puni; je le dois, je le veux :
Ce n'est pas avec lui que je suis généreux.
Moi, laisser respirer un vaincu que j'abhorre!
Un esclave! un rival!

OCTAR.

Pourquoi vit-il encore?
Vous êtes tout-puissant, et n'êtes point vengé!

GENGIS.

Juste ciel! à ce point mon cœur serait changé!
C'est ici que ce cœur connaîtrait les alarmes,
Vaincu par la beauté, désarmé par les larmes,
Dévorant mon dépit et mes soupirs honteux!
Moi, rival d'un esclave, et d'un esclave heureux!
Je souffre qu'il respire, et cependant on l'aime!
Je respecte Idamé jusqu'en son époux même;
Je crains de la blesser en enfonçant mes coups
Dans le cœur détesté de cet indigne époux.
Est-il bien vrai que j'aime? est-ce moi qui soupire?
Qu'est-ce donc que l'amour? a-t-il donc tant d'empire?

OCTAR.

Je n'appris qu'à combattre, à marcher sous vos lois;
Mes chars et mes coursiers, mes flèches, mon carquois,
Voilà mes passions et ma seule science :
Des caprices du cœur j'ai peu d'intelligence;
Je connais seulement la victoire et nos mœurs :
Les captives toujours ont suivi leurs vainqueurs.
Cette délicatesse importune, étrangère,
Dément votre fortune et votre caractère.
Et qu'importe pour vous qu'une esclave de plus
Attende en gémissant vos ordres absolus?

GENGIS.
Qui connaît mieux que moi jusqu'où va ma puissance
Je puis, je le sais trop, user de violence;
Mais quel bonheur honteux, cruel, empoisonné,
D'assujettir un cœur qui ne s'est point donné,
De ne voir en des yeux, dont on sent les atteintes,
Qu'un nuage de pleurs et d'éternelles craintes,
Et de ne posséder, dans sa funeste ardeur,
Qu'une esclave tremblante à qui l'on fait horreur!
Les monstres des forêts qu'habitent nos Tartares
Ont des jours plus sereins, des amours moins barbares.
Enfin il faut tout dire; Idamé prit sur moi
Un secret ascendant qui m'imposait la loi.
Je tremble que mon cœur aujourd'hui s'en souvienne
J'en étais indigné; son âme eut sur la mienne,
Et sur mon caractère, et sur ma volonté,
Un empire plus sûr et plus illimité
Que je n'en ai reçu des mains de la victoire
Sur cent rois détrônés, accablés de ma gloire :
Voilà ce qui tantôt excitait mon dépit.
Je la veux pour jamais chasser de mon esprit.
Je me rends tout entier à ma grandeur suprême;
Je l'oublie : elle arrive; elle triomphe, et j'aime.

SCÈNE V. — GENGIS, OCTAR, OSMAN.

GENGIS.
Eh bien! que résout-elle, et que m'apprenez-vous?
OSMAN.
Elle est prête à périr auprès de son époux.
Plutôt que découvrir l'asile impénétrable
Où leurs soins ont caché cet enfant misérable,
Ils jurent d'affronter le plus cruel trépas.
Son époux la retient tremblante entre ses bras;
Il soutient sa constance, il l'exhorte au supplice :
Ils demandent tous deux que la mort les unisse.
Tout un peuple autour d'eux pleure et frémit d'effroi.
GENGIS.
Idamé, dites-vous, attend la mort de moi?
Ah! rassurez son âme, et faites-lui connaître
Que ses jours sont sacrés, qu'ils sont chers à son maître.
C'en est assez; volez.

SCÈNE VI. — GENGIS, OCTAR

OCTAR.
Quels ordres donnez-vous
Sur cet enfant des rois qu'on dérobe à nos coups?

ACTE III, SCÈNE VI.

GENGIS.

Aucun.

OCTAR.

Vous commandiez que votre vigilance
Aux mains d'Idamé même enlevât son enfance.

GENGIS.

Qu'on attende.

OCTAR.

On pourrait....

GENGIS.

Il ne peut m'échapper.

OCTAR.

Peut-être elle vous trompe.

GENGIS.

Elle ne peut tromper.

OCTAR.

Voulez-vous de ces rois conserver ce qui reste ?

GENGIS.

Je veux qu'Idamé vive ; ordonne tout le reste.
Va la trouver. Mais non, cher Octar, hâte-toi
De forcer son époux à fléchir sous ma loi :
C'est peu de cet enfant ; c'est peu de son supplice ;
Il faut bien qu'il me fasse un plus grand sacrifice.

OCTAR.

Lui ?

GENGIS.

Sans doute : oui, lui-même.

OCTAR.

Et quel est votre espoir ?

GENGIS.

De dompter Idamé, de l'aimer, de la voir,
D'être aimé de l'ingrate, ou de me venger d'elle,
De la punir. Tu vois ma faiblesse nouvelle :
Emporté, malgré moi, par de contraires vœux,
Je frémis, et j'ignore encor ce que je veux.

ACTE QUATRIÈME.

SCÈNE I. — GENGIS, TROUPE DE GUERRIERS TARTARES.

GENGIS.

Ainsi la liberté, le repos, et la paix,
Ce but de mes travaux me fuira pour jamais !
Je ne puis être à moi ! D'aujourd'hui je commence
A sentir tout le poids de ma triste puissance :
Je cherchais Idamé ; je ne vois près de moi

Que ces chefs importuns qui fatiguent leur roi.
(A sa suite.)
Allez, au pied des murs hâtez-vous de vous rendre;
L'insolent Coréen ne pourra vous surprendre;
Ils ont proclamé roi cet enfant malheureux,
Et, sa tête à la main, je marcherai contre eux.
Pour la dernière fois que Zamti m'obéisse :
J'ai trop de cet enfant différé le supplice.
(Il reste seul.)
Allez. Ces soins cruels, à mon sort attachés,
Gênent trop mes esprits d'un autre soin touchés :
Ce peuple à contenir, ces vainqueurs à conduire,
Des périls à prévoir, des complots à détruire;
Que tout pèse à mon cœur en secret tourmenté !
Ah ! je fus plus heureux dans mon obscurité.

SCÈNE II. — GENGIS, OCTAR.

GENGIS.

Eh bien ! vous avez vu ce mandarin farouche ?

OCTAR.

Nul péril ne l'émeut, nul respect ne le touche.
Seigneur, en votre nom j'ai rougi de parler
A ce vil ennemi qu'il fallait immoler;
D'un œil d'indifférence il a vu le supplice;
Il répète les noms de devoir, de justice;
Il brave la victoire : on dirait que sa voix,
Du haut d'un tribunal, nous dicte ici des lois.
Confondez avec lui son épouse rebelle;
Ne vous abaissez point à soupirer pour elle;
Et détournez les yeux de ce couple proscrit,
Qui vous ose braver quand la terre obéit.

GENGIS.

Non, je ne reviens point encor de ma surprise :
Quels sont donc ces humains que mon bonheur maîtrise ?
Quels sont ces sentiments, qu'au fond de nos climats
Nous ignorions encore, et ne soupçonnions pas ?
A son roi, qui n'est plus, immolant la nature,
L'un voit périr son fils sans crainte et sans murmure;
L'autre, pour son époux, est prête à s'immoler :
Rien ne peut les fléchir, rien ne les fait trembler.
Que dis-je ? si j'arrête une vue attentive
Sur cette nation désolée et captive,
Malgré moi je l'admire en lui donnant des fers :
Je vois que ses travaux ont instruit l'univers;
Je vois un peuple antique, industrieux, immense.
Ses rois sur la sagesse ont fondé leur puissance,

De leurs voisins soumis heureux législateurs,
Gouvernant sans conquête, et régnant par les mœurs.
Le ciel ne nous donna que la force en partage;
Nos arts sont les combats, détruire est notre ouvrage.
Ah! de quoi m'ont servi tant de succès divers ?
Quel fruit me revient-il des pleurs de l'univers ?
Nous rougissons de sang le char de la victoire.
Peut-être qu'en effet il est une autre gloire :
Mon cœur est en secret jaloux de leurs vertus;
Et, vainqueur, je voudrais égaler les vaincus.

OCTAR.

Pouvez-vous de ce peuple admirer la faiblesse ?
Quel mérite ont des arts enfants de la mollesse,
Qui n'ont pu les sauver des fers et de la mort ?
Le faible est destiné pour servir le plus fort :
Tout cède sur la terre aux travaux, au courage;
Mais c'est vous qui cédez, qui souffrez un outrage,
Vous qui tendez les mains, malgré votre courroux,
A je ne sais quels fers inconnus parmi nous ;
Vous qui vous exposez à la plainte importune
De ceux dont la valeur a fait votre fortune.
Ces braves compagnons de vos travaux passés
Verront-ils tant d'honneurs par l'amour effacés ?
Leur grand cœur s'en indigne, et leurs fronts en rougissent;
Leurs clameurs jusqu'à vous par ma voix retentissent ;
Je vous parle en leur nom comme au nom de l'État.
Excusez un Tartare, excusez un soldat
Blanchi sous le harnais et dans votre service,
Qui ne peut supporter un amoureux caprice,
Et qui montre la gloire à vos yeux éblouis.

GENGIS.

Que l'on cherche Idamé.

OCTAR.

Vous voulez....

GENGIS.

Obéis.

De ton zèle hardi réprime la rudesse;
Je veux que mes sujets respectent ma faiblesse.

SCÈNE III. — GENGIS.

A mon sort à la fin je ne puis résister;
Le ciel me la destine, il n'en faut point douter.
Qu'ai-je fait, après tout, dans ma grandeur suprême ?
J'ai fait des malheureux, et je le suis moi-même;
Et de tous ces mortels attachés à mon rang,
Avides de combats, prodigues de leur sang,
Un seul a-t-il jamais, arrêtant ma pensée,

Dissipé les chagrins de mon âme oppressée ?
Tant d'États subjugués ont-ils rempli mon cœur ?
Ce cœur, lassé de tout, demandait une erreur
Qui pût de mes ennuis chasser la nuit profonde,
Et qui me consolât sur le trône du monde.
Par ses tristes conseils Octar m'a révolté :
Je ne vois près de moi qu'un tas ensanglanté
De monstres affamés et d'assassins sauvages,
Disciplinés au meurtre, et formés aux ravages ;
Ils sont nés pour la guerre, et non pas pour ma cour,
Je les prends en horreur, en connaissant l'amour :
Qu'ils combattent sous moi, qu'ils meurent à ma suite ;
Mais qu'ils n'osent jamais juger de ma conduite.
Idamé ne vient point.... C'est elle, je la vois.

SCÈNE IV. — GENGIS, IDAMÉ.

IDAMÉ.

Quoi ! vous voulez jouir encor de mon effroi ?
Ah ! seigneur, épargnez une femme, une mère.
Ne rougissez-vous pas d'accabler ma misère ?

GENGIS.

Cessez à vos frayeurs de vous abandonner ;
Votre époux peut se rendre, on peut lui pardonner ;
J'ai déjà suspendu l'effet de ma vengeance,
Et mon cœur pour vous seule a connu la clémence.
Peut-être ce n'est pas sans un ordre des cieux
Que mes prospérités m'ont conduit à vos yeux :
Peut-être le destin voulut vous faire naître
Pour fléchir un vainqueur, pour captiver un maître,
Pour adoucir en moi cette âpre dureté
Des climats où mon sort en naissant m'a jeté.
Vous m'entendez, je règne, et vous pourriez reprendre
Un pouvoir que sur moi vous deviez peu prétendre.
Le divorce, en un mot, par mes lois est permis ;
Et le vainqueur du monde à vous seule est soumis.
S'il vous fut odieux, le trône a quelques charmes ;
Et le bandeau des rois peut essuyer des larmes.
L'intérêt de l'État et de vos citoyens
Vous presse autant que moi de former ces liens.
Ce langage, sans doute, a de quoi vous surprendre.
Sur les débris fumants des trônes mis en cendre,
Le destructeur des rois dans la poudre oubliés
Semblait n'être plus fait pour se voir à vos pieds :
Mais sachez qu'en ces lieux votre foi fut trompée ;
Par un rival indigne elle fut usurpée :
Vous la devez, madame, au vainqueur des humains ;

Témugin vient à vous vingt sceptres dans les mains.
Vous baissez vos regards, et je ne puis comprendre
Dans vos yeux interdits ce que je dois attendre :
Oubliez mon pouvoir, oubliez ma fierté,
Pesez vos intérêts, parlez en liberté.

IDAMÉ.

A tant de changements tour à tour condamnée,
Je ne le cèle point, vous m'avez étonnée :
Je vais, si je le puis, reprendre mes esprits;
Et, quand je répondrai, vous serez plus surpris.
Il vous souvient du temps et de la vie obscure
Où le ciel enfermait votre grandeur future;
L'effroi des nations n'était que Témugin;
L'univers n'était pas, seigneur, en votre main :
Elle était pure alors, et me fut présentée :
Apprenez qu'en ce temps je l'aurais acceptée.

GENGIS.

Ciel! que m'avez-vous dit? ô ciel! vous m'aimeriez!
Vous!

IDAMÉ.

  J'ai dit que ces vœux, que vous me présentiez,
N'auraient point révolté mon âme assujettie,
Si les sages mortels à qui j'ai dû la vie
N'avaient fait à mon cœur un contraire devoir.
De nos parents sur nous vous savez le pouvoir :
Du Dieu que nous servons ils sont la vive image;
Nous leur obéissons en tout temps, en tout âge.
Cet empire détruit, qui dut être immortel,
Seigneur, était fondé sur le droit paternel,
Sur la foi de l'hymen, sur l'honneur, la justice,
Le respect des serments; et, s'il faut qu'il périsse,
Si le sort l'abandonne à vos heureux forfaits,
L'esprit qui l'anima ne périra jamais.
Vos destins sont changés; mais le mien ne peut l'être.

GENGIS.

Quoi! vous m'auriez aimé!

IDAMÉ.

    C'est à vous de connaître
Que ce serait encore une raison de plus
Pour n'attendre de moi qu'un éternel refus.
Mon hymen est un nœud formé par le ciel même;
Mon époux m'est sacré : je dirai plus, je l'aime.
Je le préfère à vous, au trône, à vos grandeurs.
Pardonnez mon aveu; mais respectez nos mœurs
Ne pensez pas non plus que je mette ma gloire
A remporter sur vous cette illustre victoire,
A braver un vainqueur, à tirer vanité

De ces justes refus qui ne m'ont point coûté :
Je remplis mon devoir, et je me rends justice;
Je ne fais point valoir un pareil sacrifice.
Portez ailleurs les dons que vous me proposez,
Détachez-vous d'un cœur qui les a méprisés;
Et, puisqu'il faut toujours qu'Idamé vous implore,
Permettez qu'à jamais mon époux les ignore.
De ce faible triomphe il serait moins flatté.
Qu'indigné de l'outrage à ma fidélité.

GENGIS.

Il sait mes sentiments, madame; il faut les suivre
Il s'y conformera, s'il aime encore à vivre.

IDAMÉ.

Il en est incapable; et si dans les tourments
La douleur égarait ses nobles sentiments,
Si son âme vaincue avait quelque mollesse,
Mon devoir et ma foi soutiendraient sa faiblesse;
De son cœur chancelant je deviendrais l'appui
En attestant des nœuds déshonorés par lui.

GENGIS.

Ce que je viens d'entendre, ô dieux! est-il croyable?
Quoi! lorsque envers vous-même il s'est rendu coupable;
Lorsque sa cruauté, par un barbare effort,
Vous arrachant un fils, l'a conduit à la mort!

IDAMÉ.

Il eut une vertu, seigneur, que je révère :
Il pensait en héros, je n'agissais qu'en mère;
Et, si j'étais injuste assez pour le haïr,
Je me respecte assez pour ne le point trahir.

GENGIS.

Tout m'étonne dans vous, mais aussi tout m'outrage :
J'adore avec dépit cet excès de courage;
Je vous aime encor plus quand vous me résistez :
Vous subjuguez mon cœur, et vous le révoltez.
Redoutez-moi; sachez que, malgré ma faiblesse,
Ma fureur peut aller plus loin que ma tendresse.

IDAMÉ.

Je sais qu'ici tout tremble ou périt sous vos coups :
Les lois vivent encore, et l'emportent sur vous.

GENGIS.

Les lois! il n'en est plus : quelle erreur obstinée
Ose les alléguer contre ma destinée?
Il n'est ici de lois que celles de mon cœur,
Celles d'un souverain, d'un Scythe, d'un vainqueur :
Les lois que vous suivez m'ont été trop fatales.
Oui, lorsque dans ces lieux nos fortunes égales,
Nos sentiments, nos cœurs l'un vers l'autre emportés

(Car je le crois ainsi malgré vos cruautés),
Quand tout nous unissait, vos lois, que je déteste,
Ordonnèrent ma honte et votre hymen funeste.
Je les anéantis, je parle, c'est assez :
Imitez l'univers, madame; obéissez.
Vos mœurs, que vous vantez, vos usages austères,
Sont un crime à mes yeux, quand ils me sont contraires.
Mes ordres sont donnés, et votre indigne époux
Doit remettre en mes mains votre empereur et vous :
Leurs jours me répondront de votre obéissance.
Pensez-y; vous savez jusqu'où va ma vengeance,
Et songez à quel prix vous pouvez désarmer
Un maître qui vous aime, et qui rougit d'aimer.

SCÈNE V. — IDAMÉ, ASSÉLI.

IDAMÉ.

Il me faut donc choisir leur perte ou l'infamie !
O pur sang de mes rois! ô moitié de ma vie!
Cher époux, dans mes mains quand je tiens votre sort,
Ma voix, sans balancer, vous condamne à la mort!

ASSÉLI.

Ah! reprenez plutôt cet empire suprême
Qu'aux beautés, aux vertus, attacha le ciel même;
Ce pouvoir, qui soumit ce Scythe furieux
Aux lois de la raison qu'il lisait dans vos yeux.
Longtemps accoutumée à dompter sa colère,
Que ne pouvez-vous point, puisque vous savez plaire !

IDAMÉ.

Dans l'état où je suis, c'est un malheur de plus.

ASSÉLI.

Vous seule adouciriez le destin des vaincus :
Dans nos calamités, le ciel, qui vous seconde,
Veut vous opposer seule à ce tyran du monde :
Vous avez vu tantôt son courage irrité
Se dépouiller pour vous de sa férocité.
Il aurait dû cent fois, il devrait même encore,
Perdre dans votre époux un rival qu'il abhorre;
Zamti pourtant respire après l'avoir bravé;
A son épouse encore il n'est point enlevé.
On vous respecte en lui; ce vainqueur sanguinaire
Sur les débris du monde a craint de vous déplaire.
Enfin, souvenez-vous que, dans ces mêmes lieux,
Il sentit, le premier, le pouvoir de vos yeux :
Son amour autrefois fut pur et légitime.

IDAMÉ.

Arrête; il ne l'est plus; y penser est un crime.

SCÈNE VI. — ZAMTI, IDAMÉ, ASSÉLI.

IDAMÉ.

Ah! dans ton infortune, et dans mon désespoir,
Suis-je encor ton épouse, et peux-tu me revoir?

ZAMTI.

On le veut : du tyran tel est l'ordre funeste;
Je dois à ses fureurs ce moment qui me reste.

IDAMÉ.

On t'a dit à quel prix ce tyran daigne enfin
Sauver tes tristes jours, et ceux de l'orphelin?

ZAMTI.

Ne parlons pas des miens, laissons notre infortune.
Un citoyen n'est rien dans la perte commune;
Il doit s'anéantir. Idamé, souviens-toi
Que mon devoir unique est de sauver mon roi :
Nous lui devions nos jours, nos services, notre être,
Tout, jusqu'au sang d'un fils qui naquit pour son maître;
Mais l'honneur est un bien que nous ne devons pas.
Cependant l'orphelin n'attend que le trépas;
Mes soins l'ont enfermé dans ces asiles sombres
Où des rois ses aïeux on révère les ombres;
La mort, si nous tardons, l'y dévore avec eux.
En vain des Coréens le prince généreux
Attend ce cher dépôt que lui promit mon zèle.
Étan, de son salut ce ministre fidèle,
Étan, ainsi que moi, se voit chargé de fers
Toi seule à l'orphelin restes dans l'univers;
C'est à toi maintenant de conserver sa vie,
Et ton fils, et ta gloire à mon honneur unie.

IDAMÉ.

Ordonne; que veux-tu? que faut-il?

ZAMTI.

M'oublier,
Vivre pour ton pays, lui tout sacrifier.
Ma mort, en éteignant les flambeaux d'hyménée,
Est un arrêt des cieux qui fait ta destinée.
Il n'est plus d'autres soins ni d'autres lois pour nous :
L'honneur d'être fidèle aux cendres d'un époux
Ne saurait balancer une gloire plus belle.
C'est au prince, à l'État, qu'il faut être fidèle.
Remplissons de nos rois les ordres absolus;
Je leur donnai mon fils, je leur donne encor plus.
Libre par mon trépas, enchaîne ce Tartare;
Éteins sur mon tombeau les foudres du barbare :
Je commence à sentir la mort avec horreur,
Quand ma mort t'abandonne à cet usurpateur :

Je fais en frémissant ce sacrifice impie;
Mais mon devoir l'épure, et mon trépas l'expie
Il était nécessaire autant qu'il est affreux.
Idamé, sers de mère à ton roi malheureux;
Règne, que ton roi vive, et que ton époux meure :
Règne, dis-je, à ce prix : oui, je le veux....

IDAMÉ.

Demeure.
Me connais-tu? veux-tu que ce funeste rang
Soit le prix de ma honte, et le prix de ton sang?
Penses-tu que je sois moins épouse que mère?
Tu t'abuses, cruel, et ta vertu sévère
A commis contre toi deux crimes en un jour,
Qui font frémir tous deux la nature et l'amour.
Barbare envers ton fils, et plus envers moi-même,
Ne te souvient-il plus qui je suis, et qui t'aime?
Crois-moi; dans nos malheurs il est un sort plus beau,
Un plus noble chemin pour descendre au tombeau.
Soit amour, soit mépris, le tyran qui m'offense,
Sur moi, sur mes desseins, n'est pas en défiance :
Dans ces remparts fumants, et de sang abreuvés,
Je suis libre, et mes pas ne sont point observés;
Le chef des Coréens s'ouvre un secret passage,
Non loin de ces tombeaux, où ce précieux gage
A l'œil qui le poursuit fut caché par tes mains :
De ces tombeaux sacrés je sais tous les chemins :
Je cours y ranimer sa languissante vie,
Le rendre aux défenseurs armés pour la patrie,
Le porter en mes bras dans leurs rangs belliqueux,
Comme un présent d'un dieu qui combat avec eux.
Nous mourrons; je le sais, mais tout couverts de gloire;
Nous laisserons de nous une illustre mémoire.
Mettons nos noms obscurs au rang des plus grands noms
Et juge si mon cœur a suivi tes leçons.

ZAMTI.

Tu l'inspires, grand Dieu! que ton bras la soutienne!
Idamé, ta vertu l'emporte sur la mienne;
Toi seule as mérité que les cieux attendris
Daignent sauver par toi ton prince et ton pays

ACTE CINQUIÈME.

SCÈNE I. — IDAMÉ, ASSÉLI.

ASSÉLI.

Quoi! rien n'a résisté! tout a fui sans retour!
Quoi! je vous vois deux fois sa captive en un jour!
Fallait-il affronter ce conquérant sauvage?
Sur les faibles mortels il a trop d'avantage.
Une femme, un enfant, des guerriers sans vertu!
Que pouviez-vous? hélas!

IDAMÉ.

J'ai fait ce que j'ai dû.
Tremblante pour mon fils, sans force, inanimée,
J'ai porté dans mes bras l'empereur à l'armée.
Son aspect a d'abord animé les soldats :
Mais Gengis a marché; la mort suivait ses pas;
Et des enfants du Nord la horde ensanglantée
Aux fers dont je sortais m'a soudain rejetée.
C'en est fait.

ASSÉLI.

Ainsi donc ce malheureux enfant
Retombe entre ses mains, et meurt presque en naissant;
Votre époux avec lui termine sa carrière.

IDAMÉ.

L'un et l'autre bientôt voit son heure dernière.
Si l'arrêt de la mort n'est point porté contre eux,
C'est pour leur préparer des tourments plus affreux.
Mon fils, ce fils si cher, va les suivre peut-être.
Devant ce fier vainqueur il m'a fallu paraître;
Tout fumant de carnage, il m'a fait appeler,
Pour jouir de mon trouble, et pour mieux m'accabler.
Ses regards inspiraient l'horreur et l'épouvante.
Vingt fois il a levé sa main toute sanglante
Sur le fils de mes rois, sur mon fils malheureux.
Je me suis en tremblant jetée au-devant d'eux;
Tout en pleurs, à ses pieds je me suis prosternée;
Mais lui me repoussant d'une main forcenée,
La menace à la bouche, et détournant les yeux,
Il est sorti pensif, et rentré furieux;
Et s'adressant aux siens d'une voix oppressée,
Il leur criait vengeance, et changeait de pensée;
Tandis qu'autour de lui ses barbares soldats
Semblaient lui demander l'ordre de mon trépas

ACTE V, SCÈNE I.

ASSÉLI.
Pensez-vous qu'il donnât un ordre si funeste?
Il laisse vivre encor votre époux qu'il déteste;
L'orphelin aux bourreaux n'est point abandonné.
Daignez demander grâce, et tout est pardonné.

IDAMÉ.
Non, ce féroce amour est tourné tout en rage.
Ah! si tu l'avais vu redoubler mon outrage,
M'assurer de sa haine, insulter à mes pleurs!

ASSÉLI.
Et vous doutez encor d'asservir ses fureurs?
Ce lion subjugué, qui rugit dans sa chaîne,
S'il ne vous aimait pas, parlerait moins de haine.

IDAMÉ.
Qu'il m'aime ou me haïsse, il est temps d'achever
Des jours que, sans horreur, je ne puis conserver.

ASSÉLI.
Ah! que résolvez-vous?

IDAMÉ.
Quand le ciel en colère
De ceux qu'il persécute a comblé la misère,
Il les soutient souvent dans le sein des douleurs,
Et leur donne un courage égal à leurs malheurs.
J'ai pris, dans l'horreur même où je suis parvenue,
Une force nouvelle, à mon cœur inconnue.
Va, je ne craindrai plus ce vainqueur des humains;
Je dépendrai de moi : mon sort est dans mes mains.

ASSÉLI.
Mais ce fils, cher objet de crainte et de tendresse,
L'abandonnerez-vous?

IDAMÉ.
Tu me rends ma faiblesse,
Tu me perces le cœur. Ah! sacrifice affreux!
Que n'avais-je point fait pour ce fils malheureux!
Mais Gengis, après tout, dans sa grandeur altière,
Environné de rois couchés dans la poussière,
Ne recherchera point un enfant ignoré,
Parmi les malheureux dans la foule égaré;
Ou peut-être il verra d'un regard moins sévère
Cet enfant innocent dont il aima la mère :
A cet espoir au moins mon triste cœur se rend;
C'est une illusion que j'embrasse en mourant.
Haïra-t-il ma cendre, après m'avoir aimée?
Dans la nuit de la tombe en serai-je opprimée?
Poursuivra-t-il mon fils?

SCÈNE II. — IDAMÉ, ASSÉLI, OCTAR.

OCTAR.

Idamé, demeurez :
Attendez l'empereur en ces lieux retirés.
(A sa suite.)
Veillez sur ces enfants; et vous à cette porte,
Tartares, empêchez qu'aucun n'entre et ne sorte.
(A Asséli.)
Éloignez-vous.

IDAMÉ.

Seigneur, il veut encor me voir!
J'obéis, il le faut, je cède à son pouvoir.
Si j'obtenais du moins, avant de voir un maître,
Qu'un moment à mes yeux mon époux pût paraître,
Peut-être du vainqueur les esprits ramenés
Rendraient enfin justice à deux infortunés.
Je sens que je hasarde une prière vaine :
La victoire est chez vous implacable, inhumaine;
Mais enfin la pitié, seigneur, en vos climats,
Est-elle un sentiment qu'on ne connaisse pas?
Et ne puis-je implorer votre voix favorable?

OCTAR.

Quand l'arrêt est porté, qui conseille est coupable.
Vous n'êtes plus ici sous vos antiques rois,
Qui laissaient désarmer la rigueur de leurs lois.
D'autres temps, d'autres mœurs : ici règnent les armes;
Nous ne connaissons point les prières, les larmes.
On commande, et la terre écoute avec terreur.
Demeurez, attendez l'ordre de l'empereur.

SCÈNE III. — IDAMÉ.

Dieu des infortunés, qui voyez mon outrage,
Dans ces extrémités soutenez mon courage;
Versez du haut des cieux, dans ce cœur consterné,
Les vertus de l'époux que vous m'avez donné.

SCÈNE IV. — GENGIS, IDAMÉ.

GENGIS.

Non, je n'ai point assez déployé ma colère,
Assez humilié votre orgueil téméraire,
Assez fait de reproche aux infidélités
Dont votre ingratitude a payé mes bontés.
Vous n'avez pas conçu l'excès de votre crime,
Ni tout votre danger, ni l'horreur qui m'anime,
Vous que j'avais aimée, et que je dus haïr;

ACTE V, SCÈNE IV.

Vous qui me trahissiez, et que je dois punir.

IDAMÉ.

Ne punissez que moi; c'est la grâce dernière
Que j'ose demander à la main meurtrière
Dont j'espérais en vain fléchir la cruauté.
Éteignez dans mon sang votre inhumanité.
Vengez-vous d'une femme à son devoir fidèle;
Finissez ses tourments.

GENGIS.

              Je ne le puis, cruelle;
Les miens sont plus affreux, je les veux terminer.
Je viens pour vous punir, je puis tout pardonner.
Moi, pardonner! à vous! non, craignez ma vengeance
Je tiens le fils des rois, le vôtre, en ma puissance.
De votre indigne époux je ne vous parle pas;
Depuis que vous l'aimez, je lui dois le trépas :
Il me trahit, me brave, il ose être rebelle.
Mille morts punissaient sa fraude criminelle :
Vous retenez mon bras, et j'en suis indigné;
Oui, jusqu'à ce moment, le traître est épargné.
Mais je ne prétends plus supplier ma captive.
Il le faut oublier, si vous voulez qu'il vive.
Rien n'excuse à présent votre cœur obstiné :
Il n'est plus votre époux, puisqu'il est condamné;
Il a péri pour vous : votre chaîne odieuse
Va se rompre à jamais par une mort honteuse.
C'est vous qui m'y forcez ; et je ne conçois pas
Le scrupule insensé qui le livre au trépas.
Tout couvert de son sang, je devais, sur sa cendre,
A mes vœux absolus vous forcer de vous rendre;
Mais sachez qu'un barbare, un Scythe, un destructeur
A quelques sentiments dignes de votre cœur.
Le destin, croyez-moi, nous devait l'un à l'autre;
Et mon âme a l'orgueil de régner sur la vôtre.
Abjurez votre hymen, et, dans le même temps,
Je place votre fils au rang de mes enfants.
Vous tenez dans vos mains plus d'une destinée;
Du rejeton des rois l'enfance condamnée,
Votre époux, qu'à la mort un mot peut arracher,
Les honneurs les plus hauts tout prêts à le chercher.
Le destin de son fils, le vôtre, le mien même,
Tout dépendra de vous, puisque enfin je vous aime.
Oui, je vous aime encor, mais ne présumez pas
D'armer contre mes vœux l'orgueil de vos appas:
Gardez-vous d'insulter à l'excès de faiblesse
Que déjà mon courroux reproche à ma tendresse
C'est un danger pour vous que l'aveu que je tais

Tremblez de mon amour, tremblez de mes bienfaits.
Mon âme à la vengeance est trop accoutumée;
Et je vous punirais de vous avoir aimée.
Pardonnez : je menace encore en soupirant;
Achevez d'adoucir ce courroux qui se rend :
Vous ferez d'un seul mot le sort de cet empire;
Mais ce mot important, madame, il faut le dire
Prononcez sans tarder, sans feinte, sans détour,
Si je vous dois enfin ma haine ou mon amour.

IDAMÉ.

L'une et l'autre aujourd'hui serait trop condamnable;
Votre haine est injuste, et votre amour coupable;
Cet amour est indigne et de vous et de moi :
Vous me devez justice; et si vous êtes roi,
Je la veux, je l'attends pour moi contre vous-même.
Je suis loin de braver votre grandeur suprême;
Je la rappelle en vous, lorsque vous l'oubliez;
Et vous-même en secret vous me justifiez.

GENGIS.

Eh bien! vous le voulez; vous choisissez ma haine,
Vous l'aurez; et déjà je la retiens à peine :
Je ne vous connais plus; et mon juste courroux
Me rend la cruauté que j'oubliais pour vous.
Votre époux, votre prince, et votre fils, cruelle,
Vont payer de leur sang votre fierté rebelle.
Ce mot que je voulais les a tous condamnés;
C'en est fait, et c'est vous qui les assassinez.

IDAMÉ.

Barbare!

GENGIS.

Je le suis; j'allais cesser de l'être :
Vous aviez un amant, vous n'avez plus qu'un maître
Un ennemi sanglant, féroce, sans pitié,
Dont la haine est égale à votre inimitié.

IDAMÉ.

Eh bien! je tombe aux pieds de ce maître sévère :
Le ciel l'a fait mon roi; seigneur, je le révère :
Je demande à genoux une grâce de lui.

GENGIS.

Inhumaine, est-ce à vous d'en attendre aujourd'hui
Levez-vous : je suis prêt encore à vous entendre.
Pourrai-je me flatter d'un sentiment plus tendre?
Que voulez-vous? parlez.

IDAMÉ.

Seigneur, qu'il soit permis.
Qu'en secret mon époux près de moi soit admis,
Que je lui parle,

ACTE V, SCÈNE IV.

GENGIS.

Vous!

IDAMÉ.

Écoutez ma prière.
Cet entretien sera ma ressource dernière :
Vous jugerez après si j'ai dû résister.

GENGIS.

Non, ce n'était pas lui qu'il fallait consulter :
Mais je veux bien encor souffrir cette entrevue.
Je crois qu'à la raison son âme enfin rendue
N'osera plus prétendre à cet honneur fatal
De me désobéir et d'être mon rival.
Il m'enleva son prince, il vous a possédée.
Que de crimes! Sa grâce est encore accordée :
Qu'il la tienne de vous, qu'il vous doive son sort;
Présentez à ses yeux le divorce ou la mort :
Oui, j'y consens. Octar, veillez à cette porte.
Vous, suivez-moi. Quel soin m'abaisse et me transporte!
Faut-il encore aimer? est-ce là mon destin?

(Il sort.)

IDAMÉ.

Je renais, et je sens s'affermir dans mon sein
Cette intrépidité dont je doutais encore.

SCÈNE V. — ZAMTI, IDAMÉ.

IDAMÉ.

O toi, qui me tiens lieu de ce ciel que j'implore,
Mortel plus respectable et plus grand à mes yeux
Que tous ces conquérants dont l'homme a fait des dieux!
L'horreur de nos destins ne t'est que trop connue;
La mesure est comblée, et notre heure est venue.

ZAMTI.

Je le sais.

IDAMÉ.

C'est en vain que tu voulus deux fois
Sauver le rejeton de nos malheureux rois.

ZAMTI.

Il n'y faut plus penser, l'espérance est perdue;
De tes devoirs sacrés tu remplis l'étendue :
Je mourrai consolé.

IDAMÉ.

Que deviendra mon fils?
Pardonne encor ce mot à mes sens attendris,
Pardonne à ces soupirs; ne vois que mon courage.

ZAMTI.

Nos rois sont au tombeau, tout est dans l'esclavage.
Va, crois-moi, ne plaignons que les infortunés

Qu'à respirer encor le ciel a condamnés.
IDAMÉ.
La mort la plus honteuse est ce qu'on te prépare.
ZAMTI.
Sans doute; et j'attendais les ordres du barbare :
Ils ont tardé longtemps.
IDAMÉ.
      Eh bien! écoute-moi :
Ne saurons-nous mourir que par l'ordre d'un roi?
Les taureaux aux autels tombent en sacrifice;
Les criminels tremblants sont traînés au supplice;
Les mortels généreux disposent de leur sort :
Pourquoi des mains d'un maître attendre ici la mort?
L'homme était-il donc né pour tant de dépendance?
De nos voisins altiers imitons la constance;
De la nature humaine ils soutiennent les droits,
Vivent libres chez eux, et meurent à leur choix;
Un affront leur suffit pour sortir de la vie,
Et plus que le néant ils craignent l'infamie.
Le hardi Japonais n'attend pas qu'au cercueil
Un despote insolent le plonge d'un coup d'œil.
Nous avons enseigné ces braves insulaires;
Apprenons d'eux enfin des vertus nécessaires;
Sachons mourir comme eux.
ZAMTI.
      Je t'approuve, et je crois
Que le malheur extrême est au-dessus des lois.
J'avais déjà conçu tes desseins magnanimes,
Mais seuls et désarmés, esclaves et victimes,
Courbés sous nos tyrans, nous attendons leurs coups.
IDAMÉ, *en tirant un poignard.*
Tiens, sois libre avec moi; frappe, et délivre-nous.
ZAMTI.
Ciel!
IDAMÉ.
  Déchire ce sein, ce cœur qu'on déshonore.
J'ai tremblé que ma main, mal affermie encore,
Ne portât sur moi-même un coup mal assuré.
Enfonce dans ce cœur un bras moins égaré :
Immole avec courage une épouse fidèle;
Tout couvert de mon sang, tombe et meurs auprès d'elle;
Qu'à mes derniers moments j'embrasse mon époux;
Que le tyran le voie, et qu'il en soit jaloux.
ZAMTI.
Grâce au ciel, jusqu'au bout ta vertu persévère;
Voilà de ton amour la marque la plus chère.
Digne épouse, reçois mes éternels adieux;

ACTE V, SCÈNE V.   343

Donne ce glaive, donne, et détourne les yeux.
            IDAMÉ, *en lui donnant le poignard.*
Tiens, commence par moi ; tu le dois : tu balances ?
                    ZAMTI.
Je ne puis
                        IDAMÉ.
            Je le veux.
                        ZAMTI.
                Je frémis.
                        IDAMÉ.
                            Tu m'offenses.
Frappe, et tourne sur toi tes bras ensanglantés.
                    ZAMTI.
Eh bien ! imite-moi.
            IDAMÉ, *lui saisissant le bras.*
                Frappe, dis-je....

SCÈNE VI. — GENGIS, OCTAR, IDAMÉ, ZAMTI, GARDES

    GENGIS, *accompagné de ses gardes, et désarmant Zamti.*
                    Arrêtez,
Arrêtez, malheureux ! O ciel ! qu'alliez-vous faire ?
                    IDAMÉ.
Nous délivrer de toi, finir notre misère,
A tant d'atrocités dérober notre sort.
                    ZAMTI.
Veux-tu nous envier jusques à notre mort ?
                    GENGIS.
Oui.... Dieu, maître des rois, à qui mon cœur s'adresse,
Témoin de mes affronts, témoin de ma faiblesse,
Toi qui mis à mes pieds tant d'États, tant de rois,
Deviendrai-je à la fin digne de mes exploits ?
Tu m'outrages, Zamti ; tu l'emportes encore
Dans un cœur né pour moi, dans un cœur que j'adore.
Ton épouse à mes yeux, victime de sa foi,
Veut mourir de ta main, plutôt que d'être à moi.
Vous apprendrez tous deux à souffrir mon empire,
Peut-être à faire plus.
                    IDAMÉ.
                Que prétends-tu nous dire ?
                    ZAMTI.
Quel est ce nouveau trait de l'inhumanité ?
                    IDAMÉ.
D'où vient que notre arrêt n'est pas encor porté ?
                    GENGIS.
Il va l'être, madame, et vous allez l'apprendre.
Vous me rendiez justice, et je vais vous la rendre.
A peine dans ces lieux je crois ce que j'ai vu :

Tous deux je vous admire, et vous m'avez vaincu.
Je rougis, sur le trône où m'a mis la victoire,
D'être au-dessous de vous au milieu de ma gloire.
En vain par mes exploits j'ai su me signaler;
Vous m'avez avili : je veux vous égaler.
J'ignorais qu'un mortel pût se dompter lui-même;
Je l'apprends; je vous dois cette gloire suprême :
Jouissez de l'honneur d'avoir pu me changer.
Je viens vous réunir; je viens vous protéger.
Veillez, heureux époux, sur l'innocente vie
De l'enfant de vos rois, que ma main vous confie;
Par le droit des combats j'en pouvais disposer;
Je vous remets ce droit, dont j'allais abuser.
Croyez qu'à cet enfant, heureux dans sa misère,
Ainsi qu'à votre fils, je tiendrai lieu de père :
Vous verrez si l'on peut se fier à ma foi.
Je fus un conquérant, vous m'avez fait un roi.
(A Zamti.)
Soyez ici des lois l'interprète suprême;
Rendez leur ministère aussi saint que vous-même;
Enseignez la raison, la justice, et les mœurs.
Que les peuples vaincus gouvernent les vainqueurs,
Que la sagesse règne, et préside au courage;
Triomphez de la force, elle vous doit hommage :
J'en donnerai l'exemple, et votre souverain
Se soumet à vos lois les armes à la main.

IDAMÉ.
Ciel! que viens-je d'entendre? Hélas! puis-je vous croire?

ZAMTI.
Êtes-vous digne enfin, seigneur, de votre gloire?
Ah! vous ferez aimer votre joug aux vaincus.

IDAMÉ.
Qui peut vous inspirer ce dessein?

GENGIS.
Vos vertus.

FIN DE L'ORPHELIN DE LA CHINE.

SOCRATE.

OUVRAGE DRAMATIQUE EN TROIS ACTES,

TRADUIT DE L'ANGLAIS DE FEU M. THOMSON,

PAR FEU M. FATEMA, COMME ON SAIT.

(1759.)

PRÉFACE DE M. FATEMA, TRADUCTEUR.

On a dit dans un livre, et répété dans un autre, qu'il est impossible qu'un homme simplement vertueux, sans intrigue, sans passions, puisse plaire sur la scène. C'est une injure faite au genre humain : elle doit être repoussée, et ne peut l'être plus fortement que par la pièce de feu M. Thomson. Le célèbre Addison avait balancé longtemps entre ce sujet et celui de Caton. Addison pensait que Caton était l'homme vertueux qu'on cherchait, mais que Socrate était encore au-dessus. Il disait que la vertu de Socrate avait été moins dure, plus humaine, plus résignée à la volonté de Dieu, que celle de Caton. Ce sage Grec, disait-il, ne crut pas, comme le Romain, qu'il fût permis d'attenter sur soi-même, et d'abandonner le poste où Dieu nous a placés. Enfin Addison regardait Caton comme la victime de la liberté, et Socrate comme le martyr de la sagesse. Mais le chevalier Richard Steele lui persuada que le sujet de Caton était plus théâtral que l'autre, et surtout plus convenable à sa nation dans un temps de trouble.

En effet, la mort de Socrate aurait fait peu d'impression peut-être dans un pays où l'on ne persécute personne pour sa religion, et où la tolérance a si prodigieusement augmenté la population et les richesses, ainsi que dans la Hollande, ma chère patrie. Richard Steele dit expressément, dans le *Tatler*, « qu'on doit choisir pour le sujet des pièces de théâtre le vice le plus dominant chez la nation pour laquelle on travaille. » Le succès de *Caton* ayant enhardi Addison, il jeta enfin sur le papier l'esquisse de *la Mort de Socrate*, en trois actes. La place de secrétaire d'État, qu'il occupa quelque temps après, lui déroba le temps dont il avait besoin pour finir cet ouvrage. Il donna son manuscrit à M. Thomson, son élève : celui-ci n'osa pas d'abord traiter un sujet si grave et si dénué de tout ce qui est en possession de plaire au théâtre.

Il commença par d'autres tragédies : il donna *Sophonisbe*, *Coriolan*, *Tancrède*, etc., et finit sa carrière par *la Mort de Socrate*, qu'il écrivit en prose, scène par scène, et qu'il confia à ses illustres amis M. Doddington et M. Littleton, comptés parmi les plus beaux génies d'Angleterre. Ces deux hommes, toujours consultés par lui, voulurent qu'il renouvelât la méthode de Shakspeare, d'introduire des personnages du peuple dans la tragédie; de peindre Xantippe, femme de Socrate, telle qu'elle était en effet, une bourgeoise acariâtre, grondant son mari, et l'aimant; de mettre sur la scène tout l'aréopage, et de faire, en un mot, de cette pièce une de ces représentations naïves de la vie humaine, un de ces tableaux où l'on peint toutes les conditions.

Cette entreprise n'est pas sans difficulté; et, quoique le sublime continu soit d'un genre infiniment supérieur, cependant ce mélange du pathétique et du familier a son mérite. On peut comparer ce genre à l'*Odyssée*, et l'autre à l'*Iliade*. M. Littleton ne voulut pas qu'on jouât cette pièce, parce que le caractère de Mélitus ressemblait trop à celui du sergent de loi Catbrée, dont il était allié. D'ailleurs ce drame était une esquisse, plutôt qu'un ouvrage achevé.

Il me donna donc ce drame de M. Thomson, à son dernier voyage en Hollande. Je le traduisis d'abord en hollandais, ma langue maternelle. Cependant je ne le fis point jouer sur le théâtre d'Amsterdam, quoique, Dieu merci, nous n'ayons parmi nos pédants aucun pédant aussi odieux et aussi impertinent que M. Catbrée. Mais la multiplicité des acteurs que ce drame exige m'empêcha de le faire exécuter; je le traduisis ensuite en français, et je veux bien laisser courir cette traduction, en attendant que je fasse imprimer l'original.

A Amsterdam, 1755.

Depuis ce temps on a représenté *la Mort de Socrate* à Londres, mais ce n'est pas le drame de M. Thomson.

N. B. Il y a eu des gens assez bêtes pour réfuter les vérités palpables qui sont dans cette préface. Ils prétendent que M. Fatema n'a pu écrire cette préface en 1755, parce qu'il était mort, disent-ils, en 1754. Quand cela serait, voilà une plaisante raison! Mais le fait est qu'il est décédé en 1757.

PERSONNAGES.

SOCRATE.
ANITUS, grand prêtre de Cérès.
MÉLITUS, un des juges d'Athènes.
XANTIPPE, femme de Socrate.
AGLAÉ, jeune Athénienne élevée par Socrate.
SOPHRONIME, jeune Athénien élevé par Socrate.
DRIXA, marchande.
TERPANDRE ET ACROS, } attachés à Anitus.
JUGES.
DISCIPLES DE SOCRATE.
NONOTI,
CHOMOS, } pédants protégés par Anitus.
BERTIOS,

1. Nonotte, Chaumeix et Berthier. (ÉD.)

ACTE PREMIER.

SCÈNE I. — ANITUS, DRIXA, TERPANDRE, ACROS.

ANITUS. — Ma chère confidente, et mes chers affidés, vous savez combien d'argent je vous ai fait gagner aux dernières fêtes de Cérès. Je me marie, et j'espère que vous ferez votre devoir dans cette grande occasion.

DRIXA. — Oui, sans doute, monseigneur, pourvu que vous nous en fassiez gagner encore davantage.

ANITUS. — Il me faudra, madame Drixa, deux beaux tapis de Perse ; vous, Terpandre, je ne vous demande que deux grands candélabres d'argent, et à vous une demi-douzaine de robes de soie brochées d'or.

TERPANDRE. — Cela est un peu fort ; mais, monseigneur, il n'y a rien qu'on ne fasse pour mériter votre sainte protection.

ANITUS. — Vous regagnerez tout cela au centuple. C'est le meilleur moyen de mériter les faveurs des dieux et des déesses. Donnez beaucoup, et vous recevrez beaucoup ; et surtout ne manquez jamais d'ameuter le peuple contre tous les gens de qualité qui ne font point assez de vœux, et qui ne présentent point assez d'offrandes.

ACROS. — C'est à quoi nous ne manquerons jamais ; c'est un devoir trop sacré pour n'y être pas fidèles.

ANITUS. — Allez, mes chers amis ; les dieux vous maintiennent dans des sentiments si pieux et si justes ! et comptez que vous prospérerez, vous, vos enfants, et les enfants de vos petits-enfants.

TERPANDRE. — C'est de quoi nous sommes sûrs ; car vous l'avez dit.

SCÈNE II. — ANITUS, DRIXA.

ANITUS. — Eh bien ! ma chère madame Drixa, je crois que vous ne trouverez pas mauvais que j'épouse Aglaé ; mais je ne vous en aime pas moins, et nous vivrons ensemble comme à l'ordinaire.

DRIXA. — Oh ! monseigneur, je ne suis point jalouse ; et, pourvu que le commerce aille bien, je suis fort contente. Quand j'ai eu l'honneur d'être une de vos maîtresses, j'ai joui d'une grande considération dans Athènes. Si vous aimez Aglaé, j'aime le jeune Sophronime ; et Xantippe, la femme de Socrate, m'a promis qu'elle me le donnerait en mariage. Vous aurez toujours les mêmes droits sur moi. Je suis seulement fâchée que ce jeune homme soit élevé par ce vilain Socrate, et qu'Aglaé soit encore entre ses mains. Il faut les en tirer au plus vite. Xantippe sera charmée d'être débarrassée d'eux. Le beau Sophronime et la belle Aglaé sont fort mal entre les mains de Socrate.

ANITUS. — Je me flatte bien, ma chère madame Drixa, que Mélitus et moi nous perdrons cet homme dangereux, qui ne prêche que la vertu et la Divinité, et qui s'est osé moquer de certaines aventures arrivées aux mystères de Cérès ; mais il est le tuteur d'Aglaé. Agathon, père d'Aglaé, a laissé, dit-on, de grands biens ; Aglaé est adorable ; j'idolâtre Aglaé : il faut que j'épouse Aglaé, et que je ménage Socrate, en attendant que je le fasse pendre.

DRIXA. — Ménagez Socrate, pourvu que j'aie mon jeune homme. Mais comment Agathon a-t-il pu laisser sa fille entre les mains de ce vieux nez épaté de Socrate, de cet insupportable raisonneur, qui corrompt les jeunes gens, et qui les empêche de fréquenter les courtisanes et les saints mystères ?

ANITUS. — Agathon était entiché des mêmes principes. C'était un de ces sobres et sérieux extravagants, qui ont d'autres mœurs que les nôtres, qui sont d'un autre siècle et d'une autre patrie ; un de nos ennemis jurés, qui pensent avoir rempli tous leurs devoirs quand ils ont adoré la Divinité, secouru l'humanité, cultivé l'amitié, et étudié la philosophie ; de ces gens qui prétendent insolemment que les dieux n'ont pas écrit l'avenir sur le foie d'un bœuf ; de ces raisonneurs impitoyables qui trouvent à redire que les prêtres sacrifient des filles, ou passent la nuit avec elles, selon le besoin : vous sentez que ce sont des monstres qui ne sont bons qu'à étouffer. S'il y avait seulement dans Athènes cinq ou six sages qui eussent autant de considération que lui, c'en serait assez pour m'ôter la moitié de mes rentes et de mes honneurs.

DRIXA. — Diable ! voilà qui est sérieux, cela.

ANITUS. — En attendant que je l'étrangle, je vais lui parler sous ces portiques, et conclure avec lui l'affaire de mon mariage.

DRIXA. — Le voici : vous lui faites trop d'honneur. Je vous laisse, et je vais parler de mon jeune homme à Xantippe.

ANITUS. — Les dieux vous conduisent, ma chère Drixa ; servez-les toujours, gardez-vous de ne croire qu'un seul dieu, et n'oubliez pas mes deux beaux tapis de Perse.

SCÈNE III. — ANITUS, SOCRATE.

ANITUS. — Eh ! bonjour, mon cher Socrate, le favori des dieux, et le plus sage des mortels. Je me sens élevé au-dessus de moi-même toutes les fois que je vous vois, et je respecte en vous la nature humaine.

SOCRATE. — Je suis un homme simple, dépourvu de science, et plein de faiblesses comme les autres. C'est beaucoup si vous me supportez.

ANITUS. — Vous supporter ! je vous admire : je voudrais vous ressembler, s'il était possible; et c'est pour être plus souvent témoin de vos vertus, pour entendre plus souvent vos leçons, que je veux épouser votre belle pupille Aglaé, dont la destinée dépend de vous.

SOCRATE. — Il est vrai que son père Agathon, qui était mon ami, c'est-à-dire beaucoup plus qu'un parent, me confia par son testament cette aimable et vertueuse orpheline.

ANITUS. — Avec des richesses considérables ? car on dit que c'est le meilleur parti d'Athènes.

SOCRATE. — C'est sur quoi je ne puis vous donner aucun éclaircissement; son père, ce tendre ami dont les volontés me sont sacrées, m'a défendu, par ce même testament, de divulguer l'état de la fortune de sa fille.

ANITUS. — Ce respect pour les dernières volontés d'un ami, et cette discrétion, sont dignes de votre belle âme. Mais on sait assez qu'Agathon était un homme riche.

SOCRATE. — Il méritait de l'être, si les richesses sont une faveur de l'Être suprême.

ANITUS. — On dit qu'un petit écervelé, nommé Sophronime, lui fait la cour à cause de sa fortune; mais je suis persuadé que vous éconduirez un pareil personnage, et qu'un homme comme moi n'aura point de rival.

SOCRATE. — Je sais ce que je dois penser d'un homme comme vous : mais ce n'est pas à moi de gêner les sentiments d'Aglaé. Je lui sers de père, je ne suis point son maître : elle doit disposer de son cœur. Je regarde la contrainte comme un attentat. Parlez-lui; si elle écoute vos propositions, je souscris à ses volontés.

ANITUS. — J'ai déjà le consentement de Xantippe, votre femme; sans doute elle est instruite des sentiments d'Aglaé : ainsi je regarde la chose comme faite.

SOCRATE. — Je ne puis regarder les choses comme faites que quand elles le sont.

SCÈNE IV. — SOCRATE, ANITUS, AGLAÉ.

SOCRATE. — Venez, belle Aglaé, venez décider de votre sort. Voilà un monseigneur, prêtre d'un haut rang, le premier prêtre d'Athènes, qui s'offre pour être votre époux. Je vous laisse toute la liberté de vous expliquer avec lui. Cette liberté serait gênée par ma présence. Quelque choix que vous fassiez, je l'approuve. Xantippe préparera tout pour vos noces. (*Il sort.*)

AGLAÉ. — Ah ! généreux Socrate, c'est avec bien du regret que je vous vois partir.

ANITUS. — Il paraît, aimable Aglaé, que vous avez une grande confiance dans le bon Socrate.

AGLAÉ. — Je le dois : il me sert de père, et il forme mon âme.

ANITUS. — Eh bien ! s'il dirige vos sentiments, pourriez-vous me dire ce que vous pensez de Cérès, de Cybèle, de Vénus ?

AGLAÉ. — Hélas ! j'en penserai tout ce que vous voudrez.

ANITUS. — C'est bien dit : vous ferez aussi tout ce que je voudrai.

AGLAÉ. — Non : l'un est fort différent de l'autre.

ANITUS. — Vous voyez que le sage Socrate consent à notre union ; Xantippe, sa femme, presse ce mariage. Vous savez quels sentiments vous m'avez inspirés. Vous connaissez mon rang et mon crédit ; vous voyez que mon bonheur, et peut-être le vôtre, ne dépendent que d'un mot de votre bouche.

AGLAÉ. — Je vais vous répondre avec la vérité que ce grand homme qui sort d'ici m'a instruite à ne dissimuler jamais, et avec la liberté qu'il me laisse. Je respecte votre dignité, je connais peu votre personne, et je ne puis me donner à vous.

ANITUS. — Vous ne pouvez ! vous qui êtes libre ! Ah ! cruelle Aglaé, vous ne le voulez donc pas ?

AGLAÉ. — Il est vrai, je ne le veux pas.

ANITUS. — Songez-vous bien à l'affront que vous me faites ? Je vois trop que Socrate me trahit ; c'est lui qui dicte votre réponse ; c'est lui qui donne la préférence à ce jeune Sophronime, à mon indigne rival, à cet impie....

AGLAÉ. — Sophronime n'est point impie ; il lui est attaché dès l'enfance ; Socrate lui sert de père comme à moi. Sophronime est plein de grâces et de vertus. Je l'aime, j'en suis aimée : il ne tient qu'à moi d'être sa femme ; mais je ne serai pas plus à lui qu'à vous.

ANITUS. — Tout ce que vous me dites m'étonne. Quoi ! vous osez m'avouer que vous aimez Sophronime ?

AGLAÉ. — Oui, j'ose vous l'avouer, parce que rien n'est plus vrai.

ANITUS. — Et quand il ne tient qu'à vous d'être heureuse avec lui, vous refusez sa main ?

AGLAÉ. — Rien n'est plus vrai encore.

ANITUS. — C'est sans doute la crainte de me déplaire qui suspend votre engagement avec lui ?

AGLAÉ. — Non, assurément ; car n'ayant jamais cherché à vous plaire, je ne crains point de vous déplaire.

ANITUS. — Vous craignez donc d'offenser les dieux, en préférant un profane comme Sophronime à un ministre des autels ?

AGLAÉ. — Point du tout ; je suis persuadée que l'Être suprême se soucie fort peu que je vous épouse ou non.

ANITUS. — L'Être suprême ! ma chère fille, ce n'est pas ainsi qu'il faut parler ; vous devez dire les dieux et les déesses. Prenez garde, j'entrevois en vous des sentiments dangereux, et je sais trop qui vous les a inspirés. Sachez que Cérès, dont je suis le grand prêtre, peut vous punir d'avoir méprisé son culte et son ministre.

AGLAÉ.—Je ne méprise ni l'un ni l'autre. On m'a dit que Cérès préside aux blés ; je veux le croire : mais elle ne se mêlera pas de mon mariage.

ANITUS.—Elle se mêle de tout. Vous en savez trop : mais enfin j'espère vous convertir. Êtes-vous bien résolue à ne point épouser Sophronime ?

AGLAÉ.—Oui, je suis très-résolue ; et j'en suis très-fâchée.

ANITUS.—Je ne comprends rien à toutes ces contradictions. Écoutez : je vous aime ; j'ai voulu faire votre bonheur, et vous placer dans un haut rang. Croyez-moi, ne m'offensez pas, ne rejetez point votre fortune ; songez qu'il faut sacrifier tout à un établissement avantageux ; que la jeunesse passe, et que la fortune reste ; que les richesses et les honneurs doivent être votre unique but ; que je vous parle de la part des dieux et des déesses. Je vous conjure d'y faire réflexion. Adieu, ma chère fille : je vais prier Cérès qu'elle vous inspire, et j'espère encore qu'elle touchera votre cœur. Adieu encore une fois : souvenez-vous que vous m'avez promis de ne point épouser Sophronime.

AGLAÉ. — C'est à moi que je l'ai promis, non à vous.

(Anitus sort.)

(*Aglaé seule*.) Que cet homme redouble mon chagrin ! Je ne sais pourquoi je ne vois jamais ce prêtre sans frémir. Mais voici Sophronime : hélas ! tandis que son rival me remplit de terreur, celui-ci redouble mes regrets et mon attendrissement.

SCÈNE V. — AGLAÉ, SOPHRONIME.

SOPHRONIME. — Chère Aglaé, je vois Anitus, ce prêtre de Cérès, ce méchant homme, cet ennemi juré de Socrate, sortir d'auprès de vous, et vos yeux semblent mouillés de quelques larmes.

AGLAÉ. — Lui ! il est l'ennemi de notre bienfaiteur Socrate ? Je ne m'étonne plus de l'aversion qu'il m'inspirait avant même qu'il m'eût parlé.

SOPHRONIME.—Hélas ! serait-ce à lui q... ais imputer les pleurs qui obscurcissent vos yeux ?

AGLAÉ. — Il ne peut m'inspirer que des dégoûts. Non, Sophronime, il n'y a que vous qui puissiez faire couler mes larmes.

SOPHRONIME. — Moi, grands dieux ! moi qui voudrais les payer de mon sang ! moi, qui vous adore, qui me flatte d'être aimé de vous, qui voudrais mourir pour vous ! moi, j'aurais à me reprocher d'avoir jeté un moment d'amertume sur votre vie ! Vous pleurez, et j'en suis la cause ! qu'ai-je donc fait ? quel crime ai-je commis ?

AGLAÉ. — Vous n'en pouvez commettre. Je pleure parce que

vous méritez toute ma tendresse, parce que vous l'avez, et qu'il me faut renoncer à vous.

SOPHRONIME. — Quels mots funestes avez-vous prononcés! Non, je ne puis le croire ; vous m'aimez, vous ne pouvez changer. Vous m'avez promis d'être à moi, vous ne voulez point ma mort.

AGLAÉ. — Je veux que vous viviez heureux, Sophronime, et je ne puis vous rendre heureux. J'espérais, mais ma fortune m'a trompée : je jure que, ne pouvant être à vous, je ne serai à personne. Je l'ai déclaré à cet Anitus qui me recherche, et que je méprise; je vous le déclare, le cœur pénétré de la plus vive douleur, et de l'amour le plus tendre.

SOPHRONIME. — Puisque vous m'aimez, je dois vivre ; mais si vous me refusez votre main, je dois mourir. Chère Aglaé, au nom de tant d'amour, au nom de vos charmes et de vos vertus, expliquez-moi ce mystère funeste.

SCÈNE VI. — SOCRATE, SOPHRONIME, AGLAÉ.

SOPHRONIME. — O Socrate! mon maître, mon père! je me vois ici le plus infortuné des hommes, entre les deux êtres par qui je respire : c'est vous qui m'avez appris la sagesse; c'est Aglaé qui m'a appris à sentir l'amour. Vous avez donné votre consentement à notre hymen : la belle Aglaé, qui semblait le désirer, me refuse; et, en me disant qu'elle m'aime, elle me plonge le poignard dans le cœur. Elle rompt notre hymen, sans m'apprendre la cause d'un si cruel caprice : ou empêchez mon malheur, ou apprenez-moi, s'il est possible, à le soutenir.

SOCRATE. — Aglaé est maîtresse de ses volontés; son père m'a fait son tuteur, et non pas son tyran. Je faisais mon bonheur de vous unir ensemble : si elle a changé d'avis, j'en suis surpris, j'en suis affligé; mais il faut écouter ses raisons : si elles sont justes, il faut s'y conformer.

SOPHRONIME. — Elles ne peuvent être justes.

AGLAÉ. — Elles le sont, du moins à mes yeux : daignez m'écouter l'un et l'autre. Quand vous eûtes accepté le testament secret de mon père, sage et généreux Socrate, vous me dîtes qu'il me laissait un bien honnête, avec lequel je pourrais m'établir. Je formai dès lors le dessein de donner cette fortune à votre cher disciple Sophronime, qui n'a que vous d'appui, et qui ne possède pour toute richesse que sa vertu : vous avez approuvé ma résolution. Vous concevez quel était mon bonheur de faire celui d'un Athénien que je regarde comme votre fils. Pleine de félicité, transportée d'une douce joie, que mon cœur ne pouvait contenir, j'ai confié cet état délicieux de mon âme à Xantippe votre femme, et aussitôt cet état a disparu. Elle m'a traitée de visionnaire. Elle m'a montré le testament de mon père, qui est mort dans la pauvreté, qui ne me laisse rien, et qui me recommande à l'amitié dont vos fûtes unis.

En ce moment, éveillée après mon songe, je n'ai senti que la douleur de ne pouvoir faire la fortune de Sophronime : je ne veux point l'accabler du poids de ma misère.

SOPHRONIME. — Je vous l'avais bien dit, Socrate, que ses raisons ne vaudraient rien : si elle m'aime, ne suis-je pas assez riche ? Je n'ai subsisté, il est vrai, que par vos bienfaits; mais il n'est point d'emploi pénible que je n'embrasse pour faire subsister ma chère Aglaé. Je devrais, il est vrai, lui faire le sacrifice de mon amour, lui chercher moi-même un parti avantageux : mais j'avoue que je n'en ai pas la force; et par là je suis indigne d'elle. Mais si elle pouvait se contenter de mon état, si elle pouvait s'abaisser jusqu'à moi ! Non, je n'ose le demander, je n'ose le souhaiter; et je succombe à un malheur qu'elle supporte.

SOCRATE. — Mes enfants, Xantippe est bien indiscrète de vous avoir montré ce testament; mais croyez, belle Aglaé, qu'elle vous a trompée.

AGLAÉ. — Elle ne m'a point trompée : j'ai vu de mes yeux ma misère; l'écriture de mon père m'est assez connue. Soyez sûr, Socrate, que je saurai soutenir la pauvreté; je sais travailler de mes mains : c'est assez pour vivre, c'est tout ce qu'il me faut; mais ce n'est pas assez pour Sophronime.

SOPHRONIME. — C'en est trop mille fois pour moi, âme tendre, âme sublime, digne d'avoir été élevée par Socrate : une pauvreté noble et laborieuse est l'état naturel de l'homme. J'aurais voulu vous offrir un trône; mais si vous daignez vivre avec moi, notre pauvreté respectable est au-dessus du trône de Crésus.

SOCRATE. — Vos sentiments me plaisent autant qu'ils m'attendrissent; je vois avec transport germer dans vos cœurs cette vertu que j'y ai semée. Jamais mes soins n'ont été mieux récompensés; jamais mon espérance n'a été plus remplie. Mais encore une fois, Aglaé, croyez-moi, ma femme vous a mal instruite. Vous êtes plus riche que vous ne pensez. Ce n'est pas à elle, c'est à moi que votre père vous a confiée. Ne peut-il avoir laissé un bien que Xantippe ignore ?

AGLAÉ. — Non, Socrate, il dit précisément dans son testament qu'il me laisse pauvre.

SOCRATE. — Et moi je vous dis que vous vous trompez, qu'il vous a laissé de quoi vivre heureuse avec le vertueux Sophronime, et qu'il faut que vous veniez tous deux signer le contrat tout à l'heure.

SCÈNE VII. — SOCRATE, XANTIPPE, AGLAÉ, SOPHRONIME.

XANTIPPE.—Allons, allons, ma fille, ne vous amusez point aux visions de mon mari; ta philosophie est fort bonne, quand on est à son aise; mais vous n'avez rien; il faut vivre : vous philosopherez après. J'ai conclu votre mariage avec Anitus, digne prêtre, homme puissant, homme de crédit : venez, suivez-moi; il ne faut ni lenteur ni contradiction; j'aime qu'on m'obéisse, et vite; c'est pour votre bien : ne raisonnez pas, et suivez-moi.

SOPHRONIME. — Ah ciel! ah! chère Aglaé!

SOCRATE. — Laissez-la dire, et fiez-vous à moi de votre bonheur.

XANTIPPE. — Comment, qu'on me laisse dire? Vraiment, je le prétends bien, et surtout qu'on me laisse faire. C'est bien à vous, avec votre sagesse et votre démon familier, et votre ironie, et toutes vos fadaises qui ne sont bonnes à rien, à vous mêler de marier des filles! Vous êtes un bon homme, mais vous n'entendez rien aux affaires de ce monde, et vous êtes trop heureux que je vous gouverne. Allons, Aglaé, venez, que je vous établisse. Et vous, qui restez là tout étonné, j'ai aussi votre affaire : Drixa est votre fait : vous me remercierez tous deux, tout sera conclu dans la minute; je suis expéditive, ne perdons point de temps : tout cela devrait déjà être terminé.

SOCRATE. — Ne la cabrez pas, mes enfants; marquez-lui toute sorte de déférences; il faut lui complaire, puisqu'on ne peut la corriger. C'est le triomphe de la raison de bien vivre avec les gens qui n'en ont pas.

ACTE SECOND.

SCÈNE I. — SOCRATE, SOPHRONIME.

SOPHRONIME. — Divin Socrate, je ne puis croire mon bonheur : comment se peut-il qu'Aglaé, dont le père est mort dans une pauvreté extrême, ait cependant une dot si considérable?

SOCRATE. — Je vous l'ai déjà dit; elle avait plus qu'elle ne croyait. Je connais mieux les ressources de son père. Qu'il vous suffise de jouir tous deux d'une fortune que vous méritez : pour moi, je dois le secret aux morts comme aux vivants.

SOPHRONIME. — Je n'ai plus qu'une crainte, c'est que ce prêtre de Cérès, à qui vous m'avez préféré, ne venge sur vous le refus d'Aglaé : c'est un homme bien à craindre.

SOCRATE. — Eh! que peut craindre celui qui fait son devoir? Je connais la rage de mes ennemis, je sais toutes leurs calomnies; mais, quand on ne cherche qu'à faire du bien aux hommes, et qu'on n'offense point le ciel, on ne redoute rien, ni pendant la vie, ni à la mort.

SOPHRONIME. — Rien n'est plus vrai ; mais je mourrais de douleur, si la félicité que je vous dois portait vos ennemis à vous forcer de mettre en usage votre héroïque constance.

SCÈNE II. — SOCRATE, SOPHRONIME, AGLAÉ.

AGLAÉ. — Mon bienfaiteur, mon père, homme au-dessus des hommes, j'embrasse vos genoux. Secondez-moi, Sophronime : c'est lui, c'est Socrate qui nous marie aux dépens de sa fortune, qui paye ma dot, qui se prive, pour nous, de la plus grande partie de son bien. Non, nous ne le souffrirons pas ; nous ne serons pas riches à ce prix : plus notre cœur est reconnaissant, plus nous devons imiter la noblesse du sien.

SOPHRONIME. — Je me jette à vos pieds comme elle ; je suis saisi comme elle ; nous sentons également vos bienfaits. Nous vous aimons trop, Socrate, pour en abuser. Regardez-nous comme vos enfants ; mais que vos enfants ne vous soient point à charge. Votre amitié est le plus grand des biens, c'est le seul que nous voulons. Quoi ! vous n'êtes pas riche, et vous faites ce que les puissants de la terre ne feraient pas ! Si nous acceptions vos bienfaits, nous en serions indignes.

SOCRATE. — Levez-vous, mes enfants, vous m'attendrissez trop Écoutez-moi : ne faut-il pas respecter les volontés des morts Votre père, Aglaé, que je regardais comme la moitié de moi même, ne m'a-t-il pas ordonné de vous traiter comme ma fille Je lui obéis : je trahirais l'amitié et la confiance, si je faisais moins. J'ai accepté son testament, je l'exécute : le peu que je vous donne est inutile à ma vieillesse, qui est sans besoins. Enfin, si j'ai dû obéir à mon ami, vous devez obéir à votre père : c'est moi qui le suis aujourd'hui ; c'est moi qui, par ce nom sacré, vous ordonne de ne me pas accabler de douleur en me refusant. Mais retirez-vous, j'aperçois Xantippe. J'ai mes raisons pour vous conjurer de l'éviter dans ces moments.

AGLAÉ. — Ah ! que vous nous ordonnez des choses cruelles !

SCÈNE III. — SOCRATE, XANTIPPE.

XANTIPPE. — Vraiment, vous venez de faire là un beau chef-d'œuvre ; par ma foi, mon cher ami, il faudrait vous interdire. Voyez, s'il vous plaît, que de sottises ! Je promets Aglaé au prêtre Anitus, qui a du crédit parmi les grands ; je promets Sophronime à cette grosse marchande Drixa, qui a du crédit chez le peuple ; et vous mariez vos deux étourdis ensemble pour me faire manquer à ma parole : ce n'est pas assez, vous les dotez de la plus grande partie de votre bien. Vingt mille drachmes ! justes dieux ! vingt mille drachmes ! n'êtes-vous pas honteux ? De quoi vivrez-vous à l'âge de soixante et dix ans ? qui payera vos médecins, quand vous serez malade? vos avocats, quand vous aurez des procès? Enfin que ferai-je, quand ce fripon, ce cou tors d'Anitus et son parti, que vous auriez eus pour vous, s'attacheront à vous persécuter, comme ils ont fait tant de fois? Le ciel confonde les philosophes et la philosophie, et ma sotte amitié pour vous ! Vous vous mêlez de conduire les autres, et il vous faudrait des lisières ; vous raisonnez sans cesse, et vous n'avez pas le sens commun. Si vous n'étiez pas le meilleur homme du monde, vous seriez le plus ridicule et le plus insupportable. Ecoutez : il n'y a qu'un mot qui serve ; rompez dans l'instant cet impertinent marché, et faites tout ce que veut votre femme.

SOCRATE. — C'est très-bien parler, ma chère Xantippe, et avec modération ; mais écoutez-moi à votre tour. Je n'ai point proposé ce mariage. Sophronime et Aglaé s'aiment, et sont dignes l'un de l'autre. Je vous ai déjà donné tout le bien que je pouvais vous céder par les lois ; je donne presque tout ce qui me reste à la fille de mon ami : le peu que je garde me suffit. Je n'ai ni médecin à payer, parce que je suis sobre ; ni avocat, parce que je n'ai ni prétentions ni dettes. A l'égard de la philosophie que vous me reprochez, elle m'enseigne à souffrir l'indignation d'Anitus et vos injures, à vous aimer malgré votre humeur. (Il sort.)

SCÈNE IV. — XANTIPPE.

Le vieux fou ! il faut que je l'estime malgré moi ; car, après tout, il y a je ne sais quoi de grand dans sa folie. Le sang-froid de ses extravagances me fait enrager. J'ai beau le gronder, je perds mes peines. Il y a trente ans que je crie après lui ; et quand j'ai bien crié, il m'en impose, et je suis toute confondue : est-ce qu'il y aurait dans cette âme-là quelque chose de supérieur à la mienne ?

SCÈNE V. — XANTIPPE, DRIXA.

DRIXA. — Eh bien ! madame Xantippe, voilà comme vous êtes maîtresse chez vous ! Fi que cela est lâche de se laisser gouverner par son mari ! Ce maudit Socrate m'enlève donc ce beau garçon dont je voulais faire la fortune ! Il me le payera, le traître.

XANTIPPE. — Ma pauvre madame Drixa, ne vous fâchez pas contre mon mari ; je me suis assez fâchée contre lui : c'est un imbécile, je le sais bien ; mais, dans le fond, c'est bien le meilleur cœur du monde : cela n'a point de malice ; il fait toutes les sottises possibles, sans y entendre finesse, et avec tant de probité, que cela désarme. D'ailleurs il est têtu comme une mule. J'ai passé ma vie à le tourmenter, je l'ai même battu quelquefois ; non-seulement je n'ai pu le corriger, je n'ai même jamais pu le mettre en colère. Que voulez-vous que j'y fasse ?

DRIXA. — Je me vengerai, vous dis-je. J'aperçois sous ces portiques son bon ami Anitus, et quelques-uns des nôtres ! laissez-moi faire.

XANTIPPE. — Mon Dieu, je crains que tous ces gens-là ne jouent quelque tour à mon mari. Allons vite l'avertir; car, après tout, on ne peut s'empêcher de l'aimer.

SCÈNE VI. — ANITUS, DRIXA, TERPANDRE, ACROS.

DRIXA. — Nos injures sont communes, respectable Anitus. vous êtes trahi comme moi. Ce malhonnête homme de Socrate donne presque tout son bien à Aglaé, uniquement pour vous désespérer. Il faut que vous en tiriez une vengeance éclatante.

ANITUS. — C'est bien mon intention, le ciel y est intéressé : cet homme méprise sans doute les dieux, puisqu'il me dédaigne. On a déjà intenté contre lui quelques accusations; il faut que vous m'aidiez tous à les renouveler; nous le mettrons en danger de sa vie; alors je lui offrirai ma protection, à condition qu'il me cède Aglaé, et qu'il vous rende votre beau Sophronime; par là nous remplirons tous nos devoirs : il sera puni par la crainte que nous lui aurons donnée : j'obtiendrai ma maîtresse, et vous aurez votre amant.

DRIXA. — Vous parlez comme la sagesse elle-même : il faut que quelque divinité vous inspire. Instruisez-nous; que faut-il faire?

ANITUS. — Voici bientôt l'heure où les juges passeront pour aller au tribunal : Mélitus est à leur tête.

DRIXA. — Mais ce Mélitus est un petit pédant, un méchant homme, qui est votre ennemi.

ANITUS. — Oui, mais il est encore plus l'ennemi de Socrate : c'est un scélérat hypocrite qui soutient les droits de l'aréopage contre moi; mais nous nous réunissons toujours quand il s'agit de perdre ces faux sages, capables d'éclairer le peuple sur notre conduite. Écoutez, ma chère Drixa, vous êtes dévote?

DRIXA. — Oui, assurément, monseigneur : j'aime l'argent et le plaisir de tout mon cœur; mais en fait de dévotion je ne le cède à personne.

ANITUS. — Allez prendre quelque dévot du peuple avec vous; et quand les juges passeront, criez à l'impiété.

TERPANDRE. — Y a-t-il quelque chose à gagner? nous sommes prêts.

ACROS. — Oui; mais quelle espèce d'impiété?

ANITUS. — De toutes les espèces. Vous n'avez qu'à l'accuser hardiment de ne point croire aux dieux : c'est le plus court.

DRIXA. — Oh! laissez-moi faire.

ANITUS. — Vous serez parfaitement secondés. Allez sous ces portiques ameuter vos amis. Je vais cependant instruire quelques gazetiers de controverse, quelques folliculaires qui viennent souvent dîner chez moi. Ce sont des gens bien méprisables, je l'avoue; mais ils peuvent nuire dans l'occasion, quand ils sont bien dirigés. Il faut se servir de tout pour faire triompher la bonne cause. Allez, mes chers amis, recommandez-vous à Cérès : vous viendrez crier, au signal que je donnerai; c'est le sûr moyen de gagner le ciel, et surtout de vivre heureux sur la terre.

SCÈNE VII. — ANITUS, NONOTI, CHOMOS, BERTIOS.

ANITUS. — Infatigable Nonoti, profond Chomos, délicat Bertios, avez-vous fait contre ce méchant Socrate les petits ouvrages que je vous ai commandés?

NONOTI. — J'ai travaillé, monseigneur : il ne s'en relèvera pas.

CHOMOS. — J'ai démontré la vérité contre lui : il est confondu.

BERTIOS. — Je n'ai dit qu'un mot dans mon journal : il est perdu.

ANITUS. — Prenez garde, Nonoti, je vous ai défendu la prolixité. Vous êtes ennuyeux de votre naturel : vous pourriez lasser la patience de la cour.

NONOTI. — Monseigneur, je n'ai fait qu'une feuille; j'y prouve que l'âme est une quintessence infuse, que les queues ont été données aux animaux pour chasser les mouches, que Cérès fait des miracles, et que, par conséquent, Socrate est un ennemi de l'État, qu'il faut exterminer.

ANITUS. — On ne peut mieux conclure. Allez porter votre délation au second juge, qui est un excellent philosophe : je vous réponds que vous serez bientôt défait de votre ennemi Socrate.

NONOTI. — Monseigneur, je ne suis point son ennemi : je suis fâché seulement qu'il ait tant de réputation; et tout ce que j'en fais est pour la gloire de Cérès, et pour le bien de la patrie.

ANITUS. — Allez, dis-je, dépêchez-vous. Eh bien! savant Chomos, qu'avez-vous fait?

CHOMOS. — Monseigneur, n'ayant rien trouvé à reprendre dans les écrits de Socrate, je l'accuse adroitement de penser tout le contraire de ce qu'il a dit; et je montre le venin répandu dans tout ce qu'il dira.

ANITUS. — A merveille. Portez cette pièce au quatrième juge : c'est un homme qui n'a pas le sens commun, et qui vous entendra parfaitement. Et vous, Bertios?

BERTIOS. — Monseigneur, voici mon dernier journal sur le chaos. Je fais voir adroitement, en passant du chaos aux jeux olympiques, que Socrate pervertit la jeunesse.

ANITUS. — Admirable! Allez de ma part chez le septième juge, et dites-lui que je lui recommande Socrate. Bon, voici déjà Mélitus, le chef des onze, qui s'avance. Il n'y a point de détour à prendre avec lui : nous nous connaissons trop l'un et l'autre.

SCÈNE VIII. — ANITUS, MÉLITUS.

ANITUS. — Monsieur le juge, un mot. Il faut perdre Socrate.

MÉLITUS. — Monsieur le prêtre, il y a longtemps que j'y pense : unissons-nous sur ce point, nous n'en serons pas moins brouillés sur le reste.

ANITUS. — Je sais bien que nous nous haïssons tous deux : mais, en se détestant, il faut se réunir pour gouverner la république.

MÉLITUS. — D'accord. Personne ne nous entend ici : je sais que vous êtes un fripon ; vous ne me regardez pas comme un honnête homme ; je ne puis vous nuire, parce que vous êtes grand prêtre ; vous ne pouvez me perdre, parce que je suis grand juge : mais Socrate peut nous faire tort à l'un et à l'autre en nous démasquant ; nous devons donc commencer, vous et moi, par le faire mourir, et puis nous verrons comment nous pourrons nous exterminer l'un l'autre à la première occasion.

ANITUS. — On ne peut mieux parler. (*A part.*) Hom! que je voudrais tenir ce coquin d'aréopagite sur un autel, les bras pendants d'un côté et les jambes de l'autre, lui ouvrir le ventre avec mon couteau d'or, et consulter son foie tout à mon aise!

MÉLITUS, *à part.* — Ne pourrai-je jamais tenir ce pendard de sacrificateur dans la geôle, et lui faire avaler une pinte de ciguë à mon plaisir?

ANITUS. — Or çà, mon cher ami, voilà vos camarades qui avancent : j'ai préparé les esprits du peuple.

MÉLITUS. — Fort bien, mon cher ami ; comptez sur moi comme sur vous-même dans ce moment, mais rancune tenant toujours.

SCÈNE IX. — ANITUS, MÉLITUS, *quelques* JUGES *d'Athènes qui passent sous les portiques.* (*Anitus parle à l'oreille de Mélitus.*)

DRIXA, TERPANDRE, ACROS, *ensemble.* — Justice, justice, scandale, impiété, justice, justice, irréligion, impiété, justice!

ANITUS. — Qu'est-ce donc, mes amis? de quoi vous plaignez-vous?

DRIXA, TERPANDRE, ACROS. — Justice, au nom du peuple!

MÉLITUS. — Contre qui?

DRIXA, TERPANDRE, ACROS. — Contre Socrate.

MÉLITUS. — Ah! ah! contre Socrate? ce n'est pas d'aujourd'hui qu'on se plaint de lui. Qu'a-t-il fait?

ACROS. — Je n'en sais rien.

TERPANDRE. — On dit qu'il donne de l'argent aux filles pour se marier.

ACROS. — Oui, il corrompt la jeunesse.

DRIXA — C'est un impie : il n'a point offert de gâteaux à Cérès.

Il dit qu'il y a trop d'or et trop d'argent inutiles dans les temples; que les pauvres meurent de faim, et qu'il faut les soulager.

ACROS. — Oui, il dit que les prêtres de Cérès s'enivrent quelquefois : cela est vrai, c'est un impie.

DRIXA. — C'est un hérétique; il nie la pluralité des dieux; il est déiste; il ne croit qu'un seul dieu; c'est un athée.

TOUS TROIS ENSEMBLE. — Oui, il est hérétique, déiste, athée.

MÉLITUS. — Voilà des accusations très-graves et très-vraisemblables : on m'avait déjà averti de tout ce que vous nous dites.

ANITUS. — L'État est en danger, si on laisse de telles horreurs impunies. Minerve nous ôtera son secours.

DRIXA. — Oui, Minerve, sans doute : je l'ai entendu faire des plaisanteries sur le hibou de Minerve.

MÉLITUS. — Sur le hibou de Minerve! O ciel! n'êtes-vous pas d'avis, messieurs, qu'on le mette en prison tout à l'heure?

LES JUGES, *ensemble*. — Oui, en prison, vite, en prison.

MÉLITUS. — Huissiers, amenez à l'instant Socrate en prison.

DRIXA. — Et qu'ensuite il soit brûlé sans avoir été entendu.

UN DES JUGES. — Ah! il faut du moins l'entendre : nous ne pouvons enfreindre la loi.

ANITUS. — C'est ce que cette bonne dévote voulait dire : il faut l'entendre, mais ne se pas laisser surprendre à ce qu'il dira; car vous savez que ces philosophes sont d'une subtilité diabolique : ce sont eux qui ont troublé tous les États où nous apportions la concorde.

MÉLITUS. — En prison! en prison!

SCÈNE X. — LES PRÉCÉDENTS, XANTIPPE, SOPHRONIME, AGLAÉ; SOCRATE, *enchaîné*; VALETS DE VILLE.

XANTIPPE. — Eh, miséricorde! on traîne mon mari en prison : n'avez-vous pas honte, messieurs les juges, de traiter ainsi un homme de son âge? quel mal a-t-il pu faire? il en est incapable : hélas! il est plus bête que méchant [1]. Messieurs, ayez pitié de lui. Je vous l'avais bien dit, mon mari, que vous vous attireriez quelque méchante affaire : voilà ce que c'est que de doter des filles. Que je suis malheureuse!

SOPHRONIME. — Ah! messieurs, respectez sa vieillesse et sa vertu; chargez-moi de fers : je suis prêt à donner ma liberté, ma vie pour la sienne.

AGLAÉ. — Oui, nous irons en prison au lieu de lui; nous mourrons pour lui, s'il le faut. N'attentez rien sur le plus juste et le plus grand des hommes. Prenez-nous pour vos victimes.

---

1. On prétend que la servante de La Fontaine en disait autant de son maître; ce n'est pas la faute à M. Thomson si Xantippe l'a dit avant cette servante. M. Thomson a peint Xantippe telle qu'elle était; il ne devait pas en faire une Cornélie

MÉLITUS. — Vous voyez comme il corrompt la jeunesse.

SOCRATE. — Cessez, ma femme, cessez, mes enfants, de vous opposer à la volonté du ciel : elle se manifeste par l'organe des lois. Quiconque résiste à la loi est indigne d'être citoyen. Dieu veut que je sois chargé de fers ; je me soumets à ses décrets sans murmure. Dans ma maison, dans Athènes, dans les cachots, je suis également libre : et puisque je vois en vous tant de reconnaissance et tant d'amitié, je suis toujours heureux. Qu'importe que Socrate dorme dans sa chambre ou dans la prison d'Athènes? Tout est dans l'ordre éternel, et ma volonté doit y être.

MÉLITUS. — Qu'on entraîne ce raisonneur. Voilà comme ils sont tous; ils vous poussent des arguments jusque sous la potence.

ANITUS. — Messieurs, ce qu'il vient de dire m'a touché. Cet homme montre de bonnes dispositions. Je pourrais me flatter de le convertir. Laissez-moi lui parler un moment en particulier, et ordonnez que sa femme et ces jeunes gens se retirent.

UN JUGE. — Nous le voulons bien, vénérable Anitus; vous pouvez lui parler avant qu'il comparaisse devant notre tribunal.

SCÈNE XI. — ANITUS, SOCRATE.

ANITUS. — Vertueux Socrate, le cœur me saigne de vous voir en cet état.

SOCRATE. — Vous avez donc un cœur?

ANITUS. — Oui, et je suis prêt à tout faire pour vous.

SOCRATE. — Vraiment, je suis persuadé que vous avez déjà beaucoup fait.

ANITUS. — Écoutez; votre situation est plus dangereuse que vous ne pensez : il y va de votre vie.

SOCRATE. — Il s'agit donc de peu de chose.

ANITUS. — C'est peu pour votre âme intrépide et sublime; c'est tout aux yeux de ceux qui chérissent comme moi votre vertu. Croyez-moi; de quelque philosophie que votre âme soit armée, il est dur de périr par le dernier supplice. Ce n'est pas tout; votre réputation, qui doit vous être chère, sera flétrie dans tous les siècles. Non-seulement tous les dévots et toutes les dévotes riront de votre mort, vous insulteront, allumeront le bûcher s on vous brûle, serreront la corde si on vous étrangle, broieront la ciguë si on vous empoisonne; mais ils rendront votre mémoire exécrable à tout l'avenir. Vous pouvez aisément détourner de vous une fin si funeste : je vous réponds de vous sauver la vie, et même de vous faire déclarer par les juges le plus sage des hommes, ainsi que vous l'avez été par l'oracle d'Apollon : il ne s'agit que de me céder votre jeune pupille Aglaé, avec la dot que vous lui donnez, s'entend ; nous ferons aisément casser son mariage avec Sophronime. Vous jouirez d'une vieillesse paisible et honorée, et les dieux et les déesses vous béniront.

SOCRATE. — Huissiers, conduisez-moi en prison sans tarder davantage. (*On l'emmène.*)

ANITUS. — Cet homme est incorrigible : ce n'est pas ma faute ; j'ai fait mon devoir, je n'ai rien à me reprocher : il faut l'abandonner à son sens réprouvé, et le laisser mourir impénitent.

ACTE TROISIÈME.

SCÈNE I. — LES JUGES, *assis sur leur tribunal*; SOCRATE, *debout.*

UN JUGE, *à Anitus.* — Vous ne devriez pas siéger ici ; vous êtes prêtre de Cérès.

ANITUS. — Je n'y suis que pour l'édification.

MÉLITUS. — Silence. Écoutez, Socrate ; vous êtes accusé d'être mauvais citoyen, de corrompre la jeunesse, de nier la pluralité des dieux, d'être hérétique, déiste, et athée : répondez.

SOCRATE. — Juges athéniens, je vous exhorte à être toujours bons citoyens comme j'ai toujours tâché de l'être ; à répandre votre sang pour la patrie comme j'ai fait dans plus d'une bataille. A l'égard de la jeunesse dont vous parlez, ne cessez de la guider par vos conseils, et surtout par vos exemples ; apprenez-lui à aimer la véritable vertu, et à fuir la misérable philosophie de l'école. L'article de la pluralité des dieux est d'une discussion un peu plus difficile ; mais vous m'entendrez aisément.

Juges athéniens, il n'y a qu'un Dieu.

MÉLITUS ET UN AUTRE JUGE. — Ah ! le scélérat !

SOCRATE. — Il n'y a qu'un Dieu, vous dis-je ; sa nature est d'être infini ; nul être ne peut partager l'infini avec lui. Levez vos yeux vers les globes célestes, tournez-les vers la terre et les mers, tout se correspond, tout est fait l'un pour l'autre ; chaque être est intimement lié avec les autres êtres ; tout est d'un même dessein : il n'y a donc qu'un seul architecte, un seul maître, un seul conservateur. Peut-être a-t-il daigné former des génies, des démons, plus puissants et plus éclairés que les hommes ; et, s'ils existent, ce sont des créatures comme vous ; ce sont ses premiers sujets, et non pas des dieux : mais rien dans la nature ne nous avertit qu'ils existent, tandis que la nature entière nous annonce un Dieu et un père. Ce Dieu n'a pas besoin de Mercure et d'Iris pour nous signifier ses ordres : il n'a qu'à vouloir, et c'est assez. Si par Minerve vous n'entendiez que la sagesse de Dieu, si par Neptune vous n'entendiez que ses lois immuables, qui élèvent et qui abaissent les mers, je vous dirais : « Il vous est permis de révérer Neptune et Minerve, pourvu que dans ces emblèmes vous n'adoriez jamais que l'Être éternel, et que vous ne donniez pas occasion aux peuples de s'y méprendre. »

ANITUS. — Quel galimatias impie !

SOCRATE. — Gardez de tourner jamais la religion en métaphysique : la morale est son essence. Adorez et ne disputez plus. Si nos ancêtres ont dit que le Dieu suprême descendit dans les bras d'Alcmène, de Danaé, de Sémélé, et qu'il en eut des enfants, nos ancêtres ont imaginé des fables dangereuses. C'est insulter la Divinité de prétendre qu'elle ait commis avec une femme, de quelque manière que ce puisse être, ce que nous appelons chez les hommes un adultère. C'est décourager le reste des hommes d'oser dire que, pour être un grand homme, il faut être né de l'accouplement mystérieux de Jupiter et d'une de vos femmes ou filles. Miltiade, Cimon, Thémistocle, Aristide, que vous avez persécutés, valaient bien, peut-être, Persée, Hercule, et Bacchus ; il n'y a d'autre manière d'être les enfants de Dieu que de chercher à lui plaire, et d'être justes. Méritez ce titre, en ne rendant jamais de jugements iniques.

MÉLITUS. — Que de blasphèmes et d'insolences !

UN AUTRE JUGE. — Que d'absurdités ! On ne sait ce qu'il veut dire.

MÉLITUS. — Socrate, vous vous mêlez toujours de faire des raisonnements ; ce n'est pas là ce qu'il nous faut : répondez net et avec précision. Vous êtes-vous moqué du hibou de Minerve ?

SOCRATE. — Juges athéniens, prenez garde à vos hiboux. Quand vous proposez des choses ridicules à croire, trop de gens alors se déterminent à ne rien croire du tout ; ils ont assez d'esprit pour voir que votre doctrine est impertinente ; mais ils n'en ont pas assez pour s'élever jusqu'à la loi véritable ; ils savent rire de vos petits dieux, et ils ne savent pas adorer le Dieu de tous les êtres, unique, incompréhensible, incommunicable, éternel, et tout juste, comme tout-puissant.

MÉLITUS. — Ah ! le blasphémateur ! ah ! le monstre ! il n'en a dit que trop : je conclus à la mort.

PLUSIEURS JUGES. — Et nous aussi.

UN JUGE. — Nous sommes plusieurs qui ne sommes pas de cet avis ; nous trouvons que Socrate a très-bien parlé. Nous croyons que les hommes seraient plus justes et plus sages, s'ils pensaient comme lui ; et pour moi, loin de le condamner, je suis d'avis qu'on le récompense.

PLUSIEURS JUGES. — Nous pensons de même.

MÉLITUS. — Les opinions semblent se partager

ANITUS. — Messieurs de l'aréopage, laissez-moi interroger Socrate. Croyez-vous que le soleil tourne, et que l'aréopage soit de droit divin ?

SOCRATE. — Vous n'êtes pas en droit de me faire des questions ; mais je suis en droit de vous enseigner ce que vous ignorez. Il importe peu pour la société que ce soit la terre qui tourne ; mais il importe que les hommes qui tournent avec elle soient justes. La vertu seule est de droit divin, et vous, et l'aréopage, n'avez d'autres droits que ceux que la nation vous a donnés.

ANITUS. — Illustres et équitables juges, faites sortir Socrate. (*Mélitus fait un signe. On emmène Socrate. Anitus continue.*) Vous l'avez entendu, auguste aréopage institué par le ciel ; cet homme dangereux nie que le soleil tourne, et que vos charges soient de droit divin. Si ces horribles opinions se répandent, plus de magistrats, et plus de soleil : vous n'êtes plus ces juges établis par les lois fondamentales de Minerve, vous n'êtes plus les maîtres de l'État, vous ne devez plus juger que suivant les lois ; et si vous dépendez des lois, vous êtes perdus. Punissez la rébellion, vengez le ciel et la terre. Je sors. Redoutez la colère des dieux, si Socrate reste en vie. (*Anitus sort et les juges opinent.*)

UN JUGE. — Je ne veux point me brouiller avec Anitus, c'est un homme trop à craindre. S'il ne s'agissait que des dieux, encore passe.

UN JUGE, *à celui qui vient de parler*. — Entre nous, Socrate a raison ; mais il a tort d'avoir raison si publiquement. Je ne fais pas plus de cas de Cérès et de Neptune que lui ; mais il ne devait pas dire devant tout l'aréopage ce qu'il ne faut dire qu'à l'oreille. Où est le mal, après tout, d'empoisonner un philosophe, surtout quand il est laid et vieux ?

UN AUTRE JUGE. — S'il y a de l'injustice à condamner Socrate, c'est l'affaire d'Anitus, ce n'est pas la mienne ; je mets tout sur sa conscience ; d'ailleurs il est tard, on perd son temps. A la mort, à la mort, et qu'on n'en parle plus.

UN AUTRE. — On dit qu'il est hérétique et athée ; à la mort, à la mort.

MÉLITUS. — Qu'on appelle Socrate. (*On l'amène.*) Les dieux soient bénis, la pluralité est pour la mort. Socrate, les dieux vous condamnent, par notre bouche, à boire de la ciguë tant que mort s'ensuive.

SOCRATE. — Nous sommes tous mortels ; la nature vous condamne à mourir tous dans peu de temps, et probablement vous aurez tous une fin plus triste que la mienne. Les maladies qui amènent le trépas sont plus douloureuses qu'un gobelet de ciguë. Au reste, je dois des éloges aux juges qui ont opiné en faveur de l'innocence ; je ne dois aux autres que ma pitié.

UN JUGE, *sortant*. — Certainement cet homme-là méritait une pension de l'État au lieu d'un gobelet de ciguë.

UN AUTRE JUGE. — Cela est vrai ; mais aussi de quoi s'avisait-il de se brouiller avec un prêtre de Cérès ?

UN AUTRE JUGE. — Je suis bien aise, après tout, de faire mourir un philosophe : ces gens-là ont une certaine fierté dans l'esprit, qu'il est bon de mater un peu

UN JUGE. — Messieurs, un petit mot : ne ferions-nous pas bien, tandis que nous avons la main à la pâte, de faire mourir tous les géomètres, qui prétendent que les trois angles d'un triangle sont égaux à deux droits? Ils scandalisent étrangement la populace occupée à lire leurs livres.

UN AUTRE JUGE. — Oui, oui, nous les pendrons à la première session. Allons dîner[1].

SCÈNE II. — SOCRATE.

Depuis longtemps j'étais préparé à la mort. Tout ce que je crains à présent, c'est que ma femme Xantippe ne vienne troubler mes derniers moments, et interrompre la douceur du recueillement de mon âme ; je ne dois m'occuper que de l'Être suprême, devant qui je dois bientôt paraître. Mais la voilà : il faut se résigner à tout.

SCÈNE III. — SOCRATE, XANTIPPE, LES DISCIPLES DE SOCRATE.

XANTIPPE. — Eh bien! pauvre homme, qu'est-ce que ces gens de loi ont conclu? êtes-vous condamné à l'amende? êtes-vous banni? êtes-vous absous? Mon Dieu! que vous m'avez donné d'inquiétude! tâchez, je vous prie, que cela n'arrive pas une seconde fois.

SOCRATE. — Non, ma femme, cela n'arrivera pas deux fois, je vous en réponds ; ne soyez en peine de rien. Soyez les bienvenus, mes chers disciples, mes amis.

CRITON, *à la tête des disciples de Socrate.* — Vous nous voyez aussi alarmés de votre sort que votre femme Xantippe : nous avons obtenu des juges la permission de vous voir. Juste ciel! faut-il voir Socrate chargé de chaînes! Souffrez que nous baisions ces fers que vous honorez, et qui sont la honte d'Athènes. Est-il possible qu'Anitus et les siens aient pu vous mettre en cet état?

SOCRATE. — Ne pensons point à ces bagatelles, mes chers amis, et continuons l'examen que nous faisions hier de l'immortalité de l'âme. Nous disions, ce me semble, que rien n'est plus probable et plus consolant que cette idée. En effet, la matière change et ne périt point ; pourquoi l'âme périrait-elle ? Se pourrait-il faire que nous étant élevés jusqu'à la connaissance d'un Dieu, à travers le voile du corps mortel, nous cessassions de le connaître quand ce voile sera tombé? Non ; puisque nous pensons, nous penserons toujours : la pensée est l'être de l'homme ; cet être paraîtra devant un Dieu juste, qui récompense la vertu, qui punit le crime, et qui pardonne les faiblesses.

XANTIPPE. — C'est bien dit ; je n'y entends rien : on pensera

---

[1] Au XVIe siècle, il se passa une scène à peu près semblable, et un des juges dit ces propres paroles : *A la mort ; et allons dîner.*

toujours, parce qu'on a pensé! Est-ce qu'on se mouchera toujours, parce qu'on s'est mouché? Mais que nous veut ce vilain homme avec son gobelet?

LE GEÔLIER, OU VALET DES ONZE, *apportant la tasse de ciguë.* — Tenez, Socrate, voilà ce que le sénat vous envoie.

XANTIPPE. — Quoi! maudit empoisonneur de la république, tu viens ici tuer mon mari en ma présence! je te dévisagerai, monstre!

SOCRATE. — Mon cher ami, je vous demande pardon pour ma femme; elle a toujours grondé son mari, elle vous traite de même : je vous prie d'excuser cette petite vivacité. Donnez. (*Il prend le gobelet.*)

UN DES DISCIPLES. — Que ne nous est-il permis de prendre ce poison, divin Socrate! par quelle horrible injustice nous êtes-vous ravi? Quoi! les criminels ont condamné le juste! les fanatiques ont proscrit le sage! Vous allez mourir!

SOCRATE. — Non, je vais vivre. Voici le breuvage de l'immortalité. Ce n'est pas ce corps périssable qui vous a aimés, qui vous a enseignés, c'est mon âme seule qui a vécu avec vous; et elle vous aimera à jamais. (*Il veut boire.*)

LE VALET DES ONZE. — Il faut auparavant que je détache vos chaînes, c'est la règle.

SOCRATE. — Si c'est la règle, détachez. (*Il se gratte un peu la jambe.*)

UN DES DISCIPLES. — Quoi! vous souriez?

SOCRATE. — Je souris en réfléchissant que le plaisir vient de la douleur. C'est ainsi que la félicité éternelle naîtra des misères de cette vie[1]. (*Il boit.*)

CRITON. — Hélas! qu'avez-vous fait?

XANTIPPE. — Hélas! c'est pour je ne sais combien de discours ridicules de cette espèce qu'on fait mourir ce pauvre homme. En vérité, mon mari, vous me fendez le cœur, et j'étranglerais tous les juges de mes mains. Je vous grondais, mais je vous aimais; et ce sont des gens polis qui vous empoisonnent. Ah! ah! mon cher mari, ah!

SOCRATE. — Calmez-vous, ma bonne Xantippe; ne pleurez point, mes amis, il ne sied pas aux disciples de Socrate de répandre des larmes.

CRITON. — Et peut-on n'en pas verser après cette sentence affreuse, après cet empoisonnement juridique, ordonné par des ignorants pervers, qui ont acheté cinquante mille drachmes le droit d'assassiner impunément leurs concitoyens?

---

1. J'ai pris la liberté de retrancher ici deux pages entières du beau sermon de Socrate. Ces moralités, qui sont devenues lieux communs, sont bien ennuyeuses. Les bonnes gens qui ont cru qu'il fallait faire parler Socrate longtemps ne connaissent ni le cœur humain, ni le théâtre. *Semper ad eventum festinat*; voilà la grande règle que M. Thomson a observée.

SOCRATE. — C'est ainsi qu'on traitera souvent les adorateurs d'un seul Dieu, et les ennemis de la superstition.

CRITON. — Hélas! faut-il que vous soyez une de ces victimes?

SOCRATE. — Il est beau d'être la victime de la Divinité. Je meurs satisfait. Il est vrai que j'aurais voulu joindre à la consolation de vous voir celle d'embrasser aussi Sophronime et Aglaé : je suis étonné de ne les pas voir ici ; ils auraient rendu mes derniers moments encore plus doux qu'ils ne sont.

CRITON. — Hélas! ils ignorent que vous avez consommé l'iniquité de vos juges : ils parlent au peuple ; ils encouragent les magistrats qui ont pris votre parti. Aglaé révèle le crime d'Anitus : sa honte va être publique : Aglaé et Sophronime vous sauveraient peut-être la vie. Ah! cher Socrate, pourquoi avez-vous précipité vos derniers moments?

SCÈNE IV. — LES PRÉCÉDENTS, AGLAÉ, SOPHRONIME.

AGLAÉ. — Divin Socrate, ne craignez rien ; Xantippe, consolez-vous ; dignes disciples de Socrate, ne pleurez plus.

SOPHRONIME. — Vos ennemis sont confondus : tout le peuple prend votre défense.

AGLAÉ. — Nous avons parlé, nous avons révélé la jalousie et l'intrigue de l'impie Anitus. C'était à moi de demander justice de son crime, puisque j'en étais la cause.

SOPHRONIME. — Anitus se dérobe par la fuite à la fureur du peuple, on le poursuit lui et ses complices ; on rend des grâces solennelles aux juges qui ont opiné en votre faveur. Le peuple est à la porte de la prison, et attend que vous paraissiez, pour vous conduire chez vous en triomphe. Tous les juges se sont rétractés.

XANTIPPE. — Hélas! que de peines perdues!

UN DES DISCIPLES. — O ciel! ô Socrate! pourquoi obéissiez-vous?

AGLAÉ. — Vivez, cher Socrate, bienfaiteur de votre patrie, modèle des hommes, vivez pour le bonheur du monde.

CRITON. — Couple vertueux, dignes amis, il n'est plus temps.

XANTIPPE. — Vous avez trop tardé.

AGLAÉ. — Comment! il n'est plus temps! juste ciel!

SOPHRONIME. — Quoi! Socrate aurait déjà bu la coupe empoisonnée?

SOCRATE. — Aimable Aglaé, tendre Sophronime, la loi ordonnait que je prisse le poison ; j'ai obéi à la loi, tout injuste qu'elle est, parce qu'elle n'opprime que moi. Si cette injustice eût été commise envers un autre, j'aurais combattu. Je vais mourir ; mais l'exemple d'amitié et de grandeur d'âme que vous donnez au monde ne périra jamais. Votre vertu l'emporte sur le crime de ceux qui m'ont accusé. Je bénis ce qu'on appelle mon malheur; il a mis au jour toute la force de votre belle âme. Ma chère Xantippe, soyez heureuse, et songez que pour l'être il faut dompter son humeur. Mes disciples bien-aimés, écoutez toujours la voix de la philosophie, qui méprise les persécuteurs, et qui prend pitié des faiblesses humaines; et vous, ma fille Aglaé, mon fils Sophronime, soyez toujours semblables à vous-mêmes.

AGLAÉ. — Que nous sommes à plaindre de n'avoir pu mourir pour vous!

SOCRATE. — Votre vie est précieuse, la mienne est inutile : recevez mes tendres et derniers adieux. Les portes de l'éternité s'ouvrent pour moi.

XANTIPPE. — C'était un grand homme, quand j'y songe! Ah! je vais soulever la nation, et manger le cœur d'Anitus.

SOPHRONIME. — Puissions-nous élever des temples à Socrate, si un homme en mérite!

CRITON. — Puisse au moins sa sagesse apprendre aux hommes que c'est à Dieu seul que nous devons des temples!

FIN DE SOCRATE.

L'ÉCOSSAISE.

COMÉDIE EN CINQ ACTES, PAR M. HUME,

TRADUITE EN FRANÇAIS PAR JÉRÔME CARRÉ [1], REPRÉSENTÉE, POUR LA PREMIÈRE FOIS, SUR LE THÉATRE-FRANÇAIS, LE 26 JUILLET 1760.

J'ai vengé l'univers autant que je l'ai pu.

ÉPITRE DÉDICATOIRE

DU TRADUCTEUR DE L'ÉCOSSAISE,

A M. LE COMTE DE LAURAGUAIS.

Monsieur,

La petite bagatelle que j'ai l'honneur de mettre sous votre protection n'est qu'un prétexte pour vous parler avec liberté.

Vous avez rendu un service éternel aux beaux-arts et au bon goût, en contribuant par votre générosité à donner à la ville de Paris un théâtre moins indigne d'elle. Si on ne voit plus sur la scène César et Ptolémée, Athalie et Joad, Mérope et son fils, entourés et pressés d'une foule de jeunes gens, si les spectacles ont plus de décence, c'est à vous seul qu'on en est redevable. Ce bienfait est d'autant plus considérable, que l'art de la tragédie et de la comédie est celui dans lequel les Français se sont distingués davantage. Il n'en est aucun dans lequel ils n'aient de très-illustres rivaux, ou même des maîtres. Nous avons quelques bons philosophes; mais, il faut l'avouer, nous ne sommes que les disciples des Newton, des Locke, des Galilée. Si la France a quelques historiens, les Espagnols, les Italiens, les Anglais même, nous disputent la supériorité dans ce genre. Le seul Massillon aujourd'hui passe chez les gens de goût pour un orateur agréable; mais qu'il est encore loin de l'archevêque Tillotson aux yeux du reste de l'Europe! Je ne prétends point peser le mérite des hommes de génie; je n'ai pas la main assez forte pour tenir cette balance : je vous dis seulement comment pensent les autres peuples; et vous savez, monsieur, vous qui, dans votre première jeunesse, avez voyagé pour vous instruire, vous savez que presque chaque peuple a ses hommes de génie, qu'il préfère à ceux de ses voisins.

Si vous descendez des arts de l'esprit à ceux où la main a plus de part, quel peintre oserions-nous préférer aux grands peintres de l'Italie? C'est dans le seul art des Sophocle que toutes les nations s'accordent à donner la préférence à la nôtre : c'est pourquoi, dans plusieurs villes d'Italie, la bonne compagnie se rassemble pour représenter nos pièces, ou dans notre langue, ou

---

1. Il est sans doute inutile d'avertir que *l'Écossaise* est de Voltaire. (ÉD.)

en italien; c'est ce qui fait qu'on trouve des théâtres français à Vienne et à Pétersbourg.

Ce qu'on pouvait reprocher à la scène française était le manque d'action et d'appareil. Les tragédies étaient de longues conversations en cinq actes. Comment hasarder ces spectacles pompeux, ces tableaux frappants, ces actions grandes et terribles, qui, bien ménagées, sont un des plus grands ressorts de la tragédie; comment apporter le corps de César sanglant sur la scène; comment faire descendre une reine éperdue dans le tombeau de son époux, et l'en faire sortir mourante de la main de son fils, au milieu d'une foule qui cache, et le tombeau, et le fils, et la mère, et qui énerve la terreur du spectacle par le contraste du ridicule?

C'est de ce défaut monstrueux que vos seuls bienfaits ont purgé la scène; et quand il se trouvera des génies qui sauront allier la pompe d'un appareil nécessaire et la vivacité d'une action également terrible et vraisemblable à la force des pensées, et surtout à la belle et naturelle poésie, sans laquelle l'art dramatique n'est rien, ce sera vous, monsieur, que la postérité devra remercier [1].

Mais il ne faut pas laisser ce soin à la postérité; il faut avoir le courage de dire à son siècle ce que nos contemporains font de noble et d'utile. Les justes éloges sont un parfum qu'on réserve pour embaumer les morts. Un homme fait du bien, on étouffe ce bien pendant qu'il respire; et si on en parle, on l'exténue, on le défigure: n'est-il plus? on exagère son mérite pour abaisser ceux qui vivent.

Je veux du moins que ceux qui pourront lire ce petit ouvrage, sachent qu'il y a dans Paris plus d'un homme estimable et malheureux secouru par vous; je veux qu'on sache que, tandis que vous occupez vos loisirs à faire revivre, par les soins les plus coûteux et les plus pénibles, un art utile [2] perdu dans l'Asie, qui l'inventa, vous faites renaître un secret plus ignoré, celui de soulager par vos bienfaits cachés la vertu indigente [3].

Je n'ignore pas qu'à Paris il y a, dans ce qu'on appelle le monde, des gens qui croient pouvoir donner des ridicules aux belles actions qu'ils sont incapables de faire; et c'est ce qui redouble mon respect pour vous.

P. S. Je ne mets point mon inutile nom au bas de cette épître, parce que je ne l'ai jamais mis à aucun de mes ouvrages; et quand on le voit à la tête d'un livre ou dans une affiche, qu'on s'en prenne uniquement à l'afficheur ou au libraire.

1. Le comte de Lauraguais (qui fut depuis duc de Brancas) donna les sommes nécessaires pour supprimer les banquettes placées sur le théâtre, et qui formaient un des revenus des comédiens. (ED.)
2. *Recherches sur la fabrication de la porcelaine.* (ED.)
3. Pension donnée à Dumarsais. (ED.)

PRÉFACE[1].

La comédie dont nous présentons la traduction aux amateurs de la littérature est de M. Hume[2], pasteur de l'Eglise d'Édimbourg, déjà connu par deux belles tragédies jouées à Londres : il est parent et ami de ce célèbre philosophe M. Hume, qui a creusé avec tant de hardiesse et de sagacité les fondements de la métaphysique et de la morale. Ces deux philosophes font également honneur à l'Écosse, leur patrie.

La comédie intitulée *l'Écossaise* nous parut un de ces ouvrages qui peuvent réussir dans toutes les langues, parce que l'auteur peint la nature, qui est partout la même : il a la naïveté et la vérité de l'estimable Goldoni, avec peut-être plus d'intrigue, de force, et d'intérêt. Le dénoûment, le caractère de l'héroïne, et celui de Freeport, ne ressemblent à rien de ce que nous connaissons sur les théâtres de France ; et cependant c'est la nature pure. Cette pièce paraît un peu dans le goût de ces romans anglais qui ont fait tant de fortune ; ce sont des touches semblables, la même peinture des mœurs ; rien de recherché, nulle envie d'avoir de l'esprit, et de montrer misérablement l'auteur quand on ne doit montrer que les personnages ; rien d'étranger au sujet ; point de tirade d'écolier, de ces maximes triviales qui remplissent le vide de l'action : c'est une justice que nous sommes obligé de rendre à notre célèbre auteur.

Nous avouons en même temps que nous avons cru, par le conseil des hommes les plus éclairés, devoir retrancher quelque chose du rôle de Frélon, qui paraissait encore dans les derniers actes : il était puni, comme de raison, à la fin de la pièce ; mais cette justice qu'on lui rendait semblait mêler un peu de froideur au vif intérêt qui entraîne l'esprit au dénoûment.

De plus, le caractère de Frélon est si lâche et si odieux, que nous avons voulu épargner aux lecteurs la vue trop fréquente de ce personnage, plus dégoûtant que comique. Nous convenons qu'il est dans la nature : car, dans les grandes villes où la presse jouit de quelque liberté, on trouve toujours quelques-uns de ces misérables qui se font un revenu de leur impudence ; de ces Arétins subalternes qui gagnent leur pain à dire et à faire du mal, sous le prétexte d'être utiles aux belles-lettres ; comme si les vers qui rongent les fruits et les fleurs pouvaient leur être utiles !

L'un des deux illustres savants, et, pour nous exprimer encore plus correctement, l'un de ces deux hommes de génie qui ont présidé au *Dictionnaire encyclopédique*, à cet ouvrage nécessaire au genre humain, dont la suspension fait gémir l'Europe ; l'un de ces deux grands hommes, dis-je, dans des essais qu'il s'est amusé à faire sur l'art de la comédie, remarque très-judicieusement que l'on doit songer à mettre sur le théâtre les conditions

---

1. Par Voltaire. (Éd.)
2. On sent bien que c'était une plaisanterie d'attribuer cette pièce à M. Hume. (Éd.)

et les états des hommes. L'emploi du Frélon de M. Hume est une espèce d'état en Angleterre : il y a même une taxe établie sur les feuilles de ces gens-là. Ni cet état ni ce caractère ne paraissaient dignes du théâtre en France; mais le pinceau anglais ne dédaigne rien; il se plaît quelquefois à tracer des objets dont la bassesse peut révolter quelques autres nations. Il n'importe aux Anglais que le sujet soit bas, pourvu qu'il soit vrai. Ils disent que la comédie étend ses droits sur tous les caractères et sur toutes les conditions; que tout ce qui est dans la nature doit être peint; que nous avons une fausse délicatesse, et que l'homme le plus méprisable peut servir de contraste au plus galant homme.

J'ajouterai, pour la justification de M. Hume, qu'il a l'art de ne présenter son Frélon que dans des moments où l'intérêt n'est pas encore vif et touchant. Il a imité ces peintres qui peignent un crapaud, un lézard, une couleuvre, dans un coin du tableau en conservant aux personnages la noblesse de leur caractère.

Ce qui nous a frappé vivement dans cette pièce, c'est que l'unité de temps, de lieu, et d'action, y est observée scrupuleusement. Elle a encore ce mérite, rare chez les Anglais comme chez les Italiens, que le théâtre n'est jamais vide. Rien n'est plus commun et plus choquant que de voir deux acteurs sortir de la scène, et deux autres venir à leur place sans être appelés, sans être attendus; ce défaut insupportable ne se trouve point dans l'Écossaise.

Quant au genre de la pièce, il est dans le haut comique, mêlé au genre de la simple comédie. L'honnête homme y sourit de ce sourire de l'âme, préférable au rire de la bouche. Il y a des endroits attendrissants jusqu'aux larmes, mais sans pourtant qu'aucun personnage s'étudie à être pathétique; car de même que la bonne plaisanterie consiste à ne vouloir point être plaisant, ainsi celui qui vous émeut ne songe point à vous émouvoir; il n'est point rhétoricien, tout part du cœur. Malheur à celui qui tâche, dans quelque genre que ce puisse être!

Nous ne savons pas si cette pièce pourrait être représentée à Paris; notre état et notre vie, qui ne nous ont pas permis de fréquenter souvent les spectacles, nous laissent dans l'impuissance de juger quel effet une pièce anglaise ferait en France.

Tout ce que nous pouvons dire, c'est que, malgré tous les efforts que nous avons faits pour rendre exactement l'original, nous sommes très-loin d'avoir atteint au mérite de ses expressions, toujours fortes et toujours naturelles.

Ce qui est beaucoup plus important, c'est que cette comédie est d'une excellente morale, et digne de la gravité du sacerdoce dont l'auteur est revêtu, sans rien perdre de ce qui peut plaire aux honnêtes gens du monde.

La comédie ainsi traitée est un des plus utiles efforts de l'esprit humain; il faut convenir que c'est un art, et un art très-difficile. Tout le monde peut compiler des faits et des raisonnements; il est aisé d'apprendre la trigonométrie; mais tout art demande un talent, et le talent est rare.

Nous ne pouvons mieux finir cette préface que par ce passage de notre compatriote Montaigne sur les spectacles:

« J'ai soustenu les premiers personnages ez tragedies latines de Bucanan, de Guerente, et de Muret, qui se representerent à nostre college de Guienne, avecques dignité. En cela, Andreas Goveanus, nostre principal, comme en toutes aultres parties de sa charge, feut sans comparaison le plus grand principal de France; et m'en tenoit-on maistre ou ouvrier. C'est un exercice que ie ne mesloue point aux ieunes enfants de maison, et ai veu nos princes s'y addonner depuis en personne; à l'exemple d'aulcuns des anciens, honnestement et louablement : il estoit loisible masme d'en faire mestier aux gents d'honneur en Grèce, *Aristoni tragico actori rem aperit : huic et genus et fortuna honesta erant; nec ars, quia nihil tale apud Græcos pudoris est, ea deformabat* (TIT. LIV., XXIV, XXIV); car i'ai tousiours accusé d'impertinence ceulx qui condamnent ces esbattements; et d'iniustice ceulx qui refusent l'entrée de nos bonnes villes aux comediens qui le valent, et envient au peuple ces plaisirs publicques. Les bonnes polices prennent soing d'assembler les citoyens, et les r'allier, comme aux offices sérieux de la dévotion, aussi aux exercices et ieux; la société et amitié s'en augmente; et puis on ne leur sçauroit conceder des passetemps plus reglez que ceulx qui se font en presence d'un chascun, et à la veue mesme du magistrat; et trouveroy raisonnable que le prince, à ses despens, en gratifiast quelquesfois la commune, d'une affection et bonté comme paternelle; et qu'aux villes populeuses il y eust des lieux destinez et disposez pour ces spectacles; quelque divertissement de pires actions et occultes. Pour revenir à mon propos, il n'y a rien tel que d'alleicher l'appetit et l'affection, aultrement on ne fait que des asnes chargez de livres; on leur donne à coups de fouet en garde leur pochette pleine de science; laquelle, pour bien faire, il ne fault pas seulement loger chez soy, il la fault espouser. » *Essais*, liv. I, ch. XXV, à la fin.

A MESSIEURS LES PARISIENS[1].

MESSIEURS,

Je suis forcé par l'illustre M. Fréron de m'exposer *vis-à-vis* de vous. Je parlerai sur le *ton* du sentiment et du respect; ma plainte sera marquée au *coin* de la bienséance, et éclairée du *flambeau* de la vérité. J'espère que M. Fréron sera confondu *vis-à-vis* des honnêtes gens qui ne sont pas accoutumés à se prêter aux méchancetés de ceux qui, n'étant pas *sentimentés*, font *métier et marchandise* d'insulter *le tiers et le quart*, sans aucune *provocation*, comme dit Cicéron dans l'oraison *pro Murena*, page 4.

Messieurs, je m'appelle Jérôme Carré, natif de Montauban; je suis un pauvre jeune homme sans fortune, et comme la volonté me change d'entrer dans Montauban, à cause que M. Le Franc de Pompignan m'y persécute, je suis venu implorer la protection des Parisiens. J'ai traduit la comédie de *l'Écossaise* de M. Hume. Les comédiens français et les Italiens voulaient la représenter. elle aurait peut-être été jouée cinq ou six fois, et voilà que

---

1. Cette plaisanterie fut publiée la veille de la représentation. (ÉD.)

M. Fréron emploie son autorité et son crédit pour empêcher ma traduction de paraître; lui qui encourageait tant les jeunes gens, quand il était jésuite, les opprime aujourd'hui ; il a fait une feuille entière contre moi ; il commence par dire méchamment que ma traduction vient de Genève, pour me faire *suspecter* d'être hérétique.

Ensuite il appelle M. Hume, M. Home; et puis il dit que M. Hume le prêtre, auteur de cette pièce, n'est pas parent de M. Hume le philosophe. Qu'il consulte seulement le *Journal encyclopédique* du mois d'avril 1758, journal que je regarde comme le premier des cent soixante-treize journaux qui paraissent tous les mois en Europe, il y verra cette annonce, page 137 :

« L'auteur de *Douglas* est le ministre Hume, parent du fameux David Hume, si célèbre par son impiété. »

Je ne sais pas si M. David Hume est impie ; s'il l'est, j'en suis bien fâché, et je prie Dieu pour lui, comme je le dois ; mais il résulte que l'auteur de *l'Écossaise* est M. Hume le prêtre, parent de M. David Hume; ce qu'il fallait prouver, et ce qui est très-indifférent.

J'avoue, à ma honte, que je l'ai cru son frère ; mais qu'il soit frère ou cousin, il est toujours certain qu'il est l'auteur de *l'Écossaise*. Il est vrai que, dans le journal que je cite, *l'Écossaise* n'est pas expressément nommée; on n'y parle que d'*Agis* et de *Douglas*, mais c'est une bagatelle.

Il est vrai qu'il est l'auteur de *l'Écossaise*, que j'ai en main plusieurs de ses lettres, par lesquelles il me remercie de l'avoir traduite; en voici une que je soumets aux lumières du charitable lecteur.

My dear translator, mon cher traducteur, *you have committed many a blunder in your performance*, vous avez fait plusieurs balourdises dans votre traduction : *you have quite impoverish'd the character of Wasp, and you have blotted his chastisement at the end of the drama*.... vous avez affaibli le caractère de Frélon, et vous avez supprimé son châtiment à la fin de la pièce.

Il est vrai, et je l'ai déjà dit, que j'ai fort adouci les traits dont l'auteur peint son Wasp (ce mot *wasp* veut dire *frélon*); mais je ne l'ai fait que par le conseil des personnes les plus judicieuses de Paris. La politesse française ne permet pas certains termes que la liberté anglaise emploie volontiers. Si je suis coupable, c'est par excès de retenue; et j'espère que MM. les Parisiens, dont je demande la protection, pardonneront les défauts de la pièce en faveur de ma circonspection.

Il semble que M. Hume ait fait sa comédie uniquement dans la vue de mettre son Wasp sur la scène, et moi j'ai retranché tout ce que j'ai pu de ce personnage; j'ai aussi retranché quelque chose de milady Alton, pour m'éloigner moins de vos mœurs, et pour faire voir quel est mon respect pour les dames.

M. Fréron, dans la vue de me nuire, dit dans sa feuille, page 114, qu'on l'appelle aussi Frélon, que plusieurs personnes de mérite l'ont souvent nommé ainsi. Mais, messieurs, qu'est-ce

---

1. Le compte rendu de *l'Écossaise* par Fréron remplissait quarante-quatre pages de *l'Année littéraire*. (Ed.)

que cela peut avoir de commun avec un personnage anglais dans la pièce de M. Hume? Vous voyez bien qu'il ne cherche que de vains prétextes pour me ravir la protection dont je vous supplie de m'honorer.

Voyez, je vous prie, jusqu'où va sa malice : il dit, page 115, que le bruit courut longtemps qu'*il avait été condamné aux galères;* et il affirme qu'en effet, pour la condamnation, elle n'a jamais eu lieu : mais, je vous en supplie, que ce monsieur ait été aux galères quelque temps, ou qu'il y aille, quel rapport cette anecdote peut-elle avoir avec la traduction d'un drame anglais? Il parle des raisons qui *pouvaient*, dit-il, *lui avoir attiré ce malheur.* Je vous jure, messieurs, que je n'entre dans aucune de ces raisons; il peut y en avoir de bonnes, sans que M. Hume doive s'en inquiéter : qu'il aille aux galères ou non, je n'en suis pas moins le traducteur de *l'Écossaise*. Je vous demande, messieurs, votre protection contre lui. Recevez ce petit drame avec cette affabilité que vous témoignez aux étrangers.

J'ai l'honneur d'être avec un profond respect, Messieurs,

Votre très-humble et très-obéissant serviteur,

JÉRÔME CARRÉ,

natif de Montauban, demeurant dans l'impasse de Saint-Thomas-du-Louvre; car j'appelle *impasse*, messieurs, ce que vous appelez *cul-de-sac*. Je trouve qu'une rue ne ressemble ni à un cul ni à un sac. Je vous prie de vous servir du mot *impasse*, qui est noble, sonore, intelligible, nécessaire au lieu de celui de cul, en dépit du sieur Fréron, ci-devant jésuite.

AVERTISSEMENT [1].

Cette lettre de M. Jérôme Carré eut tout l'effet qu'elle méritait. La pièce fut représentée au commencement d'août 1760. On commença tard; et quelqu'un demandant pourquoi on attendait si longtemps : *C'est apparemment*, répondit tout haut un homme d'esprit[2], *que Fréron est monté à l'hôtel de ville.* Comme ce Fréron avait eu l'inadvertance de se reconnaître dans la comédie de *l'Écossaise*, quoique M. Hume ne l'eût jamais eu en vue, le public le reconnut aussi. La comédie était sue de tout le monde par cœur avant qu'on la jouât, et cependant elle fut reçue avec un succès prodigieux. Fréron fit encore la faute d'imprimer dans je ne sais quelles feuilles, intitulées *l'Année littéraire*, que *l'Écossaise* n'avait réussi qu'à l'aide d'une cabale composée de douze à quinze cents personnes, qui toutes, disait-il, le haïssaient et le méprisaient souverainement. Mais M. Jérôme Carré était bien loin de faire des cabales; tout Paris sait assez qu'il n'est pas à portée d'en faire : d'ailleurs il n'avait jamais vu ce Fréron, et il ne pouvait comprendre pourquoi tous les spectateurs s'obstinaient à voir Fréron dans Frélon. Un avocat, à la seconde représentation, s'écria : *Courage, monsieur Carré : vengez le public!* Le parterre et les loges applaudirent à ces paroles par

---

1. Par Voltaire. (ÉD.) — 2. D'Alembert. (ÉD.)

des battements de mains qui ne finissaient point. Carré, au sortir du spectacle, fut embrassé par plus de cent personnes. « Que vous êtes aimable, monsieur Carré, lui disait-on, d'avoir fait justice de cet homme dont les mœurs sont encore plus odieuses que la plume ! — Eh, messieurs, répondit Carré, vous me faites plus d'honneur que je ne mérite ; je ne suis qu'un pauvre traducteur d'une comédie pleine de morale et d'intérêt. »

Comme il parlait ainsi sur l'escalier, il fut barbouillé de deux baisers par la femme de Fréron. « Que je vous suis obligée, dit-elle, d'avoir puni mon mari ! Mais vous ne le corrigerez point. L'innocent Carré était tout confondu ; il ne comprenait pas comment un personnage anglais pouvait être pris pour un Français nommé Fréron ; et toute la France lui faisait compliment de l'avoir peint trait pour trait. Ce jeune homme apprit, par cette aventure, combien il faut avoir de circonspection : il comprit en général que, toutes les fois qu'on fait le portrait d'un homme ridicule, il se trouve toujours quelqu'un qui lui ressemble.

Ce rôle de Frélon était très-peu important dans la pièce ; il ne contribua en rien au vrai succès, car elle reçut dans plusieurs provinces les mêmes applaudissements qu'à Paris. On peut dire à cela que ce Frélon était autant estimé dans les provinces que dans la capitale ; mais il est bien plus vraisemblable que le vif intérêt qui règne dans la pièce de M. Hume en a fait tout le succès. Peignez un faquin, vous ne réussirez qu'auprès de quelques personnes : intéressez, vous plairez à tout le monde.

Quoi qu'il en soit, voici la traduction d'une lettre de milord Boldthinker au prétendu Hume, au sujet de sa pièce de *l'Écossaise.*

« Je crois, mon cher Hume, que vous avez encore quelque talent ; vous en êtes comptable à la nation : c'est peu d'avoir immolé ce vilain Frélon à la risée publique sur tous les théâtres de l'Europe, où l'on joue votre aimable et vertueuse *Écossaise* : faites plus ; mettez sur la scène tous ces vils persécuteurs de la littérature, tous ces hypocrites noircis de vices, et calomniateurs de la vertu ; traînez sur le théâtre, devant le tribunal du public, ces fanatiques enragés qui jettent leur écume sur l'innocence, et ces hommes faux qui vous flattent d'un œil et qui vous menacent de l'autre, qui n'osent parler devant un philosophe, et qui tâchent de le détruire en secret ; exposez au grand jour ces détestables cabales qui voudraient replonger les hommes dans les ténèbres.

« Vous avez gardé trop longtemps le silence : on ne gagne rien à vouloir adoucir les pervers ; il n'y a plus d'autre moyen de rendre les lettres respectables que de faire trembler ceux qui les outragent. C'est le dernier parti que prit Pope avant que de mourir : il rendit ridicules à jamais, dans sa *Dunciade*, tous ceux qui devaient l'être ; ils n'osèrent plus se montrer, ils disparurent ; toute la nation lui applaudit : car si, dans les commencements, la malignité donna un peu de vogue à ces lâches ennemis de Pope, de Swift et de leurs amis, la raison reprit bientôt le dessus. Les Zoïles ne sont soutenus qu'un temps. Le vrai talent des vers est une arme qu'il faut employer à venger le genre humain. Ce n'est pas les Pantolabes et les Nomentanus seulement qu'il faut effleurer ; ce sont les Anitus et les Mélitus qu'il faut

écraser. Un vers bien fait transmet à la dernière postérité la gloire
d'un homme de bien et la honte d'un méchant. Travaillez, vous
ne manquerez pas de matière, etc. »

PERSONNAGES.

MAÎTRE FABRICE, tenant un café avec des appartements
LINDANE, Écossaise.
LE LORD MONROSE, Écossais.
LE LORD MURRAY.
POLLY, suivante.
FREEPORT, qu'on prononce *Friport*, gros négociant de Londres.
FRÉLON, écrivain de feuilles.
LADY ALTON : on prononce *lédy*.
ANDRÉ, laquais de lord Monrose.
PLUSIEURS ANGLAIS, qui viennent au café.
DOMESTIQUES.
UN MESSAGER D'ÉTAT.

La scène est à Londres.

ACTE PREMIER.

(La scène représente un café et des chambres sur les ailes, de façon
qu'on peut entrer de plain-pied des appartements dans le café [1].)

SCÈNE I. — FABRICE, FRÉLON.

FRÉLON, *dans un coin, auprès d'une table sur laquelle il y a
une écritoire et du café, lisant la gazette.* — Que de nouvelles
affligeantes! Des grâces répandues sur plus de vingt personnes!
aucune sur moi! Cent guinées de gratification à un bas officier,
parce qu'il a fait son devoir! le beau mérite! Une pension à l'inventeur d'une machine qui ne sert qu'à soulager des ouvriers!
une à un pilote! Des places à des gens de lettres! et à moi rien!
Encore, encore, et à moi rien! (*Il jette la gazette et se promène.*) Cependant je rends service à l'État; j'écris plus de feuilles
que personne; je fais enchérir le papier.... et à moi rien! Je
voudrais me venger de tous ceux à qui on croit du mérite. Je
gagne déjà quelque chose à dire du mal; si je puis parvenir à
en faire, ma fortune est faite. J'ai loué des sots, j'ai dénigré les
talents; à peine y a-t-il de quoi vivre. Ce n'est pas à médire,

---

1. On a fait hausser et baisser une toile au théâtre de Paris, pour
marquer le passage d'une chambre à une autre : la vraisemblance et la
décence ont été bien mieux observées à Lyon, à Marseille, et ailleurs. Il
y avait sur le théâtre un cabinet à côté du café. C'est ainsi qu'on aurait
dû en user à Paris. (1761.)

c'est à nuire qu'on fait fortune. (*Au maître du café.*) Bonjour, monsieur Fabrice, bonjour. Toutes les affaires vont bien, hors les miennes : j'enrage.

FABRICE. — Monsieur Frélon, monsieur Frélon, vous vous faites bien des ennemis.

FRÉLON. — Oui, je crois que j'excite un peu d'envie.

FABRICE. — Non, sur mon âme, ce n'est point du tout ce sentiment-là que vous faites naître : écoutez; j'ai quelque amitié pour vous; je suis fâché d'entendre parler de vous comme on en parle. Comment faites-vous donc pour avoir tant d'ennemis, monsieur Frélon ?

FRÉLON. — C'est que j'ai du mérite, monsieur Fabrice.

FABRICE. — Cela peut être, mais il n'y a encore que vous qui me l'ayez dit : on prétend que vous êtes un ignorant; cela ne me fait rien : mais on ajoute que vous êtes malicieux, et cela me fâche, car je suis bon homme.

FRÉLON. — J'ai le cœur bon, j'ai le cœur tendre; je dis un peu de mal des hommes, mais j'aime toutes les femmes, monsieur Fabrice, pourvu qu'elles soient jolies; et, pour vous le prouver, je veux absolument que vous m'introduisiez chez cette aimable personne qui loge chez vous, et que je n'ai pu encore voir dans son appartement.

FABRICE. — Oh, pardi ! monsieur Frélon, cette jeune personne-là n'est guère faite pour vous; car elle ne se vante jamais, et ne dit de mal de personne.

FRÉLON. — Elle ne dit de mal de personne, parce qu'elle ne connaît personne. N'en seriez-vous point amoureux, mon cher monsieur Fabrice ?

FABRICE. — Oh ! non : elle a quelque chose de si noble dans son air, que je n'ose jamais être amoureux d'elle : d'ailleurs sa vertu....

FRÉLON. — Ha! ha! ha! ha! sa vertu !...

FABRICE. — Oui, qu'avez-vous à rire ? est-ce que vous ne croyez pas à la vertu, vous? Voilà un équipage de campagne qui s'arrête à ma porte; un domestique en livrée qui porte une malle : c'est quelque seigneur qui vient loger chez moi.

FRÉLON. — Recommandez-moi vite à lui, mon cher ami.

SCÈNE II. — LE LORD MONROSE, FABRICE, FRÉLON.

MONROSE. — Vous êtes monsieur Fabrice, à ce que je crois?

FABRICE. — A vous servir, monsieur.

MONROSE. — Je n'ai que peu de jours à rester dans cette ville. O ciel ! daigne m'y protéger.... Infortuné que je suis !... On m'a dit que je serais mieux chez vous qu'ailleurs, que vous êtes un bon et honnête homme.

FABRICE. — Chacun doit l'être. Vous trouverez ici, monsieur, toutes les commodités de la vie, un appartement assez propre, table d'hôte, si vous daignez me faire cet honneur, liberté de manger chez vous, l'amusement de la conversation dans le café.

MONROSE. — Avez-vous ici beaucoup de locataires?

FABRICE. — Nous n'avons à présent qu'une jeune personne très-belle et très-vertueuse.

FRÉLON. — Eh! oui, très-vertueuse! hé! hé!

FABRICE. — Qui vit dans la plus grande retraite.

MONROSE. — La jeunesse et la beauté ne sont pas faites pour moi. Qu'on me prépare, je vous prie, un appartement où je puisse être en solitude.... Que de peines!... Y a-t-il quelque nouvelle intéressante dans Londres?

FABRICE. — M. Frélon peut vous en instruire, car il en fait; c'est l'homme du monde qui parle et qui écrit le plus. il est très-utile aux étrangers.

MONROSE, *en se promenant.* — Je n'en ai que faire.

FABRICE. — Je vais donner ordre que vous soyez bien servi. (*Il sort.*)

FRÉLON. — Voici un nouveau débarqué : c'est un grand seigneur, sans doute, car il a l'air de ne se soucier de personne. Milord, permettez que je vous présente mes hommages et ma plume.

MONROSE. — Je ne suis point milord; c'est être un sot de se glorifier de son titre, et c'est être un faussaire de s'arroger un titre qu'on n'a pas. Je suis ce que je suis : quel est votre emploi dans la maison?

FRÉLON. — Je ne suis point de la maison, monsieur; je passe ma vie au café : j'y compose des brochures, des feuilles; je sers les honnêtes gens. Si vous avez quelque ami à qui vous vouliez donner des éloges, ou quelque ennemi dont on doive dire du mal, quelque auteur à protéger ou à décrier, il n'en coûte qu'une pistole par paragraphe. Si vous voulez faire quelque connaissance agréable ou utile, je suis encore votre homme.

MONROSE. — Et vous ne faites point d'autre métier dans la ville?

FRÉLON. — Monsieur, c'est un très-bon métier.

MONROSE. — Et on ne vous a pas encore montré en public, le cou décoré d'un collier de fer de quatre pouces de hauteur?

FRÉLON. — Voilà un homme qui n'aime pas la littérature.

SCÈNE III. — FRÉLON, *se remettant à sa table. Plusieurs personnes paraissent dans l'intérieur du café.* MONROSE *avance sur le bord du théâtre.*

MONROSE. — Mes infortunes sont-elles assez longues, assez affreuses? Errant, proscrit, condamné à perdre la tête dans l'Écosse, ma patrie, j'ai perdu mes honneurs, ma femme, mon fils, ma famille entière : une fille me reste, errante comme moi, misérable, et peut-être déshonorée ; et je mourrai donc sans être vengé de cette barbare famille de Murray, qui m'a tout ôté, qui m'a rayé du nombre des vivants! car enfin je n'existe plus ; j'ai perdu jusqu'à mon nom par l'arrêt qui me condamne en Écosse ; je ne suis qu'une ombre qui vient errer autour de son tombeau.

UN *de ceux qui sont entrés dans le café, frappant sur l'épaule de Frélon qui écrit.* — Eh bien, tu étais hier à la pièce nouvelle ; l'auteur fut bien applaudi ; c'est un jeune homme de mérite, et sans fortune, que la nation doit encourager.

UN AUTRE. — Je me soucie bien d'une pièce nouvelle ! Les affaires publiques me désespèrent ; toutes les denrées sont à bon marché, on nage dans une abondance pernicieuse ; je suis perdu, je suis ruiné.

FRÉLON, *écrivant.* — Cela n'est pas vrai ; la pièce ne vaut rien ; l'auteur est un sot, et ses protecteurs aussi ; les affaires publiques n'ont jamais été plus mauvaises ; tout renchérit ; l'État est anéanti, et je le prouve par mes feuilles.

UN SECOND. — Tes feuilles sont des feuilles de chêne ; la vérité est que la philosophie est bien dangereuse, et que c'est elle qui nous a fait perdre l'île de Minorque.

MONROSE, *toujours sur le devant du théâtre.* — Le fils de milord Murray me payera tous mes malheurs. Que ne puis-je au moins, avant de périr, punir par le sang du fils toutes les barbaries du père !

UN TROISIÈME INTERLOCUTEUR, *dans le fond.* — La pièce d'hier m'a paru très-bonne.

FRÉLON. — Le mauvais goût gagne ; elle est détestable.

LE TROISIÈME INTERLOCUTEUR. — Il n'y a de détestable que tes critiques.

LE SECOND. — Et moi je vous dis que les philosophes font baisser les fonds publics, et qu'il faut envoyer un autre ambassadeur à la Porte.

FRÉLON. — Il faut siffler la pièce qui réussit, et ne pas souffrir qu'il se fasse rien de bon.

(*Ils parlent tous quatre en même temps.*)

UN INTERLOCUTEUR. — Va, s'il n'y avait rien de bon, tu perdrais le plus grand plaisir de la satire. Le cinquième acte surtout a de très-grandes beautés.

LE SECOND INTERLOCUTEUR. — Je n'ai pu me défaire d'aucune de mes marchandises.

LE TROISIÈME. — Il y a beaucoup à craindre cette année pour la Jamaïque ; ces philosophes la feront prendre.

FRÉLON. — Le quatrième et le cinquième acte sont pitoyables.

MONROSE, *se tournant.* — Quel sabbat !

LE PREMIER INTERLOCUTEUR. — Le gouvernement ne peut pas subsister tel qu'il est.

LE TROISIÈME INTERLOCUTEUR. — Si le prix de l'eau des Barbades ne baisse pas, la patrie est perdue.

MONROSE. — Se peut-il que toujours, et en tout pays, dès que les hommes sont rassemblés, ils parlent tous à la fois! Quelle rage de parler avec la certitude de n'être point entendu!

FABRICE, *arrivant avec une serviette*. — Messieurs, on a servi : surtout ne vous querellez point à table, ou je ne vous reçois plus chez moi. (*A Monrose.*) Monsieur veut-il nous faire l'honneur de venir dîner avec nous?

MONROSE. — Avec cette cohue? non, mon ami; faites-moi apporter à manger dans ma chambre. (*Il se retire à part, et dit à Fabrice:*) Ecoutez, un mot : milord Falbrige est-il à Londres?

FABRICE. — Non, mais il revient bientôt.

MONROSE. — Est-il vrai qu'il vient ici quelquefois?

FABRICE. — Il y venait avant son voyage d'Espagne.

MONROSE. — Cela suffit : bonjour. Que la vie m'est odieuse ! (*Il sort.*)

FABRICE. — Cet homme-là me paraît accablé de chagrins et d'idées. Je ne serais point surpris qu'il allât se tuer là-haut : ce serait dommage, il a l'air d'un honnête homme.

(*Les survenants sortent pour dîner. Frélon est toujours à la table où il écrit. Ensuite Fabrice frappe à la porte de l'appartement de Lindane.*)

SCÈNE IV. — FABRICE, POLLY, FRÉLON.

FABRICE. — Mademoiselle Polly! mademoiselle Polly!

POLLY. — Eh bien! qu'y a-t-il, notre cher hôte?

FABRICE. — Seriez-vous assez complaisante pour venir dîner en compagnie?

POLLY. — Hélas! je n'ose, car ma maîtresse ne mange point : comment voulez-vous que je mange? nous sommes si tristes!

FABRICE. — Cela vous égayera.

POLLY. — Je ne puis être gaie : quand ma maîtresse souffre, il faut que je souffre avec elle.

FABRICE. — Je vous enverrai donc secrètement ce qu'il vous faudra. (*Il sort.*)

FRÉLON, *se levant de sa table*. — Je vous suis, monsieur Fabrice. Ma chère Polly, vous ne voulez donc jamais m'introduire chez votre maîtresse? Vous rebutez toutes mes prières.

POLLY. — C'est bien à vous d'oser faire l'amoureux d'une personne de sa sorte!

FRÉLON. — Eh! de quelle sorte est-elle donc?

POLLY. — D'une sorte qu'il faut respecter : vous êtes fait tout au plus pour les suivantes.

FRÉLON. — C'est-à-dire que, si je vous en contais, vous **m'aimeriez?**

POLLY. — Assurément non.

FRÉLON. — Et pourquoi donc ta maîtresse s'obstine-t-elle à ne me point recevoir, et que la suivante me dédaigne?

POLLY. — Pour trois raisons : c'est que vous êtes bel esprit, ennuyeux, et méchant.

FRÉLON. — C'est bien à ta maîtresse, qui languit ici dans la pauvreté, à me dédaigner!

POLLY. — Ma maîtresse pauvre! qui vous a dit cela, langue de vipère? Ma maîtresse est très-riche : si elle ne fait point de dépense, c'est qu'elle hait le faste : elle est vêtue simplement par modestie; elle mange peu, c'est par régime; et vous êtes un impertinent.

FRÉLON. — Qu'elle ne fasse pas tant la fière : nous connaissons sa conduite, nous savons sa naissance, nous n'ignorons pas ses aventures.

POLLY. — Quoi donc? que connaissez-vous? que voulez-vous dire?

FRÉLON. — J'ai partout des correspondances.

POLLY. — O ciel! cet homme peut nous perdre. Monsieur Frélon, mon cher monsieur Frélon, si vous savez quelque chose, ne nous trahissez pas.

FRÉLON. — Ah! ah! j'ai donc deviné? il y a donc quelque chose? et je suis le cher M. Frélon. Ah çà, je ne dirai rien; mais il faut....

POLLY. — Quoi?

FRÉLON. — Il faut m'aimer.

POLLY. — Fi donc! cela n'est pas possible.

FRÉLON. — Ou aimez-moi, ou craignez-moi : vous savez qu'il y a quelque chose.

POLLY. — Non, il n'y a rien, sinon que ma maîtresse est aussi respectable que vous êtes haïssable : nous sommes très à notre aise, nous ne craignons rien, et nous nous moquons de vous.

FRÉLON. — Elles sont très à leur aise, de là je conclus que tout leur manque; elles ne craignent rien, c'est-à-dire qu'elles tremblent d'être découvertes.... Ah! je viendrai à bout de ces aventurières, ou je ne pourrai. Je me vengerai de leur insolence. Mépriser M. Frélon! (*Il sort.*)

SCÈNE V. — LINDANE, *sortant de sa chambre, dans un déshabillé des plus simples;* POLLY.

LINDANE. — Ah! ma pauvre Polly, tu étais avec ce vilain homme de Frélon : il me donne toujours de l'inquiétude : on dit que c'est un esprit de travers, et un homme dangereux, dont la langue, la plume, et les démarches, sont également méchantes; qu'il cherche à s'insinuer partout, pour faire le mal s'il n'y en a point, et pour l'augmenter s'il en trouve. Je serais sortie de cette maison qu'il fréquente, sans la probité et le bon cœur de notre hôte.

POLLY. — Il voulait absolument vous voir, et je le rembarrais...

LINDANE. — Il veut me voir! et milord Murray n'est point venu! il n'est point venu depuis deux jours!

POLLY. — Non, madame; mais parce que milord ne vient point, faut-il pour cela ne dîner jamais?

LINDANE. — Ah! souviens-toi surtout de lui cacher toujours ma misère, et à lui, et à tout le monde : ce n'est point la pauvreté qui est intolérable, c'est le mépris : je sais manquer de tout, mais je veux qu'on l'ignore.

POLLY. — Hélas! ma chère maîtresse, on s'en aperçoit assez en me voyant : pour vous, ce n'est pas de même; la grandeur d'âme vous soutient : il semble que vous vous plaisiez à combattre la mauvaise fortune; vous n'en êtes que plus belle; mais moi, je maigris à vue d'œil : depuis un an que vous m'avez prise à votre service en Écosse, je ne me reconnais plus.

LINDANE. — Il ne faut perdre ni le courage ni l'espérance : je supporte ma pauvreté, mais la tienne me déchire le cœur. Ma chère Polly, qu'au moins le travail de mes mains serve à rendre ta destinée moins affreuse : n'ayons d'obligation à personne; va vendre ce que j'ai brodé ces jours-ci. (*Elle lui donne un petit ouvrage de broderie.*) Je ne réussis pas mal à ces petits ouvrages. Que mes mains te nourrissent et t'habillent : tu m'as aidée : il est beau de ne devoir notre subsistance qu'à notre vertu.

POLLY. — Laissez-moi baiser, laissez-moi arroser de mes larmes ces belles mains qui ont fai ce travail précieux. Oui, madame, j'aimerais mieux mourir auprès de vous dans l'indigence, que de servir des reines. Que ne puis-je vous consoler!

LINDANE. — Hélas! milord Murray n'est point venu! lui, que je devrais haïr! lui, le fils de celui qui a fait tous nos malheurs! Ah! le nom de Murray nous sera toujours funeste : s'il vient, comme il viendra sans doute, qu'il ignore absolument ma patrie, mon état, mon infortune.

POLLY. — Savez-vous bien que ce méchant Frélon se vante d'en avoir quelque connaissance?

LINDANE. — Eh! comment pourrait-il en être instruit, puisque tu l'es à peine? Il ne sait rien; personne ne m'écrit : je suis dans ma chambre comme dans mon tombeau : mais il feint de savoir quelque chose, pour se rendre nécessaire. Garde-toi qu'il devine jamais seulement le lieu de ma naissance. Chère Polly, tu le sais, je suis une infortunée dont le père fut proscrit dans les derniers troubles, dont la famille est détruite; il ne me reste que mon courage. Mon père est errant de désert en désert, en Écosse. Je serais déjà partie de Londres pour m'unir à sa mauvaise fortune, si je n'avais pas quelque espérance en milord Falbrige. J'ai su qu'il avait été le meilleur ami de mon père. Personne n'abandonne son ami. Falbrige est revenu d'Espagne; il est à Windsor : j'attends son retour. Mais, hélas! Murray ne revient point! Je t'ai ouvert mon cœur; songe que tu le perces du coup de la mort si tu laisses jamais entrevoir l'état où je suis.

POLLY. — Et à qui en parlerais-je? je ne sors jamais d'auprès de vous; et puis le monde est si indifférent sur les malheurs d'autrui!

LINDANE. — Il est indifférent, Polly, mais il est curieux, mais il aime à déchirer les blessures des infortunés; et, si les hommes sont compatissants avec les femmes, ils en abusent, ils veulent se faire un droit de notre misère; et je veux rendre cette misère respectable. Mais hélas! milord Murray ne viendra point!

SCÈNE VI. — LINDANE, POLLY; FABRICE, *avec une serviette.*

FABRICE. — Pardonnez.... madame.... mademoiselle.... Je ne sais comment vous nommer, ni comment vous parler : vous m'imposez du respect. Je sors de table pour vous demander vos volontés... je ne sais comment m'y prendre.

LINDANE. — Mon cher hôte, croyez que toutes vos attentions me pénètrent le cœur; que voulez-vous de moi?

FABRICE. — C'est moi qui voudrais bien que vous voulussiez avoir quelque volonté. Il me semble que vous n'avez pas dîné hier.

LINDANE. — J'étais malade.

FABRICE. — Vous êtes plus que malade, vous êtes triste.... Entre nous, pardonnez.... il paraît que votre fortune n'est pas comme votre personne.

LINDANE. — Comment? quelle imagination! je ne me suis jamais plainte de ma fortune.

FABRICE. — Non, vous dis-je, elle n'est pas si belle, si bonne si désirable que vous l'êtes.

LINDANE. — Que voulez-vous dire?

FABRICE. — Que vous touchez ici tout le monde, et que vous l'évitez trop. Écoutez : je ne suis qu'un homme simple, qu'un homme du peuple; mais je vois tout votre mérite, comme si j'étais un homme de la cour : ma chère dame, un peu de bonne chère : nous avons là-haut un vieux gentilhomme, avec qui vous devriez manger.

LINDANE. — Moi me mettre à table avec un homme, avec un inconnu!...

FABRICE. — C'est un vieillard qui me paraît un galant homme. Vous paraissez bien affligée, il paraît bien triste aussi : deux afflictions mises ensemble peuvent devenir une consolation.

LINDANE. — Je ne veux, je ne peux voir personne.

FABRICE. — Souffrez au moins que ma femme vous fasse sa cour; daignez permettre qu'elle mange avec vous, pour vous tenir compagnie. Souffrez quelques soins...

LINDANE. — Je vous rends grâce avec sensibilité; mais je n'ai besoin de rien.

FABRICE. — Oh! je n'y tiens pas : vous n'avez besoin de rien, et vous n'avez pas le nécessaire!
LINDANE. — Qui vous en a pu imposer si témérairement?
FABRICE. — Pardon!
LINDANE. — Vous extravaguez, mon cher hôte.
FABRICE, *en tirant Polly par la manche.* — Va, ma pauvre Polly, il y a un bon dîner tout prêt dans le cabinet qui donne dans la chambre de ta maîtresse, je t'en avertis. Cette femme-là est incompréhensible. Mais qui est donc cette autre dame qui entre dans mon café comme si c'était un homme? elle a l'air bien furibond.
POLLY. — Ah! ma chère maîtresse, c'est milady Alton, celle qui voulait épouser milord; je l'ai vue une fois rôder près d'ici : c'est elle.
LINDANE. — Milord ne viendra point, c'en est fait; je suis perdue : pourquoi me suis-je obstinée à vivre? (*Elle rentre.*)

SCÈNE VII. — LADY ALTON, *ayant traversé avec colère le théâtre, et prenant Fabrice par le bras.*

Suivez-moi, il faut que je vous parle.
FABRICE. — A moi, madame?
LADY ALTON. — A vous, malheureux!
FABRICE. — Quelle diablesse de femme!

ACTE SECOND

SCÈNE I. — LADY ALTON, FABRICE.

LADY ALTON. — Je ne crois pas un mot de ce que vous me dites, monsieur le cafetier. Vous me mettez toute hors de moi-même.
FABRICE. — Eh! madame, revenez à vous.
LADY ALTON. — Vous m'osez assurer que cette aventurière est une personne d'honneur, après qu'elle a reçu chez elle un homme de la cour; vous devriez mourir de honte.
FABRICE. — Pourquoi, madame? Quand milord y est venu, il n'y est point venu en secret; elle l'a reçu en public, les portes de son appartement ouvertes, ma femme présente. Vous pouvez mépriser mon état, mais vous devez estimer ma probité; et quant à celle que vous appelez aventurière, si vous connaissiez ses mœurs, vous la respecteriez.
LADY ALTON. — Laissez-moi, vous m'importunez.
FABRICE. — Oh! quelle femme! quelle femme!
LADY ALTON. (*Elle va à la porte de Lindane, et frappe rudement.*) — Qu'on m'ouvre.

SCÈNE II. — LINDANE, LADY ALTON.

LINDANE. — Eh! qui peut frapper ainsi? et que vois-je?

LADY ALTON. — Connaissez-vous les grandes passions, mademoiselle?

LINDANE. — Hélas! madame, voilà une étrange question.

LADY ALTON. — Connaissez-vous l'amour véritable, non pas l'amour insipide, l'amour langoureux; mais cet amour-là, qui fait qu'on voudrait empoisonner sa rivale, tuer son amant, et se jeter ensuite par la fenêtre?

LINDANE. — Mais c'est la rage dont vous me parlez là.

LADY ALTON. — Sachez que je n'aime point autrement, que je suis jalouse, vindicative, furieuse, implacable.

LINDANE. — Tant pis pour vous, madame.

LADY ALTON. — Répondez-moi; milord Murray n'est-il pas venu ici quelquefois?

LINDANE. — Que vous importe, madame? et de quel droit venez-vous m'interroger? Suis-je une criminelle? êtes-vous mon juge?

LADY ALTON. — Je suis votre partie : si milord vient encore vous voir, si vous flattez la passion de cet infidèle, tremblez : renoncez à lui, ou vous êtes perdue.

LINDANE. — Vos menaces m'affermiraient dans ma passion pour lui, si j'en avais une.

LADY ALTON. — Je vois que vous l'aimez, que vous vous laissez séduire par un perfide; je vois qu'il vous trompe, et que vous me bravez : mais sachez qu'il n'est point de vengeance à laquelle je ne me porte.

LINDANE. — Eh bien! madame, puisqu'il est ainsi, je l'aime.

LADY ALTON. — Avant de me venger, je veux vous confondre; tenez, connaissez le traître; voilà les lettres qu'il m'a écrites : voilà son portrait qu'il m'a donné. (*Elle le donne à Lindane.*)

LINDANE. — Qu'ai-je vu, malheureuse!... Madame....

LADY ALTON. — Eh bien?...

LINDANE, *en rendant le portrait.* — Je ne l'aime plus.

LADY ALTON. — Gardez votre résolution et votre promesse; sachez que c'est un homme inconstant, dur, orgueilleux, que c'est le plus mauvais caractère....

LINDANE. — Arrêtez, madame; si vous continuiez à en dire du mal, je l'aimerais peut-être encore. Vous êtes venue ici pour achever de m'ôter la vie; vous n'aurez pas de peine. Polly, c'en est fait; allons cacher la dernière de mes douleurs.

(Elles sortent.)

SCÈNE III. — LADY ALTON, FRÉLON.

LADY ALTON. — Quoi! être trahie, abandonnée pour cette petite créature! (*A Frélon.*) Gazetier littéraire, approchez; m'avez-

ACTE II, SCÈNE III.

vous servie? avez-vous employé vos correspondances? m'avez-vous obéi? avez-vous découvert quelle est cette insolente qui fait le malheur de ma vie?

FRÉLON. — J'ai rempli les volontés de Votre Grandeur; je sais qu'elle est Écossaise, et qu'elle se cache.

LADY ALTON. — Voilà de belles nouvelles!

FRÉLON. — Je n'ai rien découvert de plus jusqu'à présent.

LADY ALTON. — Et en quoi m'as-tu donc servie?

FRÉLON. — Quand on découvre peu de chose, on ajoute quelque chose, et quelque chose avec quelque chose fait beaucoup. J'ai fait une hypothèse.

LADY ALTON. — Comment, pédant! une hypothèse?

FRÉLON. — Oui; j'ai supposé qu'elle est malintentionnée contre le gouvernement.

LADY ALTON. — Ce n'est point supposer, rien n'est posé plus vrai; elle est très-malintentionnée, puisqu'elle veut m'enlever mon amant.

FRÉLON. — Vous voyez bien que, dans un temps de trouble, une Écossaise qui se cache est une ennemie de l'État.

LADY ALTON. — Je ne le vois pas; mais je voudrais que la chose fût.

FRÉLON. — Je ne le parierais pas, mais j'en jurerais.

LADY ALTON. — Et tu serais capable de l'affirmer?

FRÉLON. — Je suis en relation avec des personnes de conséquence, je connais fort la maîtresse du valet de chambre d'un premier commis du ministre; je pourrais même parler aux laquais de milord votre amant, et dire que le père de cette fille, en qualité de malintentionné, l'a envoyée à Londres comme malintentionnée; je supposerais même que le père est ici. Voyez-vous, cela pourrait avoir des suites, et on mettrait votre rivale en prison.

LADY ALTON. — Ah! je respire; les grandes passions veulent être servies par des gens sans scrupule; je n'aime ni les demi-vengeances, ni les demi-fripons; je veux que le vaisseau aille à pleines voiles, ou qu'il se brise. Tu as raison; une Écossaise qui se cache, dans un temps où tous les gens de son pays sont suspects, est sûrement une ennemie de l'État. Je croyais que tu n'étais qu'un barbouilleur de papier, mais je vois que tu as en effet des talents. Je t'ai déjà récompensé; je te récompenserai encore. Il faudra m'instruire de tout ce qui se passe ici.

FRÉLON. — Madame, je vous conseille de faire usage de tout ce que vous saurez, et même de ce que vous ne saurez pas. La vérité a besoin de quelques ornements : le mensonge peut être vilain, mais la fiction est belle; qu'est-ce, après tout, que la vérité? la conformité à nos idées : or ce qu'on dit est toujours conforme à l'idée qu'on a quand on parle; ainsi il n'y a point proprement de mensonge.

LADY ALTON. — Tu me parais subtil : il semble que tu aies **étudié** à Saint-Omer[1]. Va, dis-moi seulement ce que tu découvriras, je ne t'en demande pas davantage.

SCÈNE IV. — LADY ALTON, FABRICE.

LADY ALTON. — Voilà, je l'avoue, le plus impudent et le plus lâche coquin qui soit dans les trois royaumes. Nos dogues mordent par instinct de courage ; et lui, par instinct de bassesse. A présent que je suis un peu plus de sang-froid, je pense qu'il me ferait haïr la vengeance ; je sens que je prendrais contre lui le parti de ma rivale. Elle a dans son état humble une fierté qui me plaît ; elle est décente, on la dit sage : mais elle m'enlève mon amant, il n'y a pas moyen de pardonner. (*A Fabrice qu'elle aperçoit agissant dans le café.*) Adieu, mon maître ; faisons la paix : vous êtes un honnête homme, vous ; mais vous avez dans votre maison un vilain griffonneur.

FABRICE. — Bien des gens m'ont déjà dit, madame, qu'il est aussi méchant que Lindane est vertueuse et aimable.

LADY ALTON. — Aimable ! tu me perces le cœur.

SCÈNE V. — FREEPORT, *vêtu simplement, mais proprement, avec un large chapeau* ; FABRICE.

FABRICE. — Ah ! Dieu soit béni ! vous voilà de retour, monsieur Freeport ; comment vous trouvez-vous de votre voyage à la Jamaïque ?

FREEPORT. — Fort bien, monsieur Fabrice. J'ai gagné beaucoup, mais je m'ennuie. (*Au garçon du café.*) Hé, du chocolat, les papiers publics ; on a plus de peine à s'amuser qu'à s'enrichir.

FABRICE. — Voulez-vous les feuilles de Frélon ?

FREEPORT. — Non : que m'importe ce fatras ? Je me soucie bien qu'une araignée dans le coin d'un mur marche sur sa toile pour sucer le sang des mouches ! Donnez les gazettes ordinaires. Qu'y a-t-il de nouveau dans l'État ?

FABRICE. — Rien pour le présent.

FREEPORT. — Tant mieux ; moins de nouvelles, moins de sottises. Comment vont vos affaires, mon ami ? Avez-vous beaucoup de monde chez vous ? qui logez-vous à présent ?

FABRICE. — Il est venu ce matin un vieux gentilhomme qui ne veut voir personne.

FREEPORT. — Il a raison : les hommes ne sont pas bons à grand'chose : fripons ou sots, voilà pour les trois quarts ; et pour l'autre quart, il se tient chez soi.

---

[1] Il y avait à Saint-Omer un collége de jésuites anglais très-renommé dans toute la Grande-Bretagne.

FABRICE. — Cet homme n'a pas même la curiosité de voir une femme charmante que nous avons dans la maison.

FREEPORT. — Il a tort. Et quelle est cette femme charmante?

FABRICE. — Elle est encore plus singulière que lui; il y a quatre mois qu'elle est chez moi, et qu'elle n'est pas sortie de son appartement; elle s'appelle Lindane; mais je ne crois pas que ce soit son véritable nom.

FREEPORT. — C'est sans doute une honnête femme, puisqu'elle loge ici.

FABRICE. — Oh! elle est bien plus qu'honnête; elle est belle, pauvre, et vertueuse : entre nous, elle est dans la dernière misère, et elle est fière à l'excès.

FREEPORT. — Si cela est, elle a bien plus tort que votre vieux gentilhomme.

FABRICE. — Oh! point; sa fierté est encore une vertu de plus; elle consiste à se priver du nécessaire, et à ne vouloir pas qu'on le sache : elle travaille de ses mains pour gagner de quoi me payer, ne se plaint jamais, dévore ses larmes; j'ai mille peines à lui faire garder pour ses besoins l'argent de son loyer : il faut des ruses incroyables pour faire passer jusqu'à elle les moindres secours; je lui compte tout ce que je lui fournis à moitié de ce qu'il coûte; quand elle s'en aperçoit, ce sont des querelles qu'on ne peut apaiser, et c'est la seule qu'elle ait eue dans la maison : enfin, c'est un prodige de malheur, de noblesse, et de vertu; elle m'arrache quelquefois des larmes d'admiration et de tendresse.

FREEPORT. — Vous êtes bien tendre; je ne m'attendris point, moi; je n'admire personne; mais j'estime.... Écoutez : comme je m'ennuie, je veux voir cette femme-là; elle m'amusera.

FABRICE. — Oh! monsieur, elle ne reçoit presque jamais de visites. Nous avions un milord qui venait quelquefois chez elle; mais elle ne voulait point lui parler sans que ma femme y fût présente; depuis quelque temps il n'y vient plus, et elle vit plus retirée que jamais.

FREEPORT. — J'aime les personnes de cette humeur; je hais la cohue aussi bien qu'elle : qu'on me la fasse venir; où est son appartement?

FABRICE. — Le voici de plain-pied au café.

FREEPORT. — Allons, je veux entrer.

FABRICE. — Cela ne se peut pas.

FREEPORT. — Il faut bien que cela se puisse : où est la difficulté d'entrer dans une chambre? Qu'on m'apporte chez elle mon chocolat et les gazettes. (*Il tire sa montre.*) Je n'ai pas beaucoup de temps à perdre; mes affaires m'appellent à deux heures. (*Il pousse la porte et entre.*)

SCÈNE VI. — LINDANE, *paraissant tout effrayée;* POLLY *la suit;* FREEPORT, FABRICE.

LINDANE. — Eh, mon Dieu! qui entre ainsi chez moi avec tant de fracas? Monsieur, vous me paraissez peu civil, et vous devriez respecter davantage ma solitude et mon sexe.
FREEPORT. — Pardon. (*A Fabrice.*) Qu'on m'apporte mon chocolat, vous dis-je.
FABRICE. — Oui, monsieur, si madame le permet.
(*Freeport s'assied près d'une table, lit la gazette, et jette un coup d'œil sur Lindane et sur Polly : il ôte son chapeau et le remet.*)
POLLY. — Cet homme me paraît familier.
FREEPORT. — Madame, pourquoi ne vous asseyez-vous pas quand je suis assis?
LINDANE. — Monsieur, c'est que vous ne devriez pas l'être; c'est que je suis très-étonnée; c'est que je ne reçois point de visite d'un inconnu.
FREEPORT. — Je suis très-connu; je m'appelle Freeport, loyal négociant, riche; informez-vous de moi à la Bourse.
LINDANE. — Monsieur, je ne connais personne en ce pays-là, et vous me feriez plaisir de ne point incommoder une femme à qui vous devez quelques égards.
FREEPORT. — Je ne prétends point vous incommoder; je prends mes aises, prenez les vôtres; je lis les gazettes; travaillez en tapisserie, et prenez du chocolat avec moi.... ou sans moi.... comme vous voudrez.
POLLY. — Voilà un étrange original!
LINDANE. — O ciel! quelle visite je reçois! Cet homme bizarre m'assassine; je ne pourrai m'en défaire : comment M. Fabrice a-t-il pu souffrir cela? Il faut bien s'asseoir. (*Elle s'assied, et travaille à son ouvrage.*)
(*Un garçon apporte du chocolat; Freeport en prend sans en offrir; il parle et boit par reprises.*)
FREEPORT. — Écoutez. Je ne suis pas homme à compliment; on m'a dit de vous.... le plus grand bien qu'on puisse dire d'une femme : vous êtes pauvre et vertueuse; mais on ajoute que vous êtes fière, et cela n'est pas bien.
POLLY. — Et qui vous a dit tout cela, monsieur?
FREEPORT. — Parbleu, c'est le maître de la maison, qui est un très-galant homme, et que j'en crois sur sa parole.
LINDANE. — C'est un tour qu'il vous joue : il vous a trompé, monsieur; non pas sur la fierté, qui n'est que le partage de la vraie modestie; non pas sur la vertu, qui est mon premier devoir; mais sur la pauvreté, dont il me soupçonne. Qui n'a besoin de rien n'est jamais pauvre.
FREEPORT. — Vous ne dites pas la vérité, et cela est encore

ACTE II, SCÈNE VI.

plus mal que d'être fière : je sais mieux que vous que vous manquez de tout, et quelquefois même vous vous dérobez un repas.

POLLY. — C'est par ordre du médecin.

FREEPORT. — Taisez-vous ; est-ce que vous êtes fière aussi, vous ?

POLLY. — Oh ! l'original ! l'original !

FREEPORT. — En un mot, ayez de l'orgueil ou non, peu m'importe. J'ai fait un voyage à la Jamaïque, qui m'a valu cinq mille guinées ; je me suis fait une loi (et ce doit être celle de tout bon chrétien) de donner toujours le dixième de ce que je gagne ; c'est une dette que ma fortune doit payer à l'état malheureux où vous êtes.... oui, où vous êtes, et dont vous ne voulez pas convenir. Voilà ma dette de cinq cents guinées payée. Point de remercîment, point de reconnaissance ; gardez l'argent et le secret. (*Il jette une grosse bourse sur la table.*)

POLLY. — Ma foi, ceci est bien plus original encore.

LINDANE, *se levant et se détournant*. — Je n'ai jamais été si confondue. Hélas ! que tout ce qui m'arrive m'humilie ! quelle générosité ! mais quel outrage !

FREEPORT, *continuant à lire les gazettes et à prendre son chocolat*. — L'impertinent gazetier ! le plat animal ! peut-on dire de telles pauvretés avec un ton si emphatique ? *Le roi est venu en haute personne*. Eh, malotru ! qu'importe que sa personne soit haute ou petite ? Dis le fait tout rondement.

LINDANE, *s'approchant de lui*. — Monsieur....

FREEPORT. — Eh bien ?

LINDANE. — Ce que vous faites pour moi me surprend plus encore que ce que vous dites ; mais je n'accepterai certainement point l'argent que vous m'offrez : il faut vous avouer que je ne me crois pas en état de vous le rendre.

FREEPORT. — Qui vous parle de le rendre ?

LINDANE. — Je ressens jusqu'au fond du cœur toute la vertu de votre procédé, mais la mienne ne peut en profiter : recevez mon admiration, c'est tout ce que je puis.

POLLY. — Vous êtes cent fois plus singulière que lui. Eh ! madame, dans l'état où vous êtes, abandonnée de tout le monde, avez-vous perdu l'esprit de refuser un secours que le ciel vous envoie par la main du plus bizarre et du plus galant homme du monde ?

FREEPORT. — Et que veux-tu dire, toi ? en quoi suis-je bizarre ?

POLLY. — Si vous ne prenez pas pour vous, madame, prenez pour moi ; je vous sers dans votre malheur, il faut que je profite au moins de cette bonne fortune. Monsieur, il ne faut plus dissimuler ; nous sommes dans la dernière misère, et, sans la bonté attentive du maître du café, nous serions mortes mille fois. Ma maîtresse a caché son état à ceux qui pouvaient lui rendre service ; vous l'avez su malgré elle : obligez-la, malgré elle, à ne pas se priver du nécessaire que le ciel lui envoie par vos mains généreuses.

LINDANE. — Tu me perds d'honneur, ma chère Polly.

POLLY. — Et vous vous perdez de folie, ma chère maîtresse.

LINDANE. — Si tu m'aimes, prends pitié de ma gloire; ne me réduis pas à mourir de honte pour avoir de quoi vivre.

FREEPORT, *toujours lisant.* — Que disent ces bavardes-là?

POLLY. — Si vous m'aimez, ne me réduisez pas à mourir de faim par vanité.

LINDANE. — Polly, que dirait milord, s'il m'aimait encore, s'il me croyait capable d'une telle bassesse? J'ai toujours feint avec lui de n'avoir aucun besoin de secours, et j'en accepterais d'un autre! d'un inconnu!

POLLY. — Vous avez mal fait de feindre, et vous faites très-mal de refuser. Milord ne dira rien, car il vous abandonne.

LINDANE. — Ma chère Polly, au nom de nos malheurs, ne nous déshonorons point : congédie honnêtement cet homme estimable et grossier, qui sait donner, et qui ne sait pas vivre; dis-lui que quand une fille accepte d'un homme de tels présents, elle est toujours soupçonnée d'en payer la valeur aux dépens de sa vertu.

FREEPORT, *toujours prenant son chocolat, et lisant.* — Hein! que dit-elle là?

POLLY, *s'approchant de lui.* — Hélas! monsieur, elle dit des choses qui me paraissent absurdes; elle parle de soupçons; elle dit qu'une fille....

FREEPORT. — Ah! ah! est-ce qu'elle est fille?

POLLY. — Oui, monsieur, et moi aussi.

FREEPORT. — Tant mieux; elle dit donc qu'une fille...?

POLLY. — Qu'une fille ne peut honnêtement accepter d'un homme.

FREEPORT. — Elle ne sait ce qu'elle dit : pourquoi me soupçonner d'un dessein malhonnête, quand je fais une action honnête?

POLLY. — Entendez-vous, mademoiselle?

LINDANE. — Oui, j'entends, je l'admire, et je suis inébranlable dans mon refus. Polly, on dirait qu'il m'aime : oui, ce méchant homme de Frélon le dirait : je serais perdue.

POLLY, *allant vers Freeport.* — Monsieur, elle craint que l'on ne dise que vous l'aimez.

FREEPORT. — Quelle idée! comment puis-je l'aimer? je ne la connais pas. Rassurez-vous, mademoiselle, je ne vous aime point du tout. Si je viens dans quelques années à vous aimer par hasard, et vous aussi à m'aimer, à la bonne heure.... comme vous vous aviserez je m'aviserai. Si vous vous en passez, je m'en passerai. Si vous dites que je vous ennuie, vous m'ennuierez. Si vous voulez ne me revoir jamais, je ne vous reverrai jamais. Si vous voulez que je revienne, je reviendrai. Adieu, adieu. (*Il tire sa montre.*) Mon temps se perd, j'ai des affaires; serviteur

LINDANE. — Allez, monsieur, emportez mon estime et ma reconnaissance; mais surtout emportez votre argent, et ne me faites pas rougir davantage.

FREEPORT. — Elle est folle.

LINDANE. — Fabrice! monsieur Fabrice! à mon secours! venez!

FABRICE, *arrivant en hâte*. — Quoi donc, madame?

LINDANE, *lui donnant la bourse*. — Tenez, prenez cette bourse que monsieur a laissée par mégarde; remettez-la-lui, je vous en charge; assurez-le de mon estime, et sachez que je n'ai besoin du secours de personne.

FABRICE, *prenant la bourse*. — Ah! monsieur Freeport, je vous reconnais bien à cette bonne action : mais comptez que mademoiselle vous trompe, et qu'elle en a très-grand besoin.

LINDANE. — Non, cela n'est pas vrai. Ah! monsieur Fabrice! est-ce vous qui me trahissez?

FABRICE. — Je vais vous obéir, puisque vous le voulez. (*Bas à M. Freeport.*) Je garderai cet argent, et il servira, sans qu'elle le sache, à lui procurer tout ce qu'elle se refuse. Le cœur me saigne; son état et sa vertu me pénètrent l'âme.

FREEPORT. — Elles me font aussi quelque sensation; mais elle est trop fière. Dites-lui que cela n'est pas bien d'être fière. Adieu

SCÈNE VII. — LINDANE, POLLY.

POLLY. — Vous avez là bien opéré, madame; le ciel daignait vous secourir; vous voulez mourir dans l'indigence; vous voulez que je sois la victime d'une vertu dans laquelle il entre peut-être un peu de vanité; et cette vanité nous perd l'une et l'autre.

LINDANE. — C'est à moi de mourir, ma chère enfant; milord ne m'aime plus; il m'abandonne depuis trois jours; il a aimé mon impitoyable et superbe rivale; il l'aime encore, sans doute; c'en est fait; j'étais trop coupable en l'aimant; c'est une erreur qui doit finir. (*Elle écrit.*)

POLLY. — Elle paraît désespérée; hélas! elle a sujet de l'être; son état est bien plus cruel que le mien : une suivante a toujours des ressources; mais une personne qui se respecte n'en a pas.

LINDANE, *ayant plié sa lettre.* — Je ne fais pas un bien grand sacrifice. Tiens, quand je ne serai plus, porte cette lettre à celui...

POLLY. — Que dites-vous?

LINDANE. — A celui qui est la cause de ma mort : je te recommande à lui; mes dernières volontés le toucheront. Va, (*Elle l'embrasse.*) sois sûre que de tant d'amertumes, celle de n'avoir pu te récompenser moi-même n'est pas la moins sensible à ce cœur infortuné.

POLLY. — Ah! mon adorable maîtresse! que vous me faites verser de larmes, et que vous me glacez d'effroi! Que voulez-vous faire? quel dessein horrible! quelle lettre! Dieu me préserve de la lui rendre jamais! (*Elle déchire la lettre.*) Hélas! pourquoi ne vous êtes-vous pas expliquée avec milord? Peut-être que votre réserve cruelle lui aura déplu.

LINDANE. — Tu m'ouvres les yeux, je lui aurai déplu, sans doute : mais comment me découvrir au fils de celui qui a perdu mon père et ma famille?

POLLY. — Quoi! madame, ce fut donc le père de milord qui....

LINDANE. — Oui, ce fut lui-même qui persécuta mon père, qui le fit condamner à la mort, qui nous a dégradés de noblesse, qui nous a ravi notre existence. Sans père, sans mère, sans bien, je n'ai que ma gloire et mon fatal amour. Je devais détester le fils de Murray; la fortune qui me poursuit me l'a fait connaître; je l'ai aimé, et je dois m'en punir.

POLLY. — Que vois-je! vous pâlissez, vos yeux s'obscurcissent....

LINDANE. — Puisse ma douleur me tenir lieu du poison et du fer que j'implorais!

POLLY. — A l'aide, monsieur Fabrice, à l'aide! Ma maîtresse s'évanouit.

FABRICE. — Au secours! que tout le monde descende, ma femme, ma servante, monsieur le gentilhomme de là-haut, tout le monde...

(*La femme et la servante de Fabrice, et Polly, emmènent Lindane dans sa chambre.*)

LINDANE, *en sortant.* — Pourquoi me rendez-vous à la vie?

SCÈNE VIII. — MONROSE, FABRICE.

MONROSE. — Qu'y a-t-il donc, notre hôte?

FABRICE. — C'était cette belle demoiselle, dont je vous ai parlé, qui s'évanouissait; mais ce ne sera rien.

MONROSE. — Ah! tant mieux, vous m'avez effrayé. Je croyais que le feu était à la maison.

FABRICE. — J'aimerais mieux qu'il y fût que de voir cette jeune personne en danger. Si l'Écosse a plusieurs filles comme elle, ce doit être un beau pays.

MONROSE. — Quoi! elle est d'Écosse?

FABRICE. — Oui, monsieur, je ne le sais que d'aujourd'hui, c'est notre faiseur de feuilles qui me l'a dit, car il sait tout, lui.

MONROSE. — Et son nom, son nom?

FABRICE. — Elle s'appelle Lindane.

MONROSE. — Je ne connais point ce nom-là. (*Il se promène.*) On ne prononce point le nom de ma patrie que mon cœur ne soit déchiré. Peut-on avoir été traité avec plus d'injustice et de barbarie! Tu es mort, cruel Murray, indigne ennemi! ton fils reste, j'aurai justice ou vengeance. O ma femme! mes chers enfants! ma fille! j'ai donc tout perdu sans ressource! Que de coups de poignard auraient fini mes jours, si la juste fureur de me venger ne me forçait pas à porter dans l'affreux chemin du monde ce fardeau détestable de la vie!

FABRICE, *revenant.* — Tout va mieux, Dieu merci.

MONROSE. — Comment? quel changement y a-t-il dans les affaires? quelle révolution?

FABRICE. — Monsieur, elle a repris ses sens; elle se porte très-bien; encore un peu pâle, mais toujours belle.

MONROSE. — Ah! ce n'est que cela? Il faut que je sorte, que j'aille, que je hasarde.... oui.... je le veux. (*Il sort.*)

FABRICE. — Cet homme ne se soucie pas des filles qui s'évanouissent. S'il avait vu Lindane, il ne serait pas si indifférent.

ACTE TROISIÈME.

SCÈNE I. — LADY ALTON, ANDRÉ.

LADY ALTON. — Oui, puisque je ne peux voir le traître chez lui, je le verrai ici; il y viendra, sans doute. Frélon avait raison; une Écossaise ici dans ce temps de trouble! elle conspire contre l'État; elle sera enlevée, l'ordre est donné : ah! du moins, c'est contre moi qu'elle conspire! c'est de quoi je ne suis que trop sûre. Voici André, le laquais de milord; je serai instruite de tout mon malheur. André, vous apportez ici une lettre de milord, n'est-il pas vrai?

ANDRÉ. — Oui, madame.

LADY ALTON. — Elle est pour moi?

ANDRÉ. — Non, madame; je vous jure.

LADY ALTON. — Comment? ne m'en avez-vous pas apporté plusieurs de sa part?

ANDRÉ. — Oui, mais celle-ci n'est pas pour vous; c'est pour une personne qu'il aime à la folie.

LADY ALTON. — Eh bien! ne m'aimait-il pas à la folie, quand il m'écrivait?

ANDRÉ. — Oh! que non, madame; il vous aimait si tranquillement! mais ici ce n'est pas de même; il ne dort ni ne mange; il court jour et nuit; il ne parle que de sa chère Lindane; cela est tout différent, vous dis-je.

LADY ALTON. — Le perfide! le méchant homme! N'importe, je vous dis que cette lettre est pour moi : n'est-elle pas sans dessus?

ANDRÉ. — Oui, madame.

LADY ALTON. — Toutes les lettres que vous m'avez apportées n'étaient-elles pas sans dessus aussi?

ANDRÉ. — Oui; mais elle est pour Lindane.

LADY ALTON. — Je vous dis qu'elle est pour moi; et, pour vous le prouver, voici dix guinées de port que je vous donne.

ANDRÉ. — Ah! oui, madame, vous m'y faites penser, vous avez raison, la lettre est pour vous, je l'avais oublié.... Mais cependant, comme elle n'était pas pour vous, ne me décelez pas; dites que vous l'avez trouvée chez Lindane.

LADY ALTON. — Laisse-moi faire.

ANDRÉ. — Quel mal, après tout, de donner à une femme une lettre écrite pour une autre? Il n'y a rien de perdu; toutes ces lettres se ressemblent. Si Mlle Lindane ne reçoit pas sa lettre, elle en recevra d'autres. Ma commission est faite. Oh! je fais bien mes commissions, moi. (*Il sort.*)

LADY ALTON, *ouvre la lettre, et lit.* — Lisons : *Ma chère, ma respectable, ma vertueuse Lindane....* Il ne m'en a jamais tant écrit.... *Il y a deux jours, il y a un siècle que je m'arrache au bonheur d'être à vos pieds, mais c'est pour vos seuls intérêts : je sais qui vous êtes, et ce que je vous dois : je périrai, ou les choses changeront. Mes amis agissent; comptez sur moi comme sur l'amant le plus fidèle, et sur un homme digne peut-être de vous servir.* — (*Après avoir lu.*) C'est une conspiration, il n'en faut point douter : elle est d'Écosse; sa famille est malintentionnée; le père de Murray a commandé en Écosse; ses amis agissent : il court jour et nuit. Dieu merci, j'ai agi aussi; et, si elle n'accepte pas mes offres, elle sera enlevée dans une heure, avant que son indigne amant la secoure.

SCÈNE II. — LADY ALTON, POLLY, LINDANE.

LADY ALTON, *à Polly, qui passe de la chambre de sa maîtresse dans une chambre du café*. — Mademoiselle, allez dire tout à l'heure à votre maîtresse qu'il faut que je lui parle, qu'elle ne craigne rien, que je n'ai que des choses très-agréables à lui dire; qu'il s'agit de son bonheur (*Avec emportement.*) et qu'il faut qu'elle vienne tout à l'heure, tout à l'heure : entendez-vous? qu'elle ne craigne point, vous dis-je.

POLLY. — Oh! madame! nous ne craignons rien; mais votre physionomie me fait trembler.

LADY ALTON. — Nous verrons si je ne viens pas à bout de cette fille vertueuse, avec les propositions que je vais lui faire.

LINDANE, *arrivant toute tremblante, soutenue par Polly.* — Que voulez-vous, madame? venez-vous insulter encore à ma douleur?

LADY ALTON. — Non; je viens vous rendre heureuse. Je sais que vous n'avez rien; je suis riche, je suis grande dame; je vous offre un de mes châteaux sur les frontières d'Écosse, avec les terres qui en dépendent; allez-y vivre avec votre famille, si vous en avez ; mais il faut dans l'instant que vous abandonniez milord pour jamais, et qu'il ignore, toute sa vie, votre retraite.

LINDANE. — Hélas! madame, c'est lui qui m'abandonne ; ne soyez point jalouse d'une infortunée ; vous m'offrez en vain une retraite ; j'en trouverai sans vous une éternelle, dans laquelle je n'aurai pas au moins à rougir de vos bienfaits.

LADY ALTON. — Comme vous me répondez, téméraire !

LINDANE. — La témérité ne doit point être mon partage ; mais la fermeté doit l'être. Ma naissance vaut bien la vôtre ; mon cœur vaut peut-être mieux ; et, quant à ma fortune, elle ne dépendra jamais de personne, encore moins de ma rivale. (*Elle sort.*)

LADY ALTON, *seule.* — Elle dépendra de moi. Je suis fâchée qu'elle me réduise à cette extrémité. Mais enfin, elle m'y a forcée. Infidèle amant ! passion funeste !

SCÈNE III. — FREEPORT, MONROSE, *paraissant dans le café avec* LA FEMME DE FABRICE ; LA SERVANTE, LES GARÇONS DU CAFÉ, *qui mettent tout en ordre ;* FABRICE, LADY ALTON.

LADY ALTON, *à Fabrice.* — Monsieur Fabrice, vous me voyez ici souvent ; c'est votre faute.

FABRICE. — Au contraire, madame, nous souhaiterions....

LADY ALTON. — J'en suis fâchée plus que vous ; mais vous m'y reverrez encore, vous dis-je. (*Elle sort.*)

FABRICE. — Tant pis. A qui en a-t-elle donc? Quelle différence d'elle à cette Lindane, si belle et si patiente !

FREEPORT. — Oui. A propos, vous m'y faites songer ; elle est, comme vous dites, belle et honnête.

FABRICE. — Je suis fâché que ce brave gentilhomme ne l'ait pas vue ; il en aurait été touché.

MONROSE. — Ah ! j'ai d'autres affaires en tête.... (*A part.*) Malheureux que je suis !

FREEPORT. — Je passe mon temps à la Bourse ou à la Jamaïque : cependant la vue d'une jeune personne ne laisse pas de réjouir les yeux d'un galant homme. Vous me faites songer, vous dis-je, à cette petite créature : beau maintien, conduite sage, belle tête, démarche noble. Il faut que je la voie un de ces jours encore une fois.... C'est dommage qu'elle soit si fière.

MONROSE, *à Freeport.* — Notre hôte m'a confié que vous en aviez agi avec elle d'une manière admirable.

FREEPORT. — Moi? non.... n'en auriez-vous pas fait autant à ma place ?

MONROSE. — Je le crois, si j'étais riche, et si elle le méritait.

FREEPORT. — Eh bien ! que trouvez-vous donc là d'admirable? (*Il prend les gazettes.*) Ah! ah! voyons ce que disent les nouveaux papiers d'aujourd'hui Hom! hom! le lord Falbrige mort!

MONROSE, *s'avançant.* — Falbrige mort! le seul ami qui me restait sur la terre! le seul dont j'attendais quelque appui! Fortune! tu ne cesseras jamais de me persécuter!

FREEPORT. — Il était votre ami? j'en suis fâché.... « D'Édimbourg, le 14 avril.... On cherche partout le lord Monrose, condamné depuis onze ans à perdre la tête. »

MONROSE. — Juste ciel! qu'entends-je? hem! que dites-vous? milord Monrose condamné à....

FREEPORT. — Oui, parbleu, le lord Monrose.... Lisez vous-même; je ne me trompe pas.

MONROSE *lit.* — (*Froidement.*) Oui, cela est vrai.... (*A part.*) Il faut sortir d'ici. Je ne crois pas que la terre et l'enfer conjurés ensemble aient jamais assemblé tant d'infortunes contre un seul homme. (*A son valet Jacq, qui est dans un coin de la salle.*) Hé, va faire seller mes chevaux, et que je puisse partir, s'il est nécessaire, à l'entrée de la nuit.... Comme les nouvelles courent! comme le mal vole!

FREEPORT. — Il n'y a point de mal à cela; qu'importe que le lord Monrose soit décapité ou non? Tout s'imprime, tout s'écrit, rien ne demeure : on coupe une tête aujourd'hui, le gazetier le dit le lendemain, et le surlendemain on n'en parle plus. Si cette demoiselle Lindane n'était pas si fière, j'irais savoir comme elle se porte : elle est fort jolie et fort honnête.

SCÈNE IV. — Les précédents, un messager d'état.

LE MESSAGER. — Vous vous appelez Fabrice?

FABRICE. — Oui, monsieur; en quoi puis-je vous servir?

LE MESSAGER. — Vous tenez un café et des appartements?

FABRICE. — Oui.

LE MESSAGER. — Vous avez chez vous une jeune Écossaise nommée Lindane?

FABRICE. — Oui, assurément, et c'est notre bonheur de l'avoir chez nous.

FREEPORT. — Oui, elle est jolie et honnête. Tout le monde m'y fait songer.

LE MESSAGER. — Je viens pour m'assurer d'elle de la part du gouvernement; voilà mon ordre.

FABRICE. — Je n'ai pas une goutte de sang dans les veines.

MONROSE, *à part.* — Une jeune Écossaise qu'on arrête, et le jour même que j'arrive! Toute ma fureur renaît. O patrie! ô famille! Hélas!

FREEPORT. — On n'a jamais arrêté les filles par ordre du gouvernement : fi! que cela est vilain! vous êtes un grand brutal, monsieur le messager d'État.

FABRICE. — Ouais, mais si c'était une aventurière, comme le disait notre ami Frélon! Cela va perdre ma maison.... me voilà ruiné. Cette dame de la cour avait ses raisons, je le vois bien... Non, non, elle est très-honnête.

LE MESSAGER. — Point de raisonnement, en prison, ou caution, c'est la règle.

FABRICE. — Je me fais caution, moi, ma maison, mon bien, ma personne.

LE MESSAGER. — Votre personne et rien, c'est la même chose; votre maison ne vous appartient peut-être pas; votre bien, où est-il? il faut de l'argent.

FABRICE. — Mon bon monsieur Freeport, donnerai-je les cinq cents guinées que je garde, et qu'elle a refusées aussi noblement que vous les avez offertes?

FREEPORT. — Belle demande! apparemment.... Monsieur le messager, je dépose cinq cents guinées, mille, deux mille, s'il le faut; voilà comme je suis fait. Je m'appelle Freeport. Je réponds de la vertu de la fille.... autant que je peux.... mais il ne faudrait pas qu'elle fût si fière.

LE MESSAGER. — Venez, monsieur, faire votre soumission.

FREEPORT. — Très-volontiers, très-volontiers.

FABRICE. — Tout le monde ne place pas ainsi son argent.

FREEPORT. — En l'employant à faire du bien, c'est le placer au plus haut intérêt.

(Freeport et le messager vont compter de l'argent, et écrire au fond du café.)

SCÈNE V. — MONROSE, FABRICE.

FABRICE. — Monsieur, vous êtes étonné peut-être du procédé de M. Freeport; mais c'est sa façon. Heureux ceux qu'il prend tout d'un coup en amitié! il n'est pas complimenteur, mais il oblige en moins de temps que les autres ne font des protestations de services.

MONROSE. — Il y a de belles âmes.... Que deviendrai-je?

FABRICE. — Gardons-nous au moins de dire à notre pauvre petite le danger qu'elle a couru.

MONROSE. — Allons, partons cette nuit même.

FABRICE. — Il ne faut avertir les gens de leur danger que quand il est passé.

MONROSE. — Le seul ami que j'avais à Londres est mort!... Que fais-je ici?

FABRICE. — Nous la ferions évanouir encore une fois.

SCÈNE VI. — MONROSE.

On arrête une jeune Écossaise, une personne qui vit retirée, qui se cache, qui est suspecte au gouvernement! Je ne sais....

mais cette aventure me jette dans de profondes réflexions.... **Tout
réveille l'idée de mes malheurs, mes afflictions, mon attendrissement, mes fureurs.**

SCÈNE VII. — MONROSE, POLLY.

MONROSE, *apercevant Polly qui passe.* — Mademoiselle, un petit mot, de grâce.... Êtes-vous cette jeune et aimable personne née en Écosse, qui....

POLLY. — Oui, monsieur, je suis assez jeune; je suis Écossaise, et pour aimable, bien des gens me disent que je le suis.

MONROSE. — Ne savez-vous aucune nouvelle de votre pays?

POLLY. — Oh! non, monsieur; il y a si longtemps que je l'ai quitté.

MONROSE. — Et qui sont vos parents, je vous prie?

POLLY. — Mon père était un excellent boulanger, à ce que j'ai ouï dire, et ma mère avait servi une dame de qualité.

MONROSE. — Ah! j'entends; c'est vous apparemment qui servez cette jeune personne dont on m'a tant parlé; je me méprenais.

POLLY. — Vous me faites bien de l'honneur.

MONROSE. — Vous savez sans doute qui est votre maîtresse?

POLLY. — Oui, monsieur, c'est la plus douce, la plus aimable fille, la plus courageuse dans le malheur.

MONROSE. — Elle est donc malheureuse?

POLLY. — Oui, monsieur, et moi aussi; mais j'aime mieux la servir que d'être heureuse.

MONROSE. — Mais je vous demande si vous ne connaissez pas sa famille.

POLLY. — Monsieur, ma maîtresse veut être inconnue : elle n'a point de famille. Que me demandez-vous là? pourquoi ces questions?

MONROSE. — Une inconnue! O ciel si longtemps impitoyable! s'il était possible qu'à la fin je pusse...! Mais quelles vaines chimères! Dites-moi, je vous prie, quel est l'âge de votre maîtresse?

POLLY. — Oh! pour son âge, on peut le dire; car elle est bien au-dessus de son âge; elle a dix-huit ans.

MONROSE. — Dix-huit ans!... hélas! ce serait précisément l'âge qu'aurait ma malheureuse Monrose, ma chère fille, seul reste de ma maison, seul enfant que mes mains aient pu caresser dans son berceau : dix-huit ans?...

POLLY. — Oui, monsieur, et moi je n'en ai que vingt-deux : il n'y a pas une si grande différence. Je ne sais pas pourquoi vous faites tout seul tant de réflexions sur son âge.

MONROSE. — Dix-huit ans! et née dans ma patrie! et elle veut être inconnue! je ne me possède plus : il faut, avec votre permission, que je la voie, que je lui parle tout à l'heure.

POLLY. — Ces dix-huit ans tournent la tête à ce bon vieux gentilhomme. Monsieur, il est impossible que vous voyiez à présent ma maîtresse; elle est dans l'affliction la plus cruelle.

MONROSE. — Ah! c'est pour cela même que je veux la voir.

POLLY. — De nouveaux chagrins qui l'ont accablée, qui ont déchiré son cœur, lui ont fait perdre l'usage de ses sens. Elle est à peine revenue à elle, et le peu de repos qu'elle goûte dans ce moment est un repos mêlé de trouble et d'amertume : de grâce, monsieur, ménagez sa faiblesse et ses douleurs.

MONROSE. — Tout ce que vous me dites redouble mon empressement. Je suis son compatriote; je partage toutes ses afflictions; je les diminuerai peut-être : souffrez qu'avant de quitter cette ville, je puisse entretenir votre maîtresse.

POLLY. — Mon cher compatriote, vous m'attendrissez : attendez encore quelques moments. Je vais à elle : je reviendrai à vous.

SCÈNE VIII. — MONROSE, FABRICE.

FABRICE, *le tirant par la manche.* — Monsieur, n'y a-t-il personne là?

MONROSE. — Que j'attends son retour avec des mouvements d'impatience et de trouble!

FABRICE. — Ne nous écoute-t-on point?

MONROSE. — Mon cœur ne peut suffire à tout ce qu'il éprouve.

FABRICE. — On vous cherche....

MONROSE, *se tournant.* — Qui? quoi? comment? pourquoi? que voulez-vous dire?

FABRICE. — On vous cherche, monsieur. Je m'intéresse à ceux qui logent chez moi. Je ne sais qui vous êtes; mais on est venu me demander qui vous étiez : on rôde autour de la maison, on s'informe, on entre, on passe, on repasse, on guette, et je ne serai point surpris si, dans peu, on vous fait le même compliment qu'à cette jeune et chère demoiselle, qui est, dit-on, de votre pays.

MONROSE. — Ah! il faut absolument que je lui parle avant de partir.

FABRICE. — Partez vite, croyez-moi; notre ami Freeport ne serait peut-être pas d'humeur à faire pour vous ce qu'il a fait pour une belle personne de dix-huit ans.

MONROSE. — Pardon.... Je ne sais.... où j'étais.... je vous entendais à peine.... Que faire? où aller, mon cher hôte? Je ne puis partir sans la voir.... Venez, que je vous parle un moment dans quelque endroit plus solitaire, et surtout que je puisse ensuite entretenir cette jeune Écossaise.

FABRICE. — Ah! je vous avais bien dit que vous seriez enfin curieux de la voir. Soyez sûr que rien n'est plus beau et plus honnête.

ACTE QUATRIÈME.

SCÈNE I. — FABRICE, FRÉLON, *dans le café, à une table*; FREEPORT, *une pipe à la main, au milieu d'eux.*

FABRICE. — Je suis obligé de vous l'avouer, monsieur Frélon, si tout ce qu'on dit est vrai, vous me feriez plaisir de ne plus fréquenter chez nous.

FRÉLON. — Tout ce qu'on dit est toujours faux : quelle mouche vous pique, monsieur Fabrice?

FABRICE. — Vous venez écrire ici vos feuilles : mon café passera pour une boutique de poison.

FREEPORT, *se retournant vers Fabrice.* — Ceci mérite qu'on y pense, voyez-vous.

FABRICE. — On prétend que vous dites du mal de tout le monde.

FREEPORT, *à Frélon.* — De tout le monde, entendez-vous? c'est trop.

FABRICE. — On commence même à dire que vous êtes un délateur; mais je ne veux pas le croire.

FREEPORT, *à Frélon.* — Un délateur.... entendez-vous? cela passe la raillerie.

FRÉLON. — Je suis un compilateur illustre, un homme de goût.

FABRICE. — De goût ou de dégoût, vous me faites tort, vous dis-je.

FRÉLON. — Au contraire, c'est moi qui achalande votre café; c'est moi qui l'ai mis à la mode; c'est ma réputation qui vous attire du monde.

FABRICE. — Plaisante réputation! celle d'un espion, d'un malhonnête homme (pardonnez si je répète ce qu'on dit), et d'un mauvais auteur!

FRÉLON. — Monsieur Fabrice, monsieur Fabrice, arrêtez, s'il vous plaît : on peut attaquer mes mœurs; mais pour ma réputation d'auteur, je ne le souffrirai jamais.

FABRICE. — Laissez là vos écrits : savez-vous bien, puisqu'il faut tout vous dire, que vous êtes soupçonné d'avoir voulu perdre Mlle Lindane ?

FREEPORT. — Si je le croyais, je le noierais de mes mains, quoique je ne sois pas méchant.

FABRICE. — On prétend que c'est vous qui l'avez accusée d'être Écossaise, et qui avez aussi accusé ce brave gentilhomme de là-haut d'être Écossais.

FRÉLON. — Eh bien! quel mal y a-t-il à être de son pays?

FABRICE. — On ajoute que vous avez eu plusieurs conférences avec les gens de cette dame si colère qui est venue ici, et avec ceux de ce milord qui n'y vient plus, que vous redites tout, que vous envenimez tout.

FREEPORT, *à Frélon.* — Seriez-vous un mauvais sujet, en effet? Je ne les aime pas, au moins.

FABRICE. — Ah! Dieu merci, je crois que j'aperçois enfin notre milord.

FREEPORT. — Un milord! adieu. Je n'aime pas plus les grands seigneurs que les mauvais écrivains.

FABRICE. — Celui-ci n'est pas un grand seigneur comme un autre.

FREEPORT. — Ou comme un autre, ou différent d'un autre, n'importe. Je ne me gêne jamais, et je sors. Mon ami, je ne sais; il me revient toujours dans la tête une idée de notre jeune Écossaise; je reviendrai incessamment; oui, je reviendrai; je veux lui parler sérieusement. Adieu. (*En revenant.*) Dites-lui de ma part que je pense beaucoup de bien d'elle.

SCÈNE II. — LORD MURRAY, *pensif et agité*; FRÉLON, *lui faisant la révérence, qu'il ne regarde pas*; FABRICE, *s'éloignant un peu.*

LORD MURRAY, *à Fabrice, d'un air distrait.* — Je suis très-aise de vous revoir, mon brave et honnête homme; comment se porte cette belle et respectable personne que vous avez le bonheur de posséder chez vous?

FABRICE. — Milord, elle a été très-malade depuis qu'elle ne vous a vu; mais je suis sûr qu'elle se portera mieux aujourd'hui.

LORD MURRAY. — Grand Dieu, protecteur de l'innocence, je t'implore pour elle! daigne te servir de moi pour rendre justice à la vertu, et pour tirer d'oppression les infortunés! Grâce à tes bontés et à mes soins, tout m'annonce un succès favorable. (*A Fabrice.*) Ami, laisse-moi parler en particulier à cet homme. (*En montrant Frélon.*)

FRÉLON, *à Fabrice.* — Eh bien! tu vois qu'on t'avait bien trompé sur mon compte, et que j'ai du crédit à la cour.

FABRICE, *en sortant.* — Je ne vois point cela.

LORD MURRAY, *à Frélon.* — Mon ami.

FRÉLON. — Monseigneur, permettez-vous que je vous dédie un tome...?

LORD MURRAY. — Non; il ne s'agit point de dédicace. C'est vous qui avez appris à mes gens l'arrivée de ce vieux gentilhomme venu d'Écosse; c'est vous qui l'avez dépeint, qui êtes allé faire le même rapport aux gens du ministre d'État.

FRÉLON. — Monseigneur, je n'ai fait que mon devoir.

LORD MURRAY, *lui donnant quelques guinées.* — Vous m'avez rendu service, sans le savoir; je ne regarde pas à l'intention: on prétend que vous vouliez nuire, et que vous avez fait du bien;

tenez, voilà pour le bien que vous avez fait; mais si vous vous avisez jamais de prononcer le nom de cet homme et de Mlle Lindane, je vous ferai jeter par les fenêtres de votre grenier. Allez.

FRÉLON. — Grand merci, monseigneur. Tout le monde me dit des injures et me donne de l'argent : je suis plus habile que je ne croyais.

SCÈNE III. — LORD MURRAY, POLLY.

LORD MURRAY, *seul un moment*. — Un vieux gentilhomme arrivé d'Écosse, Lindane née dans le même pays ! Hélas ! s'il était possible que je pusse réparer les torts de mon père ! si le ciel permettait... Entrons. (*A Polly, qui sort de la chambre de Lindane.*) Chère Polly, n'es-tu pas bien étonnée que j'aie passé tant de temps sans venir ici ? deux jours entiers !... je ne me le pardonnerais jamais, si je ne les avais employés pour la respectable fille de milord Monrose : les ministres étaient à Windsor; il a fallu y courir. Va, le ciel t'inspira bien quand tu te rendis à mes prières, et que tu m'appris le secret de sa naissance.

POLLY. — J'en tremble encore; ma maîtresse me l'avait tant défendu ! Si je lui donnais le moindre chagrin, je mourrais de douleur. Hélas ! votre absence lui a causé aujourd'hui un assez long évanouissement, et je ne sais comment j'ai eu assez de forces pour la secourir.

LORD MURRAY. — Tiens, voilà pour le service que tu lui as rendu.

POLLY. — Milord, j'accepte vos dons : je ne suis pas si fière que la belle Lindane, qui n'accepte rien, et qui feint d'être à son aise, quand elle est dans la plus extrême indigence.

LORD MURRAY. — Juste ciel ! la fille de Monrose dans la pauvreté ! Malheureux que je suis ! que m'as-tu dit ! combien je suis coupable ! que je vais tout réparer ! que son sort changera ! Hélas ! pourquoi me l'a-t-elle caché ?

POLLY. — Je crois que c'est la seule fois de sa vie qu'elle vous trompera.

LORD MURRAY. — Entrons, entrons vite; jetons-nous à ses pieds : c'est trop tarder.

POLLY. — Ah, milord ! gardez-vous-en bien; elle est actuellement avec un gentilhomme, si vieux, si vieux, qui est de son pays, et ils se disent des choses si intéressantes !

LORD MURRAY. — Quel est-il ce vieux gentilhomme, pour qui je m'intéresse déjà comme elle ?

POLLY. — Je l'ignore.

LORD MURRAY. — O destinée ! juste ciel ! pourrais-tu faire que cet homme fût ce que je désire qu'il soit ? Et que se disaient-ils, Polly ?

POLLY. — Milord, ils commençaient à s'attendrir; et comme ils s'attendrissaient, ce bonhomme n'a pas voulu que je fusse présente, et je suis sortie.

SCÈNE IV. — Lady ALTON, lord MURRAY, POLLY

LADY ALTON. — Ah ! je vous y prends enfin, perfide! me voilà sûre de votre inconstance, de mon opprobre, et de votre intrigue.

LORD MURRAY. — Oui, madame, vous êtes sûre de tout. (*A part.*) Quel contre-temps effroyable !

LADY ALTON. — Monstre ! perfide !

LORD MURRAY. — Je puis être un monstre à vos yeux, et je n'en suis pas fâché; mais pour perfide, je suis très-loin de l'être : ce n'est pas mon caractère. Avant d'en aimer une autre, je vous ai déclaré que je ne vous aimais plus.

LADY ALTON. — Après une promesse de mariage ! scélérat ! après m'avoir juré tant d'amour !

LORD MURRAY. — Quand je vous ai juré de l'amour, j'en avais; quand je vous ai promis de vous épouser, je voulais tenir ma parole.

LADY ALTON. — Eh ! qui t'a empêché de tenir ta parole, parjure ?

LORD MURRAY. — Votre caractère, vos emportements : je me mariais pour être heureux, et j'ai vu que nous ne l'aurions été ni l'un ni l'autre.

LADY ALTON. — Tu me quittes pour une vagabonde, pour une aventurière.

LORD MURRAY. — Je vous quitte pour la vertu, pour la douceur, et pour les grâces.

LADY ALTON. — Traître ! tu n'es pas où tu crois en être ; je me vengerai plus tôt que tu ne penses.

LORD MURRAY. — Je sais que vous êtes vindicative, envieuse plutôt que jalouse, emportée plutôt que tendre : mais vous serez forcée à respecter celle que j'aime.

LADY ALTON. — Allez, lâche, je connais l'objet de vos amours mieux que vous; je sais qui elle est; je sais qui est l'étranger arrivé aujourd'hui pour elle; je sais tout : des hommes plus puissants que vous sont instruits de tout; et bientôt on vous en lèvera l'indigne objet pour qui vous m'avez méprisée.

LORD MURRAY. — Que veut-elle dire, Polly ? elle me fait mourir d'inquiétude.

POLLY. — Et moi, de peur. Nous sommes perdus.

LORD MURRAY. — Ah ! madame, arrêtez-vous; un mot; expliquez-vous, écoutez....

LADY ALTON. — Je n'écoute point, je ne réponds rien, je ne m'explique point. Vous êtes, comme je vous l'ai déjà dit, un inconstant, un volage, un cœur faux, un traître, un perfide, un homme abominable. (*Elle sort.*)

SCÈNE V. — Lord MURRAY, POLLY.

lord murray. — Que prétend cette furie? que la jalousie est affreuse! O ciel! fais que je sois toujours amoureux, et jamais jaloux! Que veut-elle? elle parle de faire enlever ma chère Lindane et cet étranger; que veut-elle dire? sait-elle quelque chose?

polly. — Hélas! il faut vous l'avouer; ma maîtresse est arrêtée par l'ordre du gouvernement : je crois que je le suis aussi; et, sans un homme, qui est la bonté même, et qui a bien voulu être notre caution, nous serions en prison à l'heure que je vous parle : on m'avait fait jurer de n'en rien dire; mais le moyen de se taire avec vous?

lord murray. — Qu'ai-je entendu? quelle aventure! et que de revers accumulés en foule! Je vois que le nom de ta maîtresse est toujours suspect. Hélas! ma famille a fait tous les malheurs de la sienne : le ciel, la fortune, mon amour, l'équité, la raison, allaient tout réparer; la vertu m'inspirait; le crime s'oppose à tout ce que je tente : il ne triomphera pas. N'alarme point ta maîtresse; je cours chez le ministre; je vais tout presser, tout faire. Je m'arrache au bonheur de la voir pour celui de la servir. Je cours, et je revole. Dis-lui bien que je m'éloigne parce que je l'adore. (*Il sort.*)

polly. — Voilà d'étranges aventures! je vois que ce monde-ci n'est qu'un combat perpétuel des méchants contre les bons, et qu'on en veut toujours aux pauvres filles.

SCÈNE VI. — MONROSE, LINDANE; POLLY *reste un moment, et sort à un signe que lui fait sa maîtresse.*

monrose. — Chaque mot que vous m'avez dit me perce l'âme. Vous, née dans le Locaber! et témoin de tant d'horreurs! persécutée, errante, et si malheureuse avec des sentiments si nobles!

lindane. — Peut-être je dois ces sentiments mêmes à mes malheurs; peut-être, si j'avais été élevée dans le luxe et la mollesse, cette âme, qui s'est fortifiée par l'infortune, n'eût été que faible.

monrose. — O vous! digne du plus beau sort du monde, cœur magnanime, âme élevée, vous m'avouez que vous êtes d'une de ces familles proscrites, dont le sang a coulé sur les échafauds dans nos guerres civiles, et vous vous obstinez à me cacher votre nom et votre naissance?

lindane. — Ce que je dois à mon père me force au silence : il est proscrit lui-même; on le cherche, je l'exposerais peut-être, si je me nommais : vous m'inspirez du respect et de l'attendrissement; mais je ne vous connais pas : je dois tout craindre. Vous voyez que je suis suspecte moi-même, que je suis arrêtée et prisonnière; un mot peut me perdre.

ACTE IV, SCÈNE VI.

MONROSE. — Hélas! un mot ferait peut-être la première consolation de ma vie. Dites-moi du moins quel âge vous aviez quand la destinée cruelle vous sépara de votre père, qui fut depuis si malheureux.

LINDANE. — Je n'avais que cinq ans.

MONROSE. — Grand Dieu, qui avez pitié de moi! toutes ces époques rassemblées, toutes les choses qu'elle m'a dites, sont autant de traits de lumière qui m'éclairent dans les ténèbres où je marche. O Providence! ne t'arrête point dans tes bontés!

LINDANE. — Quoi! vous versez des larmes! Hélas! tout ce que je vous ai dit m'en fait bien répandre.

MONROSE, *s'essuyant les yeux*. — Achevez, je vous en conjure. Quand votre père eut quitté sa famille pour ne plus la revoir, combien restâtes-vous auprès de votre mère?

LINDANE. — J'avais dix ans quand elle mourut, dans mes bras, de douleur et de misère, et que mon frère fut tué dans une bataille.

MONROSE. — Ah! je succombe! Quel moment et quel souvenir! Chère et malheureuse épouse!... fils heureux d'être mort, et de n'avoir pas vu tant de désastres! Reconnaîtriez-vous ce portrait? (*Il tire un portrait de sa poche.*)

LINDANE. — Que vois-je? est-ce un songe? c'est le portrait même de ma mère : mes larmes l'arrosent, et mon cœur, qui se fend, s'échappe vers vous.

MONROSE. — Oui, c'est là votre mère, et je suis ce père infortuné dont la tête est proscrite, et dont les mains tremblantes vous embrassent.

LINDANE. — Je respire à peine! où suis-je? Je tombe à vos genoux! Voici le premier instant heureux de ma vie.... O mon père!... hélas! comment osez-vous venir dans cette ville? je tremble pour vous au moment que je goûte le bonheur de vous voir.

MONROSE. — Ma chère fille, vous connaissez toutes les infortunes de notre maison; vous savez que la maison des Murray, toujours jalouse de la nôtre, nous plongea dans ce précipice. Toute ma famille a été condamnée; j'ai tout perdu. Il me restait un ami qui pouvait, par son crédit, me tirer de l'abîme où je suis, qui me l'avait promis : j'apprends, en arrivant, que la mort me l'a enlevé, qu'on me cherche en Écosse, que ma tête y est à prix. C'est sans doute le fils de mon ennemi qui me persécute encore : il faut que je meure de sa main, ou que je lui arrache la vie.

LINDANE. — Vous venez, dites-vous, pour tuer milord Murray?

MONROSE. — Oui, je vous vengerai, je vengerai ma famille, ou je périrai; je ne hasarde qu'un reste de jours déjà proscrits.

LINDANE. — O fortune! dans quelle nouvelle horreur tu me rejettes! Que faire? quel parti prendre? Ah! mon père!

MONROSE. — Ma fille, je vous plains d'être née d'un père si malheureux.

LINDANE. — Je suis plus à plaindre que vous ne pensez.... Êtes-vous bien résolu à cette entreprise funeste?

MONROSE. — Résolu comme à la mort.

LINDANE. — Mon père, je vous conjure, par cette vie fatale que vous m'avez donnée, par vos malheurs, par les miens, qui sont peut-être plus grands que les vôtres, de ne me pas exposer à l'horreur de vous perdre lorsque je vous retrouve.... Ayez pitié de moi, épargnez votre vie et la mienne.

MONROSE. — Vous m'attendrissez; votre voix pénètre mon cœur; je crois entendre celle de votre mère. Hélas! que voulez-vous?

LINDANE. — Que vous cessiez de vous exposer, que vous quittiez cette ville si dangereuse pour vous.... et pour moi.... Oui, c'en est fait, mon parti est pris. Mon père, je renoncerai à tout pour vous...., oui, à tout.... Je suis prête à vous suivre : je vous accompagnerai, s'il le faut, dans quelque île affreuse des Orcades; je vous y servirai de mes mains; c'est mon devoir, je le remplirai.... C'en est fait, partons.

MONROSE. — Vous voulez que je renonce à vous venger?

LINDANE. — Cette vengeance me ferait mourir : partons, vous dis-je.

MONROSE. — Eh bien! l'amour paternel l'emporte : puisque vous avez le courage de vous attacher à ma funeste destinée, je vais tout préparer pour que nous quittions Londres avant qu'une heure se passe; soyez prête, et recevez encore mes embrassements et mes larmes.

SCÈNE VII. — LINDANE, POLLY.

LINDANE. — C'en est fait, ma chère Polly, je ne reverrai plus milord Murray; je suis morte pour lui.

POLLY. — Vous rêvez, mademoiselle; vous le reverrez dans quelques minutes. Il était ici tout à l'heure.

LINDANE. — Il est ici, et il ne m'a point vue! c'est là le comble O mon malheureux père! que ne suis-je partie plus tôt!

POLLY. — S'il n'avait pas été interrompu par cette détestable milady Alton....

LINDANE. — Quoi! c'est ici même qu'il l'a vue pour me braver, après avoir été trois jours sans me voir, sans m'écrire! Peut-on plus indignement se voir outrager? Va, sois sûre que je m'arracherais la vie dans ce moment, si ma vie n'était pas nécessaire à mon père.

POLLY. — Mais, mademoiselle, écoutez-moi donc; je vous jure que milord....

LINDANE. — Lui perfide! c'est ainsi que sont faits les hommes! Père infortuné, je ne penserai désormais qu'à vous.

POLLY. — Je vous jure que vous avez tort, que milord n'est point perfide, que c'est le plus aimable homme du monde, qu'il vous aime de tout son cœur, qu'il m'en a donné des marques.

LINDANE. — La nature doit l'emporter sur l'amour : je ne sais où je vais, je ne sais ce que je deviendrai ; mais sans doute je ne serai jamais si malheureuse que je le suis.

POLLY. — Vous n'écoutez rien : reprenez vos esprits, ma chère maîtresse ; on vous aime.

LINDANE. — Ah ! Polly, es-tu capable de me suivre ?

POLLY. — Je vous suivrai jusqu'au bout du monde : mais on vous aime, vous dis-je.

LINDANE. — Laisse-moi, ne me parle point de milord. Hélas ! quand il m'aimerait, il faudrait partir encore. Ce gentilhomme que tu as vu avec moi....

POLLY. — Eh bien ?

LINDANE. — Viens, tu apprendras tout : les larmes, les soupirs, me suffoquent. Allons tout préparer pour notre départ.

ACTE CINQUIÈME.

SCÈNE I. — LINDANE, FREEPORT, FABRICE

FABRICE. — Cela perce le cœur, mademoiselle : Polly fait votre paquet, vous nous quittez.

LINDANE. — Mon cher hôte, et vous, monsieur, à qui je dois tant, vous qui avez déployé un caractère si généreux, car on m'a dit ce que vous avez fait pour moi, vous ne me laissez que la douleur de ne pouvoir reconnaître vos bienfaits ; mais je ne vous oublierai de ma vie.

FREEPORT. — Qu'est-ce donc que tout cela ? qu'est-ce que c'est que ça ? qu'est-ce que ça ? Si vous êtes contente de nous, il ne faut point vous en aller ; est-ce que vous craignez quelque chose ? Vous avez tort ; une fille n'a rien à craindre.

FABRICE. — Monsieur Freeport, ce vieux gentilhomme qui est de son pays fait aussi son paquet. Mademoiselle pleurait, et ce monsieur pleurait aussi, et ils partent ensemble. Je pleure aussi en vous parlant.

FREEPORT. — Je n'ai pleuré de ma vie : fi ! que cela est sot de pleurer ! les yeux n'ont point été donnés à l'homme pour cette besogne. Je suis affligé, je ne le cache pas ; et, quoiqu'elle soit fière, comme je le lui ai dit, elle est si honnête qu'on est fâché de la perdre. Je veux que vous m'écriviez, si vous vous en allez, mademoiselle : je vous ferai toujours du bien.... Nous nous retrouverons peut-être un jour, que sait-on ? Ne manquez pas de m'écrire... n'y manquez pas.

LINDANE. — Je vous le jure avec la plus vive reconnaissance ; et si jamais la fortune....

FREEPORT. — Ah! mon ami Fabrice, cette personne-là est très-bien née. Je serais très-aise de recevoir de vos lettres : n'allez pas y mettre de l'esprit, au moins.

FABRICE. — Mademoiselle, pardonnez ; mais je songe que vous ne pouvez partir, que vous êtes ici sous la caution de M. Freeport, et qu'il perd cinq cents guinées si vous nous quittez.

LINDANE. — O ciel! autre infortune, autre humiliation : quoi! il faudrait que je fusse enchaînée ici, et que milord.... et mon père....

FREEPORT, *à Fabrice.* — Oh! qu'à cela ne tienne : quoiqu'elle ait je ne sais quoi qui me touche, qu'elle parte si elle en a envie. Je me soucie de cinq cents guinées comme de rien. (*Bas à Fabrice.*) Fourre-lui encore les cinq cents autres guinées dans sa valise. Allez, mademoiselle, partez quand il vous plaira : écrivez-moi, revoyez-moi, quand vous reviendrez.... car j'ai conçu pour vous beaucoup d'estime et d'affection.

SCÈNE II. — LORD MURRAY, ET SES GENS, *dans l'enfoncement ;* LINDANE, ET LES PRÉCÉDENTS, *sur le devant.*

LORD MURRAY, *à ses gens.* — Restez ici, vous : vous, courez à la chancellerie, et rapportez-moi le parchemin qu'on expédie, dès qu'il sera scellé. Vous, qu'on aille préparer tout dans la nouvelle maison que je viens de louer. (*Il tire un papier de sa poche et le lit.*) Quel bonheur d'assurer celui de Lindane!

LINDANE, *à Polly.* — Hélas! en le voyant, je me sens déchirer le cœur.

FREEPORT. — Ce milord-là vient toujours mal à propos : il est si beau et si bien mis qu'il me déplaît souverainement ; mais, après tout, que cela me fait-il? j'ai quelque affection.... mais je n'aime point, moi. Adieu, mademoiselle.

LINDANE. — Je ne partirai point sans vous témoigner encore ma reconnaissance et mes regrets.

FREEPORT. — Non, non ; point de ces cérémonies-là, vous m'attendririez peut-être : je vous dis que je n'aime point.... je vous verrai pourtant encore une fois ; je resterai dans la maison, je veux vous voir partir. Allons, Fabrice, aider ce bon gentilhomme de là-haut : je me sens, vous dis-je, de la bonne volonté pour cette demoiselle.

SCÈNE III. — LORD MURRAY, LINDANE, POLLY.

LORD MURRAY. — Enfin donc je goûte en liberté le charme de votre vue. Dans quelle maison vous êtes! elle ne vous convient pas : une plus digne de vous vous attend. Quoi! belle Lindane, vous baissez les yeux, et vous pleurez ! Quel est cet homme qui vous parlait ? vous aurait-il causé quelque chagrin ? il en porterait la peine sur l'heure.

LINDANE, *en essuyant ses larmes.* — Hélas ! c'est un bon homme, un homme vertueux, qui a eu pitié de moi dans mon cruel malheur, qui ne m'a point abandonnée, qui n'a pas insulté à mes disgrâces, qui n'a point parlé ici longtemps à ma rivale en dédaignant de me voir; qui, s'il m'avait aimée, n'aurait point passé trois jours sans m'écrire.

LORD MURRAY. — Ah ! croyez que j'aimerais mieux mourir que de mériter le moindre de vos reproches : je n'ai été absent que pour vous, je n'ai songé qu'à vous, je vous ai servie malgré vous ; si, en revenant ici, j'ai trouvé cette femme vindicative et cruelle qui voulait vous perdre, je ne me suis échappé un moment que pour prévenir ses desseins funestes. Grand Dieu ! moi, ne vous avoir pas écrit !

LINDANE. — Non.

LORD MURRAY. — Elle a, je le vois bien, intercepté mes lettres ; sa méchanceté augmente encore, s'il se peut, ma tendresse; qu'elle rappelle la vôtre. Ah ! cruelle, pourquoi m'avez-vous caché votre nom illustre, et l'état malheureux où vous êtes, si peu fait pour ce grand nom ?

LINDANE. — Qui vous l'a dit ?

LORD MURRAY, *montrant Polly.* — Elle-même, votre confidente.

LINDANE. — Quoi ! tu m'as trahie ?

POLLY. — Vous vous trahissiez vous-même ; je vous ai servie.

LINDANE. — Eh bien ! vous me connaissez : vous savez quelle haine a toujours divisé nos deux maisons ; votre père a fait condamner le mien à la mort ; il m'a réduite à cet état que j'ai voulu vous cacher. Et vous, son fils ! vous ! vous osez m'aimer !

LORD MURRAY. — Je vous adore, et je le dois. Mon cœur, ma fortune, mon sang est à vous ; confondons ensemble deux noms ennemis : j'apporte à vos pieds le contrat de notre mariage ; daignez l'honorer de ce nom qui m'est si cher. Puissent les remords et l'amour du fils réparer les fautes du père !

LINDANE. — Hélas ! et il faut que je parte, et que je vous quitte pour jamais !

LORD MURRAY. — Que vous partiez ! que vous me quittiez ! Vous me verrez plutôt expirer à vos pieds. Hélas ! daignez-vous m'aimer ?

POLLY. — Vous ne partirez point, mademoiselle ; j'y mettrai bon ordre : vous prenez toujours des résolutions désespérées. Milord, secondez-moi bien.

LORD MURRAY. — Eh ! qui a pu vous inspirer le dessein de me fuir, de rendre tous mes soins inutiles ?

LINDANE. — Mon père.

LORD MURRAY. — Votre père? Eh! où est-il? que veut-il? que ne me parlez-vous?

LINDANE. — Il est ici : il m'emmène; c'en est fait.

LORD MURRAY. — Non, je jure par vous qu'il ne vous enlèvera pas. Il est ici? conduisez-moi à ses pieds.

LINDANE. — Ah! milord, gardez qu'il ne vous voie; il n'est venu ici que pour finir ses malheurs en vous arrachant la vie, et je ne fuyais avec lui que pour détourner cette horrible résolution.

LORD MURRAY. — La vôtre est plus cruelle : croyez que je ne le crains pas, et que je le ferai rentrer en lui-même. (*En se retournant.*) Quoi! on n'est pas encore revenu? Ciel! que le mal se fait rapidement, et le bien avec lenteur!

LINDANE. — Le voici qui vient me chercher : si vous m'aimez, ne vous montrez pas à lui, privez-vous de ma vue, épargnez-lui l'horreur de la vôtre, éloignez-vous du moins pour quelque temps.

LORD MURRAY. — Ah! que c'est avec regret! mais vous m'y forcez; je vais rentrer; je vais prendre des armes qui pourront faire tomber les siennes de ses mains.

SCÈNE IV. — MONROSE, LINDANE.

MONROSE. — Allons, ma chère fille, seul soutien, unique consolation de ma déplorable vie! partons.

LINDANE. — Malheureux père d'une infortunée! je ne vous abandonnerai jamais : cependant daignez souffrir que je reste encore.

MONROSE. — Quoi! après m'avoir si fort pressé vous-même de partir, après m'avoir offert de me suivre dans les déserts où nous allons cacher nos disgrâces! avez-vous changé de dessein? avez-vous retrouvé et perdu en si peu de temps le sentiment de la nature?

LINDANE. — Je n'ai point changé, j'en suis incapable.... je vous suivrai... mais, encore une fois, attendez quelque temps; accordez cette grâce à celle qui vous doit dès jours si remplis d'orages; ne me refusez pas des instants précieux.

MONROSE. — Ils sont précieux, en effet, et vous les perdez : songez-vous que nous sommes à chaque moment en danger d'être découverts, que vous avez été arrêtée, qu'on me cherche, que vous pouvez voir demain votre père périr par le dernier supplice?

LINDANE. — Ces mots sont un coup de foudre pour moi : je n'y résiste plus; j'ai honte d'avoir tardé.... Cependant j'avais quelque espoir.... N'importe, vous êtes mon père, je vous suis. Ah! malheureuse!

ACTE V, SCÈNE V.

SCÈNE V. — FREEPORT ET FABRICE, *paraissant d'un côté, tandis que* MONROSE ET SA FILLE *partent de l'autre*.

FREEPORT, *à Fabrice*. — Sa suivante a pourtant remis son paquet dans sa chambre; elles ne partiront point. J'en suis bien aise; je m'accoutumais à elle : je ne l'aime point; mais elle est si bien née que je la voyais partir avec une espèce d'inquiétude que je n'ai jamais sentie, une espèce de trouble.... je ne sais quoi de fort extraordinaire.

MONROSE, *à Freeport*. — Adieu, monsieur; nous partons le cœur plein de vos bontés; je n'ai jamais connu de ma vie un plus digne homme que vous; vous me faites pardonner au genre humain.

FREEPORT. — Vous partez donc avec cette dame? je n'approuve point cela; vous devriez rester. Il me vient des idées qui vous conviendront peut-être : demeurez.

SCÈNE VI. — LES PRÉCÉDENTS; LORD MURRAY, *dans le fond, recevant un rouleau de parchemin de la main de ses gens*.

LORD MURRAY. — Ah! je le tiens, ce gage de mon bonheur! Soyez béni, ô ciel, qui m'avez secondé!

FREEPORT. — Quoi! verrai-je toujours ce maudit milord? Que cet homme me choque avec ses grâces!

MONROSE, *à sa fille, tandis que milord Murray parle à son domestique*. — Quel est cet homme, ma fille?

LINDANE. — Mon père, c'est.... O ciel, ayez pitié de nous!

FABRICE. — Monsieur, c'est milord Murray, le plus galant homme de la cour, le plus généreux.

MONROSE. — Murray! grand Dieu! mon fatal ennemi, qui vient encore insulter à tant de malheurs! (*Il tire son épée.*) Il aura le reste de ma vie, ou moi la sienne.

LINDANE. — Que faites-vous, mon père? arrêtez.

MONROSE. — Cruelle fille! c'est ainsi que vous me trahissez?

FABRICE, *se jetant au-devant de Monrose*. — Monsieur, point de violence dans ma maison, je vous en conjure; vous me perdriez.

FREEPORT. — Pourquoi empêcher les gens de se battre quand ils en ont envie? les volontés sont libres, laissez-les faire.

LORD MURRAY, *toujours au fond du théâtre, à Monrose*. — Vous êtes le père de cette respectable personne, n'est-il pas vrai?

LINDANE. — Je me meurs.

MONROSE. — Oui, puisque tu le sais, je ne le désavoue pas. Viens, fils cruel d'un père cruel, achève de te baigner dans mon sang.

FABRICE. — Monsieur, encore une fois....

LORD MURRAY. — Ne l'arrêtez pas, j'ai de quoi le désarmer (*Il tire son épée.*)

LINDANE, *entre les bras de Polly.* — Cruel ! vous oseriez !...

LORD MURRAY. — Oui, j'ose.... Père de la vertueuse Lindane, je suis le fils de votre ennemi. (*Il jette son épée.*) C'est ainsi que je me bats contre vous.

FREEPORT. — En voici bien d'une autre !

LORD MURRAY. — Percez mon cœur d'une main ; mais de l'autre prenez cet écrit ; lisez, et connaissez-moi. (*Il lui donne le rouleau.*)

MONROSE. — Que vois-je ? ma grâce ! le rétablissement de ma maison ! O ciel ! et c'est à vous, c'est à vous, Murray, que je dois tout ? Ah ! mon bienfaiteur !... (*Il veut se jeter à ses pieds.*) Vous triomphez de moi plus que si j'étais tombé sous vos coups.

LINDANE. — Ah ! que je suis heureuse ! mon amant est digne de moi.

LORD MURRAY. — Embrassez-moi, mon père.

MONROSE. — Hélas ! et comment reconnaître tant de générosité ?

LORD MURRAY, *en montrant Lindane.* — Voilà ma récompense.

MONROSE. — Le père et la fille sont à vos genoux pour jamais.

FREEPORT, *à Fabrice.* — Mon ami, je me doutais bien que cette demoiselle n'était pas faite pour moi ; mais, après tout, elle est tombée en bonnes mains, et cela me fait plaisir.

FIN DU QUATRIÈME VOLUME.

TABLE.

SUITE DU THÉATRE.

Pages.

Sémiramis, tragédie...	1
Avertissement..	1
Dissertation sur la tragédie ancienne et moderne............	4
Sémiramis...	14
Nanine ou le Préjugé vaincu, comédie en trois actes.......	65
La Femme qui a raison, comédie en trois actes............	116
Oreste, tragédie en cinq actes.............................	150
Avis au lecteur..	150
Épître à S. A. S. Mme la duchesse du Maine...............	150
Discours prononcé au Théâtre-Français, par un des acteurs, ayant la première représentation de la tragédie d'*Oreste*....	157
Oreste..	158
Variantes..	207
Dissertation sur les principales tragédies anciennes modernes, qui ont paru sur le sujet d'*Électre*; et en particulier sur celle de Sophocle..	212
Rome sauvée ou Catilina, tragédie en cinq actes...........	238
Avertissement..	238
Préface..	239
Avis au lecteur..	243
Rome sauvée..	244
Variantes..	286
L'*Orphelin de la Chine*.....................................	302
Socrate, ouvrage dramatique en trois actes..................	345
L'Écossaise, comédie en cinq actes.........................	369
Épître dédicatoire à M. le comte de Lauraguais............	369
Préface..	371
A MM. les Parisiens...	373
Avertissement..	375
L'*Écossaise*..	377

FIN DE LA TABLE DU QUATRIÈME VOLUME.

Coulommiers. — Typ. Paul BRODARD.

RAPPORT = 16

BIBLIOTHÈQUE NATIONALE

CHÂTEAU de SABLÉ
1981

www.ingramcontent.com/pod-product-compliance
Lightning Source LLC
Chambersburg PA
CBHW051832230426
43671CB00008B/928